中国桥梁行知书

於贤德 著

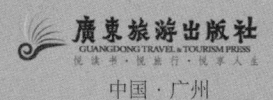

广东旅游出版社
中国·广州

图书在版编目（CIP）数据

中国桥梁行知书 / 於贤德著 . —广州：广东旅游出版社，2023.8
ISBN 978-7-5570-3020-9

Ⅰ．①中… Ⅱ．①於… Ⅲ．①桥梁工程－中国－普及读物 Ⅳ．①U44-49

中国国家版本馆 CIP 数据核字（2023）第 058957 号

出 版 人：刘志松
责任编辑：陈　吉
装帧设计：谢晓丹
责任校对：李瑞苑
责任技编：冼志良

中国桥梁行知书
ZHONGGUO QIAOLIANG XINGZHISHU

广东旅游出版社出版发行
（广州市荔湾区沙面北街 71 号首、二层）
邮编：510130
邮购电话：020-87347732（总编室）　020-87348887（销售热线）
投稿邮箱：2026542779@qq.com
印刷：深圳市希望印务有限公司
　　　（地址：深圳市龙岗区坪地街道六联社区鹤鸣东路88号101　邮编：518117）
开本：787 毫米 ×1092 毫米　　16 开
字数：341 千
印张：19
版次：2023 年 8 月第 1 版
印次：2023 年 8 月第 1 次
定价：59.80 元

版权所有　侵权必究
本书如有错页倒装等质量问题，请直接与印刷厂联系换书。

目 录
CONTENTS

引 言　1

知桥篇　11

第一章　桥梁简史　12
　　自然启迪　12
　　伟大创造　17
　　辉煌历程　25

第二章　桥梁类型　41
　　分门别类　42
　　各呈异彩　50
　　因地制宜　66

第三章　创新追求　79
　　科学统筹　80
　　出奇制胜　84
　　巧夺天工　94

第四章　建筑艺术　110
　　脚踏实地　111
　　中流砥柱　118
　　物尽其用　125
　　时代风采　133

第五章　桥梁形象　142
　　平直刚劲　143
　　长虹倩影　147
　　空灵飘逸　160
　　多彩多姿　164

行桥篇　173

第六章　行前准备　174
　　区位鸟瞰　174
　　路线规划　183
　　"行"桥攻略　194

第七章　观赏态度　201

三种态度　202
科学认知　205
功能确证　209
审美观照　212
高峰体验　214

第八章　"行"桥步骤　221

下马观花　222
含英咀华　232
心临其境　243
余音绕梁　249

第九章　美学意蕴　252

通达之美　253
凌空之势　258
建筑之意　263

第十章　锦上之花　272

斐然文采　273
精雕细绘　280
诗情画意　283

结　语：
通向彼岸，走向未来　293

参考文献　297

后　记　298

引 言

桥梁是人类为安全便利地跨越江河及其他障碍物的阻隔而建造的特殊建筑。

水是生命之源,当人类的祖先走出森林,在大地上营造他们的住舍时,靠近水流的地方常常成为他们最合理的选择。许多民族早在原始部落时代就依水而居,在江河旁边繁衍着后代,创造出灿烂的早期文明,河流也就成为人类文明的摇篮。世界上的文明古国,都是在大江大河的哺育下发祥的,都是在水的滋润之下繁荣起来的。人类社会发展到今天,许多大都会都跟河流紧密联系,这些城市或建在江河之滨,或跨越河流两岸,或在河流的汇合处或入海口成长:英国首都伦敦在泰晤士河的孕育下发展壮大;风光美丽的塞纳河给巴黎带来了无尽的繁华;清澈的罗纳河横贯日内瓦市,洋溢着秀气和明媚;波光粼粼的多瑙河穿过维也纳市区,如同一串蓝宝石项链围在美女的脖子上。中国江山秀丽,河流纵横。条条江河就像一根根晶亮的银线,把一座座美丽的城市联结起来。黄河、长江、珠江、淮河、海河、黄浦江、钱塘江、瓯江、闽江、韩江、鸭绿江、图们江、黑龙江、乌苏里江、松花江、嘉陵江、怒江、澜沧江、雅鲁藏布江……都是我们中华民族的母亲河。就拿长江来说,在它从雪山奔向大海的途中,攀枝花、宜宾、泸州、重庆、万州、宜昌、荆州、武汉、黄石、九江、铜陵、安庆、芜湖、南京、镇江、南通、上海等,居住在这些中国名城的人都是喝着长江的水长大的。江河奔流,作为经济文化中心的城市像一颗颗璀璨的文明硕果,在江河水的浇灌下开花结果。

河流给人们提供饮用、灌溉和舟楫之便,为人类社会的生活、生产的发展提供了最重要的资源。然而,有一利也必然会有一弊,河流给人类带来说不尽的好处,同时也给人类带来了某些不利的方面。它把大地分割开,使两岸的交通变得困难。尽管依靠船只可以解决一些问题，但陆地上的交通工具，到了水中常常束手无策。人员或者货物想要运到对岸去，都必须先从车上搬下来装到船上，然后才能到达对岸。交通工具的更换毕竟既费时又误事，水上行船还缺乏安全感，尤其是遇到一些极端天气，樯倾楫摧的惨祸时有发生。这就使得人们想尽办法，要找到既不影响流水和行船，又能使天堑变为通途的创造物，桥梁就是在这样的背景下应运而生，并随着社会进步不断发展，和人类生活的方方面面结下了不解之缘。

无论是在城市还是乡村，大大小小的道路都只有依靠桥梁才能跨江越河，被水流分割的大地依靠桥梁才能联结起来。这样，桥梁就成为道路的延续，也可以说，它就是水上的道路，使人们可以不更换交通工具而直接到达彼岸。从这个意义上说，桥梁作为人类的创造物，一方面为人类带来巨大的便利和效益，另一方面又是人类在改造大自然的过程中表现出来的聪明智慧的结晶，它承载着人类的想象幻想、技能技巧和情感意志，由小到大，从少到多，由粗到精；从江河到海洋，从跨江越河到构建立体交通，形成一个形式多样、造型奇妙、功能全面并在方兴未艾发展中的桥梁家族。

从分布区域的不同来说，城市桥梁的数量随着城市化水平的不断提高迅速增加，质量越来越精，体量越来越大，往往成为一个城市的标志性建筑和重要的风景名胜。乡村的桥梁更是各式各样，争奇斗妍，尤其是在水乡泽国，那里河流交叉，织成一张巨大的水网，人们因水制宜建造桥梁，并且布置成各具特色的桥梁组合：或三五成群，在一条河上接连出现好几座桥梁，一派宏伟的气象；或错落有致，几条河上的桥梁相互衬托，交相辉映，真可谓水乡就是桥乡。一些江河入海口的三角洲地区，水多桥也多，令人目不暇接；水清桥更美，令人叹为观止，人们往往把这些地方称为桥梁博物馆，表现出对桥梁建设的伟大成就而感到的骄傲与自豪。

桥梁与社会发展的密切关系，早就为古代中国人所了解，在他们的词汇里，已经出现了"关梁"一词。这就是说，他们已经把围护城池的关隘和便利民生的桥梁，看作是城池存在的基础，"关"和"桥"两者分别承担的隔离与沟通的功能，在相辅相成中体现出对生存与发展所发挥的保障作用。

确实，桥梁不仅给人们带来了交通的便利，也带来了社会的繁荣兴旺。对此，我们只要看看中国绘画史上的经典之作——北宋画家张择端的名画《清明上河图》，就会明白桥梁在人类经济文化生活中的巨大作用。

在《清明上河图》中，画家描绘了北宋汴梁承平时期清明时节汴河两岸繁华而热闹的动人景象。打开画卷，首先映入眼帘的就是那座规模宏敞、造型奇美的高木拱桥——虹桥。它不但在画面上成为观赏者的视觉中心，而且是中国古代鼎盛时期节日盛况的生动写照，画中共有500多个人物，最大的人群就出现在桥上。那种熙熙攘攘、摩肩擦背的繁华热闹的场面就在这座虹桥上淋漓尽致地表现出来。桥在画幅中心，左边引来市郊春光，有村落田野、嫩柳老树，还有从郊外进城的车马、轿子和人群；桥的右边连接市区街景，城楼高耸，街道交错，店铺鳞次栉比，商贾五花八门，人物三教九流。桥的下面，汴河斜贯画面，20多条船只，有载客进城的，有装满货物准备起航的，或停泊于码头，或往来于河上。巨大的漕运船，与高耸的虹桥相互映衬，既显示了汴河当时作为南北交通干线的繁忙景象，又突出了高大的桥梁为过往船只提供的便利。这座木拱桥在画面上显示出举足轻重的位置，它把人的各种各样行为，街市的繁华，乡村的旷远，水上、陆上两种不同类型的交通工具，全汇集在一起；又把社会生活的环境氛围，从宁静的乡村过渡到繁华的闹市，把两种截然不同的生活习俗加以细致的表现，又通过画面的布局由疏朗到紧凑的转变，把两者有机地联结起来，并把众多相互对立的形象和意境，合理地安排成一个统一的有机整体。这充分说明画家已经自觉意识到虹桥这座宏伟的木拱桥，在汴京的繁华世界中占据着举足轻重的地位。它不只是以精巧的结构、形如飞虹的艺术形象，成为画中之"眼"，更重要的是此画充分表现了它在汴梁人经济文化生活中所起的特殊作用，以及在人们的心目中镌刻着的美好形象。正是这座桥在当时都市生活中特别重要的地位和作用，尤其是它在人们心目中的壮美形象，使它在中国桥梁史的画卷中占据了特殊的位置。

桥梁作为文明的纽带，在物质文明和精神文明建设中的作用，在现代社会同样十分重要而表现得格外精彩。改革开放以来，中国各地都非常重视桥梁建设，把它看作是发展经济的基础工作。上海、广州、武汉、重庆、济南、杭州、厦门、宁波、南通、九江、芜湖、铜陵、深圳、汕头、香港、澳门等地纷纷兴建大型桥梁，很多城市是新桥一座接着一座，质量优异、形象美观的现代桥梁如雨后春笋，奇迹般地出现在中国的大江大河上。上海的南浦大桥、杨浦大桥、徐浦大桥、卢浦大桥；广州的广州大桥、海印桥、解放桥、洛溪桥、番禺大桥、新光大桥、丫髻沙大桥；重庆郭家沱长江大桥、白居寺长江大桥、千厮门嘉陵江大桥、牛角沱嘉陵江大桥、水土嘉陵江大桥、蔡家嘉陵江大桥、礼嘉嘉陵江大桥、万州新田长江大桥；武汉长江大桥、长江二桥、鹦鹉洲长江大桥、天兴洲长江大桥、阳逻长江大桥、白沙洲长江大桥、军山长江大桥、二七长江大桥、沌口长江公路大桥、杨泗港长江大桥；南京长江大桥、大胜关长江大桥、八卦洲长江大桥、栖霞山长江大桥、江心洲长江大桥；杭州的钱江二桥、三桥、四桥……直至九桥，还有富春江上的富阳大桥和桐庐大桥；宁波的解放桥、江厦桥、甬江大桥、招宝山大桥、湾头大桥、长丰桥、明州大桥、外滩大桥、庆丰大桥；宜昌的西陵大桥，厦门的海沧大桥，汕头的海湾大桥、礐石大桥，连接镇江和扬州的润扬大桥，长江出海口江阴大桥、沪苏通长江大桥和连通洋山港的东海大桥。真是不胜枚举，数不胜数。

　　进入21世纪以来，中国桥梁建设迎来了新的高潮。随着桥梁科学的不断创新，技术水平日益提高，当今中国桥梁建设可以说正处于登上新高峰、开创新业绩的大好局面。首先，当今中国桥梁建设从跨江越河向大海进军，从辽东半岛到南海的伶仃洋，一座又一座跨海大桥使海峡变通途，岛屿连大陆；而在中国的西部边陲，许多特大型桥梁登上云贵高原、青藏高原，这些巧夺天工的现代建筑横空出世，把原本"难于上青天"的崇山峻岭、万丈深渊化作康庄大道。其次，一大批高难度、高质量、高大上的桥梁建设成就不断涌现，许多新的桥梁建设的世界纪录被中国建设者创造出来，跨度最长、桥塔最高、净空最深、建筑材料最新、施工方法最精、使用年限最长的特大桥，在克服了地质条件差、施工难度大、承载要求高等各种困难之后巍然屹立，成为中国基本建设的亮丽名片。再次，中国桥梁建设走出国门，在亚洲、非洲、欧洲等地区的多个国家承接桥梁建设工程，以精湛的技术水平、合理的经费预算、忘我的艰苦奋斗精神、周到科学的服务态度，正在赢得越来越多国家的政府和人民的信任。中国桥梁建设者为孟加拉国建造的帕德玛大桥，为塞尔维亚建造的泽蒙-博尔察大桥，摩洛哥的Mohammad六世大桥，秘鲁的查莫罗大桥，等等。两百年前西方发达国家把现代桥梁引进中国，现在中国的桥梁建设者已经能够用自己高超的桥梁科学技术全系统、全要素、全产业链在海外落地，这既是工程建造方面的新的跨越，也是对人类在桥梁建设中获得的先进技术和施工经验的推广与拓展。

　　桥梁建设的热潮在华夏大地已经持续了30多年，并继续保持着方兴未艾的势头，恰好证明了改革开放就是桥梁建设的最好时机。老百姓说得好："要想富，先修路。"作为道路建设的重要环节或者说控制性工程的桥梁建设，自然是致富路上不可忽视的基础设施。难怪上海市的几任市长都对南浦大桥的建造给予极为高度的重视和关怀；难怪邓小平同志生前最后一次到上海视察时，不顾身体的衰老和冬日的严寒，坚持要在杨浦大桥走上一段，并且感慨地说："喜看今日路，胜读万年书！"还有朱镕基同志，自1989年4月起，直到南浦大桥竣工，先后12次到工地指导工作。1991年大年初一，朱镕基同志又到工地慰问节日期间仍坚持施工的建桥工人，他充满激情地说："修建黄浦江大桥是上海人民多少年梦寐以求的愿望。这个大桥不修好，开发浦东就是一句空话。修好大桥，振兴上海、开发浦东的伟大事业就开始了。这个工程非常重要，我曾经说过，它要震惊世界！"可见，在人民群众和领导人的心目中，桥梁建设是现代化建设的前哨战，是经济腾飞的奠基石。上海有位作家在讴歌南浦大桥建设者的报告文学《我们的桥》中，曾经无比自豪地写道："南浦大桥是上海人撬动下一个世纪的支点。"如果把这句话的内涵做一些扩展，我们完全有理由这样说："桥梁是人类撬动历史的支点。"这句话一点也不夸张，人类社会的发展历程，就是在跨越了一个个急流险滩、深山峡谷之后，才一步步向前发展的。桥梁，不只是人类征服大自然中江河峡谷的物质成果，同时是社会向前推进的历史表征。它以实实在在的物质形式，包含着多方面、多层次的历史文化内涵。

首先，今天仍巍然屹立在江河之上，还可以承载现代运输工具的古桥，它是那样牢固，那样富有经久不衰的生命力。这就向我们昭示着古人在当时比较简陋的条件下所达到的智慧和科学，他们在认识自然、改造自然的过程中显示出高度的科学知识、理性精神和创造才能。可以说，一座桥梁就是一座科学的丰碑，它记录了人类如何遵循着客观世界的规律，从而达到驾驭客观世界的业绩。

其次，建成于不同年代的桥梁，总是自觉不自觉地表现着当时的人们，对人与自然相互关系的认识，从中我们可以看到建桥人的哲学思想、生态观念、技术水平和审美品位，有的还带有一定的宗教色彩。这一座座桥梁又是祖先留给我们的科学技术的伟大成就和文化心理的辉煌巨著，富有深邃而多方面的历史价值，可供我们认真阅读、细细领略。同时，它又是情感的果实，凝结着古人对大自然敬畏而又敢于抗争的心理体验，体现着他们对美的认识和审美追求。可见，桥梁是中国光辉灿烂的建筑艺术百花园中的妍丽而华美的花朵。

再次，从古到今的桥梁，都是工人们用自己灵巧的双手建成的。它不但向我们展示着设计者匠心独运的智慧,而且是桥工们精湛技艺的最好见证。可以说,桥梁记载着人类技术发展的辉煌历程,它告诉人们,动手创造是人类争取更美好的生存环境的唯一手段。只有依靠双手的勤劳和灵巧,才能把一切美好的愿望变为现实。一座座桥梁都是中国人创造活动铸造的金匾和劳动者的不朽丰碑。

还有,不少桥梁是在人类与自然的反复较量中才最后建造成功的。人类在改造自然中获得胜利不是一蹴而就的,暴雨、洪水、台风、泥石流往往会给桥梁带来巨大的威胁,有时会摧毁建成的桥梁。有不少桥梁就是在屡毁屡建、历经磨难的艰难斗争中,显示出人类意志力的坚强与伟大。只有依靠百折不挠的韧性战斗精神,反复探索,勇于实践,人类才有可能在与大自然的较量中取得最后的胜利。由此可见,每一座桥梁又是依靠艰苦卓绝的努力才得以完成的,而且需要集体的坚强决心,才能成就众志成城的奇迹;是一代又一代人的不懈努力,使桥梁傲然屹立在大江大河乃至大海之上,变天堑为通途,长久地造福民众。

总之,桥梁是庄严的史书,它记载着人类战胜自然的艰难历程和巨大成功;桥梁是智慧的结晶和巧手的果实,它蕴藏着人的聪明才智和精湛技艺;桥梁又是精美的艺术品,它为祖国的大好河山锦上添花,成为人们审美观赏的极好对象。

桥梁是赞美诗,它讴歌着科学的力量、技术的精湛和劳动的光荣,是人类自由自觉创造的本质力量的确证;桥梁是风俗画,它是表现民族风情、历史变迁和时代精神的壮丽活剧的广阔舞台。它有丰富的文化内涵,是文明的纽带。

正因为桥梁承载着如此丰富而又生动的文化内涵,蕴含着十分深邃而又鲜活的人学意蕴,因此,把桥梁作为感受人与自然和谐共存、了解人类文明进步历程、领略人类自由自觉创造的真谛、学习建设者艰苦奋斗光辉榜样的重要对象,应该是十分适宜而重要的。同时,桥梁又是我们深入学习中华民族优秀传统文化,认真继承民族文化的宝贵遗产,充分感受时代潮流滚滚向前,激励创新创业奋斗精神的教科书,从而进一步完善对于人类创造性社会实践的伟大意义的认识,更科学更深入地把握自然规律,在最大限度地保护自然资源的基础上合理利用自然,让大自然能够更长久更和谐地为人类生存提供优质环境。这些桥梁有助于提高民族文化自信,使越来越多的中国人能够遵照前人的榜样,以睿智的头脑、科学的态度、合理的方法、有效的途径,为实现中华民族伟大复兴贡献自己的力量。

正是出于这样一种思考，本书把"行"和"知"作为认识中国桥梁的切入点。众所周知，"行"和"知"是中国哲学几千年来一直关注的论题，很多哲人都对两者的内涵及其相互关系发表过富有启迪意义的见解，因为认识世界与改造世界是人类所面对的基本任务和永恒使命。在各种有关"行"与"知"的论述中，"知易行难"与"知难行易"两种针锋相对的意见就成为争论的焦点。中国古代哲人提出的"非知之艰，行之惟艰"的观点，曾经得到很多学者的认同。而革命先驱孙中山先生则从斗争实践出发，认为这种传统学说不但不能激励人的进取精神，反过来会成为畏难苟安的借口，"不知固不欲行，而知之又不敢行，则天下事无可为者矣"。为了破除这一旧观念的弊端，激励革命者"无所畏而乐于行"的实践精神，他提出了"行之非艰，而知之惟艰"的观点，并以人们在日常生活与劳动生产的不同方面的实践为例，阐明人们在尚未掌握某种科学知识时，就已经开始进行相关的实践活动了。因此，希望打破对于"非知之艰，行之惟艰"的迷信，以积极主动的斗争，去争取革命的胜利，也就"诚有如反掌之易也"。

上述两种不同观点的分歧，主要是由于出发点不同以及对"行"与"知"两个概念各自的不同内涵存在着理解上的差异。传统的"知易行难说"，把立足点放在人类社会实践的艰巨性上，要通过实际行动去实现改造自然、改造社会的理想，对行动所要达到的具体目标必须充满必胜的信心，并要有前仆后继的牺牲精神和正确的斗争方法，以及需要有一定的人力、物力作为行动的基础，这说明要通过实际行动办成一件大事，确实不可能是一蹴而就的。从这个角度来说，"行之惟艰"的观点是很有道理的。而孙中山先生的理论主要着眼于唤醒民众勇敢地投入革命行动，就不能只是坐而论道，对于革命斗争来说，不可能先把革命的道理、斗争的方法、具体的进程等所有理论问题弄得一清二楚之后才付诸行动，这样往往会在众声喧哗的清谈与无休止的争议中延误行动，还会由于沉溺于理论思辨而销蚀革命斗志，从而从根本上毁掉革命行动。

其实，"知"与"行"是一种相辅相成的关系，它们是历史车轮滚滚前进的两翼轮子，都是人的本质力量不断增强的根本途径。从"行"的角度来说，实践出真知，实践是检验真理的唯一标准，要实现改造自然、改造社会的理想目标，必须通过变革现实的实际行动。然而，对于人类来说，一切有实际意义的行动，都具有一定的自觉性，都是在已有的经验积累的基础上发生的。

这就是说，"行"需要"知"的指导，只有对某种事物有了一定的真知灼见，才有可能使自己的实践活动获得预想的成功，这是人类社会能够获得日新月异发展的根本原因。跟动物相比，人最重要的优势就在于学习，前人在生产生活中获得的经验通过特定的符号系统流传下来，成为下一代继续进步的基础，而不是像动物一样一代又一代地重复着同样的生存方式，也就是说，动物是凭本能生存的，它与人依靠自由自觉的创造性实践不断开创新生活有根本的区别。宇宙是无限的，人类对于客观世界的"知"也是无穷尽的。这就需要通过实践与认识的循环往复，通过作为人的本质力量重要组成部分的探究力的作用，在无限的未知世界中一步一步地向前探索。"知"与"行"就是在这样的人类学哲学的背景下，形成了相辅相成的辩证关系。明代哲学家王阳明主张"知行合一"，如果不是简单地理解为"知"就是"行"，"行"就是"知"，因为两者是不能简单地合二为一或相互取代，而理解为"行"需要"知"的指引，"行"又是"知"的更新、充实和发展，是检验"知"的真伪、善恶、美丑的唯一尺度，那么，"知行合一"应该是两者在相互依赖、相互融合、相互转化、相互促进的动态发展中使人类的社会实践获得成功，人对自然、社会和自身的认识，也就由此得到了不断的升华，而贯穿于其中的重要特征则是人类对于社会实践和理论认识的创造性、自觉性与永恒性追求。由此可见，"行"是"知"的源头，"知"是"行"的升华。无"知"的"行"只能是盲目的冲动，肯定不可能取得预想的成功，而不想付诸"行"的"知"，也只是教条主义的空谈。所以，只有坚持辩证统一的"知行合一"，才是人类文明进步不断开拓、步步深化的必由之路。

　　本书主要讨论中国桥梁知识的学习与观赏这一问题，虽然属于形而下的层面，但同样可以依据我们对"行"与"知"辩证关系的理解来展开。当然，从桥梁建设的实践本性来说，"行"的第一内涵首先是指桥梁的建造活动，"知"则是人类对于桥梁科学技术的系统认识，两者都必须通过动手建造的实际行动，通过不断深化对桥梁的材料、结构、技艺、功能与环境等相关科学技术知识的储备、更新、拓展与深化，使"行"与"知"在积极的互动中达到"知行合一"的新高度。然而，本书所要讨论的"行"与"知"，主要是指通过对中国桥梁现存实体的感知、观赏、体验，去了解中国从古到今在桥梁建设上取得的巨大成就，领略建设者的聪明才智、精湛技艺和奋斗精神。这里的"知"与"行"的主体就不是桥梁建设者，而是作为观光者的游客和行人。这里的"行"就是旅行、行走，是指人们在身临其境的直接感受中领略中国桥梁的悠久历史与辉煌现实，深入体会中国桥梁文化的博大精深，充分领会当今中国在桥梁建设中执世界牛耳的重要地位，积极了解中国桥梁科学技术在改革开放的伟大时代所取得的巨大进步，为充实与提升桥梁观赏的人文内涵、科学精神和审美意蕴提供一个个宏大而光辉的实证对象。同时也会介绍一些桥梁科学技术的基础知识，对中国桥梁的发展历程、基本类型、技术造诣及审美特性进行必要的分析，以便在"知"桥的基础上展开更好的观赏体验，同时又在观赏体验的过程中提升对桥梁的了解、把握，在认识论的层面达到一个新的高度。

本书把"知行合一"作为基本的指导思想的理论基础，所以全书把对桥梁知识的介绍和对于具体桥梁的观赏体验融为一体，没有加以泾渭分明的区分。在具体的内容安排上，把知识介绍放在前面，然后才是有关行走观赏的分析阐述，但在行文过程中根据实际需要把两个方面的内容加以穿插，在"行"的过程中增加"知"识，在"知"的引导下提高"行"的兴味，充实"行"的内涵，享受"行"的美好。希望本书所遵照的"知行合一"的基本原则，一方面能够让读者获得更多更新的桥梁知识，另一方面为他们实际的观赏行动提供知识的启迪和行动的指导，在"行"与"知"两个方面都有新的收获。

就让我们对中国的桥梁家族做一次认真而富有情趣的巡礼吧，一起去学习中国古今桥梁建设的知识，观赏中国桥梁的美好形象，挖掘它们深刻的文化意蕴，把握中国桥梁的现实情况和未来发展。我想，我们一定能从中收获很多桥梁科学技术知识和审美观赏的精神享受，也一定会让我们鼓起勇气走向城市、乡村和山川的广阔天地，在精彩纷呈的桥梁面前感受科学技术的伟力和建筑艺术的魅力，从而以更开阔的视野拓展、更充实的知识储备、更深邃的精神熏陶，为自己更富诗意的生活打开崭新的通道。

知桥篇

　　为了使读者能够更深入地感受中国桥梁丰富的文化内涵，了解古今建设者在桥梁建造中呕心沥血的创新追求和出神入化的精湛技艺，学习他们甘愿把生命的全部力量投入其中的工匠精神，本着"知行合一"的写作理念，我们把有关介绍桥梁基础知识的内容放在前面几章。也就是说，行知书是以"知"桥为前导，然后再探讨有关"行"的问题。这样的安排主要是为了使读者能够在接触前人在创造性实践中积累起来的经验，以知识的铺垫和历史的眼光把握中国桥梁从古到今的发展过程，领会现代中国桥梁建设艰难困苦、玉汝于成的奋斗史实，掌握桥梁科学技术的基础知识和审美观赏的基本能力，从而为"行"做好知识、情感与方法上的准备。

二十四桥凝目处，往来人在画图中

第一章　桥梁简史

著名数学家丘成桐先生在清华大学演讲时曾说：最能影响做好学问的知识就是历史！一个学者要在学术研究上取得好的成绩，确实需要激情的发挥，但最重要的还是要有根基，而有根基的激情都应该建立在我们对于文化历史深入认识的基础上。因此，无论哪个领域都要从历史中吸取做学问的经验，对于中国桥梁的认知同样如此。

中国有着悠久的历史，勤劳智慧的人民创造了灿烂的文化。在繁花似锦的民族文化的百花园中，桥梁文化恰如一株开满绚丽鲜花的参天大树，它根深叶茂常荣不衰，并且伴随着民族的发展历程，取得了一个又一个的成就，为世界桥梁发展史做出了毫无愧色的贡献。我们回顾中国桥梁建设走过的道路，看看我们的祖先怎样从无到有，从小到大，化粗为精，从浅水小河到大江深渊、海峡岛礁，一座座桥梁拔地而起，一道道天堑变成康庄大道，谱写了中国桥梁建设的壮丽史诗。

自然启迪

生产生活的实践使人类产生了跨江越河的需要，我们的祖先在学会了舟楫水运的同时，也摸索出架桥的方法。现存的实物和文献的记载都明确地告诉我们：中国是世界上最早懂得建造桥梁的国家之一，桥梁的发展史就是中华民族认识自然、改造自然的光辉历史的重要组成部分。今天仍然为各国采用的基本桥型，在古代早已出现在华夏的江河之上，取得过令人赞叹的辉煌成就。善于向大自然学习，是最早的桥梁建设者取得成功的基本途径。虽然那时还不曾有仿生学这样的学问，但是作为万物之灵长的人类，正是在不断探索中积极了解外在世界，同时又把大自然作为自己的老师，在学习自然的过程中获得改造自然的灵感，这在桥梁建设的萌芽时期所产生的作用是十分重大的。

就拿梁桥来说，当远古的人们看到了河流对岸的新世界，迫切地想越过滔滔水流，去开拓新的生活乐园，但无情的水流使得人们无法越雷池一步。出于扩大觅食范围、改善生存条件的必然需要，以及在好奇心支配下产生的探究彼岸世界的强烈欲望，人们坚持不懈地克服种种困难，去寻找通向对岸的道路。由于水深流急，涉水泅渡不但无法运送物资，更严重的危险就是生命的牺牲，于是只能寻找其他更加安全的过河方式。也许是苦苦求索的结果，也许是一次偶然的机会，长期困扰人们的难题突然迎刃而解：一棵生长在河边的大树由于水流的冲刷，被大风一刮，刚巧倒向了对岸。和树木有着天然缘分的原始人，顺着树干攀援过去，这原本就是他们的拿手好戏。而过到对岸的成功喜悦，使他们盼望着再倒下几棵树来，即可更方便地往返于河的两岸。人们从大自然浑然天成的独木桥得到启发，产生了有意识地砍伐树木并使它倒向对岸的愿望，因此人们拿起砍伐工具，开始了最早的造桥实践。不要小看这一想法和行动，这就是创造发明，就是桥梁史的开端。在"坎坎伐檀"的伐木之声中，人们把砍下来的树木"置之河之干兮"，这就成为使人能够顺利过河的梁桥。正是这种自觉的创造性劳动，有效地增加了人们探索世界的智慧，不断地提高了建造活动的技术水平，使人类逐渐掌握了架设木桥的能力，并且深化了对桥梁的理性认识。许慎在《说文解字》中对于"桥"字的解释就很好地体现了这一点，他说："桥，水梁也。从木，乔声，高而曲也。桥之为言趫也，矫然也。"这里的"趫"，意思就是缘木善走，而且走得很灵便，很矫健。

人类有意识地开始伐木架桥，可能在旧石器时代已经开始了。因为考古学已基本证实，人类社会最早经历的应该是木器时代。从树上下来的猿人，带着对树木的深切了解和亲切感受，以树木作为栖居的所在和劳动的工具，开始了最初的有意识劳动，这是很合理的推测。这里，我们可以看到这样一点，在桥梁发展史上，首先出现的应该是木梁桥，因为人类在童年期对付树木比驾驭石头更有经验，更有成功的把握。所以，《说文解字》是这样来解释"梁"字的："用木跨水，即今之桥也。"

人们从大树倒向对岸的自然现象中学会了架设梁桥，也完全有可能在大自然这位老师的教诲下，获得了架设其他类型桥梁的灵感。

或许就在他们苦苦寻觅最佳的过河地点时，突然发现了这样一种奇异的景象：在河流两岸那犬牙交错的巨石中，不知怎的发现其中有几块是连成一片的。河水从巨石下面的洞穴中狼奔豕突地冲出来，继续向前奔涌而去。水流长年累月地不停冲刷，逐渐把石壁冲成洞孔，而洞上方的岩石却仍是连在一起的。面对大自然这种奇异的造化，我们的祖先会惊叹不已，他们往往认为这是神的恩赐，是他们虔诚敬神的结果。其实，这种天生的石桥，是地壳变化的结果，是特定的地质运动造成的。当地震、火山爆发、泥石流等巨大的自然力作用于岩石，即使是最坚硬的花岗岩，也会变得像面团一样，任凭大自然这无形的巨手去搓捏，天造地设的地貌为水流和人的行走提供了双重的便利，最终成为跨越河流的天然桥梁。在石灰岩地区，由于受到水流天长日久的冲刷，石灰石迎水的那部分逐渐被水溶蚀掉，长年累月，最终形成一个溶洞。而岩石的上部因为没有受到水的冲击，仍然是磐石一块，同样也就出现了另一种天生的桥梁。

这种情景，我们今天仍然可以在山区见到，如云南落水坑天生桥、下关天生桥，广西的仙人桥、桂林象鼻山，湖南慈利县索溪峪风景区的仙人桥，江西庐山的天桥，浙江天台山的石梁，位于山西壶关县鹅屋乡的太行山大峡谷天生桥，以及河北平山县下口镇卷掌村天生桥。在上述天生桥中，天台山的石梁属于花岗岩地质构造，这条横跨溪谷的巨石，长7—8米，宽20—60厘米，上窄下宽，背面形似龟甲，身如巨龙，因此有"龟背龙身"的美称。石梁下溪水奔涌，直落数十米，泻入碧潭。站在下面仰望，石梁就像一条彩虹卧在溪谷两岸，瀑布似飞雪奔练，十分壮观。天台山石梁是在花岗岩的横节理比较发育的条件下，经流水长期侵蚀及风化作用形成的奇观。这种花岗岩天生桥是比较少见的。又如湖南慈利县索溪峪风景区的仙人桥，石梁跨度约30米，石洞高约40米、宽1.5米。这是典型的石灰岩构成的石山在流水的作用下形成的洞穴。由于洞顶岩层所剩不多，洞穴就显得比较大，看上去就像一座天然的石桥。这些天生桥，有的是天生石拱桥，有的更像大自然有意建造的伸臂梁桥。它们以造化之功、奇异之美，今天已经成为著名的风景点，而在上古时期则是人类在桥梁建设中直接借鉴的模板。

特别值得一提的是，著名的旅行探险家徐霞客，在他的游记中多次描绘了"天生桥"的雄奇险峻。他曾三次到天台山探石梁奇观，还亲自从石梁上面走过，他写道："（石）梁阔尺余，长三丈，架两山坳间。两飞瀑从亭左来，至桥乃会流下坠，雷轰河溃，百丈不止。余从梁上行，下瞰深潭，毛骨俱悚。"他还对云南落水坑天生桥做了这样的记载："余时尚不知所入岭即天生桥也。

惟巫西下绝壑，视西来腾跃之水，一里抵壑之悬绝处，则水忽透石穴下坠。其石皆磊落倚伏，故水从西来，捣空披隙而投之，当也东合天生桥之下者也……又知天生桥非桥也，即大落水洞透穴潜行，而路乃逾山陟之。"这种天生桥，虽系天开，却也宛如人作，因此往往伴有奇妙的神话，激发了人们亲身感受大自然的神秘的游览要求和探索兴味。湖南慈利县索溪峪仙人桥，就被说成是北宋仁宗末年，土家族领袖向王造反，被官军打败，逃到悬崖绝壁处，眼看无路可走。正在这千钧一发之际，突然三位仙女从天而降，她们长袖一舒，天上立即飘下一条玉带，横落在峡谷之上，化为桥梁，让向王死里逃生，后人便称此为"仙人桥"了。徐霞客在游记中科学地指出了这类天然桥梁的成因，并且使用了一个最合理的名称——天生桥。现在这一名称已为地学界所公认，统一称这类天然石桥为"天生桥"了，徐霞客对天生桥这一地质现象的发现与命名真可谓功不可没。

　　正是这些天生桥，开启了人们智慧的心扉，给建造伸臂梁桥、石拱桥提供了生动的样板，大自然教会了人类更多的建桥本领，拓宽了桥梁建设的广度。

　　当然，原始人在探索过河的方法时，并不是处处可以碰到大自然的恩赐的。他们可能既没有发现倒卧在河流上的大树，也没有在自己的活动范围内找到现成的"天生桥"。这就迫使他们开动脑子，继续向大自然学习，去寻找其他的好办法。在这样的背景下，新的奇迹也就容易出现了。或许有一天，大风把长在岸边大树上的藤萝向对岸刮去，藤萝在飘荡中正好挂住了对岸的树木或者岩石，就像一根斜拉的绳索，把河流两岸沟通起来。这种偶然现象正好被苦苦思索过河方法的有心人看到，心有灵犀一点通，自然现象的生动启迪使人们心智大开，懂得利用抛掷或其他方法，把藤萝抛到对岸拴住，就可以帮助他们征服河流的阻隔，这或许就是悬索桥的原初形态。现在印度还有一座仍在使用的树桥，长在峡谷边上的一棵百年大树，粗壮坚实的树枝跨越溪流伸向对岸，人们就用藤蔓把几根巨大的树枝绑在一起，把它们固定在对岸的岩石上使之成为桥面，并且把那些在树干上长得稍高的枝条分别扎在桥面的两边形成桥栏，使人们在过桥时不再出现战战兢兢的紧张与惧怕，一条有着植物旺盛生命活力的树桥就建造成功了。这样的树桥虽然在中国已经很难见到了，但相信古代山区的人们本着因地制宜、物尽其用的造物思路，直接运用大自然现成的资源建造索桥，应该也是完全有可能的。

　　悬索桥是现代桥梁中很常见的桥型，对于它的起源有人做过另一种推测：灵长类动物一般都十分灵活轻巧，又都是攀援的高手。当它们为对岸的食物所吸引时，也会运用自然界赋予的本领过河去攫取的。它们会用柔软轻灵的身子组成从此岸挂到彼岸的链条：第一只猿猴把后肢挂在岸边的树枝上，前肢抓住同伴的后肢，第二只的前肢再去抓第三只的后肢，这样首尾相连，一条富有生命活力和天赋本能连成的桥梁，就能够很快地实现采撷对岸花果的目的。当人们看到动物这一奇特的觅食本领后，在惊叹猿猴如此能干的同时，也从中得到了架桥的灵感：用柔软坚韧的索状物拴在河的两岸，也可以帮助人类实现过河的目的。最早的悬索桥也有可能就是这样在动物的示范中为人类所掌握的。童话故事"猴子捞月"中所描述的猴儿们互相牵拉，悬挂起来到河中捞月的现象，奇特的想象确实包含着一定的合理性。因此，这种推测也不是没有根据的。

中国是世界桥梁界公认的最早建造藤竹吊桥的国家，至少在3000多年前就已经开始架设这类桥梁，并且今天仍能在山区看到这一古老的桥型，可见这类用藤萝、竹索、麻绳、铁链所建造的桥梁，在中国有着多么悠久的历史。西藏墨脱县的藤桥，曾经作为这类树桥的实存物证得到人们的高度重视，这就说明这种特殊的桥梁，曾经在古代深山峡谷的交通要道上发挥过它的历史作用。

原始人是从大自然中学会了利用树木、藤萝过河的方法，也从天生桥的奇观中促发了自己的想象力。可见，人类之所以能够学会造桥，是因为善于学习。虽然早期的桥梁很简陋很粗糙，但人们在这里已经显示了自己的创造才能。当他们从自然现象的启迪中获得灵感，于是就动手砍伐大树，第一次把树木横跨溪流安放时，或动手牵引第一根藤萝过河时，人类建桥的历史就开始了。因此，这简单的劳动包含着深刻的涵义。人们逐步懂得，只有依靠自身的力量，用自己的双手去创造，才能根据需要完成建造桥梁的使命。他们最早可能是把树木直接搁在河流两岸，建成最简易的木梁桥；但树木的长度毕竟有限，遇到更宽的河流，光靠一根大树的长度显然是无法实现跨江越河的目的的。于是人们就在水中建造桥墩，把长度有限的树木连接起来，化短为长，直到超过河流的宽度。这就出现了多孔桥。当有的江河水深流急，无法建造桥墩时，人们就利用自然界提供的绳索状物资架桥，用自然界现成的藤萝或者人工制造的绳索，去克服树木在长度上的局限性而造出新型的索桥。从制造的工艺来看，应该是先有独索桥，后来又发展成多索桥，并且在索上铺设桥面，不仅可以供人通行，而且可通车马运输货物。可见，人类建造桥梁的历史在远古时代就已开始，并且在今天继续向前发展着。当然，现代人在改造自然的能力上，比起他们的祖先不知要强大多少，但是，热爱自然，了解自然，拜大自然为师的"祖传秘方"，应该说仍然是值得珍视的。

桥梁能从远古时代的原始简陋，发展到今天的规模和水平，成为建筑物中蔚为壮观的一个分支和交通设施中最为重要的工程，这都是人类依靠着自己的创造性，坚持不懈地追求着更为方便、更为美好的生存环境的结果。桥梁建设适应着社会发展的需要而得到人们重视，这种需要也就成为创造力不断强化的强大动力。同时，正是在这种要求的有力支配下，社会生产力才能得到不断的提高，这种情形反过来为人们在更广更深的层次上改造自然提供了新的条件。桥梁正是在人类改造自然的美好愿望和现实成就的良性循环中，在人类对相关的科学知识和技术能力的深入掌握中一步一步地向前发展的。因此，桥梁建设的历史是社会进步的缩影，是人类与自然界既斗争又和谐的双重关系的具体表现。从工程学上来看，每一种新桥型的出现，都是人们依据历史的必然要求，经过艰苦卓绝的实践，实现了从"必然王国"向"自由王国"进军的胜利。

伟大创造

桥梁建设史告诉我们，经济是桥梁发展的直接动力。在原始社会中，早期人类聚族而居共同劳作，他们的狩猎活动和生活上的安全，都和桥梁有关系。这是因为社会化生产总是要求有良好的运输通道，以便能比较自由地跨越河流的阻隔，在更大的范围内进行狩猎和采集活动。考古发现，西安半坡村新石器时代的遗址，在人们居住区的周围，已经有深和宽各5—6米的大沟围绕着。这样的壕沟，当然是为了防止野兽的骚扰和异族的侵袭，这也就是最早的护城河了。那么，在这样宽的水沟上，如果不安置可供人出入的桥梁，显然是不可能的。最大的可能是当时的人们已经学会了建造用原木拼合起来的筏形活动桥了。这种桥在需要使用时放在水沟上供人和物资通行，而在夜间或者遇到战争的时候则撤去。这一估计不是凭空猜想的，而是从考古发现的实物证实，当时的人们已经学会了用木桩、树干、草泥盖房屋，那么掌握建造这类木桥的技术，应该是没有问题的。

特定的经济水平，会对桥梁的形式、强度、数量提出特定的要求。如宋代的泉州，在10世纪中叶到12世纪的150多年中，掀起了一个建桥的热潮。《泉州府志》中具体标明建于宋代年号的桥梁有110座之多，其中有几十座大中型石梁桥，2500米以上的长桥就有4座，而跟长度达到1200米以上的洛阳桥相类似的桥梁就更多了。不但在陆地的江河之上，而且在近海岛屿和陆地之间，也已经有桥梁建成，出现了"闽中桥梁甲天下"的盛况。尤其是12世纪中叶（宋绍兴年间，1131—1162年），更掀起了一个造桥的热潮，每年造桥一里（500米）以上，连续13年，建成了30余里（15000多米）的石梁桥。要是把这些长桥放到江南水乡的小河道上，相当于每年造桥三五十座。

这一造桥高潮正是适应了泉州经济发展的需要而出现的。宋代结束了50多年的割据局面，生产力有了较大恢复和发展。宋王朝又比较重视对外交流和贸易，而泉州正好是主要的通商口岸之一。当时朝廷在泉州设有提举市舶司，到泉州来做生意的外国商人数以万计。《宋会要》曾有这样的记录："市舶之利最厚，若措置合宜，所得动以百万计。"南宋时虽战事频繁，但对泉州的商业不但没有影响，临安政权反而把它看作向金国纳贡的钱仓，因此更加重视泉州的对外贸易。加上靖康之乱以后，大批有知识有技能又善于经营的中原商人纷纷南迁，使泉州变得更加繁荣富庶。在很短的时间内，泉州从全国四大外贸商港之一，上升为全国第一大港。根据史书记载：从南宋初到绍兴二十一年（1151年）的二十多年里，泉州的外贸税收，由平均每年的十四万缗（一缗等于一千文），激增到一百万缗左右，增加了六倍多。造桥铺路的热潮，正是适应着进一步繁荣商业的经济要求而生。泉州宋代桥梁建设的布局，都是近海、靠海，有的直接伸入海湾，就是为使各个港区、码头和泉州城紧紧相连，人得其道，货畅其流，有效地促进贸易活动。用今天的话来说，在宋代泉州人就十分重视基础设施的建设了。众多桥梁的建成，免除了中外商贾上下渡船的麻烦，既增加了安全感，又节省了时间。有的商人甚至可以直接驱车到达海岛，和停泊在那里的大船面对面地交易，这就减少了商品的周转环节，增加了客商的利润，为更多地吸引外商来泉州做生意创造了良好的条件。当时，泉州人乐于通过造桥铺路来促进当地的经济发展，应该说是很有眼光的。

今天，经济的迅速发展有力地推动了全国各地的桥梁建设。就拿珠江三角洲来说，这一带江河纵横，过去人行车往都要依靠轮渡。有的路段汽车开不了多长时间就要摆渡，而每一个轮渡口车队都排得像长蛇阵，让人不得不等上一两个小时，怨声载道。到了20世纪80年代，通过政府拨款、民间集资等多种方式，公路干线上一座座新颖坚固的大桥取代了轮渡，从广州到番禺、南海、中山、江门、珠海等地，汽车从桥上越过道道河流，畅通无阻。广州市内也新建了广州大桥、海印大桥、解放大桥、洛溪大桥、华南大桥、黄埔大桥、番禺大桥、丫髻沙大桥及新的铁路桥，一座座立交桥、一条条高架路，更使市内交通变得快捷便利。福建厦门经济特区在1991年建成了从大陆通向厦门岛的海沧大桥。流经浙江省会杭州的钱塘江和它的上游富春江，过去只有钱塘江大桥一座桥梁，在1991年这一年之中，却有作为杭甬高速公路和浙赣复线通道的钱江二桥建成通车。近年来，钱江三桥、四桥、五桥及富阳大桥、桐庐大桥巍然屹立在钱塘江和富春江之上。沿海开放城市宁波，市区处在奉化江、姚江的汇合处，过去三江上只有20世纪30年代修建的钢拱桥和20世纪六七十年代修建的钢筋混凝土双曲拱桥，以及一座架在姚江上的浮桥。20世纪80年代以来，这座浮桥率先被改建成钢筋混凝土梁桥，这就是解放桥。而奉化江上在20世纪30年代建造的老桥——灵桥的上游也新建了兴宁桥、琴桥、长丰大桥、芝兰桥、鄞县大桥，下游则建了江厦桥、甬江大桥、外滩大桥、庆丰大桥、明州大桥与招宝山大桥；姚江上的青林渡大桥、江北大桥、湾头大桥、永丰大桥与华辰大桥等桥型新颖、造型美观的桥梁也随之拔地而起。进入21世纪，宁波的桥梁建设随着当地经济的腾飞更是日新月异，这些桥梁的建成不但使原本隔江相望的几个城区联成一个整体，而且保证了沿海高速通道和宁波绕城高速公路的畅通。浙江省另一个沿海开放城市温州，其市区通向江北永嘉的瓯江大桥和瑞安飞云江大桥相继建成。当然，20世纪90年代，在中国桥梁建设史上写下最为壮丽一笔的是1991年上海南浦大桥的建成，这座斜拉索大桥圆了上海人在浦江上架桥的世纪之梦；而更宏伟壮观的杨浦大桥也在几年后相继开通。双桥梁跨越黄浦江的壮丽景象，就像给浦东新区插上了腾飞的翅膀，强有力地加快了浦东的开发开放乃至上海的经济发展的速度。被誉为当时"世界第一拱"的卢浦大桥集钢拱桥、斜拉桥和悬索桥于一身，也于2003年6月建成通车，这座桥钢拱似彩虹飞渡，拉索像琴弦般地优雅展开，真可谓美轮美奂，大放异彩，它为上海市承办2010年世界博览会提供了更加美好的条件。

随着改革开放的进一步深入，经济建设的进一步发展，中国现代化建设高潮的到来，一个修建大桥的热潮正在掀起。这些桥梁除了个别还在建设中，其余都已竣工通车，天堑变通途的梦想在沿江各座城市早已成为现实。这些桥梁无论在规模上、质量上、造型水平还是用途上，都比我国已建成的桥梁有新的突破，这将在中国现代桥梁建设史上写下崭新的篇章。它们既是四十多年来改革开放经济发展的伟大成就，又适应着社会主义现代化建设的需要，为我国的经济起飞提供更为可靠的物质保障。桥梁建设和经济发展息息相关的内在联系，在今天商品经济时代表现得更为明显，社会进步推动着桥梁建设事业的发展，桥梁适应着历史要求造福于人民。这或许就是桥梁与经济相辅相成的发展模式给我们的启示。

　　桥梁不但是经济发展的基础设施，它还和军事斗争有着千丝万缕的关系。我们从上面提到的半坡人挖大围沟、架活动桥的推测中，就可以看到桥梁从一开始就具备了军事防御的意义。尤其是在进入奴隶社会以后，在新的社会发展阶段，军事斗争的作用显得更为重要，城池的出现也给作战中的进攻和防守增加了新的特点，桥梁也因此在军事上具有了特殊的意义。考古发现，目前确认的中国最早的城池是公元前15世纪的盘龙城。这座早期城池位于现在的湖北黄陂区，城略呈方形，城墙外面有一条14米宽、4米深的壕沟，并发现有打过桥桩的柱穴，可见当时人们是通过桥梁来出入城门的。这种设置在城门前的桥梁，很可能就是吊桥的雏形。吊桥是一种可以活动的桥梁，在靠城门的一端，桥板两侧各有一根轴，套在固定于桥台的轴壳中；桥的另一端系有拉索，拉索控制在城楼上的守卫者手里。平时拉索放松，桥板平放在护城河上，供人马通行；战时当敌人攻打城池，守卫者在城头上收紧拉索，桥板就向城墙一侧高高竖起，城内外的交通也就被隔断。这一办法，在冷兵器时代可以说是守城御敌很有效的手段。像盘龙城这样14米宽的护城河，在城上箭矢交错、木石乱下的情况下，确实是进攻者很难逾越的障碍。我们在古代史书和小说如《三国演义》中，常常读到守城军士扯起吊桥，令攻城者无能为力，只得靠谩骂激怒对方出城应战的描写。当然，吊桥不但是防卫的屏障，而且还是进攻的通道。一旦城外援兵到来，或者久攻不下，使进攻者自生疲怠之时，城上吊桥突然放下，铁骑从桥上冲向敌阵，犹如狂飙突进，一举摧毁敌方人马。这样，吊桥退可收，攻可放，主动权掌握在守城者手里，在古代战争中确实起着至关重要的作用。

　　在漫长的战争历史中一直发挥着作用的桥梁还属浮桥。这种浮桥一般是临时搭建的，那时军中的开路先锋，就有逢山开路、遇水架桥的使命。这种为使部队快速通过江河而架设的桥梁，除了在小河沟上可搭简易木桥之外，在大江大河上常常是用浮桥来解决问题的。浮桥古时称为舟梁，它是从用船渡河的方法中发展过来的。因为直接用船摆渡，载重量有限，船只往返的速度又慢，使得过河的人马数量上受到限制，还要浪费宝贵的时间。这对于军事行动要求兵贵神速的特点来说，当然是很不适应的。于是，人们想办法把船连成一排，用坚固的缆索固定在岸边，上面铺上桥板，千军万马如履平地般地从浮桥上通过。浮桥起源很早，《诗经》中就已经有"迎亲于渭，造舟为梁"的诗句。浮桥的使用在军事上最早文献记载的是公元前541年，秦公子针投奔晋国，被滔滔的黄河挡住去路，他就指挥将士，迅速搭起一座浮桥，不但人马安全通过，还有连绵不断的千乘车辆也长驱而过。历史上比较著名的用于军事目的的浮桥还有下面这几例：公元35年，东汉光武帝刘秀，在进军讨伐割据西南的公孙述集团时，在彝陵，也就是现在的宜昌附近，第一次在长江上架设浮桥，让大军迅速西进，向四川逼近。公孙述没有料到东汉军队能如此神速地越过长江天堑，被打了个猝不及防，浮桥使刘秀掌握了战争的主动权。到了公元974年，宋太祖赵匡胤进兵南唐小朝廷，在现在的安徽马鞍山市再次架起浮桥。据传，当宋军刚到采石矶对岸的长江边时，看着大江东去，波浪翻腾，北方人不习水性，不要说渡江作战，就连站在江边观看的时间长一点都会头晕目眩。正在宋军束手无策之时，当地有个叫樊若水的人献计可架浮桥。赵匡胤依计先在石牌口水浅的港汊处做好浮桥，然后移到长江上。浮桥架成后，大将潘美率大军登桥，感觉"若履平地"。宋军士气高昂，一鼓作气通过长江，终于使南唐小皇帝仓皇辞庙出降，整个南方随即为赵宋王朝所统一。

  从军事目的出发架设浮桥，受到各个历史时期的军队指战员的高度重视，逢山开路、遇水架桥正是开路先锋、先遣部队的基本职责，由于军事行动的紧迫性、临时性与排他性，浮桥就成为最为合适的选择。中央红军长征途中在天险乌江用竹筏架设浮桥，被当地的老百姓视为神奇之举。乌江是贵州最大河流，江面宽阔水流湍急，浊浪夹着漩涡发出阵阵吼声，令人不寒而栗。为了尽快摆脱敌人的尾追，在刘伯承参谋长和耿飙团长的直接指导下，红二师第四团的战士们在没有水文资料、没有可用船只的情况下，用坚强的革命意志、灵巧的双手和群策群力的民主精神，急中生智地想出了"竹排浮桥法"，找到了一条创造条件解决难题的路子。用竹排架浮桥，首先要解决的就是材料问题。乌江边上有好几片竹林，可以用来扎竹排的毛竹取之不尽，但缺少连接竹排的材料。红军战士还是就地取材，先把毛竹劈成竹篾，再用竹篾编成竹绳，并把它们放在水中浸泡，经过这样加工的竹绳非常结实，能够把五根毛竹扎成一排，而竹排的一端用火炙烤使其向上翘起，以便减轻水流的阻力。等到加工完成的竹排能够覆盖江面的宽度，泅渡到对岸的战士们拉好两根粗壮的缆绳作为浮桥的轴线，随着竹排向江心延伸直至对岸，一道由竹排铺成的浮桥便在乌江的激流中诞生了。刘伯承闻讯赶来对浮桥进行了验收，大部队随即有序过江，竹排浮桥在光耀千秋的万里长征中发挥了四两拨千斤的作用，我们的红军战士在紧张的军事行动中，能够如此科学地想出最合理的架桥方法，运用最合适的材料，充分说明他们在军事桥梁架设上已经具有很高的水平，这在炮火连天的战争岁月更是难能可贵。

今天，浮桥仍为军事突破江河天险最有效的手段。人民解放军每一集团军都有舟桥旅的编制。这是一支机械化、信息化的高科技部队，他们装备着先进的架桥设备，而架设浮桥正是他们的拿手好戏，只不过现在不是用木船，而是用特制的折叠式箱型钢船了。报载解放军舟桥部队能够在不到一小时内架起贯通长江南北的钢铁巨龙，让大部队在夜幕中快速安全地跨越长江天险。中央电视台曾经在《挑战不可能》栏目播出一个更加震撼人心的消息：2000多名舟桥部队战士只花了26分钟，就在1100米宽的长江江面上架设起1100米长的铁浮桥。舟桥旅的指战员们用众志成城的坚强意志、科学有序的组织能力、炉火纯青的高超技能和领先世界的先进装备，把绝大多数人认为不可能办到的事变成实实在在的现实。可见，桥梁尤其是临时架设的浮桥，在军事行动中仍是不可或缺的重要环节。

战争能使人急中生智，在一定程度上可以推动桥梁建设的发展，提高人类架设桥梁的速度。但是战争也常常给桥梁带来很大的破坏。在冷兵器时代，毁坏桥梁是常见的防御手段。即使到了现代战争环境中，桥梁仍是战争双方争夺的重要目标。现代战争中，运输线就是军队的生命线、胜利线，桥梁的完好又常常关系到后勤补给线的畅通，关系到克敌制胜的大事。如中国人民志愿军在抗美援朝中，为保障交通运输，粉碎敌人的阴谋，涌现出多少为保桥护路或者在战火中抢修桥梁的动人事迹。登高英雄杨连弟就是其中杰出的代表，他带着战士们冒着敌机的狂轰滥炸，在枪林弹雨中不知修复了多少座桥梁，最后为确保钢铁运输线的畅通献出了宝贵的生命。

当然，争夺桥梁的控制权更是需要通过激烈的战斗来实现的。如1935年5月，红军长征到达大渡河边，虽然在安顺场夺得几条渡船，但船小人多，过江速度太慢。为了尽快跳出敌人的包围圈，中央军委决定派兵抢夺泸定桥，让大军从桥上快速冲过大渡河。当杨成武同志奉命率领部队抢占了泸定桥的西桥头时，桥上的木板已被敌人抽走，只剩下一排光溜溜的铁索。17名勇士就是冒着熊熊大火，顶着敌人的炮火，在光溜溜、晃荡荡的铁索上艰难前进，以大无畏的精神和流血牺牲的代价，把泸定桥从敌军手中夺了过来，创造了威震天下的飞夺泸定桥的光辉战例，为大部队迅速北上打通了道路。这泸定桥虽然历经战火，但至今仍然横卧在大渡河上，1961年已被国务院确定为第一批全国重点文物保护单位。

泸定桥是用铁索建成的，所以没有毁于战火。而更多的桥梁却常常在战争中遭到厄运。像咸阳的古渭桥、都江堰上的珠浦桥、苏州的宝带桥、杭州的钱塘江大桥、宁波的灵桥、广州的海珠桥等名桥，都曾经在不同时期的战争中被毁或受到重大破坏，至于一般的桥梁那就不可胜数了。

1933年8月，我国著名桥梁专家茅以升应邀担任钱塘江大桥工程处处长，大桥在1937年9月26日建成通车。但11月中旬日军攻陷上海，大批抗日军队、车辆装备和难民通过钱塘江大桥南撤。茅以升建桥时已感受到民族危难正在迫近，设计时在大桥南岸的第二个桥墩准备了一个安放炸药的长方形洞孔，下定决心不把大桥留给侵略者。11月16日晚，茅以升协助军事人员放置了炸桥的炸药。12月23日下午5点，杭州沦陷，为阻遏日军，茅以升忍痛挥泪协助部队炸毁自己用心血建成的崭新大桥。望着满天烟火，他无比悲愤，并发出"不复原桥不丈夫"的誓言，并携带着建桥的全部资料撤向后方。战争中让建桥者承担炸桥的使命，真如茅以升在《别钱塘》诗中所说"炸桥挥泪断通途"，具有十分浓重的悲壮色彩。

无独有偶，20世纪70年代，在中国上映的一部南斯拉夫电影《桥》，描写的是反法西斯的游击队为袭扰德军要炸毁一座桥梁，派去执行这一任务的游击队员中就有一位工程师，他正是这座桥梁的设计者。一开始他反对炸桥的计划，然而，敌人的凶残、战友的牺牲，终于使他明白这座桥梁必须炸毁，最后亲手点燃导火索炸毁自己建造的桥梁。这部电影写工程师炸毁自己设计的桥梁，不是艺术家想象的巧合，而是来源于反法西斯战争中的真实而残酷的战争现实，这位为了胜利而不惜炸毁桥梁的建筑工程师，他的雕像就永远矗立在重建后的桥头。可见，生活中发生过的事情有时比电影更巧，更令当事者纠结痛苦。

总的说来，军事斗争对桥梁建设提出了特殊的要求，既有促进桥梁发展的积极一面，但也给桥梁带来极大危害。因此，和平的环境是桥梁事业顺利发展的基本条件，国家长治久安，有一个良好的建设环境，是所有桥梁建设者的共同心愿。

桥梁建设在中国历史上还有一个显著特点，即它有相当强的社会性。无论是官建还是民修，总是要让公众来使用。中国封建社会以儒家思想作为占支配地位的统治思想，治国平天下的政治观念常常要在大兴土木的实际建设中来显示政绩。因此，就有了"桥梁道路，王政之一端"的说法，修桥铺路常常是官员政治作为和人格追求的实际表现。这就使得封建社会的桥梁建设还带有浓厚的政治色彩。如秦始皇为加强中央集权，更有效地统治全国郡县，在公元27年修筑驰道。这是以首都咸阳为中心，向全国辐射的行车大道网络。驰道宽三十丈（100米），中央三丈（10米）专供皇帝出巡时使用，两旁道路让普通人行走。这些驰道跨越为数众多的河流，必定是用桥梁来连接的。根据当时的建桥技术，木梁桥是最普遍采用的桥型。桥梁史上所谓"秦梁汉柱"就是在这种驰道上的大型木梁桥的建造中得到迅速发展的。它们不但沟通了河流两岸的交通，而且还沟通了中央与地方的政治联系。

西汉武帝和明帝时，还把这种努力扩大到边远地区，以便让朝廷的政令能迅速在西南边陲得到贯彻。武帝曾派张卬率领数万之众修筑褒斜栈道五百余里（250多千米）。汉明帝永平二年（59年），朝廷又委派汉中太守杨公孟督修栈道。两年后，山壁上石门凿穿，人们在悬崖峭壁上修起了栈道。永平六年（63年），皇帝又命令广汉蜀郡、巴郡的刑徒再次整修扩建褒斜栈道，史书记载那一次工程共作桥阁六百三十二间。栈道，也称阁道，其实就是架在悬崖上的桥梁。汉朝重视川陕一带的栈道建设，它对于改善西南地区的交通落后状况，确保中央政权对地方的管理，是起了很大作用的。

封建社会中，京城由于是统治者发号施令的中心，所以城市的形象跟政权的威势密切相关。因此，兴建帝都、营筑宫苑就不只是讲排场及追求奢华生活的需要，而在一定程度上是作为封建礼教的物质形象出现的。历代京城在城市建设上都有相当突出的成就。如《三辅黄图》记载，长安城内有"八街""十六桥"。这"八街"最窄的也有4米宽，最宽的达22米，可供12辆车子并行。"十六桥"就是在这些街道之上，其宽度应该与街道相配套。可见这些桥梁在当时来说，都已经是相当辉煌的建筑物了。在这本书中，作者提到秦始皇统一六国之后，在咸阳建造长乐宫和咸阳宫，两宫之间引来渭水，以象征天上的银河。然后再在上面架桥，这就是中渭桥。这座多跨木梁桥"广六丈，南北三百八十步，六十八间，七百五十柱，百二十二梁"。这样的规模，正是皇权赫赫的标志，让人在惊叹不已中自感渺小，使文武百官诚惶诚恐。帝都的高大建筑的政治意味也正在这里，桥梁当然是其中重要的组成部分。

今天，中国人民昂首阔步前进在实现中华民族伟大复兴的康庄大道上，四十多年的改革开放伟大历程，使中国桥梁建设迎来了史无前例的发展机遇。

随着祖国大地高速公路、高速铁路的建成，一批令世人瞩目的现代桥梁雨后春笋般地耸立在条条大河、南北海峡之上。21世纪的中国在桥梁科研、设计、技改、施工等各方面都展现出既脚踏实地又勇往直前的时代风采。伟大的成就激励着桥梁建设者以无高不可攀的豪迈气概，以严谨细致的科学态度不断创造新的奇迹。正是在这种时代背景下，桥梁建设所体现的政治意义当然也是全新的。它是社会进步的标志，是人民创造新生活的杰作，是通向更美好未来的途径。政治是人民的政治，桥梁是人民的建筑，两者相辅相成，互相促进。中国特色社会主义的政治文明给中国的桥梁发展创造了前所未有的优越条件，人民在建国七十多年的奋斗中，已经在祖国的每一条江河上架起了桥梁。特别是改革开放的大好政治经济形势，对于桥梁建设的促进作用，已经十分明显地表现出来。在深化改革建设全面小康社会，努力实现中华民族伟大复兴的"中国梦"的今天，桥梁建设必然会在今后的发展中取得更加辉煌的成就，显示出更加伟大的力量。

辉煌历程

依靠着世世代代能工巧匠的精心设计和辛勤劳作，中国的桥梁建设克服了一个又一个艰难险阻，走过了千百年的风雨里程，创造出让炎黄子孙引为自豪的奇迹，对世界桥梁建筑的历史发展做出了卓越的贡献。

梁桥

中华民族在桥梁建设史上的第一个丰碑就是秦汉时期的梁桥，史称"秦梁汉柱"，可与房屋建筑上的"秦砖汉瓦"相媲美。

战国时，秦国在关中平原起家，直到建立起中央集权的统一政权。秦国之所以能统一全国，跟它的历代君主注重建设，讲究富国强兵，积极修建大型工程是分不开的。秦时修建的灵渠（今广西北部）、都江堰和陕西的郑国渠，今天仍然在人民的生产生活中发挥着很好的作用。桥梁建设也就理所当然地得到重视。据史书记载，李冰治蜀就在郡治少城（今成都）两条江上修建了七座桥，总称为七星桥。那时的七星桥到底是何种桥式，已经很难推断。

但从历史文献来看，在李冰生活的时代，梁柱式桥应该是当时桥梁建设采用的基本形式。

《战国策》和《史记》都记载了苏秦以尾生守信游说燕王的事。这个大老实人尾生与女子约会的桥下，那个女孩子还没有到而河水却涨了上来。尾生信守不见不散的诺言，坚持不走。水越涨越高，他最后是抱着桥柱而死的。这座桥在陕西蓝田县东南25千米的蓝峪水上，它能让人抱住梁柱，应该是一座梁柱式桥，很可能是座木梁木柱桥。因为粗大的石柱或石墩是不太容易抱住的。这说明早在战国时代，梁柱桥就已经出现。我们在上面提到的咸阳中渭桥，就已经是一座大型梁柱式桥梁了。它有750个桥柱，用来做梁的木材有1000根以上。如此规模恢宏的桥梁，在公元前几世纪就已经出现在我们的祖国，可见当时的造桥水平，在世界上也已经是首屈一指的了。

秦汉时期梁桥建设的先进技术，一直是中国人民的宝贵遗产，在后来的建桥事业中发挥着重要作用。仅在宋代福建一省，建造的石梁或木梁石墩桥，数量之多，工程之大，在全国建桥史上也是没有先例的。这里有"飞虹千丈横江乖"的万安桥（俗称洛阳桥），有"天下无桥长此桥"的安平桥，有七百七十跨的惠安獭窟屿桥。在泉州地区广为流传的十大名桥——洛阳桥、盘光桥、金鸡桥、石笋桥、顺济桥、玉澜桥、安平桥、东洋桥、海岸长桥和下辇桥，都是梁桥。这些桥在建造过程中，难度之大是可想而知的，而桥工们正是在克服各种困难的过程中，在梁桥建造技术上达到了一个很高的水平，贡献了很多的创造发明。这些贡献至今还为人们所称颂，而梁桥这一古老的桥式，正是在人民群众的艰苦实践中在各方面不断得到改进和发展，并一直沿用到今天。同时，还为其他桥式的出现打下了基础。伸臂梁桥就是通过对梁桥的不断改进而发展起来的。

由于梁桥是在桥台或桥墩上直接放置木材或石料以供通行，受材料强度的局限，桥的跨度就不能太大，一般来说最长只能是7—10米。如果超过这个数字太多，桥的梁体就会断裂，这样势必要求多建桥墩以缩小跨度。但是，在江河的水流中修建桥墩，不但水中施工困难，而且桥墩一多，流水就不通畅。汛期洪水泛滥，就会冲垮桥墩或桥柱，或者平时流水的作用也会把墩脚下的基础冲刷淘空，最终导致桥梁的倾圮。针对这一问题，我们的桥工和有识之士，开动脑筋，集中智慧，终于找到了新的办法。这种办法是用木材层层相叠，通过增加桥的跨度，减少或者干脆不用桥墩、桥柱的方式来建造新桥。这种桥式就是伸臂梁桥。

所谓伸臂梁桥，是利用杠杆作用的力学原理，在木材的一端压上土石，另一端伸向河中，第二层比第一层伸出的部分更多一点，依此类推，直到两岸伸过来的木材在河心相互接近并最终连成一体为止。根据史书记载，伸臂梁桥起源很早，估计在汉代已经被人们实际运用于桥梁建设工程。南朝宋段国所撰的《沙洲记》说："吐谷浑于河上作桥，谓之河厉，长百五十步。两岸累石作基陛，节节相次，大木纵横更镇压，两边俱来，相去三丈。并大材，以板横次之。施构栏，甚严饰。"这段话告诉我们，伸臂梁桥早在1500多年前就已经存在，而甘肃可能就是这一桥式的发源地。因此，这类桥梁在甘肃最为多见，兰州的"握桥"便是有名的伸臂梁桥。

握桥原先在兰州西门外阿干河上，也叫做卧桥或西津桥，相传建于唐代，历代都有修葺，后在20世纪初重建，解放初仍可通行。这座桥的跨径约26米，宽为4.6米，木材的直径约30厘米。从桥下可以清楚地看出它是从两岸逐层伸向河心，最终由短梁相连，好像两只从岸边伸出的巨手握在一起，因此桥名称为握桥，十分形象生动。桥上原有桥屋、栏杆，构造精美，桥的两端入口处有造型端庄的桥门，更增添了桥的风采。可以说，兰州握桥应该是伸臂梁桥中的佼佼者。可惜的是，此桥现在已不复存在，由于严重损坏，20世纪50年代已被拆去，现只有在兰州市博物馆才可欣赏到它的模型。

伸臂梁桥虽在甘肃比较多见，但并非只是那里有，四川西北部和西藏东北部也常可见到。由于这一桥式在用材、结构上都比较适合山区桥梁建设的条件，因此在这类地区有比较广泛的适应性，民间修桥时便互相学习它的建造技术，使这一桥式流传开来。朝廷也给予一定程度的推广，伸臂梁桥也逐步为全国各地的山区人民所喜爱。华东、华南和西南一带的溪流山涧上，至今仍然常常可见到伸臂梁桥的倩影，而且还流传到国外去，使这种桥式在钢桁架梁桥中重放光彩。最早的伸臂梁钢桥是英国的福兹桥，设计者声称是根据中国西藏木伸臂桥的结构原理加以改造发展的，并且形象地把主桥墩比作坐着的两个大力士，大力士左右两臂伸开，一边拉住压重，称为"锚跨"；另一臂伸出去与那一个力士伸过来的手相连接，托住中间悬坐着的人，称为"悬跨"。伸臂梁就是由锚跨、伸臂和悬跨三部分组成。中国古老的木伸臂梁桥启迪了伸臂梁的力学理论，对世界桥梁事业的发展做出了有益的贡献。

拱桥

继梁桥之后，中国桥梁史上值得大书特书的是拱桥的建设。这一桥式源远流长，为中国人民普遍喜爱，建成的桥梁数量也相当多。尤其是石拱桥，在中国分布最广，桥梁使用的平均寿命也最长，在世界桥梁工程的历史发展中可以说是独领风骚。目前查找到的最早的有关石拱桥的文献记录，要数《水经注》。在这本书的"谷水"条中有这样一段文字："其水又东，左合七里涧。涧有石梁，即旅人桥也。凡是数桥，皆累石为之，亦高壮矣。制作甚佳，虽以时往损功，而不废行旅。朱超石与兄书云：桥去洛阳宫六七里，悉用大石，下圆以通水，可受大舫过也。奇制作，题其上云：太康三年十一月初就功，日用七万五千人，至四月末至。"这段话清楚地告诉我们，旅人桥是用大石砌成的圆拱桥，桥梁十分高大，工程质量很好，虽然历经200多年，已有所损坏，但不影响通行。这座桥的桥下净空也很高，可以让高大的船舶通过。施工时每天动用这么多人，历时半年就大功告成。这段简略的记述，对石拱桥的规模、造型特点、建造方法、使用寿命都有精辟的概括，实在难得。同时可以发现，当时还没有使用"石拱桥"这一术语，作者仍用"石梁"这一普通概念，这恰好说明旅人桥是最早期的石拱桥，因为人们的语言还来不及跟上实践本身的发展。

中国现存的石拱桥中，要数河北赵县的安济桥最为古老，也最著名。安济桥又叫赵州桥，它在工程技术和建筑艺术上都达到了很高的成就，在世界桥梁史上占有特殊的地位。美国建筑师伊丽莎白·莫斯克在《桥梁建筑艺术》一书中，这样赞美赵州桥："结构如此合乎逻辑和美丽，使大部分西方古桥，在对照之下显得笨重和不明确。"李约瑟博士也有过这样的评价，说李春建成赵州桥后，"显然形成了一个学派和风格，并延续了数世纪之久""弓形拱是从中国传到欧洲去的发明之一"。

赵州桥是一座敞肩式（也叫空腹式）单跨圆弧弓形石拱桥，它净跨37.02米，拱矢（从拱脚到拱顶的垂直距离）高7.23米，桥身连同南北桥堍共长50.82米。主拱的两肩对称地开有四个小拱，靠桥堍的那对小拱跨径约4米，靠拱顶的那两个净跨2.72米。桥宽10米多，两边行人，中间通车辆。桥的栏板、望柱及其他部位上都有精美异常的雕刻，有狮首石像、龙头锁口石、竹节、花纹，尤其是栏板上的浮雕，刻的是鳞甲披身、神态各异的蛟龙，有的出云入水，有的盘曲飞舞，形象生动，气势恢宏。整个桥型在庄重中透出轻盈，在雄伟中不乏秀丽，远望如"初月出云，长虹饮涧"，近观则精致秀丽、花团锦簇，确实是一座把高度的科学美、技术美和艺术美融为一体的桥梁精品，引来古今中外无数人士的由衷赞美，被列为第一批全国重点文物保护单位。1991年9月，中、美土木工程学会又授予赵州桥"国际土木工程里程碑"的荣誉称号，刻石立碑，以表彰它在人类土木工程建筑史上的特殊地位。这使赵州桥和伦敦铁桥、巴黎埃菲尔铁塔一起，成为世界建筑史上的三大杰作。

赵州桥大约在隋开皇十五年（595年）动工，直到大业元年（605年）建成，距今已有一千四百多年的历史。除了桥面经常换修及桥栏迭有更换以外，桥梁的主要部分一直到解放都未大修过。由二十八道拱券砌成的主拱，除了西边五道拱券在明末倒塌，以及东边三道在清代塌落而换新之外，其余二十道拱券仍是隋朝原物。在漫长岁月中人畜车辆的无数次重压之下，尤其是遭受了大小战争和地震各有八次之多的破坏之后，赵州桥依然能够岿然不动，牢牢地横卧在洨河上，这真可谓人间奇迹，实在令人叹为观止。赵州桥可以说是当之无愧的中国桥梁之王，是中华民族智慧和技艺的巨大丰碑。

以赵州桥为代表的中国石拱桥的伟大成就，一直为中国桥梁界所珍视。石拱桥在隋唐以后各代，直到解放后，都是中国桥梁最常见的桥式。全国各地在不同时代修建的石拱桥，总数在百万座以上。石拱桥在中国桥梁发展史上的显赫地位，也就可以略见一斑了。

现代桥梁

当历史进入封建社会后期，由于旧制度极大地扼杀了生产力的发展，中国的科学技术也就无法保持世界领先的地位，跟先进国家的差距越来越大；帝国主义的侵略使中国的资本主义在萌芽时期就受到摧残，无法得到长足的发展。这些都使得中国在16世纪以后开始落在西方国家的后面了。在这种情况下，桥梁建设既无经济发展的推动，又无技术进步的保证，当然也就停滞不前。中世纪辉煌的业绩，到这时也只能是一丝余霞，有历史的魅力而无时代的英气了，就说赵州桥吧，它的成就确实表现着古代中国在建设事业上的蓬勃生气，洋溢着中国人的创造灵感和进取精神。但从它建成之后直到解放，再没有新的桥梁在各方面超过它。僵化的社会制度、陈旧的思想观念及停滞不前的造桥技术窒息了中国近代桥梁建设事业。

伴随着这种情况出现的是帝国主义利用他们的特权,对中国近代铁路桥梁和城市桥梁建造权的垄断。他们所造的那些桥梁大都造价高,技术水平低,不少桥梁建成后事故频频。同时,有些桥梁承包商在造桥中多有不法行为,激起了中国人民的强烈反感。尤其是那些借造桥之机大发横财的人,他们利欲熏心、唯利是图的行径,跟中华民族以造桥修路为善事义举的传统道德风尚,更是水火不兼容。因此,上海、宁波等地的人民群众,都强烈地抗议帝国主义分子在中国的土地上,擅自建桥收税的剥削行为。1856年,英国投机商威尔斯,联合几家英美洋行的大班,成立了一个"苏州河桥梁公司",在原来称为"外摆渡"的上海苏州河渡口,建起一座长约140米的大木桥,名曰"威尔斯桥"。桥的建成使那些从停泊在吴淞口的大海轮上送向城区的商情报告、报纸、信件等,可以更迅速便捷地送到外滩各个洋行,免除了过去人马上船下船的麻烦,节省了时间。这对于商业竞争来说确实是大有好处的。同时,木桥的建成有利于苏州河北岸美租界的开发。这本来是有利于上海发展的,但是,投机商人以帝国主义为靠山,对中国人过桥课以重税,规定每人每次收制钱一文,车轿加倍,名为"过桥税"。到1863年,这种"过桥税"又增加了一倍。这个威尔斯在15年时间里,牟取的暴利差不多达到了建桥费的20倍。这种横征暴敛,自然激起了上海人民的反抗。他们一方面向英国领事馆和工部局提出抗议,另一方面在威尔斯桥旁边设立义渡,免费接送来往行人。人民齐心协力的斗争,迫使工部局在威尔斯桥西边数十步,"另造浮桥一座,往来无须纳费"。这就是现在的"外白渡桥"前身。1906年浮桥拆除,改建成现在的钢桁架桥。当时工部局命名这座桥为"公园桥",由于外滩公园曾挂"华人与狗不得入内"的牌子污辱中国人民,群众对这个公园深恶痛绝,因而对于这个桥名义愤填膺,决不接受,仍称其为"外摆渡桥"。更由于从此过桥不需要再缴钱,于是干脆称为"外白渡桥"。这一桥名是广大民众与帝国主义展开英勇斗争并最终取得胜利的历史记录,因此一直沿用到今天。

从桥梁的工程质量和建筑艺术来看,这些由外国公司建造的,人民俗称为"洋桥"的钢桁架桥和钢筋混凝土桥,良莠不齐,里面也有不少成功之作。上面提到的"外白渡桥"虽然把中间一个桥墩设在苏州河的主航道上,成为桥梁建设史上的一桩怪事,但桥梁的建筑质量还是应该肯定的。这座桥在1907年通车后,基本构架一直使用到今天。解放后进行过一次技术改造,也只是在原有构架上加固了八根小立柱,拆换了人行道外的小纵梁;把人行道内纵梁外移20厘米,并把原来的木桥面改为钢筋混凝土桥面,加固了横梁,调换了风架。所有这些,基本上属于维修性质。"外白渡桥"的造型确实不是那么美观,色彩也太黑了些。但是钢铁的质感跟现代大都市还是有些协调之处,因此,在南浦大桥建成之前,人们常把它作为上海城的标志建筑,很多到上海游览的外地人,也常常以它为背景,摄影留念。到了21世纪,为更好地适应改革开放对市政建设和城市交通发展的实际需要,上海市对百年高龄的外白渡桥进行了一次大修。2008年4月,外白渡桥除了桥墩以外,其他建筑结构被从原处拆下,运到上海船厂进行大修。2009年2月25日上午,外白渡桥的北跨桥体在10个月的检修之后,又被驳船运回苏州河口,并重新安装在原来的位置上。这座百年老桥就以更加坚强挺拔的英姿,横跨在苏州河两岸。根据有关方面的测算,大修后的外白渡桥,还能够继续使用50—100年。

宁波奉化江上的灵桥,也是一座由外国工程技术人员修建的"洋桥",它对于城市的发展同样发挥了极为重要的作用。灵桥于1934年3月动工兴建,到1936年6月通车。是由上海工部局派英国技术人员测量设计,德国西门子公司做总承包。桥桩及混凝土浇注等工程又包给康益洋行。桥的钢构架是由德国孟阿恩桥梁公司供给,桥台基础的木桩也是从外国进口的洋松。建成后的灵桥,宽20米,长96米,是一座下承式钢拱桥。该桥建成不久,抗日战争爆发,曾遭日军飞机狂轰滥炸,桥的西岸宁波最繁华的江厦街被付之一炬,而灵桥本身损坏却不是很大。宁波刚解放时,国民党军队的轰炸,又使该桥遭受破坏,经修复后一直使用至今。可见桥梁的工程质量还是靠得住的。灵桥在造型上似一道彩虹横卧江面,曲线柔美,在钢筋铁骨的坚硬中不乏轻灵;构造简单,跟许多钢桥结构的累赘繁复相比,算得上是比较明快清秀了。宁波人也在相当长的时间里把它视为城市的标志,它在中国的"洋桥"中也算得上佼佼者了。由于长年累月的使用,又历经战火和交通事故的损坏,2013年底到2016年7月,已经为宁波人民服务了70多年的灵桥,终于迎来了一次较为彻底的大修。大修后灵桥,最大程度地遵循了使用功能和文物价值兼顾的原则,原有的桥梁结构80%以上经过整修后继续使用,战争中受伤的构件仍然保留在桥身上,钢结构上的弹痕也清晰可见。其他如空箱等都与维修前保持一致,只对那些已经不能承担交通要求的部分进行加固维修。这些历史印记的保留,不仅让桥梁保持完整的历史风貌,还能够让宁波市民对城市的文脉有更加生动直观的感受。而一些新的附件和设施的运用,为车辆与行人的通行提供了更大的便利与安全的保证,还有利于提高桥梁的景观价值。这次大修,提高了桥梁的结构性能,有效延长了它的使用寿命,经过这样"强筋健骨"的改造,灵桥还可以再为宁波人民服务 40 年。

总之，这类所谓"洋桥"的出现，确实带有一定的经济侵略的痕迹，因此常常引起人民群众的反感。但是，从历史唯物主义的立场，我认为可以从这样一个合理的角度来认识这个问题：它们是在中国古代造桥技术已不适应现代工业发展的需要，甚至技术失传、退步的背景下建造起来的，在一定程度上开近代文明的风气之先，对中国桥梁建设和城市交通的发展起到了积极的推动作用；同时也使中国的技术人员和广大民众，领略到世界桥梁建设的新面貌，这不能不说是有一定积极意义的。过去，在谈中国桥梁时常对它们的存在或不屑一顾，或全盘否定，这是有失公允的。因为并非每座"洋桥"都只是经济侵略的结果，在具体施工中，大多数"洋桥"也是中国工匠流血流汗才建成的。

中华人民共和国的成立开辟了桥梁建设的黄金时代。在短短 70 多年的时间里，中国现代桥梁事业无论在深度和广度上都取得了令世人刮目相看的成绩。桥梁建设从中世纪工匠式、经验型的传统方式，一跃到今天以现代科学为指导、以新技术为核心的高层次上。工业大学开设了专门的桥梁系和专业，一大批有系统理论知识的桥梁工程技术人员，活跃在全国各地的桥梁工地上；施工队伍的技术水平有了大幅度提高，并且开始拥有先进的机械装备。各种新型的桥梁，像雨后春笋般大量涌现。特别是 20 世纪 80 年代以后，改革开放的强劲春风，不但为桥梁事业的迅速发展带来了坚实的经济基础，而且极大地提高了中国桥梁建设的技术水平。对外科技交流的活跃，使中国和世界发达国家在建桥技术上的差距不断缩小。一批具有世界先进水平的桥梁相继建成，中国交通设施跟不上经济发展的被动局面也得到根本改善。同时，我国还派出工程技术人员，帮助兄弟国家修建桥梁，赢得了各国人民的普遍赞誉。中国现代桥梁建设正在创造崭新天地。

武汉长江大桥和南京长江大桥都是这一时期中国桥梁建设最具代表性的现代桥梁。

武汉长江大桥于 1955 年 9 月 1 日动工兴建，1957 年 10 月 15 日建成通车，这是中国人第一次跨越长江天堑取得的伟大胜利，也是中华人民共和国成立后在长江干流上修建的第一座公路、铁路两用特大桥。武汉长江大桥全长 1670 米，正桥部分为 1155.5 米，两岸引桥共 514 米。上层公路桥面宽 18 米，为双向四车道城市主干道，可以并列行驶 6 辆汽车，设计速度为 100 千米／小时，两侧还设有人行道；下层为双线铁轨，设计速度为 160 千米／小时。桥梁的基础是由 8 个巨型桥墩构成的，这些桥墩矗立在大江之中，表现出威武雄壮的中流砥柱气概。"米"字形桁架与菱格副竖杆使巨大的钢梁透出一种清秀与刚劲相互融合的气派。八层楼高的桥台耸立在两岸，给大桥增添了雄伟气势。

　　建设武汉长江大桥是中国人民多年的愿望，从 1913 年开始设想，到对桥址的实际规划，到大桥建成，先后经过了 42 年。在武汉建造长江大桥的设想，最早是由时任湖广总督的洋务派大臣张之洞提出的，1913 年在著名的铁路专家詹天佑的支持下，在北京大学任教的德籍教授乔治·米勒带领 13 名学生，到武汉对长江大桥的桥址进行勘察与设计，这是建造大桥的首次实际规划。虽然这次规划最终未能随即实行，但后来建桥的实践证明，米勒师生选定的桥址是很科学的，以后大桥的几次选址都跟那次选定的位置基本相同。大桥于 1955 年开工建造，而在 1954 年 7 月，当时的苏联政府委派了著名桥梁工程师康斯坦丁·谢尔盖耶维奇·西林教授率领一支 25 人的专家队伍帮助中国建桥。西林教授敢想敢说，对大桥建设提出了很多重要建议。对于桥梁基础施工，他提出用"管柱钻孔法"替代已经落后的"气压沉箱法"，并对原先的设计图纸进行了相应的修改。苏联专家和中国工程技术人员一起攻关，一起承担施工中遇到的各种严峻考验，一起享受成功的喜悦。武汉长江大桥的成功修建，凝聚了中国几代人的心血，也是很多外国桥梁专家智慧和汗水的结晶，更重要的是开辟了中国桥梁建设的新纪元。1968 年 9 月 30 日建成通车的南京长江大桥，它的设计与施工全部都是由中国桥梁建设者自主完成的，这标志着中国在大型现代桥梁建设上取得了一个新的飞跃，并且为改革开放以来桥梁建设出现的"红雨随心翻作浪，青山着意化为桥"的大好局面，奠定了扎实的基础。

　　上海南浦大桥的建设以响遏行云的先声，开启了中国桥梁建设"百般红紫斗芳菲"的壮美图景。作为远东大都市和中国第一大城市的上海，黄浦江的深水岸线为它提供了良好的水上交通，但也使它偏于一隅，浦西高楼林立，流光溢彩，商贾云集，万物荟萃，可谓寸土寸金；而浦东却是茅舍瓦室，阡陌田野，一片绿草盈盈。上海人曾经在 20 世纪 30 年代计划投资百万美元，建造钢质浮船桥梁，并且已有比较完善的设计。那是一座可通汽车、电车的开合式浮桥，桥中还装有能够启闭的开口段，以便江上大吨位船只通行。可惜这一新颖的构思出于多方面原因没有付诸实施。1945—1948 年，当时的上海市政当局专门成立了越江工程委员会，由茅以升等专家主持，并规划了三种越江方案。但由于国民党发动了内战，国统区经济崩溃，造桥也就成为泡影。解放后虽建了两条越江隧道，却远远不能满足日益繁忙的交通。为了完成开发浦东、振兴上海的历史使命，上海市在1987年决定兴建南浦大桥。从1989年12月大桥开工到1991年11月建成通车，在不到两年的时间里，就实现了上海人民的世纪之梦。南浦大桥是一座双塔双索面迭合梁斜拉索桥，主桥长846米，两岸引桥共7.5千米，大桥中孔跨径423米。主桥塔高154米，相当于两个上海国际饭店的高度。它是大桥的主要受力墩，像两个千手力士，伸出条条巨臂，牢牢抓住主梁。它的外观高耸挺拔，气势磅礴，最能突出表现斜拉桥的雄伟豪放。主塔施工质量之高，让人叹为观止——它的垂直误差达到一万二千三百分之一，大桥的建设者创造了桥梁史上的奇迹。180根斜拉索，最长的223米，最短的60米，都是用强度高、保护性能好、护层重量轻的优质高强钢材制成，是中国的钢铁工人自己生产的。四组斜拉索像四把张开的巨大竖琴，给人以力的振奋和美的享受。大桥桥面宽30.35米，有6个车道，每日可通行汽车5万辆次。两侧各设2米宽的人行道。两岸还分别建有50米高的观光电梯，当登上大桥，仰望直指蓝天的桥塔，俯视江流滚滚直奔东海，5.5万吨级的巨轮可以轻易地进出于达46米的桥下净高空间，人们无不赞美大桥在工程技术和造型艺术上达到的新的高度。建成通车之时，南浦大桥是中国跨径最大、最现代化的桥梁，也是世界上继加拿大温哥华的阿那西斯桥、印度加尔各答的第二胡格利桥之后的第三座大型迭合梁斜拉索桥，它是上海走向现代化的象征，已经成为上海的一大景观。

南浦大桥的建成把上海人跨越黄浦江的百年梦想变成了现实，而在两年之后竣工的杨浦大桥，又让上海桥梁建设跃上了一个新的台阶，写下了中国造桥史上更辉煌的篇章：杨浦大桥在建成时即成为世界第一斜拉桥。

杨浦大桥位于上海市苏州河北部，黄浦江流到这里，江面已经很宽了，因此桥的跨径必须相应增大。建成后的杨浦大桥，主桥跨径602米，比南浦大桥的423米增加了179米，为当时世界上跨径最大的斜拉桥。主桥选用双塔双索面钢筋混凝土和钢迭合梁斜拉桥结构，它的混凝土方量比南浦大桥多了75%，钢结构的数量是南浦大桥的1倍。如此巨大的主桥梁，就像是用钢铁和混凝土筑成的通天大道。它长1176米，宽30.35米，凌空跨越黄浦江，每天承载着5万辆次车辆的通过，俯瞰着万吨巨轮在桥下自由地进出。

主桥梁的两侧，各有32对共256根钢索将它稳稳地悬挂在两个桥塔上。粗大的钢索从主塔柱上呈竖琴形排列开来。人们站在桥头望去，视线随大桥一起向远处延伸，两边的钢索就像两张巨大的竖琴，很有节奏，又有很强的纵深感，使人充分领略到大桥的时代韵致和雄伟气概，钢铁的线条描绘出现代化建设的精美画图。主塔高208米，比南浦大桥高出54米，造型也更为俊秀。"A"字形的基本构架，与桥面形成的三角形，看上去格外坚固稳定，犹如两颗硕大无比的钻石，嵌镶在黄浦江上空的蓝天白云之中。钻石尖上伸出两根擎天柱，通过钢索把全飘浮结构的桥面紧紧地联结成一个整体。塔和桥面所显示出来的坚不可摧的"刚"，与钢索在造型表现上的"柔"，相互烘托，别具魅力。高高耸立的塔柱就像标杆，象征着中国桥梁建设所达到的新高度，又像"刺破青天锷未残"的倚天宝剑，表现了上海人民不断向上、永远奋进的英姿。桥面呈坦拱状，不但增加了桥下净空，为百舸争流的黄浦江带来水上交通的便利；同时，桥梁在造型上的曲线美，改变了多数斜拉桥的平板，显得更生动美观。这一设计在世界斜拉桥建设中是不多见的，显示了桥梁建设者对美的追求。

杨浦大桥在建造的质量上也达到了超一流水平。整座大桥有33万套高强螺栓、970块混凝土板，精度和质量都达到了100%。大桥主桥钢结构是靠高强螺栓连接的，南浦大桥的螺栓孔有42万只，拼装时只有3只没有直接对上号，应该说误差率已经极小了，可杨浦大桥的螺栓孔达到100.8万只，误差率竟然是零。大桥主塔设计要求垂直精度为三千分之一，实际精度达到了一万五千分之一，这意味着高208米的主塔的垂直偏差只有1.39厘米。而所有这些，仅仅用了两年零四个月的时间来完成，确实称得上世界桥梁建设史上的一个奇迹。

正如有"世界桥梁之父"美誉的林同炎先生对杨浦大桥所做的评价："杨浦大桥无论从设计、施工和质量、速度上，都堪称世界一流。"又如国际级桥梁专家、德国莱恩哈特公司总裁斯文森先生所赞扬的："对于一个发展中国家，设计和建造一座世界级斜拉桥，就好比在奥运会上赢得半打金牌！"

南浦大桥和杨浦大桥的建成，使中国的斜拉桥建设达到了世界水平，而卢浦大桥在造型设计、科技含量、工程质量与施工速度上后来居上，进一步说明了中国当代桥梁建设的综合实力已经达到了世界先进水平这一事实。于2003年6月28日建成通车的卢浦大桥，是上海市政工程设计研究院和上海城市建设设计研究院合作设计的大型桥梁建设项目，采用了跟南浦大桥、杨浦大桥这两座斜拉桥完全不同的结构，是一座全钢结构拱桥。大桥全长3900米，主桥长750米，主桥面宽28.7米，桥下净空高46米，桥面为双向六车道。这座全钢结构中承式系杆拱桥的主跨为550米，超过了美国西弗吉尼亚大桥主跨518米的世界纪录，在同类桥梁中跃居世界第一。

拱桥是一种具有较强推力的桥梁结构，通常需要建造在岩石地基或地质条件较好的地方，尤其是像卢浦大桥这样大跨径的特大桥梁。然而，上海典型的软土地基不像岩石地基那样具有抵抗垂直力和水平推力的特性。因此，采用钢拱桥的结构形式，首先必须解决桥梁结构向两端产生的水平推力这样一个世界桥梁界公认的难题。卢浦大桥的设计者首先在桥型的改进上做文章，采用中承式系杆拱桥桥型，依靠系杆的水平拉力来平衡拱的水平推力，使系杆的拉力与拱的推力始终处于一种平衡的状态。据专家介绍，卢浦大桥的水平推力已经接近2万吨。

卢浦大桥建成之后，经过有关方面的鉴定，大桥在科学研究和施工技术两个方面都已达到国际领先的水平。这不但是指大桥的跨径居世界第一，而且其抗风抗震的强度也达到了世界最高水平。从大桥的设计到施工，桥梁科研人员根据三种不同的桥型施工工艺组合后的实际情况，在这座最大跨度拱桥上进行了抗风抗震性能的研究，经过反复实验，不断改进施工方法，最终使桥梁的抗风度达到12级、抗震度达到7级。这就是说，即使在遭受12级台风、7级地震的情况下，卢浦大桥仍然能够岿然不动、巍然屹立。今天，卢浦大桥犹如一道美丽的彩虹跨越黄浦江两岸，这座集斜拉桥、拱桥和悬索桥三种不同桥梁工艺于一身，目前世界上单座桥梁建造中施工工艺最复杂、用钢量最多、首次采用全焊接建造的大桥，已经成为21世纪上海的新地标，成为中国当代桥梁建设的又一里程碑。

此外，与南浦大桥差不多时间竣工通车的杭州钱江二桥和厦门海沧大桥，都是中国当代桥梁建设史上最值得骄傲的成就。钱江二桥建成世界著名的强涌潮区，开创了世界桥梁建设史上的先例。"八月十八潮，壮观天下无"的特大涌潮，第一次被人类降服。厦门海沧大桥是建在海上的大型现代桥梁，它的建成宣告了中国桥梁开始向海洋进军，揭开了更多的海峡或海湾将被中国桥梁建设者征服的序幕。2008年5月1日建成通车的宁波杭州湾跨海大桥能够为宁波、上海两地的车辆通行提供更快捷的通道。而中国沿海岛屿与岛屿、岛屿与大陆之间的桥梁建设也已经呈现出方兴未艾的气象，像浙江舟山朱家尖跨海大桥的建成，就把舟山本岛与朱家尖两个海岛连接起来，为舟山机场建在朱家尖岛创造了条件。这样做，既极大地节约了本岛的土地，又使外岛土地得到有效的开发。这一举两得的好事就是依靠桥梁才最终成为现实的。香港的青马大桥和澳门的澳凼大桥、友谊大桥同样显示出我国在海峡大桥建设中的高超水平。在今后的发展中，会有更多的跨海大桥在海岛与海岛、海岛与大陆之间建成。已经建成的温州半岛工程、浙江东方大桥工程北线项目，开中国跨海通道工程之先河，为桥梁建设向大海进军进行着艰苦卓绝的探索，创造着开拓者的光辉业绩。

温州半岛工程是一项以桥梁、海地、道路等工程形式，实现洞头本岛和大陆相互连接的基础工程。在这一工程中，洞头五岛连桥、灵昆大桥等桥梁的建设，可以说起着举足轻重的作用，桥梁的建造比起筑堤、围涂来，技术要求更高，资金投入更大，承担的风险也更大。因此，这几座大桥的顺利建成，并且能够经受海上潮流、恶浪、飓风的考验，是整个工程胜利完成的基本保证。

洞头是温州市瓯江口外30多海里水面上的海岛县，全县有103个岛屿，如同撒在东海上的103颗珍珠，故有"百岛县"之美称。洞头县区位优越，资源丰富，是仅次于舟山渔场的浙江省第二大渔场，全县建有5个海洋捕捞基地；东沙港是国务院批准的活海鲜锚地，鹿西港是东南海上最大的水产品市场。洞头诸岛风景优美，美丽的沙滩，奇异的礁石，湛蓝的海水，成群结队的海鸟在各个岛上盘旋飞翔。广阔的海域，绝对没有陆上闹市的喧嚣，清新的空气，宜人的气候（这里冬暖夏凉，年平均气温为17.3摄氏度），这些优越的自然条件使洞头富有"海外桃源别有天"意境，被人们誉为"水中莲花""海上仙山"。但是，每一个海岛都被孤独地悬在大海之中，人们开门见海，出门扬帆。千百年来，海涛如同重重屏障，给岛上的人们与大陆的联系增添了许许多多的困难，同时也严重地影响了经济的发展。

为了从根本上改变被浩瀚的海水阻隔的局面，为了振兴洞头的经济，让全县人民在建设全面小康的现代化道路上走得更快一些，随着"半岛工程"的实施，随着一座座跨海大桥的凌空飞架，千百年"天堑变通途"的梦想已经变为现实。经过五年努力，把洞头本岛、三盘道、花岗岛、状元岙岛和霓屿岛五个大岛连接起来，连接这五个岛屿的七座大桥宽度都为9.5米，总长3.1千米，最长的洞头大桥长1.5千米，其余依次为三盘大桥、状元大桥、深门大桥、花岗大桥、浅门桥、窄门桥。这七座大桥的建设创造了好几项纪录：洞头大桥桥桩深108米，创下全国江海桥梁桩基长度之最，主跨连续钢构跨径为浙江省第二；深门大桥为箱形拱桥，主跨度160米，为全国同类跨海大桥第一，并在七节段悬索安装单榀重量比较中位居全国第一；三盘大桥87米深的灌注桩采用冲击成孔，且圆满完成施工，全国尚属首例；单跨141米的花岗大桥为浙江省同类型跨海桥梁中跨径最大。

五岛相连工程的完成，使洞头本岛面积从原来的24平方千米扩大到52.4平方千米，强化了县城对乡村的经济辐射，加快了城市化的进程。由于几座雄伟的跨海大桥的建成，形成了新的人文景观群，海岛仙境的洞头锦上添花，桥连岛，岛连桥，天堑变通途，海岛共携手，桥与桥媲美，岛与岛竞秀，优美的自然资源和人文景观交相辉映，极大地促进了旅游业的发展。五岛连七桥已经从久远的梦想变为现实，它不但为温州半岛工程的建设打下了良好的基础，同时也增强了人们改造自然的信心和力量。2003年4月9日正式开工的"半岛工程"，建设了直接通向温州市区的大桥和海堤，三年之后，当更加雄伟的跨海大桥建成时，洞头人在家里吃过晚饭，驾车去温州看一场体育比赛或者文艺演出，就是很平常的事了；而温州的城里人，也可以十分方便地陪同来自海内外的宾客到洞头品尝当地的海鲜，领略那里的美景了。渡海的艰苦与危险一去不复返，各种车辆在现代化的大桥上风驰电掣地驶向彼岸，桥梁在人类创造更加美好的社会生活中的巨大作用，在新的历史时期得到进一步的发挥。

　　如果说洞头连岛工程揭开了大陆与海岛连接的序幕，那么，舟山系列跨海大桥的建造便把陆岛相连的建设推向一个新的高潮。舟山作为中国重要的海岛，虽然与大陆一衣带水，但毕竟孤悬大海之中。海天相隔，舟楫相渡，已经不能适应中华民族实现伟大复兴的历史必然要求，而舟山跨海大桥的建成通车，使舟山与大陆连成一片的梦想成为真真切切的现实。一座座优质的桥梁，不但要在交通功能上安全可靠，而且必须达到和周围的自然环境、人文景观和文化氛围的和谐。因为桥梁是直接构筑在大地之上的人的作品，它以巨大的功能和宏伟的体量，尽管受到海洋环境的制约，桥梁建设者仍然用自己掌握的先进的桥梁科学知识、高超的建造技术和顽强拼搏的意志，演出一场有声有色、宏伟壮丽的活剧来，展示不同凡响的创造才能，使桥梁和环境在高度协调的关系中向美的境界升华。这一前无古人的伟大工程，主要是由岑港大桥、响礁门大桥、桃夭门大桥、西堠门大桥和金塘大桥这五座跨海大桥组成，它们是当代中国桥梁建设最高水准的集中体现。由于主桥都是建在通航孔上，为了满足海上运输的需要，每一座主桥的桥下净空都比非通航孔有大得多的高度与宽度，同时，为了便于让载重量大、吃水深的万吨巨轮避免触礁的危险，通航孔的位置总是在水流最深的主航道上。因此，主桥在跨度、高度与桥梁水下部分的深度上总是远远超过非通航孔。如桃夭门大桥，主桥通航等级为2000吨级，通航净高32米，通航净宽280米，主跨580米，为双塔双索面半漂浮体系混合式斜拉桥，其耸立在海平面上的桥塔，以151米的高度显示出横空出世般的伟岸气势。西堠门大桥跨越西堠门水道，通航等级为30000吨级，通航净高49.5米，通航净宽630米，主跨采用485米+1650米+578米的悬索桥方案，跨径在目前悬索桥建设中位居世界第二、中国第一。主桥的体量与形象所表现出来的壮丽之美，充分展现了舟山跨海大桥在建筑艺术上创造的伟大成就。跨海大桥建成的通达之喜，连岛工程表现的创造之功，以及带来的历史性机遇，为舟山经济文化的发展创造了前所未有的有利条件。跨海大桥的建设使舟山人实现了"半岛之梦"，桥梁成为快速沟通海岛与陆地的空中坦途。交通的便利使舟山建设全面小康的伟大事业获得了如虎添翼的新气象、新动力，物流、人流、资金流、信息流必将会使舟山驶上快车道。

被人们誉为新世纪中国基建伟大创举与世界奇迹的港珠澳大桥，是中国桥梁建设创造的举世瞩目的辉煌成就。改革开放以来，香港、澳门两个特别行政区与内地之间的交通运输通道不断完善，但是香港与珠江三角洲之间的交通联系由于伶仃洋的阻隔受到限制，为了适应粤港澳大湾区建设的需要，使香港、珠海和澳门三地的跨境交通更为便捷，港珠澳大桥就在中华民族为实现伟大复兴的时代大潮中应运而生。大桥全长55千米，跨海路段全长35.6千米，设计时速100千米/小时。2018年10月23日，大桥正式开通。港珠澳大桥的开通拉近了香港、珠海和澳门三地之间的距离，驾车从香港到珠海、澳门从3个小时缩短至30分钟左右。这一创举也增进了两岸同胞的感情，加快了三地之间的贸易往来，促进珠三角西岸三市（珠海、中山和江门）、香港和澳门的经济繁荣发展。

港珠澳大桥分别由三座通航桥、一条海底隧道、四座人工岛及连接桥隧、深浅水区非通航孔连续梁式桥和港珠澳三地陆路联络线组成。主桥是由三座大跨度钢结构斜拉桥构成，跨海路段全长约35.6千米，其沉管海底隧道规模也位居全球之首。桥梁竣工后仅在专利申请方面就达600多项，并弥补了多个领域的空白，打破了多项世界纪录，港珠澳大桥是至今全球规模最大的跨海工程，因此又被称为"现代世界七大奇迹"之一。这座大桥是中国桥梁建设史上施工难度最大的跨海项目，其工程规模大、施工周期短，由此可见，这座大桥的建设克服了无数难题，充分体现出中华民族不畏艰难的奋斗意志、勇于挑战的创新精神和一丝不苟的科学态度。

大桥桥隧建筑风格的设计灵感汇聚粤港澳三地的文化元素，浓缩粤港澳三地共同的文化记忆，同时寓意粤港澳三地通力合作、共同建设"世纪工程"。

其中，青州航道桥、江海直达船航道桥和九洲航道桥，分别展现"中国结"、中华白海豚以及船帆的形象。东、西人工岛建筑风格的设计灵感则来自岭南地区的柱廊、骑楼等建筑元素，航拍、俯视人工岛可以看到形似"中""华"的字样；东、西人工岛各有两个青铜鼎桥头堡，以"海底绣花""筑岛奇迹""蛟龙出海""梦圆伶仃"四组浮雕，生动形象地展现了港珠澳大桥建设中具有重要意义的施工历程；东、西两侧人工岛建筑都设有平展宽阔的大台阶，从底部向高处攀升，能够让广大游客在不同的高度欣赏桥梁的雄姿和大海的美景——迎着波浪轻松跳跃的海豚，碧浪波涌连天雪的海景，红日跳出海面的壮观和艳丽的晚霞中夕阳西下的庄严，都可以尽收眼底。

21世纪的中国正在为全面建成小康社会，为实现"两个一百年"的奋斗目标，万众一心搞建设，千方百计谋发展。社会经济文化发展的需要，信息化、数字化与智能化带来的科学技术的新飞跃，都为桥梁建设奏响了更加壮丽恢宏的华彩乐章，现代桥梁建设的高潮正在中华大地乃至全世界兴起，中国的桥梁建设已经走在世界前列。今天，中国桥梁建设工程技术人员，正抓住大好机遇，奋力拼搏，通过艰苦卓绝的努力，他们必将在当代桥梁建设中创造出前无古人的光辉业绩。

> 平岸小桥千嶂抱，柔蓝一水萦花草

第二章 桥梁类型

中国1600万平方千米的国土上，分布着成千上万条大大小小的河流，光是著名的大江大河就有一千几百条。[①]在这些河流上，中国人民从古到今建造的桥梁，可以说是星罗棋布，数不胜数。同时，中国国土地貌呈现出异彩纷呈的多样性，既有连绵的群山，也有一望无垠的大平原；既有高低起伏的丘陵地带，也有湖泊相连、河汉纵横的水网地带；既有堆积在大江大河中的沙洲土渚，也有矗立在大海中的海岛礁屿。在这不同地理条件导致的特殊环境的制约下，中国历代桥梁建设者都能因地制宜、就地取材，根据不同的地质条件和环境特点，精心设计，精心施工，使建成的桥梁各具特色，以各自独有的技术造诣和艺术个性，组成了丰富多彩、规模宏大的中国桥梁大家族。此外，由于桥梁建设是百年大计、千秋伟业，优异的建筑质量使不少古代桥梁虽历时千年仍老当益壮，至于上百年、数百年的桥梁更是随处可见；由于善于吸收和运用新的科学技术，以与时俱进的时代步伐建设的新颖的桥梁，更如雨后春笋般地出现在中国不同时代并遍及中国各地。所有这些，都使中国桥梁不但在时间维度上向我们展开着壮丽的历史画卷，而且在广袤的空间生动地展现着绚丽的英姿和繁荣的气象。我们完全有理由为这个桥梁世界中的泱泱大国感到自豪。

在群星璀璨的桥梁世家中，我们既可以看到那顶天立地的钢铁巨人，它稳稳地托起风驰电掣的列车，使国民经济大动脉畅通无阻，又与条条黄金水道和睦相处，俯视着江河上乘风破浪的大小船舶，桥梁和江河密切结合，共同发挥着现代交通的巨大作用；也可以看到饱经风霜的千年古桥，它们历尽人间沧桑，用泰山磐石般的气概，高高地挺着坚强的脊梁，在国家现代化建

[①] 《水经注》记述了一千二百五十一二条河流。其实，规模类似该书所记的河流远不止这个数字。

设的进程中，重新焕发青春；还有那质朴无华的农村桥梁，在乡间的小路上，默默地让暮归的老牛和收工的农民从身上走过，它们散发着田园诗般的泥土芳香；更有那富丽堂皇的城市桥梁，它们在流光溢彩的都市生活中，展现着自己的赫赫英姿，显示着不同凡响的气派；至于园林中那些造型优美、玲珑剔透的小桥，简直就是闺阁中的小家碧玉，浑身上下透着一个"雅"字；而在水流湍急的深山峡谷之中，还有那悬在两山之间的索桥，有用铁链做成的铁索桥，有用竹篾组成的竹索桥，还有用藤萝围成一个圆筒形的藤桥，人们在其中行进，既好奇又有新鲜感。为了更好地领略这个琳琅满目、博大精深的桥梁王国的翩翩风采，我们从它们的功能、材料、结构形式等方面加以分门别类，进行一次有限而又有趣的考察吧。

分门别类

立交桥和人行天桥

　　普通桥梁主要是用于跨越江河湖川、峡谷海湾等天然障碍，它们作为空中坦途，起着沟通交通的作用。这类桥梁是整个桥梁家族中的嫡系，它们成员众多，从最早的原始桥梁直到今天现代化的海峡大桥；它们分布最广，从深山老林、急流险滩的悬索桥一直到大都市的马路桥；它们体量不等，有的高耸入云，绵延数里，有的小桥流水，区区几尺，堪称袖珍型。但它们却有一个明显的共同点，就是架在水面之上，供人通行。这类桥梁在整个桥梁王国中占数量上的绝对优势。它们是人类征服河流的象征，是改造自然的杰作。

　　其次是现代立交桥和人行天桥。它们跟普通桥梁的区别就在于所跨越的对象不同，不是越过江河，而是横跨在街道、铁路、公路、房屋建筑等人工建造物所形成的障碍之上。也就是说，一般的桥梁总是凌驾在水流之上，而它们却凌驾在人流、车流或建筑物的上面，以便让行人和车辆在交叉口各行其道，分层通过。这样，就可以改变平面交叉那种依靠交通警察或红绿灯进行指挥的落后局面。因为在平面交叉口，人流、车流往往挤在一起，导致交通堵塞，险象环生。另外，在不少城市的铁路道口，每次火车经过时，便必须把汽车和行人堵在两旁，一堵就是十几分钟甚至半个多小时，铁路两边马路上汽车排起长龙，有时绵延可达几千米。如果这个道口有几条重要的公路相交，这种堵车的困境就显得更加严重。

　　要解决这一问题，最根本的出路就在于采用立体交叉的办法，建造与地面道路在不同平面上、垂直跨越的桥梁，使车辆不再在一个平面上交会，以此确保不同方向的车辆和行人畅通无阻，并且通过附设的匝道为左右转弯的车辆提供通道，这就是立体交叉桥。至于供行人横穿马路的天桥，也叫步道桥或人行天桥，是为方便行人安全穿越滚滚车流而设置的轻便的桥梁。这种过街桥一般设置在繁华地段的街道，或者为高速公路、铁路所分割的街区之间，还有的穿越公园和绿地，跨过某些特定区域或特殊建筑。由于它的造价较低，施工又比较方便，空间自由度大，还能丰富街道空间的层次，近年来在中国许多城市已大量出现。

　　中国目前最长的街桥要数上海市的南京西路石门路桥了。这座桥于1985年动工兴建，次年6月1日通行，它将南京西路、石门一路、石门二路、凤阳路四条马路五个路口连成一体。全桥由六个钢结构分段合成，桥面宽4米，长185米，总体走向呈"S"形；设有四部对开和三部单行的自动扶梯供行人上下，还设有两个半圆形平台供行人休息。这座街桥造型优美，设计合理，它的建成为人们在南京西路商业区的购物活动提供了极大便利，过去那种过一次马路要等好长时间又提心吊胆的紧张焦虑，为迈步过街桥俯视车流和店铺的自由随意所代替。交通的便利反过来增强了商业的繁荣，这座"S"形过街桥的经济作用也就表现得十分突出了。

　　出于美化城市环境的良好目的，现在好多城市的过街桥都造得非常美观精致。像广州等阳光强烈、雨水较多的南方城市，市政部门还在过街桥上设置了长廊，为行人遮阳避雨提供了便利，这种设施不但使行人避免了横穿马路可能造成的阻碍交通及人身伤害的危险，同时也为车辆的顺畅通过创造了更好的条件。目前，很多城市还把过街桥作为美化城市环境、展示城市文化特色的场地，例如在过街桥的造型上体现当地建筑特色，在桥栏边缘放置栽种着城市市花的盆栽，有的还在桥廊上画上反映城市历史与传说的壁画，写上本市古今诗人创作的诗词。小小的过街天桥由于直接面向步行者，这类富有文化韵味的设计，只要不会有过分复杂的美化元素妨碍通行功能，那么过街天桥在发挥通行功能的同时，产生的润物细无声的文化浸润作用，应该说是有利于城市环境美的创造的。就拿广州来说，外地游客如果在冬春季节到这南国花城，远看过街桥上的簕杜鹃，鲜红的花朵连在一起，就像在空中飞舞的彩绸；走上天桥，近看一簇簇、一丛丛怒放的鲜花，它们争先恐后地享受着冬日阳光的温暖，其热烈欢畅的场面，一点儿也不亚于"红杏枝头春意闹"那热火朝天的意境。这样的过街桥理所当然地成为城市环境亮丽的风景线。

立交桥当然比过街桥更复杂，它是现代文明的产物，尤其是在汽车运输得到最大普及的今天，众多车辆挤在一个平面上交叉通过的紧张混乱，必然会造成险象环生的危机，即使有了红绿灯，虽然可以让不同方向的车辆按时间先后有序通过，但在汽车交通空前发展的今天，过一个红绿灯堵上几分钟，无论是由此造成交通的低效，还是给行人带来的心理焦虑，都会破坏城市的发展与人们工作生活的平安舒适。立交桥正是在汽车交通高速发展的背景下应运而生，并且很快成为桥梁家族中生机勃勃的后生小子，大有后来居上之势。其实，中国历史上立交桥的最早雏形，可以上溯到战国时代的秦国。当时丞相吕不韦居住的洛阳宫内，南、北两宫相隔数里，洛水又横贯其间。于是他就在两宫之间建起三条"复道"。复道也称阁道，《三辅黄图》在描述阿房宫时对此有很准确的解释："作阁道至骊山八十里，人行桥上，车行桥下。"由于在一个空间里有上、下两层道路，因此又称为复道；又由于道路以楼阁的复式出现，所以又称为阁道。阿房宫的复道"弥山跨谷，辇道相属"，跨越空间"八十里"，也就必然要与其他道路进行立体交叉了。

中国第一座现代互通式立体交叉桥，是建于广州环市路与先烈路口的区庄立交桥。这座立交桥是以四层式带双层平面环交的新颖造型出现的。整座桥梁共有四层，可以让两个方向的直通机动车、转弯机动车、非机动车和行人分道通过，各路车辆和行人互不干扰，畅通无阻。这座立交桥的总体构思十分科学，又具有相当高的艺术性，尤其是对非机动车和行人的通行安排，更是颇具创新精神，符合中国城市交通的国情。美国的立交桥专家看到这座立交桥也十分赞赏，称它为中国式立交桥。今天，中国城市互通式立交桥如雨后春笋，无论是桥梁结构在总体设计上的既出奇制胜又融通畅达，在施工上新材料、新器械及新工艺的大量运用，还是整体形象的审美展现、道路标志的精心设置，灯光照明既满足功能上的实际需要又能形成火树银花的璀璨夜景，这些都远远超出区庄立交桥的水平。许多城市的互通式立交桥都成为该城市新的地标建筑，成为城市的风景之眼。

现代立交桥与普通桥梁相比，不同之处就在于现代立交桥是建于陆地之上。这样在施工中就比架设在水上的桥梁方便、经济。在观赏价值上，虽然同样具有登高远眺的便利，但却没有卧波踏浪的壮美。尽管如此，由于它能适应现代交通的需要，在桥梁建设中的地位也就日益显得重要了。现在，中国很多大、中城市都有自己的立体交通设施，千姿百态的立交桥已经成为城市最亮丽的风景线。就拿北京来说，从早期的建国门桥、阜成门桥、东便门桥、宣武门桥、三元桥，到这几年新建成的五环路上70多座立交桥和六环路上数量更多的大型立交桥，不但在立交桥的数量上居全国之首，而且许多桥梁在建筑艺术上达到了十分精美的程度。这些立交桥都以巧妙的构思、别致的造型、合理的布局，体现出中国现代桥梁建筑在材料、结构、造型、环境艺术上的独特追求，它们不但使原本互相冲突的交通在各行其道的合理分工中畅行无阻，极大地缓解了首都平面交通车辆拥堵的困境，汽车司机在立交桥前不再左顾右盼或焦急地等待信号灯了，功能上的通达之美理所当然地得到人民群众的普遍肯定，同时在建筑造型上的精彩与城市空间上的生动，极大地提升了城市景观的审美价值，千姿百态的城市立交桥已经成为城市交通与环境审美不可或缺的组成部分。

由于现代城市道路纵横交错，互通式立交桥在立体交叉的层次上就显得更为复杂，层层叠叠的匝道构成纷繁复杂的曲线，整座桥梁以磅礴的气势矗立在城市中间，成为新的地标性建筑。在重庆就有这样一座被称为全国最牛的立交桥——黄桷湾立交。这座立交桥共有5层，由20条匝道连接8个方向的道路，从地面到桥梁的顶点有37米，相当于12层楼高。这座立交桥占地面积约41万平方米，有2条主干道和15条匝道，桥梁形成开放的空间犹如钢铁和混凝土编织的天宫，在相互穿插与紧密连接中充分展示了人类建造力的伟大。然而这一魔幻般的交通设施，也会给使用者造成不小的压力——眼花缭乱的匝道对汽车司机提出了非常严格的要求，他们必须以最精准的判断、最小心的驾驶避免走错道路，因为一不小心误入歧途，就需要用很长时间才能回到正确的道路上来。由此可见，过于复杂的互通式立交桥，一定要有顺畅合理的道路连接、清晰醒目的交通标志，以保证车辆顺利通过，不然的话，过于复杂的立交枢纽也会给交通带来某种负面的影响，这是城市立交桥建设中必须高度注意的问题。

栈道

如果说立交桥在现代汽车交通中发挥着神奇功能，让疾如雷电的车辆在四通八达的立体交叉中飞驰而过，那么，在山高水深的悬崖峭壁上，栈道的作用同样是不可小觑的。尽管它常常依偎在山崖的边上，没有法子一下子跨到峡谷的对岸去，缺乏一种征服者的勇气和力量，但是它随山崖的逶迤曲折而沟通了那难于上青天的险境，倒也表现了人类在艰苦卓绝的抗争中显示出的压倒一切的伟大和坚定不移的毅力。面对着那"危乎高哉！蜀道之难难于上青天"的险要，连气吞山河、心怀海宇的李白都发出这样的感叹："上有六龙回日之高标，下有冲波折道之回川。黄鹤之飞尚不得过，猿猱欲度愁攀援。"但是人类毕竟不像动物那样被动地屈从环境的安排，他们不甘心成为恶劣的自然条件的奴隶，而总是要用自己的智慧和力量，在和险山恶水的较量中去提升人的本质力量，在改造客观环境中表现出人定胜天的主观能动性。这样，终于使悬崖低头，叫峭壁让路，硬是在无法行走的地方开辟出一条道路来，这就是栈道。李白的诗写得实在精彩："地崩山摧壮士死，然后天梯石栈相勾连""青泥何盘盘，百步九折萦岩峦"，即以最艰苦最危险的劳动，建成犹如天梯的栈道。

最早记载栈道的历史文献是《战国策》，里面有"秦栈道千里，通于蜀汉"的说法。后来的《小方壶斋舆地丛钞》一书对陕西栈道的建造则有更详细的记述，说："斜谷在郡县西南，入谷二百二十里抵凤县。出连云栈，又百五十里出谷口至褒谷。中皆穴山架木为栈阁。始自战国时范雎相秦，栈道千里，通于蜀汉是也。"这里，特别值得注意的是"穴山架木"四个字，意为在石壁上凿出深孔，再把木材插进孔内，剩下几尺悬空伸在山崖上。然后在这伸出的木头上铺上木板，这样就成为行人和车马通行的特殊的道路了，而实际上就是架设在悬崖上的特殊的桥梁。这种栈道称为"千梁无柱"，现在四川宝兴一带仍有遗迹。它一般架在最陡峭的悬崖上，下面常常是激流深谷。走在这种栈道上，人会头晕目眩，胆战心惊。当年凿山架木的工匠们所付出的心血和牺牲，就更令人惊叹了。当然有些栈道建造得稍复杂些。那是先用木材制成直角形的构件，横的那根木头插进山中的孔穴中，竖的那根则立于水中或谷底，与另一边的石壁形成一个"H"形，这样成排架起，再把木板铺在"H"的一横上，而木柱超出路面的那部分，就起到护栏的作用，增加行人的安全感。这种栈道与梁柱式桥梁已比较接近了。

现代人开始掌握了挖掘隧道的技术，架桥的水平也比古人高超得多，所以在这种危险的地形上，一般用隧道和桥梁的组合来建造公路和铁路。可见，在交通干线上，栈道的历史使命已经完成。但是在偏僻的深山冷坳，出于经济的原因，不可能在交通量较少的地方都建隧道和桥梁；同时，某些名山大川的魅力，也是要靠游人在艰辛的攀登中才能充分领略。在这种情况下，栈道仍有用武之地。四川峨眉山的山路中仍有几段栈道，只不过现在的栈道是用钢筋混凝土做支撑的，旁边的护栏也更牢固了。尽管如此，走在这样的栈道上，俯视一旁的深谷，仍会使人心惊肉跳。当然，为了让今天的人们了解我们的先辈在刀劈斧削的悬崖上修建栈道的艰难险阻与高超技术，也为了让那些敢于挑战危险的年轻人享受惊心动魄的刺激，有些旅游景点还特地保留了一些古栈道，西岳华山就有一段修建在峭壁上的栈道，这条栈道只有几块木板，搁置在打进岩石中的楔子上，没有宽阔结实的道板，更没有用来保护行人的护栏，狭窄的栈道几乎连两只脚板合在一起都容纳不下。行进在这样的栈道上，正常的行走方式是无法使用的，只能在两只脚交叉移动中一脚一脚地挪过去。

水道桥与管道桥

　　立交桥和栈道虽然属于完全不同的年代，在建造方式和材料的运用上也大不一样，但都是用来为人类交通服务的，所以它们都是桥梁家族中的亲兄弟。而另外一些桥梁，却不是用于人的通行，更多的是用于物的运输，如用于输水的桥梁——水道桥，或者称为渡槽，还有专供管道、电缆跨江过河的"专用桥"。它们一般都是以桥的形式出现，却不再是直接供人通行的空中坦途。所以，它们和普通桥梁的关系也就显得疏远了，大概是表兄弟之间的关系吧。这里主要谈谈水道桥——渡槽及管道桥的一些情况。

　　渡槽是跨越峡谷、河流、洼地和交通路线的立体交叉建筑物，是为了让水流能够按照人们预想的要求，流到需要的地方去。这就需要采取特定的措施，不让它随便向低处流去，或者和道路、建筑物发生冲突，而是让水流越过这些障碍，到达指定的目的地。据史料记载，早在12世纪中叶，金代天德年间修建的山西洪洞县宝庆西南的惠远桥上，就有渠道通过。后来，其他地方用石料、木料修建的水道桥也时有见到。解放以后，兴修水利大搞农田基本建设的热潮在我国持续开展，各地修建的石砌的或钢筋混凝土渡槽，可以说是不胜枚举。如河北省修建了穿越大运河的子牙新河渡槽，宽达30米，流量达每秒180立方米，船队可以对开。广东电白县的七迳渡槽，采用造型优美的双曲拱构架作排架基础，像一挂挂彩虹排列成行，绵延8千米，蔚为壮观。又如福建省的许多渡槽，都是用石块砌成的，工艺水平高，工程质量好。如莆田县的石盘渡槽，是用石砌空腹板拱结构做成的，净跨40米，架空高度也较大。人民群众用一双灵巧的手，把坚硬的石头变成了空中的彩练。

中国渡槽最为集中的是湖南韶山灌区。那里四大干渠跨越96处溪河、低田、公路和铁路，这些地方的水流都是从渡槽流向前方的。这样就形成了一个庞大的渡槽网络。这一渡槽网不仅数量可观，形象壮观，而且根据地形情况及运水要求，造型丰富而又生动。有4座渡槽采用半圆形的槽身，其余的都为长方形，有9座的整体结构是简支式，17座为双悬臂式；在支承形式上有2座是采用拱支承，3座用斜柱双排架，其余的都用单排架；竖立在地基上的排架用大块结构做基础，而在岩石上的就用单柱结构。

在这众多的渡槽中，有几座大型渡槽特别引人注目。它们都有富于诗意的名字，叫"飞涟灌万顷""云湖天河""涓江飞涟""韶山银河"和"三湘分流"。这些渡槽不但造型别致、气势宏伟，而且槽桥结合，就是在渡槽一侧建有便道，可供人和非机动车通行，槽中可通航10吨木船。如在"三湘分流"，湘江中的木船可直接驶进渡槽，这既起到了灌溉的作用，又提供了运输的方便，可谓一举多得。尤其是"韶山银河"，它又叫银田寺渡槽，因为它正对着毛泽东的故居韶山冲，跨越韶河和湘韶公路，全长264米。当时为了更好地烘托毛泽东故居的壮丽神圣，在设计上确实下过一些功夫。整座渡槽选用不等跨双悬臂钢筋混凝土矩形槽身，每一跨长33米，悬臂两端各长7.5米；支承排架的间距是18米，排架最高为14.5米，一般也在7米以上。渡槽的外观比较美观：排架立柱采用多边形锥柱，轮廓线就比较丰富，槽上护栏为漏窗形，入口有一座拱桥，造型清秀，颇具园林桥的风格，灯柱也做得较为精细。渡槽两端与河流交接处，也布置得协调匀称。槽身的横断面为3.8×1.8米，较为宽阔却不很深，通过流量为每秒10.4立方米。当人们站在渠道的人行拱桥上，脚下的清水在十几米高的空中哗哗流过，如同一条银色的天河。天河下面则是广阔的田野，如果正逢收获的季节，一望无际的稻菽波浪滚滚。壮丽的工程，丰收的喜悦，都会让你感到人民的伟大、创造的艰苦，便会更细致更深刻地领略到毛泽东在《回韶山》一诗中吟诵的"喜看稻菽千重浪，遍地英雄下夕烟"的壮美意境。韶山灌区的建成受到中央领导的高度评价，时任中南局领导的陶铸同志题写了"韶山灌区洋潭引水坝"，时任国务院副总理的谭震林同志题写了"飞涟灌万顷"，湖南的老领导王首道同志题写"三湘分流"；时任湖南省委书记处书记、韶山灌区渡槽工程的领导者华国锋同志，题写了"云湖天河",他还曾亲笔抄录了这样一首民歌:"高山顶上修条河,河水哗哗笑山坡。昔日在你脚下走,今日从你头上过",充分肯定了人民群众对渡槽的赞颂。作为特殊的桥梁,渡槽不只是像普通桥梁那样架设在江河之上,而且要把江河之水引上高处,导向远方,它跨越阡陌田野,为农业生产的丰收做出贡献,并通过对饮水条件的改善,为提高人民生活质量创造了良好条件。人民群众的创造力在这里得到了充分的发挥。

与渡槽相类似的是管道桥,它是为运输油料或天然气的管道跨越障碍而建造的特殊桥梁,常常架设在河床冲刷严重、冲淤变化无规律、流速大、河底开沟困难或者那些通航频繁又要经常疏浚的河道上,以及地势陡峭的峡谷等地方。除了有些管道挂靠在公路桥梁的边上之外,大部分的管道都利用自身和一些附加的杆件来组成支承结构,运用各种结构形式来达到跨越河流、峡谷的目的。中国是世界上最早采用管道运输的国家。早在公元前200多年的秦汉时期,四川自贡一带的先民们就已经用竹木笕输送卤水,后来发展成用竹木管道来输送天然气。明代宋应星在1637年写成的《天工开物》中详细介绍了用竹管输送天然气的情形:"长竹剖开,去节,合缝,漆布,一头插入井底,其上曲接,以口对釜脐。"清代范声山于1844年写作的《花笑庼杂记》对管道输气的发展也有记载,说"一井口接数十竹者,并每竹中间复横嵌竹以接之"。在17世纪,四川的自流井气田不但在平地上敷设管道,而且能够"高者登山,低者入地",输卤水的竹笕,有"凌空构木若长虹"之势,这些跨越工程"纵横穿插,逾山渡水",里面就包括最早的管道桥了。由此可见,管道跨越作为管道运输的组成部分,是古代中国人创造的又一奇迹。1963年中国建成了第一条现代天然气管道——巴渝输气管道,1983年建成了从川东经重庆、泸州、威远至成都、德阳等地涵盖四川全省的输气管网络。在世界屋脊青藏高原,中国敷设了从格尔木到拉萨的输油管道。此外,在大庆、胜利、华北等油田,建成了向石化厂输送伴生气的管道。在这些管道中,自然需要跨越山水的管道桥。说到管道桥,就会联想到"西气东送"巨大工程,这一横跨4000多千米的管道运输系统,由于考虑到安全、环保等因素,在跨越黄河、长江这样的大江大河时都采用了隧道穿越的方式,因此没有出现大型的管道桥,这对于桥梁建设来说似乎有一些遗憾,但其实正是中国管道运输事业迈向更高水平的有力证明,同样是一件令人高兴的好事。

跟渡槽相比,管道桥不只是在输送的对象上有区别,在通道的形式上也有区别,渡槽就是空中渠道。一般来说,"槽"应该是开放空间,而"管"

则是封闭的。在工程构造上，渡槽需要由专用的支撑结构来做基础，而管道桥却更多地依靠自身的结构变化去越过障碍。管道跨越的构造形式一般和桥梁的各构造相类似。如管拱跨越就是直接把管道制成抛物线或圆弧形，方便两岸油或气的通过；管道桥一般是用轻型托架、桁架、悬索或悬缆结构，还有的干脆用斜拉索来修建，它适宜于大口径管道以跨越大、中型河流。目前在中国的输油、输气管道中，各种跨越形式都在使用，如四川省的天然气管道系统、跨越汉江的输油管道，以及其他大江大河上大都采用斜拉索的结构。这种形式就是利用密集布置的斜拉索，每一根都分别斜向拉着管道，使之轴向受拉，增加了管道的刚度。在现代运输中，管道的地位显得越来越重要，那么，必然会有更多的管道桥屹立在中国的江河上。

从上面简单的介绍中我们可以发现，桥梁正从单一的供人越过江河的功能，向着其他的功能类型发展，这种发展趋势正在现实生活中展示出强大的生命力，不同功能的桥梁必将会更多地展现在我们的面前，为人类生产和生活的多方面需要提供服务，而桥梁王国也在功能的不断拓展中，在广度和深度上继续充实自己，向新的领域迈进。

各呈异彩

把握不同类型的桥梁，第二个可以遵循的途径就是从建筑材料的不同着手。现在我们所能见到的各种各样的桥梁，都不外乎是用木材、石头、钢筋混凝土和钢铁建成的。这些不同的材料在强度、防腐、造型上显示着各自的特点，形成了桥梁王国中异彩纷呈的精彩场面，我们就分别来看看用不同材料建成的桥梁各自有什么风采。

木桥

木桥可以说是桥梁王国的元老了。我们在前面分析过，人类最早的建桥活动可能就是从架设简支独木桥开始的。即使在生产力已经有了相当的发展之后，在社会已经走过石器、铜器时代，早已进入铁器时代之后，木料仍然是人类最常见的建桥材料。只是由于木料在强度上不如石头那样坚固以及容易保存，因此，现仍留在世上的木桥，它们的寿命就不可能和石桥相比了。

木材之所以能在远古时代就被人类用来建造桥梁，并能在漫长的历史中独领风骚，主要是由于木材较之石头、钢铁要轻，采伐、运输和加工又比较方便，这正好适应人类童年期改造自然的能力。同时，木材能够在水面上漂浮，人们可以在林区将木材砍伐下来之后，组成木筏，让它顺流而下，漂流到需要造桥的地方。在加工过程中，从最原始的藤萝缠扎，发展到后来用铁钉连接，或者打眼制榫，都比在石头或钢铁上完成这样的加工任务要容易得多。尤其是当人类还处于手工加工的年代，选择木材造桥就很自然了。当然，木材也有缺点，如强度很低，又容易燃烧，抵抗外界侵蚀的能力也比较差，时常接触水容易腐烂，在干燥时又容易开裂。这些都影响了木桥的使用寿命。但是，我们的先辈们在实践中不断总结出克服这些弊病的方法：如用桐油、油漆使木材表面得到保护，或者在桥上建屋，使桥梁的承载部分免受日晒雨淋，这样就能大大延长桥梁的使用寿命。有的地方还制定了严格的规章制度，如不准在桥上用火，甚至规定不许在桥上设摊买卖豆浆、水果，以防木料遇水腐烂。正是在技术上和管理上采取的这一系列措施，使得木桥的寿命不断延长。

木桥的寿命虽然比石桥短，但能用上一两百年的木桥也常有见到。浙江景宁的梅崇桥，桥屋的栋梁上题着"建于嘉庆七年"的字样，而且建成后未大修过，可见此桥基本上仍为初建时的原物。这说明梅崇桥已有200多年的历史了。这是一座全木结构桥，桥梁的构造和《清明上河图》中的虹桥相似，是由两组长短不等的木拱骨叠架穿插而成。第一组由三根较长的拱骨组成，第二组由五根短一些的拱骨组成，两组拱骨交叉叠合，构成了一个较为粗放的拱形整体，这种结构形式处于梁向拱的嬗变过程，称为叠梁拱。为了增加互相平行的拱骨的稳定性，工匠们在每两组的拱骨框架上都装上了对角交叉的横向斜撑，再加上长短拱骨在交叉叠合中构成的几组三角形，使桥梁结构具有力学上的科学性。这座木桥和虹桥不同的是，它的桥面是平坦的，没有像虹桥那样高高拱起。这一改进显然是适应了山区的地形特点和交通上的需要，桥上通行的方便比起桥下通航的需要来，前者完全处于支配地位。同时，桥脚两端平坦的桥面又和两端拱肩构成两个大三角，无疑比拱形桥面更牢固耐用。梅崇桥在桥面上盖有桥屋，两侧设有护板，使风雨、烈日都不能直接侵蚀桥梁的内部结构。同时，整座桥梁的木结构两端安置在卵石桥台上，最靠岸边的直竖排架后面的第一层也是卵石，卵石后面全是填实的土。这样，山上的流水就能较快地排到河里去，桥基的潮湿便不会使桥梁腐烂。梅崇桥至今仍很牢固，据专家分析，如果没有意外的破坏，再用上两三百年也不会有大的问题。

至于用石墩木梁建成的桥，那就更多了。较有影响的有湖南渌江桥、甘肃文县阴平桥、福建建瓯平政桥、福建永春东江桥、广西程阳永济桥、浙江武义熟溪桥等。这些桥梁大都建于清代中期到末期，寿命都在百年以上，可以说在木桥世界中，它们都是高寿者了。这里，我们可以看到，木材本身的缺陷，在技艺高超的造桥者手里确实得到了很好的克服，使木桥以质朴轻便的特点在桥梁世界中闪耀过光彩，今天虽然在大型桥梁上，其他建筑材料早已取代了木材，但在一些小河、山溪上，木桥仍然占有一席之地。当年在修建康藏公路时，还曾经建造40米跨度的钉合木板梁桥。随着胶合板梁等新技术的应用，木材在小型桥梁建设中仍有充任主角的机会，而且在混凝土浇铸中，需要用木材来做模板，因此它在现代化桥梁建设中，仍是不可缺少的有用之材。

石桥

石桥在中世纪直到近代的桥梁建设中一直充当着最重要的角色。石块不但可以用来砌筑桥墩和桥台，而且可以用来做梁体、桥拱。全部用石块建成的桥梁，今天我们在中国各地都经常见到。石桥在中国桥梁史上有过非常辉煌的篇章。中国的石桥建设具有悠久的历史和杰出的成就，这里有着我们中华民族对世界桥梁建设的卓越贡献，像赵州桥这样堪称桥梁建设里程碑式的作品，其实还有许多。它们都以设计的精巧、施工的精湛、艺术构思的奇妙及使用寿命的长久，享誉海内外。

为什么用石料建桥能创造出这样的奇迹呢？我们可以先从石料的材料特性来回答这个问题。从材料科学的角度来看，石料具有很好的耐压性能，也不易腐蚀。坚硬的石料如花岗石，还不会轻易风化。对于石料的这些性能，人们从石器时代开始，就逐步有了认识。从那时起，坚硬的石头就成为人赖以生存的工具。随着时代的推移，石头从工具和武器的位置上退了下来，逐步向建筑材料的角色演变，并且在世界建筑史上占据了极为重要的地位。许多民族在早年都建造过巨石建筑，这些巨石建筑的遗迹，仍然令人十分向往，也常常给人们留下神秘的幻想。如古埃及的法老就用石头来建造巨大的坟墓——金字塔，其所用石料的体量之巨、数量之大令人吃惊。如在哈夫拉国王祭庙的入口处，有一块石材长达 5.45 米，重达 42 吨。稍后制成的方尖碑，最高的竟达 52 米。有些神庙中的石梁有 9 米多长，而石柱竟有高达 21 米左右的。英国索尔兹伯里平原上的石环，距今已有 4000 多年。每块巨型青石高达 6 米，重数十吨，石柱与石柱之间还用厚重的石梁连接起来。中国古代文明最早发祥于中原黄土地区和长江中下游丘陵地带，多木材而少佳石，所以远古时代遗留下来的巨石建筑就比较少。但随着时间的推移，中国人民开凿石块的技艺不断提高。北魏期间在宗教文化的推动下，开始出现了开凿石窟、雕刻佛像的巨大工程。可见到了南北朝时期，加工石材的技艺已经达到了很高的水平。石材加工技术的不断进步，从建筑材料方面促进了石拱桥的建造。在中国的房屋建筑中，由于阴阳学说认为石料属于阴性，建造住宅不适宜全部使用石材，使得石结构成为中国古代房屋建筑中比较薄弱的部分，然而石材却在桥梁建筑中大显身手，而且在一千几百年漫长的时间里独领风骚，这一阶段中国的石拱桥建造走在世界的前列。

在中国的石桥中，主要有石拱桥和石梁桥两大类。前者以赵州桥、卢沟桥等最为著名，后者以泉州诸桥最有影响力。这里我们介绍一下北方的卢沟桥和南方绍兴的泗龙桥，看看它们在建筑工程和造型艺术上的成就。

卢沟桥是由金章宗在大定二十八年（1188 年）三月下令修建的。第二年正式动工，历时三年，在 1192 年建成通行，到今天已经有 800 多年的历史了。它是燕蓟地区通往华北平原和南方各地的交通咽喉。整座桥梁工程宏伟，艺术精巧，不但在国内影响很大，而且经元代来华经商的意大利旅行家马可·波罗的介绍而闻名全世界。卢沟桥是一座大型联拱石桥，共有十一孔，全长 266.5 米，为中国北方修建年代较早、存在历史最长的古桥。施工中为使桥梁基础牢固，打下了成排的柏木桩。《考工典》称"卢沟桥，金明昌初建，插柏为基，雕石为栏"。因此，800 多年来桥墩和整个拱券仍保持完好。经实际测定，10 个桥墩，前后相连达 260 多米，但沉陷差却只有 12 厘米左右。这为桥梁使用寿命的久长提供了保证。现存桥梁的基础和主要结构，仍是金代原物，这是在经历了多次地震和战火的破坏保存下来的，更显得难能可贵了。

全桥由十一孔不等跨圆弧拱构成，长 212.2 米，加上两端引桥，总长 266.5 米。桥面净宽 7.5 米，连同桥栏及挑出部分总宽达 9.3 米。拱券石的厚度有 95 厘米，护拱石厚 20 厘米。桥拱采用纵联式砌筑法，使整个拱券联成一体。在拱券的两侧，还设单独的券脸石一道。为了防止券脸石向外倾塌，每一拱券还用了八道通贯的长条石，并与券脸石交错砌就，使石拱的结构接近于框式纵联排列。在券脸石拱背上，还平铺了一层 15 厘米厚的伏石。纵观全桥，一块块经过精细加工的石材，珠联璧合，仿佛构成了一个有生命的整体。建桥者还在拱券和桥墩的各部分石料间，都使用了腰铁，用特制的铁件把石材连接起来，这就进一步增加了砌石间的拉力，提高了桥梁的强度。

清乾隆五十年（1785 年），卢沟桥有过一次修葺。当时主持修桥的人谎报桥梁损坏严重，想中饱私囊。被人告发后乾隆派员前来勘查。勘查时拆开部分桥面后，发现拱券和桥身都非常坚固，为此特立碑文纪事，碑文中说卢沟桥"石工鳞砌，锢以铁钉，坚固莫比"。现在卢沟桥的牢固程度不减当年，它仍能承载几百吨的重物。20 世纪 70 年代末，有一批超限大件设备要从永定河上通过，附近新桥的载重量却不能胜任，于是有关部门把希望寄托在这座金代古桥上。为了顺利完成这一重大的运输任务，工程技术人员首先对这座古桥进行了全面的试验，发现桥的强度完全可以让计划中的重物通过。当载重 429 吨的平板车通过桥梁的瞬间，监测人员发现，桥的拱券最大下沉量在东起第二孔（清康熙时曾修理）为 0.42 毫米，第五孔和第六孔（金代原物，也是跨径最大的两孔）分别为 0.52 毫米和 0.49 毫米。全桥十一孔的受力均处在弹性状态中。在如此巨大的重压下，这座千年古桥依然能够做到岿然不动，实在是令人惊异。历经 8 个多世纪的风风雨雨、战火地震和车水马龙的艰巨考验，卢沟桥在今天仍有着相当强的使用寿命，中国石拱桥的工程质量之高，也就可略见一斑了。

南方的石拱桥，为了使桥下净空增高，以让船舶更方便地通过，一般在造型上与北方石拱桥不太一样，桥拱的高度往往比较显赫，在总体构思和建造工艺上也就具有一定的地方特色。在石桥荟萃的绍兴市，出门就过桥，举目见长虹，真可谓五步一登，十步一跨。绍兴的石桥不但数量众多，而且类型丰富。石梁桥有踏步式梁桥、平桥、梯形桥、石木梁组合桥，还有连续一百多孔的纤道桥，以及城中大户人家修建的盖有华美桥屋的"暖桥"。石拱桥有半圆形拱桥、马蹄形拱桥、椭圆形拱桥、五边形拱桥及七边形拱桥，此外，城内外还有一些拱梁组合的多跨桥。

在总体构思上，绍兴石桥都能根据周围环境、地势、航运与水情，以及河床变化、码头设置等具体情况，按照经济实用、美观和谐的原则灵活处理，如在平面布局上因地制宜，有折线形、弧形、"丫"字形等；桥头坡道有阶梯式、斜坡式、弧形落坡等；多跨桥中有两头梁桥平贴水面，中间一跨高拱以通航船的，有两头多跨梁桥夹着中间一段平桥的，还有一头几孔高大另一头数孔低平的。坚硬的石块，在桥工们手里，简直随心所欲，在工艺上表现出高度的自由。

几乎每座绍兴石桥都有它的佳胜之处，所以要举出一个有代表性的例子就很难了。这里我们介绍一座拱桥与梁桥相组合的多跨桥——泗龙桥，看看水乡桥工在石作建筑上的造诣。这是一座三孔拱券和二十孔石梁组成的百米长桥，全用红石砌成。三孔石拱桥中间一孔净跨为6.1米，左右两孔的跨径都是5.4米，桥下净空也是中孔高、两边低。桥墩厚50厘米，属于薄墩拱桥，与桥拱的跨度相比，还不到十分之一，再加上拱券外缘线脚，使薄墩两侧曲线在拱脚处相交，各自向拱顶呈圆弧形伸展，极似西方哥特式教堂中飞扶壁的态势，一派轻盈灵动，沉重的石料也由此变得轻柔起来。梁桥一般为3米左右一跨，最大的达5米，桥面比拱桥稍窄，由三块石板构成。更有意思的是桥南建有一座石亭，翘角尖顶，由石柱、石墙、石凳、石瓦组成，它与北端的拱桥相互呼应，相映成趣。行人穿过石亭走上桥梁，迈上石阶梯，越过石拱桥，还有7.6米长的桥堍石板路。这一小小的石建筑世界，在碧波荡漾的河面上，在青山绿树的衬托下，显得刚柔相济，生机勃发。泗龙桥可以让我们充分领略到中国石拱桥的美。

中国的石拱桥在桥梁建设史上取得了极高的成就，这一传统在今天不但没有被忽视，而且得到了新的发展，跨径更大、结构更新的石桥已经超过了以往的纪录。湖南凤凰县鸟巢河大桥就是当代石拱桥建造中的一个奇迹。这座单孔跨径120米的巨大石拱宛如长虹飞架在山区峡谷之上，一万多块青石拱承托了241米长的平坦桥面。该桥设计者田云跃老人是一位具有35年桥梁设计工作经验的工程师，由他主持设计施工的石桥，连同鸟巢河大桥共有108座了。在几十年的桥梁建设事业中，他曾推广和创造8种新桥型，而这座世界上最大跨径的石拱桥，又表现着他高度的创造性：他首创了大跨度全空式上部结构，使拱上恒载减轻了32%。他还创造了一种叫叠桁落地式拱架，并首次采用了裸拱卸架技术，使中国的石桥建造技术跃上了一个新的高度。

中国的石桥不仅坚固耐用，构思奇巧，而且在石料的运用上，还有许多别出心裁的创造。如在河北遵化市，还有一座会奏乐的石桥。这座奇特的桥梁坐落在清孝陵的神道上，长117米，宽9米，有7孔，两边装有116块栏板。当人们敲击石栏板时，就会听到十分悦耳的声音，犹如一首美妙的乐曲。这些栏板大小相同，而发出的声音却各尽其妙。据化验，这些桥栏石板含50%左右的铁质方解石，桥工们选择方解石含量不同的石料制成栏板，敲打起来发出的乐音就会使人大感新奇与惊喜，赞叹大自然的恩赐和人的巧思。

作为建桥的天然材料，木材和石料都是人们从自然界现成采集来的。随着桥梁承载要求的不断提高，它的工程技术标准也就越来越高。因此，光靠天然材料已经不能很好地适应社会发展的需要了。于是，人类开始用人工的手段去合成建筑材料，建造出更长、更宽、载重量更大的桥梁。钢铁和混凝土因此逐渐成为桥梁建设用材的主角。

铁桥与钢桥

中国是世界上较早地把钢铁用于桥梁建设的国家之一。最初，铁只是被用来制作加固石、木构件的紧固件。在赵州桥的拱石纵向连接处，就嵌进了一对对腰铁，使拱券能更好地成为一个坚实的整体；在主拱的拱背上安放了五根铁拉杆，四个小拱顶上也各放一根铁拉杆。这是中国古代桥梁建设中较早使用铁的实例。卢沟桥还在桥墩的迎水面装上三角铁，以保护桥墩，俗称斩龙剑。用铁作为桥梁的主要建材，传说最早是在楚汉相争时，刘邦的部将樊哙在举兵修栈道时曾建铁链桥。虽然今天尚未发现当时建桥时的实物，但中国的炼铁技术发展较早，科技史及考古学都证实中国至迟在春秋晚期已能铸造优质铁器，吴王金戈越王剑就已经是铁制武器了。那么，到秦末汉初锻造铁链，用来架桥也就完全有可能了。

目前，中国较古的铁桥，要数泸定桥了。这是一座铁索桥，建于清康熙四十四年（1705年），翌年四月竣工。桥长104米，宽3米。九根铁链组成桥面，上面铺设木板，以便人马和车辆通过。两侧各有两根铁链作扶手，铁链粗9厘米，长130米，每根重1.5—2吨。铁链用扁环连接而成，全桥共有一万多个铁环。在铸造的时候，每个环上还镌刻有锻工的代号，可见锻造时对质量的严格把关了。泸定桥地处四川西部，又是藏族、彝族等少数民族地区同内地联系和交流的重要通道。建桥以前，大渡河上交通仅靠泸定城附近的三个渡口。由于大渡河水急滩险，尤其是夏秋季节，河水暴涨，用船渡河常有危险，而且还不能满足交通上的需要。铁索桥建成后，上述情况就得到了很大改变，极大地方便了过往行人。

第一座由中国人自己设计建造的钢桁架桥是钱塘江大桥。钱塘江大桥由著名的桥梁专家茅以升主持设计工作，由在桥梁界同样享有盛誉的专家罗英担任总工程师，负责施工。大桥北起杭州闸口，南连萧山长河，全长1453米，共有十六孔，每孔跨径67米，两岸引桥长381米。这是一座双层公路、铁路两用桥，上行汽车，下通火车。是连接沪甬、浙赣铁路的交通要道。桥梁采用三角桁架带副竖杆的钢桁架结构。桥墩用大型"气压沉箱"做基础，制服了江底的大量流沙。钢筋混凝土墩身在上游下来的洪水和下游冲来的涌浪的夹击中，牢牢地屹立在江中。虽然大桥生不逢时，竣工不到两个月就被迫炸毁，抗战胜利后才修复通车，但在以后近半个世纪中，作为钱塘江及其上游富春江上唯一的大桥，它为沟通南北交通出了大力。

南京长江大桥是继武汉长江大桥、重庆白沙陀长江大桥之后第三座跨越长江的大桥，也是三座大桥中规模最为宏大的特大桥梁。南京长江大桥江中正桥为钢桁梁结构，共有十孔，长1576米，由一孔128米简支钢桁梁和三联（三孔为一联）九孔跨度各160米连续钢桁梁组成，主桁采用带下加劲弦杆的平行弦菱形桁架，九个桥墩如中流砥柱，稳稳地托起这条钢铁巨龙。1960年1月18日，南京长江大桥的水面主体基础工程正式开工。长江是一条黄金水道，为了保证航运，桥梁必须达到一定的高度。但是，下关和浦口两岸地势低洼，而引桥又要保证规定的坡度，那就必须建得既高又长。按照设计的要求，引桥必须采用跨度为31.7米的预应力混凝土梁，但当时中国的桥梁厂还不能制造这种规格的混凝土构件，大桥工地设计组决定自己试制整片32米的预应力梁并最后取得了圆满成功。南京长江大桥建成后，曾受一个多小时的12级台风的袭击和地震余震的考验，每个桥墩都安然无恙。大桥的质量完全达到了设计要求。大桥建设总投资达2.8758亿人民币，使用38.41万立方米混凝土和6.65万吨钢材。这是继武汉长江大桥之后，中国现代桥梁建设取得的又一项伟大的历史性成就，标志着新中国的桥梁建设者能够熟练地驾驭钢铁来制服大江大河了。

近年来我国新建的钢桁架大桥如雨后春笋拔地而起，如上承式组合钢桁架梁桥——芜湖长江大桥、我国首座客运专线下承式钢桁结合梁桥——武汉天兴洲公铁两用长江大桥、第一座采用双层钢桁架结构的大连星海湾大桥、第一座公路钢桁梁斜拉桥——新疆果子沟双索面钢桁梁斜拉桥、国内跨度最大的公铁两用悬索桥——郭家沱长江大桥、世界最长的全钢管桁架梁公路桥——四川雅泸高速公路干海子特大桥、第一座全焊接工艺钢桁架拱桥——宝鸡植物园大桥、全国山区最宽的钢桁梁悬索桥——贵州阳宝山特大桥，等等。

可以和钢桁架结构相媲美的是钢箱梁。1825年，著名的英国工程师、发明家乔治·史蒂芬逊首创薄壁闭口截面这一桥梁结构，并主持建造了世界上第一座金属结构箱梁桥——布里塔尼亚铁路桥。但此后这一类的桥型很少被采用。二战后，德国在修复被战争破坏的莱茵河上多座桥梁的同时，还陆续新建了一些现代钢箱梁桥，并超过了英国布里塔尼亚铁路桥的跨径长度，钢箱梁桥由此在世界各国开始受到重视。钢箱梁的截面形状如同一个普通的箱子，因此叫做箱形梁。它一般由盖板、腹板、底板以及隔板组成，主要用于大跨度桥梁梁体的承重结构。钢箱梁由顶板、底板、腹板、横隔板、纵隔板及加劲肋这几个部分，通过全焊接的方式连接而成。其中顶板为由盖板和纵向加劲肋构成的正交异性桥面板。所谓正交异性板，也就是正交异性钢桥面板，是指纵横两个向度互相垂直的加劲肋，连同桥面盖板所组成的共同承受车轮荷载的结构。这种结构的刚度在互相垂直的两个方向上有所不同，造成构造上的向异性。这种高强度的钢质"箱子"焊接起来的桥结构，由构件的整体性所显示出来的结构的强度，在桥梁建筑中得到了充分的发挥，钢箱梁也就成为大型桥梁经常采用的结构模式。

中国到20世纪80年代才开始建造钢箱梁桥，1984年建成的广东肇庆四会马房北江大桥，是国内第一座自行设计、自行施工的公铁两用桥。这座跨径为14×64米简支钢箱梁桥的公路与铁路桥面在同一平面上各居一侧，公路桥为两车道宽9米，截面为双箱，铁路则为单线。

2011年2月25日建成通车的崇启大桥，连通上海崇明岛与江苏启东市，这是中国第一座特大变截面连续钢箱梁公路桥，采用六跨钢连续梁桥，分上下行分幅布置：上部采用变截面钢箱梁结构，钢箱梁边跨端部梁高3.5米，中跨跨中梁高4.8米，主墩处根部梁高9.0米，钢箱梁单幅宽16.1米，箱体宽度7.5米；大桥主桥采用主跨185米的大跨度变截面连续钢箱梁，引桥采用50米的跨径节段预制整孔拼装预应力混凝土连续梁，这些数据都创造了当时国内同类桥型跨径的新纪录。

舟山跨海大桥系列中的西堠门大桥为分体式钢箱梁悬索桥，南边跨引桥采用预应力混凝土刚构的连续组合箱梁，索塔采用群桩基础，为钢筋混凝土门式框架结构；塔柱为钢筋混凝土箱形截面，横梁采用预应力混凝土结构，为箱形断面。

2016年8月建成的亚洲最大单跨简支钢箱梁悬索桥云南龙江大桥，全桥由预应力混凝土"T"形梁桥、预应力混凝土连续箱梁桥、1196米钢箱梁悬索桥和预应力混凝土"T"形梁桥组成，加劲梁采用流线型扁平钢箱结构。

杭州湾跨海大桥的北航道桥采用钻石形双塔双索面钢箱梁斜拉桥，半漂浮体系，主梁采用扁平钢箱梁；南航道桥为"A"形独塔双索面钢箱梁斜拉桥，三跨连续结构，钢箱梁采用工厂预制成组件，运输到组装场地再拼接成节段。

这些大型特大型现代桥梁的建成通车，说明钢箱梁结构在中国当代大型桥梁建设中得到了越来越广泛的应用。与此同时，钢箱梁桥的建设也开始了跨出国门走向世界：四川路桥公司参建的土耳其1915恰纳卡莱大桥，就是一座双塔三跨钢箱梁悬索桥。大桥跨越土耳其马尔马拉海西端的达达尼尔海峡，桥梁主跨长度设计为2023米，钢箱梁主梁有87段，总长3563米，超越了主桥跨径1991米的日本明石海峡大桥，是目前世界上跨径最大的桥梁。

悬索桥、斜拉索桥与钢筋混凝土

现代桥梁建设日新月异的进步，不但表现在建筑材料的拓展与结构设计的革新，还通过新桥型的创造与推广，有力地促进桥梁建设的现代化进程，其中最值得关注的就是悬索桥与斜拉索桥的兴起。

悬索桥又称吊桥，是指以索塔悬挂并锚固于梁体的缆索，作为上部结构主要承重构件的现代桥梁。缆索的几何形状为力学的平衡条件所决定，它的跨越能力在多种桥型中具有出类拔萃的优势。我们在前面介绍过的泸定桥其实也是一座悬索桥，只是它的铁索两端都固定在两岸的岩石中，并且悬挂在河流上成为桥梁的承重结构。然而，由于铁索的自重会对长度造成很大的影响，这样的结构就不能用于跨径更大的桥梁，泸定桥这一类索桥就只能成为现代悬索桥的原型。桥梁工程技术人员经过不断探索与反复试验，终于找到了用化整为零的设计路径，一方面在水中建造索塔，通过索塔增加缆索的数量，这样就能够征服水面更宽阔的江河；另一方面又把古悬索桥"以索作梁"的简支结构加以改进，形成"用索吊梁"的新模式，就是说，悬挂在河岸与索塔之间，或者几座索塔之间的缆索在理论上具有无限延伸的可能。同时，主缆索不再直接作桥面铺设的基础，它悬挂在梁体的两边或中间，从上面垂下成百上千根竖向拉杆吊挂梁体。这样桥梁的上部结构就不会随着钢索的摆动与飘忽，使行人车马过桥时产生动荡与晃悠，梁体的刚性消除了不稳定感，增加了通过者的舒适度与安全感。这些技术革命的成果，就使得现代悬索桥既能够跨越更宽阔的江河海峡，又提高了工作效率和通达水平，悬索桥因而成为桥梁结构模式中的皇冠。

中国是悬索桥的故乡,那么这一技术是如何传到西方的?这一问题的具体答案迄今还未可知,英国科技史学家李约瑟博士曾经说过:"在整个事情的发展过程中,一定有一系列的影响是从中国的铁索桥流传到文艺复兴时期和近期的欧洲工程师们那里,虽然我们还不可能阐明发展的全部过程。"1741年英格兰人建成的温奇人行桥是欧洲最早的铁索桥,它不但比中国的泸定桥晚了46年,而且桥的跨度只有21.34,桥面宽仅为0.61米,不能跟泸定桥相提并论。1801年,美国人詹姆斯建造了一座由熟铁链杆、索塔、锚碇及水平布置的雅各布桥,这样的构造因为有利于行车,很快就得到了较为广泛的应用。在美国,建筑工程师小查尔斯·埃利特用熟铁丝制成铁索,相继在1842年、1849年建成了费尔蒙特桥和威林桥,后者以308米跨度成为当时世界上跨径最大的桥梁。

19世纪中叶,被誉为钢索吊桥的设计先驱的美国土木工程师约翰·奥古斯都·罗布林开始大显身手,他在1855年建成的尼亚加拉瀑布悬索桥,是世界上第一座铁路吊桥。1867年,他提出在东河上建造一座连接曼哈顿和布鲁克林的大桥的大胆设想并得到了市政当局的批准,1883年建成举世闻名的布鲁克林大桥,跨度跃升至空前的486米,成为大跨度悬索桥建设星光闪烁的样板,使悬索桥跃升为现代桥梁建设的主流桥型。令人遗憾的是,罗布林未能亲眼看到桥梁动工建造的盛况:布鲁克林大桥原计划于1869年动工,正式动工前罗布林还在东河上进行测量,却不慎被河上驶过的船只撞伤,他的脚趾被撞碎。三周后,破伤风夺走了这位伟大工程师的生命。后来他的儿子华盛顿·罗布林担任大桥建造的总工程师,历经艰辛终于完成了父亲的遗愿。布鲁克林大桥在建设中还尝试用加劲桁来减少震动的新技术,这为后来美国大跨径悬索桥的建造提供了很多帮助,有很多大型悬索桥都用加劲梁来增大刚度,如1937年建成的旧金山金门大桥、旧金山奥克兰海湾大桥,都运用了加劲梁这一技术。

中国在现代悬索桥建造上曾落在欧美国家的后面,到20世纪90年代才进入快速发展的新阶段。1995年12月28日建成通车的汕头海湾大桥,是一座主跨为452米的全预应力混凝土箱梁悬索桥,大桥全长2500米,其中正桥长961.8米,北引桥1129.1米,南引桥409.1米;主塔全宽31.2米,高92米。主钢索长1030米,直径0.56米,由10100根直径5毫米的镀锌高强钢丝组成,重15吨。汕头海湾大桥的成功建造,开创了我国现代悬索桥建设的先河,这一工程获得了1998年中国铁道部科技进步特等奖。进入21世纪之后，我国在现代悬索桥建设中更是取得了长足的进步，建造了润扬大桥、西堠门大桥、虎跳峡金沙江大桥、铜陵长江公铁大桥、温州瓯江北口大桥、燕矶长江大桥等一批世界级的悬索桥。而泰州长江公路大桥、安徽马鞍山长江大桥、武汉鹦鹉洲长江大桥等都是千米级跨度的三塔悬索桥，更有五峰山长江大桥这样的大跨径悬索桥，成为高速铁路的重要组成部分。2019年10月8日通车运营的武汉杨泗港长江大桥，主桥为单跨悬吊钢桁梁悬索桥，跨度达1700米。采用双层公路悬索桥设计方案，两岸接线采用双层高架桥及地面辅道建设方式。两座桥塔承台以上塔柱（含塔座）高分别为231.9米、243.9米。全桥2根主缆，每根主缆共有271根索股，每根索股有91条钢丝，保证压强为1960兆帕，塔基长77.2米，宽40米，高度50米。管中窥豹略见一斑，这些工程由于在技术上的多项突破，已经成为中国悬索桥建造技术的创新亮点。

  还有一种桥型的发展跟悬索桥密切相关，这就是在20世纪中叶后来居上的新型桥梁——斜拉索桥。这种桥型的设想最早在18世纪的欧洲就有人提了出来，1784年德国木工吕斯彻就想建一座由木塔架木条斜挂住桥面的木桥；1821年法国建筑师波耶特，提出了从高塔上安装钢拉杆悬吊桥的梁体的构想；到了1840年，英国人哈特利又探讨了在高塔上布置平行排列的拉链来架桥。这些想法在当时由于在结构力学理论上还无法得到科学的论证，也没有找到合适的材料来充当桥梁建筑的主心骨，这就是斜拉桥在1950年之前很少被桥梁工程所采用的根本原因。虽然欧洲的工匠们提出的斜拉桥的设想没有能够在较短的时间内成为现实，但是他们的想法值得充分肯定：这是因为他们没有墨守成规，把桥梁的承重方式局限在下部结构的传统模式中解放出来，把原本矗立在水流下面岩石中，并顶托起桥梁上部结构的桥墩，朝着相反的方向建造高耸于桥面的索塔，逆向思维的思想火花展示了想象力在人类创造活动中的重要作用，这是发散性思维对心理定势的突破，这种别开生面的斜拉桥的构想，在萌芽阶段就以出奇制胜的方法，显示出巨大的潜能和远大的前景，对于后来经过不断探究而终成大器现代斜拉桥，具有非常重要的启迪与引导的意义。

  斜拉桥在建造实践中虽然要比悬索桥迟半个世纪，但两者还是有很多共同点。这是因为两种桥型在材料、结构与工艺上具有大同小异的特色：所谓"大同"，是指这两种桥型都有牢固而高耸的索塔、高强度的钢索，并且在结构上都属于举足轻重的核心部件。所谓"小异"，就是指两者的缆索所产生的承重方式是不同的，悬索桥的主缆索"挂"在索塔及岸上，呈现出曲线的柔和与优雅，然后通过拉杆吊起梁体，众多拉杆布置成平行的垂线，就像一张巨大的竖琴，它的拉力是通过两种不同体量、不同结构的缆索来完成的；而斜拉桥则是从索塔出来的缆索紧紧"拉"住梁体，就像是一根根紧绷的弦，塔身、桥面与拉索就这样构成了一个直角三角形的集群。这样的结构比起悬索桥由主缆、相互平行的拉杆和梁体构成的四边形来，在承重与强风的冲击中就不会发生摇晃飘荡，应该说斜拉桥的结构设计弥补了悬索桥的不足，直线的刚劲有力与干脆利落，重力的传递简洁明了，是斜拉桥在总结经验的基础上不断改进结构设计的具体表现，这是人类在创造性实践中善于学习、精益求精的科学态度的生动体现。

1955年德国DEMAG公司在瑞典建成斯特罗姆松德桥，这座跨越斯特罗姆海峡，主跨达到182.6米的钢斜拉桥，是世界上第一座现代斜拉桥，也是现代斜拉桥建设发轫之作。

20世纪末，主跨达到856米的法国诺曼底大桥，而日本建成的主跨为890米的多多罗大桥，都是20世纪的斜拉桥建设的扛鼎之作，代表了世界桥梁建设在当时达到的最高水平，当时斜拉索钢丝的强度为1570—1770MPa。

中国在斜拉桥的建设上虽然起步较迟，但在1991年上海南浦大桥建成之后，表现出一发不可收的强大气势，南浦大桥跨径达423米，斜拉索的强度为1568MPa。此后建成的武汉长江二桥，主跨为400米，斜拉索强度为1600MPa；南京长江二桥，其南汊大桥跨度为628米，斜拉索强度为1670MPa。苏通长江公路大桥是一座双塔双索面钢箱梁斜拉桥，它是世界上第一座跨径千米的斜拉桥，斜拉索的强度达到了1770MPa，已经可以跟法国的诺曼底大桥和日本的多多罗大桥相媲美。人称世界第一高桥的北盘江大桥，主桥采用双塔双索面钢桁梁斜拉桥，主梁采用由钢桁架和正交异性钢桥面板结合的钢桁梁结构体系，主桁架采用普拉特式结构，斜拉索上端锚固于上塔柱内的钢锚梁上，下端锚固于主桁架上弦杆的钢锚箱上，桥塔采用"H"形钢筋混凝土结构，桥塔基础采用群桩基础。标志着我国桥梁建设从江河走向海洋的杭州湾跨海大桥，它的北航道桥采用钻石形双塔双索面钢箱梁斜拉桥，半漂浮体系，五跨连续结构，索塔采用钻石形塔，桥面以上为三角形结构，南航道桥为"A"形独塔双索面钢箱梁斜拉桥，三跨连续结构，南北两座航道桥的斜拉索在索塔上通过整体钢锚箱进行锚固，以提高结构刚度、受力性能及抗风稳定性，斜拉索采用平行钢丝成品斜拉索，采用塔上张拉方式。武汉天兴洲长江大桥是一座按四线铁路修建的双塔三索面三主桁公铁两用斜拉桥，南汊主桥为斜拉桥，南汊主桥长1092米，主塔承台以上高度188.5米，每塔两侧各设3×16根斜拉索，最长的拉索为271米，最大索力约1250吨；公路桥面的索距为14米，三索面之间相邻中心距离为15米，主梁为板桁结合钢桁梁，主塔采用倒"Y"形钢筋混凝土结构。贵州平塘大桥也是一座三塔双索面钢混组合梁斜拉桥，主塔采用钻石型设计，主塔均为钢筋混凝土结构，每个塔柱采用矩形空心截面，四角采用圆倒角，中间一座索塔的塔梁通过铰结进行固定，并设置固定支座及纵向限位装置，左右两边的索塔则采用竖向支承方式，同时设活动盆式橡胶支座，斜拉索在钢梁上的锚固采用了锚拉板结构形式，斜拉索在桥塔上的锚固采用了混凝土锚固块与钢锚梁结构形式，钢锚梁由受拉锚梁和锚固构造组成。

港珠澳大桥的青州航道桥是座双塔钢箱梁斜拉桥，这座桥共有112根斜拉索，单根最长约249米，最大重量约37.5吨，抗拉强度为1860MPa，屈服强度为1660MPa。港珠澳大桥中的另一座航道桥——江海直达船航道桥，是一座主跨258米的三塔中央索面的钢箱梁斜拉桥，斜拉索采用空间扇形布置、钢混组合结构塔身，索塔上共设置了42根斜拉索，最长约135米，最大索重约20吨，抗拉强度为1860MPa，屈服强度为1660MPa；桥跨以129＋258＋258＋129的组合方式布置，设3个主墩和4个边辅墩；主梁为倒梯形、带悬臂整幅单箱三室截面；索塔为中央独柱型混凝土塔，其基础均采用群桩钢管复合桩基础；中塔体量最大，高106米，重2800吨；过渡墩高18.8米，墩底厚4.5米，宽12米，采用预制空心墩身；大桥设通航孔1个，净空高度40米，净空宽度210米，通航吨级为1万吨。

新兴的悬索桥和斜拉索桥，在外观上虽然没有像钢桁架、钢箱梁桥那样展现出钢铁的坚强与雄伟，但其实它们主要结构所用的材料也是都离不开钢材的。悬索桥和斜拉桥的梁体无论是钢梁还是钢筋混凝土梁，起中坚作用的都是钢材；它们的缆索、拉索如果不是由高强度的钢丝制成，那么要承受桥梁自身巨大的恒载，每天还有成千上万辆次的车辆通过，简直是无法想象的。只是由于冶金技术的发展，钢材的强度有了很大增加，这就为桥梁结构的优化和建筑造型的美化提供了物质基础。同时科学的发展进一步解决了钢材承载时受力与变形的内在关系，使一根钢梁起到两或三根的作用，即一根钢索能担当起两或三根的重任。于是，悬索桥和斜拉索桥就比钢桁架、钢箱梁桥显得更加秀丽苗条、轻盈飘逸了。随着冶金技术的进一步发展，各种高强度的合金钢不断涌现，这就使以钢材为基本材料的新型桥梁，能够向着跨径更长、重量更轻、造型更美的方向发展，桥梁工业和建筑艺术都将迎来更美好更广阔的前景。

悬索桥和斜拉桥的建设离不开钢筋混凝土的参与，这充分说明混凝土这种新型的建筑材料，已经开始替代石材成为桥梁建设的生力军，尤其是混凝土和钢筋组合而成的钢筋混凝土，更是在现代桥梁建设中异军突起，在不很长的时间内，已经表现出它的巨大作用与生动的魅力，并且正在进一步受到人们的青睐。

人类刚开始从事建筑活动时，石头是他们乐意使用的材料。但是石头本身重量太大，从采集加工到运输安装，都会给人们带来很多困难。于是，发扬石头强度大的优点并克服它的缺点，寻找或者制造出更为理想的建筑材料，就成为人类的一大课题。当人们无法在自然界找到这种天然的现成材料，就想望用已经掌握的材料去制造出一种更为理想的合成材料。能不能用什么东西把碎石和沙子合成坚硬的人造石头呢？用什么东西可以把它们胶合在一起呢？无数次的试验终于使梦想变成了现实，人们找到了一种特殊的黏合物——水泥。水泥最早是天然存在的，后来人们从煅烧过的石灰和石膏中掌握了人工制造的方法，中国的万里长城就使用过这种初级水泥。刚开始时，水泥主要用于建筑构件的黏合，在桥梁建设中就曾用来砌筑石拱券。1824年，用石灰、黏土、赤铁矿石混合烧成的现代水泥出现了。从此，它由原来的胶结材料一跃变为建材的主体。人们掌握了水泥遇水以后逐渐凝固变硬的特性，按一定的比例把它与碎石、沙子加水拌匀，干燥后就成为一种坚硬牢固的固体材料了，而且有很大的强度，这就是混凝土。

混凝土具有石头良好的耐压性，因为它本来就是以碎石为骨架，这在工程上称为骨料，而沙子则称为细骨料。同时，由于它是通过合零为整的方式制成的，所以在加工、运输的过程中就比较方便，而且还可以根据需要浇铸成特定的体量和形状。更有意思的是，混凝土不像一般石料那样，在自然界的风化作用下，强度逐渐减弱，乃至开裂、崩塌；相反地，在整整十年的时间里，它的强度能随着时间的推移而增大。但是，它和石头一样，虽有很好的抗压强度，但在抗拉强度上却表现得很差。于是，人们又把混凝土和钢材组合起来，利用钢材抗拉性能好的特点来弥补混凝土在这方面的缺陷，造出既抗压又抗拉的新型建材，这就是钢筋混凝土。钢筋混凝土具有这样的优点，那么它被用于建造桥梁，就是很自然的事了。不仅如此，它还具有比纯钢材便宜的经济优势，因而很快在桥梁建设中占据着越来越重要的地位。

中国的钢筋混凝土桥，在装配式拱桥的基础上，又创造发展出桁架拱桥，就是将拱券与拱上建筑合成一个桁架券。这样做提高了整体受力的效果，充分发挥了各部分的承载能力，还节省了材料，外观又明快简洁，因此尤其适合建造城市桥梁。在桥型上，钢筋混凝土除了双曲拱、箱形拱和桁架拱之外，中国在公路桥梁上还建成了扁壳拱，并且正在向大跨径发展。上述桥梁结构形式的发展，都是以钢筋混凝土建材为前提的，没有这一新型建材，就谈不上结构技术上这些成就的取得。随着预应力钢筋混凝土拱桥技术的进步，建造千米以上大跨度的预应力混凝土拱桥，已经成为现实。

钢筋混凝土可以在现场浇铸，这就为增加建筑构件的整体性创造了条件。用石料砌筑的桥墩，大多采用交叉叠合或石轴相套的形式以增加其整体性，桥的梁体就用石材简支在桥墩上，拱桥则由拱石组合成拱券，它们的共同特点是构件之间是各自独立的。虽然在施工中常常采取各种措施，如用腰铁相嵌，或者做成榫卯结构，以加强诸拱石的联系。但是，这些措施都无法从根本上解决问题。钢筋混凝土完全改变了石料构件整体性不足的缺陷，不仅使桥墩可以从基础地层直到桥墩顶端，浇成浑然一体的建筑构件，连上千米的梁体也可以不留一处接缝。巨大的钢筋混凝土连续梁，不是由几段梁体连接而成，而是一整块硕大的梁体安放在桥墩上面，从河流的此岸直通彼岸。这样，桥梁的承载能力就比分段拼合的桥梁要大得多。如钱江二桥就不是采用钢筋混凝土简支梁，即不是把预制的梁段安装到桥墩上使它拼接起来，而是选用钢筋混凝土连续梁，将整座大桥正桥18孔全长1340米的梁体浇铸成一个整体，整个桥面上没有一丝接缝。这样的钢筋混凝土连续梁，就具备了常规梁型无法比拟的稳定性。对于处在特大涌潮区的钱江二桥来说，选择这一预应力连续梁是最为理想的；同时，作为杭甬高速公路的通道，预应力连续梁比普通梁型还具有提高行车速度和保证行车平稳的优势。1340米的预应力连续梁在长度上比号称世界之最的英国奥威尔桥还长出54米，创造了钢筋混凝土预应力连续梁的世界新纪录。整个梁体用了数以千万吨计的钢筋混凝土现场浇铸，铁路桥和公路桥的上部结构混凝土总量在体积上就达6万立方米，简直是一座水上长城。

钱江二桥的建成充分显示了钢筋混凝土在现代特大型桥梁建设中的灿烂前景。当然随着科学技术的不断发展，一定还会有更轻便更牢固更经济的新建材被运用到桥梁建设中，它们将以新的风貌给桥梁王国增添新的家族。

因地制宜

要全面认识兴旺发达的桥梁王国，我们还可以根据它们所处环境的不同，把它们分为不同的类型，去把握其各自的特点。在桥梁设计中，如何重视建筑物与大自然的相互协调，如何采取因地制宜的方式创造出桥梁与景物相互和谐的艺术环境，实在是一件很重要的事。当然，这种环境的形成不是靠外在的装饰，也不是通过花更多的钱从根本上改变原有的自然条件，而是应该根据具体的地貌特点和地域的人文色彩，采用合适的结构、材料和富有个性的造型，使桥梁的建成不但不妨碍视觉上的形态平衡，而且要达到提升与优化原有景观的效果。因此，掌握不同环境的审美特点，并根据人们在生产、生活实践中的具体需求，以及它们与桥梁建筑的内在关系，去确定桥梁的形式、体量、用材及其造型，这是每一个桥梁设计师从事建造活动的起点。我们也正是以此为根据，把分布在不同环境中的桥梁大致分为三类，即野外桥梁、城市桥梁和园林桥梁。

野外桥梁

野外桥梁是指远离都市、城镇的道路桥梁，它们主要是作为交通线的一部分，对人类社会生活发挥使用功能。由于它们一般都是在乡野空旷处，有的在深山峡谷之中，所以不像其他桥梁那样有名，一般在造型的美观上也不是十分讲究。如中国的青藏公路和青藏铁路，是世界屋脊上的大动脉，这条大动脉穿越格尔木河、奈齐郭勒河、楚玛尔河、沱沱河等。建造在这些河流上的公路桥与铁路桥，虽然没有像大江大河下游的桥梁那样形象高大、外观美好，但却是这两条海拔最高的天路不可缺少的组成因素，正因为有了它们，来往于青海与西藏之间的车辆才能够畅通无阻。这对于巩固边防、建设西藏来说具有十分重大的战略意义。

在经济发达地带的野外桥梁，由于交通运输的繁忙，它们和人民在物质生活和精神生活上的联系，较之高山荒原地带的桥梁，当然要密切得多。因此，这类桥梁虽然主要以满足交通运输的实际需要为目的，但也很注意在建筑艺术上的造型要求，在整体形象与细部处理上都力求体现审美价值。如河北的赵州桥和济美桥、贵州兴义的木卡桥、江西庐山栖贤寺的三峡桥、浙江绍兴的阮社桥、福建泉州的安平桥和万安桥、浙江景宁的梅崇桥等，都是属于这一类。这些桥梁在总体造型和细部装饰上，都具有一定的特色。这些富有个性特征的建筑形象，也常常引起过往行人的关注，并给他们留下美妙的印象。但是，它们毕竟是作为直接的交通设施对人类起作用，所以在建设中一般更注重建筑的牢固耐久，把设计的重心放在桥的承载能力及水上交通的通过能力上。一般来说，桥梁作为建筑艺术，总是把功能性与审美性融为一体。但是在野外桥梁中，审美价值毕竟是可以放到第二位的了。也就是说，这些桥梁是在充分地重视使用价值的基础上去追求审美价值。当两方面发生矛盾的时候，则首先必须服从使用价值。当然，如果是优秀的作品，它必然会以内在的美吸引着人们的注意力。这类以使用价值为主的野外桥梁，它的美主要表现为质朴、简明等方面，一般不会在细节的美化上下很大的功夫，尤其是现代桥梁，火车和汽车的高速行驶使人们无法去细细品赏野外桥梁的装饰美了。可见，野外桥梁若要在平凡和实用的基础上达到美的高度，其难度就很大了。这就要求桥梁建设者在设计和施工中，深刻把握桥梁结构的内在特征，以精湛的技术所创造的功能作用和工艺魅力来吸引人们；也就是说，野外桥梁的审美内涵是建立在科学美和技术美的统一之中，艺术美在这里则退到次要的地位了。新世纪云贵高原上建造的一批特大桥，是我国当代桥梁建设取得辉煌成就的生动写照，如云贵两省交界的北盘江大桥、贵州的鸭池河特大桥、青藏铁路上最长的"以桥代路"工程清水河特大桥、贵州的六广河特大桥、赫章特大桥和坝陵河特大桥等西部桥梁，都属于野外桥梁，它们成为沟通高山大川、实现西部交通现代化的不可缺少的基础设施，但由于所处的位置都在人烟稀少的山区，所以在桥梁设计与建造中，始终把使用功能放在第一位，审美价值则是通过桥梁结构的先进、施工质量的保证和整体形象的伟岸而表现出来。

　　野外桥梁的另一特点是直接和大自然融为一体。怎样处理好建筑物与周围环境的关系，对于野外桥梁来说也有其特殊的要求。具体说来就是必须根据地形地貌的特点来确定桥的造型、色彩等形象方面的表现，如果桥梁是建在比较统一甚至显得单调的地貌中，就应该把桥梁建造得醒目一点，通过在体量、形状、色彩、质感上的布置，形成跟周围环境有较大反差的桥梁形象。这种相反相成的手法，目的在于改善单调的环境氛围，既显示出人类作为大自然的主人敢于改造环境的智慧和气概，同时又具有优化驾驶员行车心理的实际作用。因为单调的环境常常会使人的感官产生厌烦、疲劳等抑制性反应，从而对工作效率和安全带来极为不利的影响。具有鲜明特色的桥梁在交通路线上的出现，可以让驾驶员在从远处眺望直到驾车通过的一段时间里，产生感官的兴奋，提高身心机能的活跃水平，从而起到提高工作效率的作用。相反，如果周围环境的构成因素十分丰富，桥梁建在一个琳琅满目的景观组合之中，则需要桥梁尽量和自然环境互相融合，最好能够与其中的某一因素具有相当的统一性，把人为的元素限制在一个较低的水平上。如此，统一性压倒了特殊性，大自然的整体性没有因技术产品的存在而受到明显的损害。这里，虽然人的创造能力服从自然的原有风貌，但却在审美效果上突出地体现了人与自然和谐的重要原则，而且减少了环境的复杂性，有利于驾驶员集中精力，防止被眼花缭乱的外来刺激扰乱心智，在实用意义上同样有其重要性。

城市桥梁

　　城市桥梁是指处在人烟稠密、商业繁华的市区或城镇中的桥梁。城市是适应着人类群居生活的需要而形成的聚居地，它往往是某一地区的经济、政治、文化中心。由于人们的生产生活都离不开水，水上航运又曾经是人类重要的运输方式，因此大城市常常是在水的哺育下成长起来的。这样，城市也就必然和桥梁结下不解之缘。

　　城市桥梁的环境特点是具有丰富多彩的社会生活氛围，它往往和市民的各种活动产生联系。桥梁在这里除了交通功能之外，常常是城市历史的浓缩、城市形象的标志、城市文化的象征。它是人们谈论的话题、游览的去处，许多重要的事件都会在它的周围发生。有些城市还常常以桥梁为中心，建设这一城市的中心商业区。因此，城市桥梁往往能够深入到市民的社会生活中去。

　　从交通的角度来说，城市桥梁种类较多。在车水马龙的现代城市中，不仅有跨越江河的水桥，有横跨街道的过街桥，还有飞架在街区和道路上的公路和铁路高架桥，更有那可以为人流、车流排除干扰，实现四通八达的立交桥。可见，城市桥梁在现代交通中，正成为越来越重要的角色，成为城市基本建设的重要内容。城市桥梁当然首先要满足交通的需要。如在现代城市中，桥梁建设对于以汽车为主的机动车的通行，必须给予首屈一指的高度重视。因此，在桥梁的建造中，必须通过特定的布置，尽最大努力承担起对人流车流的疏导功能；同时又要考虑到市民们多方面的交通要求，如中国的城市人口在现阶段已经开始以汽车为主要代步工具的新时代，那么，城市桥梁的建设，就必须在考虑到自行车与其他非机动车的通行要求的同时，充分满足日益增强的汽车交通的需要，还要照顾到行人步行的习惯，进一步体现"以人为本"的交通理念。现在很多城市里，人们在街上行走如履薄冰，险象环生，随时都可能有危险发生。对此，除了加强交通管理工作之外，很重要的是解决交通设施上的问题，需要建造更多的过街桥和高架桥，给市民步行提供最基本的便利和安全的保障。还有，桥梁在城里应该成为无障碍通道，使残疾人能够比较省力地通过。

  城市桥梁不仅仅是通行的设施，它在特定的环境圈还起着地标、边缘和方向引导的作用，通过它的暗示、分隔去表明城市空间的形态、走向、性质等特征。这样，城市桥梁比起野外桥梁来，任务更为复杂，作用也就更多，它常常在城市空间美学的创造上，担当着十分重要的角色。像北京的三元桥、四元桥，就起着一种结点的作用，它们作为多条道路的汇合点，表现出十分明显的放射状，在汇聚与扩散的对立统一中吸引着人的注意力；又如上海的南浦大桥、杨浦大桥和卢浦大桥，同样起着重要的地标作用，它们各自以生动的造型，有力地丰富了城市的天际线，在众多的房屋建筑中显示出独特的形式特征和造型格调。此外，城市桥梁和人们朝夕相处，它们和市民与来访者有着广泛而深刻的联系。因此，它在造型上的美学要求就比野外桥梁要高出很多。人们不但要坐车通过这些桥梁，还常常会步行经过这里，有时还会在桥边散步、交谈。他们会从桥梁的造型、结构、用材、装饰、色彩、照明等方面来进行观赏。这就要求桥梁在设计时充分考虑到从不同的角度、距离以及与周围建筑物的协调中去展示美的姿态。一座城市桥梁应该给人优雅或是壮美，宏伟或是纤巧，丰富或是单纯，明朗或是含蓄的心理感受，这在桥梁建设动工建造之前，就应该通过充分的调查研究和反复论证，然后在设计和施工中加以最精心的安排。因为桥梁建设是百年大计，它不像一幅招贴画，或一块霓虹灯招牌，看看不合适就可以把它换下来，桥梁一旦建成，不论市民们愿意不愿意，它总是要以其特定的形象作用于人们。因此，城市桥梁的审美功能对于建设者来说是丝毫不能掉以轻心的。

  在这一方面，中国的城市桥梁已经取得了不少成功的经验，如我们在前面提到过的北宋汴梁的虹桥，就是一个很好的例子。无论是它的交通功能，还是外观造型，或者是它在城市商业活动中的地位，都可以说是中国古代城市桥梁的佼佼者。现存的古代石桥，在历史文化名城绍兴和苏州两市最具影响力。这两个地方的古代桥梁数量多、造型美、式样奇，难怪人们把这两个城市称为古桥博物馆。就拿苏州来说，一向以桥梁之盛享誉中外，人们常把它与威尼斯相媲美。城内水多桥多，"泽国环城，内外皆水"。三条东西向主要河道与四条南北向河道在市内"纵横交流"，再加上环城河和数以百计的小河流，构成了苏州城的水上网络。这一水上交通系统与街巷或平行，或交叉，于是就出现了各种桥梁。直到清末，苏州城内有桥309座。当时苏州城内面积约21平方千米，平均每平方千米就有桥梁15座之多（绍兴在同一时期城内每平方千米有桥30.9座），而以水城著称的威尼斯，每平方千米仅有桥梁0.66座，苏州确实不愧"桥乡"的美称。正如唐代诗人杜荀鹤在《送人游吴》诗中描绘："君到姑苏见，人家尽枕河。古宫闲地少，水巷小桥多。"这些桥梁，从宋代开始，历代遗迹都有，桥型众多，各呈其美，而且都能和街市协调起来，从中可见中国古代在城市建设和桥梁建筑上的高超水平。

近代桥梁中，上海的外白渡桥、兰州黄河铁桥、广州海珠桥、宁波灵桥等都属现代城市桥梁。这些桥的技艺水平不一，较为上乘的要算上海外白渡桥和宁波的灵桥了。广州海珠桥全桥在结构上缺乏统一性，钢构件的组合也显得较为一般。兰州黄河铁桥于1954年改造后，修好了已有裂缝的桥墩，并在原先的钢桁架的水平肢上加了一根曲形的上肢，桥面也改成了钢筋混凝土板。这样不仅大大提高了桥梁的承载能力，而且把原来梯形钢桁架的平实呆板，改造成现在的轻灵生动，增加了桥梁造型的韵律感。20世纪80年代以来，许多城市都新建了市内桥梁，这些桥梁都以新颖的造型和结构，在改善城市交通方面发挥了很好的作用，又丰富了城市景观，美化了城市的形象。如广州市在珠江上新建的海印大桥，以斜拉索桥的主塔和拉索为主要的造型元素，三角形的稳定和锐气给人端庄踏实和向上腾越的双重美感。同时，桥梁的造型和两岸崛起的高楼大厦组成一个协调的整体，又以其钢索的空灵与岸上建筑的坚实形成虚实相生的意境。这样的桥梁必然会在城市的物质文明和精神文明建设中产生巨大的效应。随着材料科学的不断发展和人们对桥梁的审美要求的进一步提高，城市桥梁在整体造型、外观设计及其和周边环境的和谐方面得到了更大的重视。随着城市化步伐的进一步加快，21世纪中国城市桥梁正迎来最好的发展时机，千百座新颖美观的现代桥梁在争奇斗妍、百花齐放的态势中抒写着当代中国桥梁建设史的崭新篇章。

总的说来，城市桥梁在功能上应该以交通作用和景观意蕴并重，因此在造型上追求时代特点和个性特征的统一，它不但应该坚固、方便，还要十分注重对人的心理影响。因此，它既要根据具体的城市交通的要求，去充任基础设施的角色，同时又必须以鲜明生动的空间形象成为城市的标志、市民的吉祥物。这当然增加了城市桥梁设计和建造的难度，但一旦这一要求成为现实，也就特别容易引起人民群众的喜爱，成为城市建设中的丰碑。

园林桥梁

根据所处环境的不同来分类，还有一类就是园林桥梁。如果说在野外桥梁中功能美压倒了造型美，城市桥梁中功能美与造型美处在平起平坐的状态，那么，在园林桥梁中的造型美与功能美相比则显得更为重要，审美价值完全提到了使用价值的前面，使桥梁成为园林美景中不可缺少的组成部分。

园林是中国艺术宝库中一颗璀璨的明珠。它以实实在在的物质形式，满足着人们向往自然风光的要求；又以综合艺术的特殊手段，为游人创造一个物质享受与精神愉悦的人造世界，而建筑则是园林艺术中不可缺少的部分。中国园林艺术通过模山范水的创造，以人工复制自然山水作为基本的审美追求，特别重视处理山与水对立统一的辩证关系，提出"山因水活，水因山转"的艺术规则，在园林中普遍重视水的布置，常常通过湖泊、池塘、河湾、沟渠，使整个园林充满水的灵气。在这一背景下，桥梁也就在园林建筑中占据了特殊的地位。可以这样说，"有园皆有桥，无桥不成园"。园林桥梁的重要地位使它在艺术价值上飞跃到了一个更高的层次。

桥梁作为建筑艺术的一部分，本来是和实用性紧密结合在一起的。但当它被整合到园林艺术中，实用性的要求就大大减少了，而艺术性的特点却得到了突出的弘扬。这是因为园林之中水面的存在，本来就不是人们交通中的障碍，甚至有不少是造园者有意安排的人工湖、人工河。例如，杭州西湖几年前在湖滨路一带引水进路，把原本一马平川的马路改造成水面与桥梁相互交替的园林式空间，使得西湖水或者以河流的形式，或者以涵洞的形式，或者以人造瀑布的形式出现在西湖之滨。同时，湖滨路在功能上也发生了很大变化，几处贴水平桥，几座平坦的拱桥，增加了游人的兴致，而汽车则是从西湖下面的隧道里通过了。可见，桥梁在这里主要不是发挥通达的作用，也不是标志着人们征服自然的本事，而主要在于表达园林艺术家别出心裁的艺术构思、天马行空的想象力和活泼高雅的审美趣味，并且通过园林工人灵巧双手的精工细作，创造出奇妙的艺术美景。水因美而设，桥也就不再是对水的征服，而是对锦山秀水的渲染和点化。这样，园林桥梁就以美为生命，通过自身生动形象和气韵的灌注，使整个园林表现出锦上添花、美轮美奂的审美效果。这就是说，在园林艺术中，桥梁已经具有独特的环境个性，它为了美而牺牲了实用性，这是它与野外桥梁和城市桥梁的根本区别。

园林桥梁把美作为主要的追求目标，这是十分普遍的，颐和园的玉带桥就是一个很好的例子。玉带桥建于清乾隆年间，全桥用白色玉石砌成，主拱券采用蛋形尖拱，桥面呈双向反弯曲线，远看如一道秀丽的峰峦，高高耸立。整座桥梁从桥型、材料、线条、色彩与质地都突出地体现着优雅秀美的情趣，把它命名为玉带桥，确实名实相符，人们都说它是古代石拱桥中最美的一座。但从行人通过的实用角度看，这么高的桥面，如果放在交通路线上，会极大地增加行人上坡下坡的劳累；更不用说挑担负重者或者车辆通过的艰难了。可见，如果只是从交通的角度来看，玉带桥的设计是很不合理的。据说桥拱如此之高，为的是让皇帝的龙船通过。即使有这样的考虑，如果不是为了突出桥梁的形象之美，而要让通行者方便一点，必然要把桥两端的路面垫高，尽量与桥面保持水平状态。在皇家园林来说，花费这样一些人力物力原是微不足道的小事。建设者之所以没有这样做，就是为了让蛋形拱和双向反弯曲线的美，能够与湖堤的水平线形成鲜明的对比，拱桥鹤立鸡群的生动优雅，才能表现得更充分更醒目。

园林中的桥梁，常常起着联系景点、组织引导游览路线的作用。如颐和园的十七孔桥，就是把东堤和湖岛连接起来，游人走到东堤，视线就被前面那座宛如长虹、极富韵律之美的长桥（这是颐和园里最长的一座桥，长150米，宽6米）吸引，信步走去，看到那造型端庄的廓如亭和气势轩昂的铜牛立在桥头。微微拱起的桥面，把湖岛上的景致遮掩起来，使人产生一种赶紧撩起面纱，细细领略美好秀色的欲望与冲动。于是，游人就跨过桥梁信步向西，去探视在那林木葱茏的掩映之中，飞檐翘角的月波楼、龙王庙、涵虚堂等富丽堂皇的建筑。过桥一到湖岛，游人仿佛置身宝岛，美景连连，目不暇接。这时，你就会深深感谢十七孔桥，是它那美好的身姿把你引到这里，让你欣赏到如诗如画的风光。反之，如果连接东堤与湖岛的只是一条普通的堤岸，那么它的路面在宽度、高度和铺设材料上就必然与东堤原有的设施基本相同，甚至虽然有桥，但在体量、造型上没有多少艺术性，那么，可能就缺少魅力，使游人缺乏继续游览的兴趣而与美丽的湖岛失之交臂。这就是说，园林桥梁不但以自身之美吸引着游人，而且还是其他景致的标志点和中介物。普通桥梁的交通功能，在园林桥梁中就转化为对游客的指示和引导的功能了。

园林桥梁还有划分空间层次的作用。中国的园林艺术，十分注意空间层次的丰富和景观形象的变化，"庭院深深深几许"的建筑艺术特色，在园林的空间安排中得到了最完美的发展。因此，中国的造园家常常用照墙、漏窗、藤萝、竹篱等形式对空间进行相对的分隔。但是这种手法在大片水面上就很难应用，于是架桥就成为划分水上空间的有效手段。桥梁可以将整个水面在游人的跨越中分隔成几个部分，使人感觉到水面空间层次的丰富与变化。这种空间的隔与不隔的处理，就能增加景观的进深，因而也就更具有吸引力了。此外，水上桥梁还能够使游人对水面的视觉印象形成一定的错觉，能够使人觉得看到的水面要比实际面积更大更宽，不同的层次似乎暗示着人们前边还有不少可供游览的佳景，这种手法在造园艺术中称为"隔景"。如无锡寄畅园中的几座桥，就起到了很好的隔景作用。寄畅园的水池叫锦汇漪，面积仅约 2000 平方米，形状近似长方，轮廓线也不很生动。为此，造园者先在池塘中部做了个峡口，把池面收了一下，使水面在空间划分上体现了从放到收，再从收到放的变化，两大层次，似隔非隔，隔而不断，水意连绵，层次丰富。这样做是为了在较小的水面空间营造出较为宽阔的视觉效果。尤其是水池北段的七星桥和廊桥，使水面再度分隔成两个情趣不同的小空间。七星桥平卧水上，池水轻拍，倒影如画，与桥虚实结合，更突出水的幽深宁静。桥身空透，使空间隔而不绝，景观的层次也就有了更大的吸引力。廊桥在水池东北角上隔断水尾，使其藏而不露，似断似续，没有尽头。这正如明代造园大家计成在《园冶》一书中所说："疏水若为无尽，断处通桥。"水池西面靠山脚石壁的边缘两个小水湾上，又有两座石板小桥贴水平渡，各将一角池水与大池隔开，使这两个小水湾三面为魄岩所怀抱,湾中水波不兴,似泉若渊,幽静曲折。这样，锦汇漪靠着四座小桥，将水面空间布置得曲径通幽，体现出一番重涯别坞、曲岸迥沙的意境。

同样，桂林的杉湖和榕湖上的阳桥，也有这种作用。杉湖、榕湖其实是一个湖，因东边湖岸上原有杉树，西边湖岸上有古榕树，就分别叫做杉湖和榕湖，它们的分界线就是贯穿湖面中线的阳桥。阳桥，宋代建造为木桥，叫青带桥，大概含"水似青罗带"之意。明初改建为石桥，并更名为阳桥。它使整个水面既一分为二，又互相贯通。清人曾有诗描写此景："两湖碧绿一桥通，错落人家暮霭中。"园林桥梁可以使水面空间变得层次丰富，杉湖公园的阳桥同样可以提供很好的证明。

　　园林桥梁虽有较大体量者，如上面提到的十七孔桥，这种桥一般适合建在有大水面的园林中。但它和普通的城市桥梁相比，确实更注重艺术性。如十七孔桥的桥洞所表现的韵律感，使桥的立面构图更鲜明生动，并富有活力。在更多的园林中，由于水面不是很大，桥梁常常架在平静纤巧的水面上，因此桥的体量要小，桥式要巧，装饰要精，离水要近。这就能使游人仿佛在水上散步，有飘逸之感。杭州西湖长桥公园近年新修建的长桥，就是为了景观的丰富和湖面空间层次的生动，沿着湖岸的走向造了一条多孔多曲贴水平桥，使游客能够在跟湖水的亲近中增添游览的乐趣。这条桥虽有一定的长度，但桥面不宽，也没有桥下净空，石梁贴着湖水，给人精致、亲切的感觉。可见，小巧玲珑是多数园林桥的共同特征，这在古典式园林中表现得特别明显。在造型上，园林桥梁广泛借鉴普通桥梁的式样，有拱桥、平桥、亭桥、廊桥及悬索桥。选择何种桥式，关键在于准确把握桥梁建造处的环境特点与艺术追求，如为增加本身美感，宜用拱桥；如要引导游人亲近水面，则用平桥；用来分隔空间的，可用廊桥；要形成一个视觉中心，就用亭桥；要在假山间增加游人的刺激感受，那么悬索桥是最适宜的。总的说来，因地制宜的原则同样是园林桥梁建设中所必须遵循的。

景观桥与观景桥

　　随着中国桥梁建设水平的不断提高与国家经济文化的持续发展，桥梁在社会生活中的作用也就有了新的变化——旅游产业的兴起促使人们对于桥梁的功能产生了新的认识，一些并非为了解决实际交通问题，而是作为旅游资源供游客观赏，或者为人们观赏美好景观提供方便的桥梁也就脱颖而出，这类桥梁开始出现在城市街区、山水风景或者专门的游乐场所，有的甚至成为游客争相玩赏的热门对象，这就是景观桥与观景桥。它们对于桥梁的用途有了新的拓展，更多的是为满足人们游览玩赏的需要，也就是说，审美价值成为这类桥梁的主要功能。

　　所谓景观桥，是通过桥梁的建造达到丰富景点观赏内容的目的，或者用桥梁的建筑形象提升景观的环境质量和审美价值，有的则是提升人们在通过桥梁时感受到的特殊的刺激性与趣味性，增加游览的情趣，激发游客的好奇心、探究欲与挑战精神。说得简单一点，这类桥梁就是要让游客看得更有趣，玩得更开心。虽然这类桥梁发挥的主要功能与作为交通设施的桥梁是有区别的，但是景观桥从另一个方面给人们带来美感的享受和快乐的刺激，能够满足人们日益增长的文化需要，因此，它的价值同样值得充分肯定。

　　随着旅游产业的迅速发展，目前国内正在掀起建设景观桥的热潮，一批较有影响的景观桥陆续建成，浙江金华婺江上的彩虹桥就是一例成功的作品。彩虹桥是金华燕尾洲公园的一座步行桥，它以梁桥的形式横跨婺江，桥梁造型新颖飘逸，从空中鸟瞰，就像游动在婺江上的两条戏珠的蛟龙，流畅舒展的轨迹呈现出生动优雅的自由曲线之美；桥梁结构轻盈，独柱式的钢筋混凝土立柱高高地托起轻盈秀气的桥面，由钢管叠合排列而成的桥身外围，把左右两边的桥栏与桥底围合成一个倒"Ω"形截面，行人过桥就像走在巨龙身上，颇有乘长龙跨江河的豪放气概；桥梁外围在色彩的使用上吸收了金华一带板凳龙的红、黄两色，此外还添加了少许的墨绿、橙红，由于安排恰当、过渡自然，这样丰富而鲜艳的色彩能给人浑然一体的新鲜亮丽的感觉，桥梁在蓝天、碧水、绿树的映衬下，丰富的色彩更显示出独特的张力。由于彩虹桥在设计上的独特创意，以及建造过程中的精心施工，其投入使用之后得到了一致好评。2015年11月6日，在新加坡举办的世界建筑节上，以彩虹桥为主体的金华燕尾洲公园获得了"最佳景观奖"。这是中国设计师在本届建筑节上获得的唯一大奖，而且金华彩虹桥是从世界各地申报的700多个项目中脱颖而出的。由此可见，这座桥梁是近年景观桥建设中一项不可多得的成功之作。

　　跟景观桥密切相关的还有观景桥，由于两者在周边环境、建筑造型、使用功能与审美价值等方面，都有着千丝万缕的联系，在很多方面表现出高度的一致性或相似性，因此，要把它们截然分开，确实是非常困难的。但严格说来，景观桥应该是旅游景观的有机组成部分，它是作为旅游资源有机组成部分出现在景区之中，因此必须向游人提供可看、可行与可玩的游览品质。所谓"可看"，是指包括桥梁的整体造型、结构设计、细节处理、外观色彩等要素在内的建筑形象必须具有新颖奇妙的特性，能够迅速抓住人们的视觉，让游客们在刹那间对桥梁产生、形成充分的审美关注；"可行"，首先是指桥梁的通达功能，其次是指游客们在视觉吸引的基础上，对桥梁产生了亲身感受一番的欲望，直接领略桥梁设计的奥妙，亲身体验桥梁矗立水上的高妙风采;"可玩"则有广义与狭义两种情况:广义的"玩"包括走在桥上亲身体验的赏玩,狭义的"玩"则是在桥上提供一些能让游客参与的活动,如富有新奇性、刺激性的游戏,有关这一景观的知识问答,游客通过参与这类活动能够在享受身心愉悦的同时,对景观产生更生动更深刻的感受,对景观文化有更深入的了解。而观景桥,它的主要功能是给前来欣赏美景的人们创造最好的观赏条件,如桥梁的选址、体量、造型等建筑形象方面的表现,都必须严格服从游客观景的需要,既不能游离于观赏活动之外而独树一帜,更不能用喧宾夺主的方式,对游客的观赏活动造成注意力分散及干扰等不良影响。由此可见,观景桥的功能就是为游客的观赏活动提供服务,帮助他们充分领略景观的美,它自身并不一定要成为观赏游览的对象。当然,观景桥总是建造在风景区这样具有较高审美价值的环境中,它在建筑艺术上也会具有较高的美学品位,也能够给游客们带来一定的美感享受,所以在明确把握观景桥的本质属性的基础上,适当关注它在建筑美学上的不同表现,当然也是无可厚非的。

  安徽合肥市野生动物园的观景桥就很有特色。这个动物园放养了多种野生动物,园内山势蜿蜒起伏,曲径通幽;草木茂盛,绿树参天。动物园秉持人类与动物和谐相处的理念,建造了特殊观赏设施——诺亚方舟观景桥,让游人既能够近距离地观看猛兽猛禽的生猛威武,又能够避免受到它们的攻击。走上这座桥梁,游人可以在较近的距离细细观看雄狮猛虎、秃鹫鹞鹰觅食、游戏、休憩、争斗与亲热的生动情景,而不必担心会受到它们的袭击。这座桥为人们领略动物世界生龙活虎的精彩,探索大自然造化无穷的奥秘提供了安全的设施,而桥梁本身的美并不是游览观赏的主要对象。可见,这座观景桥就是为游客更好地观赏野生动物而建造的。

  它是一座钢筋混凝土倾斜独塔斜拉索桥,主桥跨径72米,斜拉索呈非对称布置,桥的塔、梁、墩都是以固定连接的形式构成了船形的整体形象;桥梁前部为实体,后部是箱型结构;前索面为扇形单面索,由10根高强钢丝拉索组成,后背索是两对呈星形双面的高强钢丝拉索,在梁上锚固于边跨梁端,在塔上锚固于对应的前索面顶、底部位置;引桥在主桥各为两联等高度钢筋混凝土连续板桥,下部桥墩墩身为实体矩形断面。这座观景桥与那些以交通运输为主要功能的桥梁有一个明显的不同之处,就是它并不是简单地让人通过,而是要使游人停下脚步,让游人在桥上驻足观赏野生动物,因此,无论是桥梁的选址,还是桥上观赏的视野、景物的纳入以及桥面上允许承载的游客数量，都是经过科学的测算而确定的。一句话，观景桥本身不一定属于游览资源，而景观桥本身却具有较高的景观价值，这就是两者的根本区别。

值得一提的是，近年来国内有许多景点热衷于建造玻璃桥，可以说涵盖了南北西东，一时成为旅游资源开发的热点。这些玻璃桥的共同点就在于利用玻璃的透明性与脆弱性去刺激游客的感官，让他们在惊恐与危险、好奇与大胆的心理状态支配下接受考验。透明的桥面能够让人居高临下地俯视桥下净空的景致，一览无余的视觉效果和危乎高哉的凌空刺激，这样惊险的场景加上人们对于玻璃固有的脆弱特性的思维定式，恐惧感很快就压倒了对建材的坚固性可靠性的理性认识，很多游客没走几步就大惊失色，在进退两难中尖叫呼救，有的干脆赖在桥栏边上不敢动弹。

这几年国内建造的玻璃桥，比较著名的有北京天云山玻璃桥、东太行山玻璃栈道、天门山玻璃栈道、狼牙山玻璃栈道、张家界大峡谷玻璃桥、沙坡头黄河 3D 玻璃桥、重庆天空悬廊等。每座玻璃桥都很有特色，而沙坡头黄河 3D 玻璃桥就是其中的佼佼者。

一般都是或者跨越陡峭悬崖，或者悬空而建，而黄河 3D 玻璃桥是中国首座跨越黄河两岸的 3D 玻璃桥，严格意义上它是跨江越河的桥梁，同时它又是利用钢化玻璃这一特殊材料建造的景观桥。这座具有开创性意义的玻璃桥坐落在宁夏中卫的沙坡头景区，是在景区原有悬索桥的基础上改建的。悬索桥上原有的木板为 138 块钢化玻璃所替换，其中有 61 块是透明玻璃，还有 77 块安放了 3D 画面。桥面长 210 米，宽 2.6 米，桥下净空高 10 米左右。这座玻璃桥有两个亮点，一是横跨黄河主流，是名副其实的现代桥梁；二是巧妙利用 3D 画面，把高新科技跟桥梁建造和景观资源开发有机结合起来。走在这座全透明的玻璃桥上，桥下波涛滚滚的黄河水就在脚下流过，似乎就在黄河上行走，游人好像成为腾云驾雾的神仙。而最强烈的刺激还要数在 3D 画面玻璃上行走，3D 画面逼真地展示了景物的形状、色彩和质感，用"如临其境"这样的词语还不足以描绘行人的感受，画面上有奔流的黄河，有令人心旷神怡的蓝天白云，还有汹涌澎湃的壶口瀑布。当你走在桥面上，你的视觉所感受到的就不是一般的桥面，而是蒙太奇般的镜头转换，你一会儿在凸起的石头上一步一步地走来，一会儿又在咆哮如雷的黄河浪上飞越，因而会担心自己突然坠入深渊与激流，紧张、恐惧而又震撼人心的复杂心理，简直无法用言语来形容。

这类玻璃桥之所以能够吸引游客，其实跟过山车给游客造成刺激大同小异：两者都是首先通过恐怖的场面，让游人产生危机感，而这种强烈的刺激刹那间能把人的应激能力最大限度地调动起来,使游客的感官和心灵都经历了一次震撼。强刺激所造成的高峰体验对个体来说就是一次洗礼,因为这样的震撼是在游玩的过程中进行的,再加上时间的短暂,它不会对人的身心健康带来实质的危害,反而能产生某种有益的作用。然而,玻璃桥虽然为旅游资源的开发提供了新的途径,也能够使游客们在惊险的刺激中获得快感与美感,但这几年国内建造玻璃桥有一哄而起的倾向,这就难免出现设计雷同的弊病,如何解决这类问题,确实是玻璃桥可持续发展的关键所在。

红雨随心翻作浪，青山着意化为桥

第三章 创新追求

　　世界航空动力工程学先驱冯·卡门说过这样一句话："科学家研究已有的世界，工程师创造还没有的世界。"大自然中的天生桥，虽然可以启迪人的创造思维，但却不是严格意义上的桥梁，真正的桥梁不是自然界原本就有的，而是人们用自己的双手创造出来的。这就要求人类在建造桥梁的过程中，不仅要准确深入掌握地质、水文、气象等情况，懂得材料和结构的科学原理，通过认真细致的分析研究去获得大自然的奥秘，依靠理性的智慧在客观条件的制约中争取自由；而且还要运用各方面的能力，把理性思维的成果变成实实在在的物质存在。这首先需要把未来的桥梁在头脑里构思好，按照具体情况制订出建桥方案。如桥梁的位置要合理，根据使用的便利与建造能力的实际水平这一对立统一的关系，去确定桥址，是建在水流较缓、水面宽阔的地段好，还是水流急一点、水面相对较窄的地段？其次就是考虑选用何种材料，是用石料，还是钢材，或者是钢筋混凝土？再者就是桥式的确定，是拱桥还是梁桥，公路桥与铁路桥并列，还是上下层叠合？这一连串的问题都必须在动工建造前有明确的结论和详细的方案。反之，如果设计方案未经严格审查就随便开工，或者为了抢进度而边设计边施工，如此欲速则不达的违反科学的粗鲁盲动，其代价就是桥梁建造质量严重下降，车毁人亡的桥梁坍塌事故的发生，如重庆綦江虹桥就是质量问题造成桥坍塌人亡的惨案。因此，人类的所有建造活动，总是要在劳动开始之前，就先在头脑里把计划建造的产品蓝图周密地描绘好了，这是人类的创造性劳动跟动物的本能性活动之间的根本区别，这种劳动的自由自觉特性是人类实践取得成功的基本前提。这一体现了人的本质特征的科学要求，在桥梁设计中同样是不可违背的。

科学统筹

随着科学技术水平和人的欲望在相互促进中的不断提高，人类的建造活动变得越来越庞大，越来越复杂，以往靠个人头脑认真思考来描绘产品蓝图、设想劳动成果的方式，已经远远不能适应当今各种生产实践所提出的高度的创造性要求。因此，在具有高度复杂性的创造活动开始之前，自觉地组织专门的策划、设计、论证、评审等前期准备工作，把原本那种"眉头一皱，计上心来"的个体化思考过程，上升为专门化的科学研究活动，通过各个方面的专家对特定建造对象的深入研究，提出能够充分体现当代高新科技发展水平，能够最大限度地满足人们对技术产品的实用的、文化的、审美的时代要求的建造方案，使桥梁建设活动进入一个更为自觉、更有把握的新阶段。

现代社会崇尚建造活动开始前的创意与设计，许多行业早已把它们的创意设计过程作为一个专门的行业独立出来。包含着建造活动相关的科学技术、文化心理和经济效益等各种专门人才集体智慧的项目前期准备工作，已经成为每一项重要的建设工程胜利成败的基础。桥梁建设由于涉及自然科学、技术科学、人文社会科学等方面的知识，需要组织交通运输、土木结构、材料科学、水文地质、环境保护、景观设计等方方面面的专家，进行深入细致的研究、论证，才能制订出一个较为周密合理的建设方案，这一过程有时甚至需要花费比施工阶段更多的时间。就拿杭州湾跨海大桥来说，从提出设想到国务院批准立项，就花了整整10年。这一前期准备过程首先是对建造大桥的必要性与可行性进行了深入的研究，然后对具体的设计方案进行了反复的论证，最后是对大桥的施工方法进行了严格的评审。包括40多位两院院士在内的几千名专家经过上千次严肃的科学研讨、深入细致的分析、激烈紧张的争论、反反复复的比较，最后才形成了一个完整、周密的设计蓝图和施工方案。

杭州湾跨海大桥的建造，可以缩短宁波到上海的陆路交通的距离。宁波到上海的直线距离不到200千米，但陆上绕行杭州却要走304千米，而大桥建成以后，直线距离只有179千米，上海、宁波、杭州就形成了2小时交通圈，大桥的经济效益也是相当可观的。跨海大桥建成第一年，六车道的桥梁每天通过的车辆达到4.5万辆，到2027年将增加到9.7万辆，按相对保守的估算，14年即可收回全部投资。同时，杭州湾跨海大桥的建设，将打开宁波的北大门，从此宁波到上海、苏州、无锡等地的车程只有两个半小时，宁波将由此成为全国路网布局中的重要节点。宁波港原本一直处于交通末梢的不利地位将得到根本的改变，它的腹地也将因此得到扩大。同时，嘉兴、苏州、无锡、常州及苏北地区也由此增加了一个更加迅速便利地走向世界深水良港的机会。

建造杭州湾跨海大桥是完全有必要的，那么，在台风经常光顾，又属于强涌潮区的杭州湾，建造大桥有没有可能呢？这是大桥前期论证的另一个必须解决的问题。历史记录显示：杭州湾历年的平均风速为3米/秒，乍浦和慈溪两地秒速在17.2米以上的8级大风平均每年分别有16.3天和16.1天。这里每年有2.6次台风经过，近50年来，这里共发生过39次龙卷风。面对这样的自然条件，有人担心建造如此规模的跨海大桥，能否保证其安全矗立，不出事故？

对此，有关方面组织专家进行了129项科学研究。桩需打多深，孔要钻多大？需要打钢筋混凝土桩，还是要打钢管桩？这些问题经过反复试验，最后决定大桥7500多根各类桩基用摩擦桩的固定方法，即依靠泥土的包围摩擦来固定这些桩基。针对杭州湾软土层有三四十米厚的地质状况，专家们提出只有把桩打到足够的深度才能保证它的承重性能的实现，建议制造直径1.6米的超长钢管桩（其长度一般都在80米左右，最长的一根达88米）来解决这一问题。同时，大桥的建造准备通过预制化、工厂化、大型化的施工方法，把以往桥梁建设中以水上施工为主的方式改为以陆上施工为主，如水中区引桥长70米、宽16米的箱梁，按照整孔制、运、架一体化方案，先在岸上制作完成后再运到预定的位置准确安装，为了将500多片重达2200吨的混凝土箱梁从陆地运往施工海面，并且顺利地安装到指定的位置上，建设单位还决定专门设计制造集运输、架设于一体的大型船舶。通过一系列的科学试验和深入讨论，大桥的建设者们终于找到了一套具国内领先水平的施工方法，为克服杭州湾的强潮、强风所带来的困难，胜利完成大桥的建设任务奠定了基础。

在解决了大桥建设的可行性之后，还要对大桥建造的具体方案进行深入细致的规划，这样才有可能最终完成大桥建设的前期准备工作。例如，为了减轻海水中氯离子对大桥钢材和混凝土的腐蚀，设计者们专门研制出一整套防止海水腐蚀的方案，在国内首次采用了"熔融结合环氧粉末涂层"的新材料，并用外挂锌铝合金块，用"牺牲阳极"的办法来保护阴极的新技术；为了解决施工期间海上大量船只聚集的难题，保障海上施工安全，建设部门决定在大桥中部偏南的位置设计一个海上平台，作为大桥施工期间的"歇脚点"。

这座1万平方米的海上平台，在大桥建成之后被改造为兼具旅游观光功能的救援平台。平台上还设有观光塔、酒店、加油站和休闲场所，游客既可俯视波涛汹涌的海上景观，又可欣赏这座跨海大桥的雄姿，领略人类改造自然并与大自然和谐相处的伟大业绩，领略"把酒临风，其喜洋洋者矣"的美妙境界。

在造型上，杭州湾跨海大桥借助西湖苏堤"长虹卧波"的景观美学理念，并且兼顾两岸和海上复杂的水文环境特点，结合行车时司机和乘客的行为心理，确定了大桥总体布局原则：从空中瞭望，整座大桥的平面为"s"形曲线，优美的线条给人生动活泼、心情舒畅的快感；从远处眺望，桥面也不是一条水平线，而是在南、北航道的通航孔处各有一拱形凸起，使大桥的立面形状呈现出高低起伏的变化。大桥由通航孔、非通航孔及引桥三部分组成，其中，北通航孔靠近乍浦港，桥型为双塔双索钢箱梁斜拉桥，桥塔采用当前最流行的钻石型塔。南通航孔刚好位于大桥的中间，桥型是主跨为318米的钢箱梁主塔结构，这一结构以新颖的花瓶型索塔的优美造型和挺拔的气概，使整座桥梁更具升腾飞跃的美感。大桥建成后，人们在人工平台上可以看到虚无缥缈的薄雾、汹涌澎湃的波浪、自由飞翔的海鸥，特别是涨潮时在海上平台观看钱塘江怒潮涛声吼地来的壮观景象，比原来在海宁、萧山两岸观潮，会有更新鲜、更壮丽的惊喜。可以说，经过精心设计、科学论证之后才开工兴建的杭州湾大桥，已经成为当今世界上一座极其美丽的跨海大桥。

杭州湾跨海大桥的前期研究、论证、立项工作，不但集合了众多国内外一流专家，而且惊动了国家最高领导层，从宁波市、浙江省一直到中央领导，都高度重视大桥的建设，下面就是这10个年头以来大桥从提出建造设想到奠基开工的大事年表，由此可见一座大型桥梁建造活动在开工前的准备过程的周密细致程度：

1994年4月，宁波市计委开始进行大桥的可行性研究；

1998年10月，杭州湾交通通道工程处设立；

2000年6月，浙江省政府第37次常务会议做出建设杭州湾跨海大桥的决定；

2000年7月，中国交通公路规划设计院开展项目"工程可行性研究报告"研究；

2000年8月，交通部和中咨公司对"工程可行性研究报告"进行行业审查和评估；

2000年8月，浙江省计委将项目建议书上报国家计委；

2000年12月，国务院第91次总理办公会议讨论本项目立项问题；

2001年6月，杭州湾大桥工程指挥部正式成立；

2001年9月，由投资股东组成的杭州湾大桥发展有限公司成立；

2001年12月，通过招标确定由中交公路规划设计院、中铁大桥勘测设计院和交通部三航院联合承担项目设计任务；

2002年4月，国务院第128次总理办公会议批准立项；

2002年5月，国家计委正式下达立项批文。

上述工作都属于开工前准备工作的第一阶段，在桥梁建设中称为"预可"，就是我们常说的"预则立"的意思。这一阶段的工作主要是解决建设项目的上报立项问题，着重研究桥梁建造的必要性以及合理性，从经济、政治、国防、文化等方面，以翔实的数据深刻阐明建桥的理由和工程建设上的可行性，同时对技术上将要解决的重点难点加以初步的说明。

此后杭州湾大桥的建造的准备工作就进入了第二阶段：

2003年2月，国务院第151次总理办公会议通过"工程可行性研究报告"；

2003年2月，大桥南岸的道路、水、电、通信、码头等15项"五通一平工程"基本完成；

2003年3月，国家计委下达"工程可行性研究报告"批文；

2003年5月，大桥打下第一根试验桩；

2003年6月8日，举行大桥奠基仪式。

这一阶段是指在桥梁建造已经得到国家的批准，开始做正式动工的具体准备工作，这一阶段被桥梁工程界称为"工可"，也就是要明确解决并具体落实桥梁建造的各项施工任务。在"工可"阶段，要着重研究和制定桥梁的各项技术标准，如载荷标准、桥面的宽度、车辆通过的速度、桥面纵坡、桥面平曲线半径和纵曲线半径等。"工可"阶段的很多工作还须和河道、航运、规划等相关部门共同研究协商，一起确定相关的技术标准，以及对环境与地质尤其是地震进行科学评价，必要时还应该通过科学实验的手段加以确证。

可见，一座现代化大桥的建设，它的前期准备工作本身就是一项复杂的系统工程，正是有了这样的系统工程，大桥的建设的顺利进行才有了根本的保证。

当然，再新奇再美妙的构思，只有经过人的双手，才能成为现实的产品。动手加工是人类改造自然必不可少的环节。恩格斯曾经指出，手不仅是劳动的器官，而且是劳动的产物。是手使类人猿变成了人；是手的灵巧，使大脑逐渐变得聪明起来。纵观今日世界，哪一座高楼不是我们盖的？哪一条道路不是我们开的？哪一座桥梁不是我们建的？唯有我们人类勤劳灵巧的双手，能够将大自然从异己的力量，成为与人和谐相处的亲密伙伴。由于双手的劳作，人类的生存环境不断地向着舒适、美好的方向发展，生活水平得到了提高，一个更加美好的"人造世界"正在向人类走来。桥梁，作为这个"人造世界"的一个组成部分，也在人类为提高自身生活水平的努力中发挥着重要的作用；同时，人的双手正是在产品建造的具体过程中，开始变得更为自由，建造的产品也越来越美丽。桥梁建设也是这样，奇丽的构思不断地在我们手下转化为精巧的建筑。在科学知识的指引下，技术工艺把超凡的艺术想象凝结在物质世界中，在满足社会功利的基础上实施着美的创造。

出奇制胜

创造性劳动是人类智慧不断发展的基本途径，而产品在功能和形式上的新颖性则是衡量创造力高低的重要尺度。桥梁的建造，由于受特定的地质、水文、材料以及经济条件的制约，就不可能也没有必要像在流水线上那样用工厂化的方式进行生产，建造出大批量、标准化的产品。因此，桥梁的设计工作要求具有更高的创造性和更强的个别性，从而体现出更加深刻的艺术性。所以说，桥梁建设充分体现了人类对于社会实践的自觉性把握，即认真严肃地做好实践活动开始之前的设计工作，以有致的设计保证创造性实践的最后成功。马克思曾经深刻阐明了劳动自觉性的伟大意义，他说："诚然，动物也生产，它也为自己营造巢穴或住所，如蜜蜂、海狸、蚂蚁等。但是动物只生产它自己或它的幼子所直接需要的东西；动物的生产是片面的，而人的生产是全面的；动物只是在直接的肉体需要的支配下生产，而人甚至不受肉体需要的支配也进行生产，并且只有不受这种需要的支配时才进行真正的生产；动物只生产自身，而人再生产整个自然界；动物的产品直接同它的肉体相联系，而人则自由地对待自己的产品。动物只是按照它所属的那个种的尺度和需要来建造，而人却懂得按照任何一个种的尺度来进行生产,并且懂得怎样处处都把内在的尺度运用到对象上去;因此,人也按照美的规律来建造。"[1]一座优质的桥梁,不但要在交通功能上发挥可靠的作用,而且要和周围的自然景观、社会氛围达到一种和谐。因为桥梁是直接构筑在大地之上的人的作品,它在"人化的自然"中有着重要的地位。同时,对于桥梁建设来说,个性化也是不可缺少的要求,正像西方的谚语所说,阳光下没有两粒完全相同的沙子,人类在实践活动过程中,只要是符合客观条件创造出来的作品,也一定会有独特的内在品质和外在形式。

任何一位高水平的桥梁设计者,总是需要抓住当地环境的特性,构思出与这种环境相得益彰的桥梁来。这样的桥梁必然是别具一格的,它绝不会跟其他桥梁类同,而是表现着自己强烈的个性特征。中国历代优秀的桥梁工程,正是依靠着大师和工匠们的匠心独运,构思出一座座极富个性魅力的桥梁来,达到与周围环境的高度和谐。从古到今,从南到北,我们看到的堪称名桥的作品,是没有类同的,因为这里没有抄袭,没有简单的套路,而是切实的创造、心灵的外化,这是智慧、力量,是情感与天地、山水的融合,是"出奇制胜"的效果。所谓出奇制胜,就是指高度的创造精神贯注在作品中,使作品表现出独特的气韵。"出奇",就是要根据各方面的条件,找到最能适应这一环境而又可以充分表达自己创作意图的设计方案和施工工艺,在受制约的天然舞台上,演出一场有声有色、宏伟壮丽的活剧来,从中展示出自己不同凡响的创造才能;"制胜",就是指人们在建桥的工程技术上已达到一个相当高的水平,就像庖丁解牛那样游刃有余。这样就能以自己特殊的建构去征服那些客观条件各不相同的江河湖海及其他障碍物,使桥梁和环境在高度协调的关系中向美的境界升华,这样的桥梁建筑必然成为中国桥梁建设者聪明睿智的标志。

浙江绍兴有座历史悠久的八字桥,这座桥梁依据客观条件而设计的独特构造,使之成为桥梁与环境相互和谐的典范之作。八字桥建于南宋,桥石柱中刻有"时宝祐丙辰仲冬吉日建"的字样,说明此桥距今已有700多年的历史,它在绍兴现存桥梁中属于最古老的。当然,八字桥之所以著称于世,主要还不是由于它的古老,更重要的是它的整体构思奇巧精妙,桥梁和周围复杂的

---

[1] 《马克思恩格斯全集》第42卷,人民出版社1972年版第96页。

环境十分吻合，称得上是一座奇桥。桥的坡道跟普通桥梁不一样，东端紧沿河道并由南、北两个方向落坡，西端则从西、南两个方向落坡。西端南面的坡道本身跨越一条向东流进大河的小河汊，可算是一座小型桥梁。大桥高5米，净跨4.5米，是座梁式桥，桥面由条石铺成，呈微拱状，净宽3.2米，桥下还有纤道盘绕桥台而建。从空中俯瞰，整座桥梁"两桥相对而斜，状如八字"，因此称为"八字桥"。这样的布置，不但为南去五云、北通泗门的船只提供了方便，而且使城东市区和郊区的行人得以跨越纵横交错的河流；并且因而建桥时可不拆迁河东的房屋，不改变街巷的原来走向，为保存城市的建筑文脉做出了特殊的贡献。这种在有限的条件下积极主动的努力，运用奇巧的布局、独特的构思，充分显示了古代工匠的设计水平。八字桥被列为浙江省重点保护文物，便是理所应当的了。

绍兴堪称古代石桥博物馆，确实是名不虚传。在坡塘乡栖凫村，两条河道相接，呈"丁"字形交叉。为沟通三方往来，清代的绍兴桥工在这里又建了一座奇桥。说它奇，是因为一般桥梁都只跨越对岸，如果照此办理，这"丁"字形河道上须建三座桥才能完全沟通陆上交通；聪明的桥工一改常规，大胆创新，造了一座三接桥，圆满地解决了问题；他们先在河道交接点建了一个大桥墩，并从这里辐射出三条由梁桥组成的射线，每条射线都与相对一边的河岸连接。整个桥梁的平面就呈"Y"字形，作为分支的三座梁桥有一座是两跨，其余都是一跨。有两跨的每跨3米，另外两桥的跨径分别为4米与2.5米。桥面都是用三块并列的石板砌成，宽2米。在绍兴昌安门外一千米的地方，原来还有一座三接桥，这里的"丁"字形河道比栖凫桥所跨越的还要宽，桥梁相应地也就大一些，它的三桥跨径分别为4.7米、7米和7.7米。可惜昌安门外这座三接桥已在20世纪70年代兴建公路时被拆毁。浙江省温岭县白峰乡也有一座造型大致相同的三接桥，它比上面两座还大，其中两座支桥的长度分别为15.9米、15.3米，各有两跨。另一座桥是单跨，净跨8.5米。

江南水网地带，河港纵横，这种三接桥正好适应着特定的地理条件应运而生。它不但比在各条河道上自建一桥要节省大量人力物力，而且也节省了行人的通过时间，便利了三方交通。此外，它能丰富水面景观，以奇特的桥梁造型吸引着人们的兴趣。可见，这种新奇的构思由于紧紧抓住了地理特征，把主观创造与客观环境融洽地联系起来，因而在各方面都具有积极的意义。

至于山西太原晋祠的"鱼沼飞梁"，它是中国最早的"十"字形桥梁，据专家考证建于北宋年间。作为园林桥梁，在造型上、装饰上都相当讲究。

它的正桥呈东西走向，宽约 6 米，长 18 米；南北向的翼桥自正桥桥身两侧伸向沼岸，每边各长 6 米、宽 4 米。正桥与翼桥在鱼沼中央"十"字相交，形成一个 6.5 米见方的平台。这一平台成为游览者的观景中心，起着组织游览路线的作用。桥的结构以石柱为基础，共有 34 根八角形石柱立于池沼之中；柱顶安放板木、斗拱，斗上又有"十"字相交的承梁。梁上铺 3 厘米厚的松木板。原先在板上直接铺一层灰土，上面砌方砖作桥面，解放后修复时，为保护松板，在板与土之间加了一层油毡。桥边汉白玉栏杆，东端望柱上，左边镌有"鱼沼"，右边刻着"飞梁"。桥梁平面的"十"字形构造，把东西宽 14.8 米、南北长 17.9 米的水面一分为四，既丰富了水景的空间层次，比起一个一览无余的长方形池塘来，游人就可以有更多的观赏角度，还可以走到池沼中央的桥上，俯视池中游鱼。由于缩短了游人的观赏距离，游览者容易对水和鱼产生一种更为亲近的感觉，这就大大增加了游客的美感收获。桥的石柱虽在一定程度上起到分隔水面的视觉作用，但实际上整个鱼沼仍贯通一气，游鱼从桥下的水中进出，在似隔非隔的桥柱间倏忽往来，扑朔迷离，极大地增添了观赏者的游兴。

这种十字桥，今天已经从园林中走了出来，开始出现在交通工程中，如江苏省无锡市锡山区前洲乡的十字桥。这是一座单波双曲拱十字交叉桥，它使两条垂直相交的河流阻隔四面交通的情况，彻底得到改变。桥梁平面似两条直线相交，桥身由拱桥结构表现出丰富的曲线，两者相映成趣，远看如一朵巨大的十字形花开放在水面上，蔚为奇观。

若要桥梁能够与环境达到最大限度的和谐，不仅要注意从桥的平面设计上追求新意，在桥梁建设中不断创造出新颖、奇巧的精品；而且还要从水面宽度和水上行船的具体要求出发，在桥梁结构上动脑筋，敢于采用不同桥型互相组合的方法，创造出集使用功能与建筑审美于一体的好作品来。这在中国古今桥梁中都可以看到不少成功之作。这些名桥的成功，是建桥者充分发挥了自己的创造性，运用发散思维的方法，从常见的桥梁形式的定势中脱颖而出，构思出很不一般的桥型来。这些桥梁中有拱桥与梁桥的组合，有浮桥与梁桥的融合，有钢质桥与石质桥的连接。这些看上去似乎非驴非马的桥梁，正表现了中国历代桥梁建设者勇于创新的科学勇气和艰苦实践。拱桥与梁桥的组合，主要是用于水面较宽，又有航行要求的河道上。

绍兴市柯桥区浙东运河上的太平桥就是拱桥与梁桥和谐结合的典型范例。这是一座建于清咸丰八年（1858 年）的大型石桥。由于这一带河面宽，萧山绍兴又属水网地带，河流纵横，湖泊连绵，因此需要依靠大大小小的船舶进行运输。桥梁建设者把数量众多的大大小小船只的通航放在重要的位置上来考虑，同时还兼顾到排洪的需要与材料的节约。出于这些考虑，这座桥梁不是采用单一的结构形式，而是根据特定的船只通行的不同要求：在运河主航道上建造了净跨 10 米的拱桥，桥拱为纵联分节并列砌筑的半圆高拱，桥下净空达 10 多米，过去从萧山到绍兴的大航船可顺利通过，今天，内河机动船仍能畅通无阻。拱桥北端连接九孔净跨为 3—4 米的梁桥。紧靠拱桥的三跨梁桥较高，跨度也较大，可通较大的船只。这三跨梁桥的桥面高度不同，紧靠拱桥的这一跨最高，第二、第三跨依次降低，高低落差用坡道连接。这样的桥下净空可通较大木船，同时还起到南端高拱桥与近北岸的六孔低平梁桥之间大幅度落差的过渡。六孔低平梁桥在全桥中跨度最小，桥下净空最低，只能通行脚蹬手划的乌篷船。一座桥梁，多种高度，各有用途。布局上相互衔接，在浑然一体中富有变化。桥边还建有码头，使桥梁成为水运与陆运的连接点。这样不同桥型的组合，以其完善的功利性和有机的整体性，给人以错落有致的美感，充分表现了造桥者丰富的想象和科学的智慧。

  技术的发展使人们在桥梁形式的创新上新招迭出，让人感到特别新奇的是把梁桥的做法融进浮桥之中，创造出崭新的高架浮桥。从桥梁建设的历史来看，一般的浮桥大致都是把船只连在一起，在船上直接铺设桥面。高架浮桥则是先用钢筋混凝土制成箱形浮墩，再在浮墩上架梁。如 20 世纪 80 年代末建于上海松江县斜塘的高架浮桥，就是成功的一例。这座桥位于黄浦江支流斜塘江上，是一座三孔两浮墩的大桥。桥梁净长 217 米，宽 8.58 米，可并排行驶两辆 15 吨卡车。这是上海铁路局"铁路高架深水浮墩"的科技成果，首次用于公路建设。这种高架浮桥，其实只是桥墩与一般梁桥不同，它无需桥桩；但也与一般浮桥不同，它有深水浮墩。因此，它既非梁桥，也非浮桥；既有梁桥的特点，但又是浮在水面上的梁桥。这样把梁桥和浮桥结合起来，解决了在土质松软的地基上架桥的困难，又避免了使用浮桥常常堵塞水上航行的缺陷。

  又如沟通江苏镇江和扬州两市的润扬长江公路大桥，它在设计上体现出因地制宜的特色，修建桥梁的位置跨越长江中的小岛——世业洲，这样流经这里的江水就分成南、北两汊，其中南汊为长江的主流，主要通行海轮和船队，对桥下净空的要求比较高；北汊是支流，主要通航 200 吨以下的船只，相对来说对桥下净空的要求就低一些。设计者根据南、北两汊江面水上航运的不同要求,南汊主桥设计为主跨1490米的单孔双铰钢箱梁悬索桥,主塔高215.58米,建成时其跨度位列中国第一、世界第三;北汊桥采用 176 米＋406 米＋176 米的三跨双塔双索面钢箱梁斜拉桥。南、北两道江流分别采用悬索桥和斜拉桥两种不同的桥型,这样的组合,使润扬大桥南端悬索桥的主缆微微呈现弧形,生动的曲线犹如婀娜多姿的少女,给壮美坚实的现代桥梁增添了几分秀美;而大桥北端斜拉桥塔伸出来的道道钢索紧紧系着桥的梁体,坚挺笔直的平行线就像伟岸刚劲的小伙子。桥梁建成后,南汊通航净高为海轮 50 米、江轮 24 米,净宽为海轮 390 米、江轮 700 米;而北汊通航净高 18 米,净宽 210 米。一座桥梁,根据不同的通航要求,分别设计成两种桥型的组合,不但满足了使用功能的需要,还使整座桥梁体现出多样统一的形式美,成为万里长江上最有特色的桥梁。构思之奇,出人意料;创造之新,又符合人类改造自然、驾驭河流的必然规律。这种严格按照特定地理位置的水文地质条件来确定桥梁的具体形式,是实现合规律性与合目的性的高度统一的基本前提,也是桥梁建设的科技进步和环境意识的具体体现。

  现代桥梁要跨越更宽的江河、更深的峡谷,就对设计提出了越来越高的要求,尤其是在具体建筑构件的形式、材料、结构及制造工艺上提出科学的要求和具体的规定,这成为桥梁设计向新的深度挺进的目标。贵州坝陵河特大桥的设计就充分体现了这一点。坝陵河特大桥是目前中国首座跨千米的钢桁加劲梁悬索桥,也是世界上第一座在高山峡谷的特殊地貌上修建的跨度"国内第一、世界第六"的钢桁加劲梁悬索桥,其工程规模大、结构复杂、技术含量高、施工难度大、工期紧、任务重,就必然对设计提出了更高的要求。这座特大桥跨越坝陵河大峡谷,山高谷深,跨度又大,采用何种桥型,就成了设计者首先关注的焦点。为了高质量地完成设计任务,设计单位不仅对建桥的位置进行了不同方案的比选,还设计了连续刚构桥、斜拉桥、悬索桥三种桥型的蓝图,并进一步对同一桥型不同跨径的桥梁进行了比较分析。经过反复论证,最终设计出主跨220米及268米的多跨连续刚构梁桥、主跨400米的三塔斜拉桥和主跨450米的两塔斜拉桥三种方案。由于连续刚构桥需要建造几个高达300米的桥墩,主跨450米的斜拉桥塔则高达430米,这样的高墩、高塔,在施工上的难度与安全风险都比较大,下部结构施工工期又相对较长。通过对这几个方案在可行性、安全性及经济性等方面的综合比选、反复论证,最终决定采用主跨为1088米的钢桁加劲梁悬索桥。由于坝陵河大桥地处山区峡谷,山高谷深,两岸地势陡峭,场地狭窄,不能开辟出钢箱梁节段的拼装、焊接场地；加之，桥位处河流浅、河面窄，无法通航。因此，坝陵河大桥不能像国内外其他跨江、跨海的大跨径桥梁一样，利用船舶进行运输和安装架设。这就决定了大桥的钢桁加劲梁不能采用钢箱梁结构，只能采用钢桁架梁结构形式。可见，中国钢桁加劲梁悬索桥第一跨——坝陵河大桥是根据山区峡谷具体的地理、地形条件，经过设计者对不同桥型、不同跨径、不同结构的深入研究和科学论证，终于形成了能够较好地满足地形、施工、功能和经济多方面的建桥条件的设计方案，为大桥建造奠定了良好的开端。

2018年建成通车的港珠澳大桥，在当今特大跨海桥梁的总体设计上，充分显示了中国桥梁建设者优异的设计水平。港珠澳大桥总长55千米，是连接香港、珠海和澳门的超大型跨海通道，也是迄今世界最长的跨海大桥，包括海中桥隧主体工程，以及香港、珠海、澳门三地口岸和连接线。其中，主体工程由6.7千米的海底沉管隧道和长达22.9千米的桥梁工程组成，隧道两端建有东、西两个人工岛。今日将全线贯通的是横亘在伶仃洋海面上的22.9千米主桥桥梁，无论是从珠海情侣路沿线上看，还是高空俯瞰，宛如一条巨龙绵延在伶仃洋上。港珠澳大桥三个通航桥各具特色，其中青州航道桥设计是港珠澳大桥最具特色的部分，为双塔空间双索面钢箱梁斜拉桥，主梁采用扁平流线型整体式钢箱梁，索塔采用横向"H"形框架结构，163米的塔上端采用象征港珠澳三地紧密相连的"中国结"造型钢结构结形撑。

珠江口作为国家一级保护动物中华白海豚的重要栖息地，江海直达船航道桥在设计上反映了这一海洋生态。该桥为索面钢箱梁斜拉桥，索塔采用顺桥向"海豚"造型；而直接珠澳口岸的九洲航道桥为截面钢箱组合梁斜拉桥，索塔采用顺桥向"风帆"造型。青州航道桥的"中国结"熠熠生辉，江海直达船航道桥的"海豚"塔栩栩如生，九洲航道桥"风帆"塔扬帆矗立，成为三大标志性景观。因为内地与港澳之间的技术标准存在差异，港珠澳大桥的设计从一开始就按照"就高不就低"的原则确定主要技术标准，即采用最高标准打造"世界级跨海通道、地标式建筑"，譬如设计使用寿命120年，抗16级台风、8级地震及30万吨巨轮撞击等要求。中国著名桥梁专家、中铁大桥局原总经理谭国顺赶在退休之前参加了这个世纪工程的建设，他告诉记者，为了保证使用寿命120年，港珠澳大桥建设几乎用了世界最苛刻的标准，比方说平均长度130余米、直径2.5米的深海桩基必须保证10厘米以内的平面偏差和1/250以内的倾斜度，但凡对桥梁工程技术略有研究的人，都会为以上几个数字而惊叹：技术和质量要求太高啦！桩基施工伊始，建设者们即遭遇钢管桩沉桩倾斜度不能大于 1/250 的挑战，远超 1/100 的行业标准，在中国桥梁外海施工中尚属首次。

在港珠澳大桥的建设中，桥—岛—隧集群的主体工程长约 29.6 千米，工程量极大、技术难度极高。主体工程不选择全部桥梁或者全部隧道，而是采用中国首例的桥—岛—隧方案。这是因为港珠澳大桥路线要跨伶仃洋海域，虽然全部建桥，不但费用低，而且有已经建成的杭州湾跨海大桥等成熟的技术，这本来是首先应该考虑的方案，但大桥靠近香港方向有一个重要的深水航道——伶仃洋航道，它是大型运输船只在这片海域通行的唯一通道。伶仃洋航道是全球最重要的贸易航道，每天有 4000 多艘船只穿行，目前达到 10 万吨级通航等级，远期 30 万吨油轮可以通行，这就要求桥梁必须是单跨 1500 米以上的多跨形式，以及桥梁要建几个超过 170 米高的桥塔，但香港、澳门、珠海、深圳等几个机场的航空限高 120 米。于是，设计团队提出了一个打破常规、出奇制胜的设计方案：综合考虑通航需求和航空限高，港珠澳大桥采取 6.7 千米长的海底隧道和 22.9 千米长的跨海大桥的联合方案，即桥—岛—隧集群的方案。

目前世界上的跨海大桥设计使用寿命普遍为 100 年，而港珠澳大桥为 120 年，并要求抗 8 级地震，抵御 16 级台风。此外，针对港珠澳大桥跨度大、地势复杂的特殊工况，大桥建设者自主研制出世界最大尺寸的高阻尼橡胶隔震支座，支座承载力约 3000 吨，这好比为港珠澳大桥抵抗 16 级台风、8 级地震及 30 万吨巨轮撞击安装了一枚"定海神针"。

桥梁设计工作常常把桥与环境的协调放在重要的位置。然而，当在同一条河流上或比较相近的水域上建造多座桥梁时，桥梁之间的合理组合也就成为设计者必须认真考虑的问题了。好的桥梁组合，是指在人的视野之中，如何把几座桥梁建成在风格上既有一定的相互联系，又有个性特征的桥梁群体。在那些贯穿城市的河流之上，或者在某一重要地段的水面上，因为交通路线的平行、包围及交叉等态势，建造多座桥梁的要求使得桥与桥之间的和谐与对比，成为一种必然的审美要求。协调桥梁群体的内在关系，也就成为优化桥梁与环境相互关系的重要内容。

当几座在形式、材料、体量等方面完全相同或大致相同的桥梁出现在同一条河流或同一片水面上，而且人们用肉眼就能把它们尽收眼底，那么，这种桥梁组合的方式就是同类聚合法。它可以给人以单纯统一的美感，就像一排列队齐整的受阅队伍，在高度的统一中表现出群体的力量。如浙江湖州的双林三桥，这三座都是三跨联拱桥，每座桥三个拱的大小都有区别，都是中间一拱的桥下净空要比左右两边的拱净空高出一半左右，而石拱桥所使用的相同的建筑材料，也增加了它们的统一性。远眺三桥，只见三座桥的桥面上下坡道都呈直线，主拱顶上有一小段桥面呈水平状，表现为极强的"相似组合"倾向。格式塔心理学认为，若事物具有形状、结构、颜色等方面的相似，使各个部分能更紧密地联系在一起，整个画面的统一性就加强，这种对象更能够引起观赏者的审美快感。尤其是水上行船时，从第一座桥的桥孔顺河望去，第二座桥正好在形似彩虹的圆弧形拱券之中，而更远的第三座桥又在第二个圆拱之中。这样层层相迭，环环相含，就像中国传统园林艺术的对景手法在桥梁集群中的巧妙使用。所谓对景，就是指有意识地通过门或窗去观赏在另一层次空间中的景物，如一块山石或一座亭榭。这样处理一方面可以借远方景物来吸引人的注意力；另一方面，被对的景物又恰好处于门洞或窗口之中，似一幅图画嵌于框中，由于隔了一定的距离去看，显得更为含蓄，更耐人寻味。园林艺术正是利用这一手法，大量地设计了形状别致的门洞、窗框，使前方景物就如一幅风景画出现在画框之中。因此，这种手法也被称为框景。对景手法还可连续运用，即从第一空间的窗口、门框中观赏到第二空间的景色，而第二空间中还有一个门或窗，还会再显现出第三空间的景物来，这就极大地丰富了空间层次的变化，产生了一种特殊的审美效果。双林三桥虽不是园林艺术，但它的景观效果却完全符合这种连续对景法，放眼望去，确实令人兴趣盎然。

　　另有一种同类聚合，不把几座大致相同的桥梁在一条线上连续排列，而是在两条邻近的河流上作面上展开。这种组合首先使人们在行走时产生了一种韵律感，过第一座桥时留下了鲜明的印象，走不久又重复了一次类似的体验，知觉印象的加深就会有利于美感的产生。从远处看，几座大致相同的桥梁循着一条路线渐次摆开，呈现出极强的统一性，这往往可以成为著名的景观。如四川省安县晓坝乡五福村的山谷上，相近的两条河上横跨着两座木结构的古桥，高矮一样，结构一样，宽窄相同，长短相等，桥身高都是 3.5 米，宽 4 米，长 18 米，以及都是由 40 厘米粗的原木并排密集为梁，上面铺设桥板。"人"字屋架的桥屋，都是穿榫而成，上盖小青瓦。桥的两端建有两叠水牌楼，造型一样优美，一样浑厚古朴。当地的人们把它们称为"姊妹桥"。

　　当然，比上述同类聚合法更胜一筹的是，把几座共同点很多而略有差异的桥梁组合在一起。这样的组合由于相似性的依然存在，桥梁群体的统一性仍相当明显，所以它们具有同类组合的优点。然而，由于差异性的存在，这种组合中每座桥梁的个性依然很鲜明，因此在统一中又有着丰富性和生动性，如绍兴城里的桥梁，都是用石料建成，风格相近。然而在造型上又各有特点，不但有拱桥、梁桥，还有五边形桥、七边形桥。梁桥的桥洞呈方形，以直线取胜；而多边形桥就像把一条直线折成几段再围合起来，它以直线为基础，而在整体上却向弧形靠拢；拱桥则突出地体现着曲线的优雅。这些桥梁遍布城内，它们组合在一起就有多样统一之美。不同造型的桥梁和谐相处，构成了一幅色彩斑斓的水乡—桥乡风情画。

又如横穿上海市区的黄浦江上，新建成的南浦大桥和杨浦大桥，都是双塔双索面斜拉桥。吊塔高耸，拉索密布，几十米高的桥下净空，400多米的中孔跨径，使两座大桥就像一对亲兄弟，在黄浦江上奏出现代化桥梁群的协奏曲。但两桥又有各自的特点：从总体上看，杨浦大桥比南浦大桥更长，中孔跨径更大。从细部看，两桥桥塔的高度有差异，造型也有区别。杨浦大桥主塔高208米，比南浦大桥高出54米，前者上部构造呈"A"字形，后者则呈"H"形，前者以俊美取胜，后者则以质朴见长。正是由于存在着差异，两桥在相似之中表现出各自的个性。站在黄浦江两岸的外滩，眺望两桥，同样的雄伟壮观，同样的气势磅礴，同样是力和美的结合，但桥塔的形状、高度，以及桥梁的跨径和长度的不同，使两者各有特色。虽然从两桥的组合关系来看，距离稍稍远了一点，但它们的雄姿仍能互相映衬。而后来建成的卢浦大桥，以其美轮美奂的英姿，如长虹卧波，飞架在黄浦江上。它以两道优美的弧线的黏合，在舒展刚劲的大气之中透出优雅的秀美，既在主桥面的造型上跟南浦、杨浦两桥有高度的相似性，又通过大胆创新的桥型设计，以钢拱的曲线形成了与南浦、杨浦两桥的区别，给人耳目一新的美感，在黄浦江上形成了具有时代特征的桥梁集合。当然，如果在十六铺到杨家渡之间，再造一座大桥，把浦西与浦东的交通中轴线贯穿起来，而且能够和现有的南浦、杨浦两桥协调得更好一点，那么，这样的桥梁组合就堪称绝妙了。

当今世界处于高新技术迅猛发展的时代，桥梁建设的创造性也就成为倍受重视的课题。桥梁创新需要建立在科学性、实用性、安全性和艺术性相互结合的基础之上，仅靠原来的经验和技术造桥，是不能适应飞快前进的时代要求的。正是在这一形势下，电子计算机的应用，使桥梁设计中过去很难解决的问题，变得方便起来，桥梁设计开始进入一个崭新的阶段。在这一方面，新中国的桥梁建设者正在埋头苦干，积极赶超世界先进水平。中国各地在这些年来兴建的桥梁，不但形式多样，有钢板梁桥、钢桁架梁桥、钢箱形梁桥、钢拱桥；有斜腿刚构桥、斜拉索桥、预应力钢筋混凝土梁桥、预应力钢筋混凝土"T"形刚构，还有中国独创的微弯板桥、扁壳桥、桁架拱桥、刚架拱桥，更有像卢浦大桥那样把几种桥型组合起来的崭新设计。在建材的使用上，除了继续使用传统的石料之外，钢铁和钢筋混凝土正在成为桥梁建材中的主力军。随着交通运输发展的需要，在大水面的江河与海峡上建桥，正开始成为中国桥梁建设者新的使命。对此，我们的桥梁设计师，一定会运用现代科学技术的最新成就，发挥他们丰富的创造力，设计出更奇妙更新颖更有魅力的大桥来，在中国桥梁建设史上描绘出更新更美的图画。

巧夺天工

桥梁，无论是原始的独木桥还是跨江越海的现代化大桥，都是建设者把一根根的木材、一块块的石料、一吨又一吨的钢材、一方又一方的混凝土，从不同的地方运来，并且按照设计的要求，加工成符合规范的建筑构件，最后才建成一座座桥梁。因此，动手建造就是桥梁建设的最后一个环节，也是必不可少的一个环节。如果没有它，那么再奇特的构想，再美妙的蓝图，都只是头脑中的想象，是空中楼阁。因此，桥梁工人在劳动过程中表现出来的高超技艺，是每一座桥梁成为现实创造物的根本保证。技术的高低、责任心的强弱，常常是桥梁工程质量的基础，是艺术美的根底。在这一方面，从古到今的中国桥梁建设者，都有卓越的表现、不朽的建树。

在一般的技术活动中，技艺的高超是由这样三个方面的因素决定的，即巧手、巧具和巧法。这三者互相联系，缺一不可：灵巧的双手是一切劳动创造的基础；精巧的工具则使人的身体机能在智慧的作用下，借助自然物质得到延伸和扩展；巧妙的方法则是人们在把握劳动对象内在规律的基础上，最有效地从事劳动实践的经验总结和智慧结晶。

巧手

首先说说巧手。这是指劳动者在操作活动中通过反复磨练，双手的灵活性达到了较为自由的状态，有的甚至可以进入一种随心所欲的神化境界。因为人们对技术的掌握，不是停留在意识的浅层，而必须深深地烙印到深层心理中，并且使这种后天学到的本事，内化到具体的感官中去，似乎又让它回到机体本能的阶段上，呈现出一种自动化的趋势。这时，人的双手像是着了魔，不必再经过头脑小心翼翼的指挥，就能准确无误优质高效地完成任务。这种情形，在一切需要手工操作的劳动过程中，都能表现出奇妙的效果。庄子笔下的庖丁，在解牛时所表现出来的高超技艺，就是这种巧手的最好写照。虽然还没有哪位文学家细致地刻画过桥梁建设者的绝技，但是建成的桥梁本身就是一部部无字的巨著，我们可以从中读到工人们灵巧的双手在劳动创造中的美妙故事。其实，人民群众早就以自己的口头文学，绘声绘色地描绘过造桥的工匠们精湛的技术。如在中外桥梁史上享有盛誉的赵州桥，不但以坚固巧护的建筑质量显示着工匠们的绝妙本领，而且还以动人的民间传说，赞美着建设者灵巧的双手和绝妙的技艺。赵州桥的传说是富有浪漫主义情趣的民间故事，说是鲁班师傅看到了赵州城外那水势汹涌的洨水，给过往行人造成很大不便。作为手艺人祖师爷的鲁班，急民众之所急，在一夜之间就造出了坚固宏伟的大石桥。人们纷纷前来观看这一奇迹，齐声赞颂大师神妙的技术。这一热闹的场面惊动了八仙之一的张果老，他笑着问鲁班："这座桥看起来石坚而柱壮，但不知道能不能让我也从桥上过去，看它会不会摇晃？"鲁班当然应允。谁知张果老骑着小毛驴走上桥去，驴背上的褡裢却不简单，一边装着太阳，一边装着月亮。他刚走到桥上，桥梁就摇晃起来，眼看就要倒塌。鲁班见势不妙，急忙跳到河中，用手在桥身东侧使劲托住桥梁，终于使张果老顺利过桥。由于张果老的驴子远远超载，便在桥面上留下了驴的头、尾和四个脚蹄的痕迹，而桥下鲁班也使出千钧之力，结果也在桥拱上留下两个手印。这一民间故事，为当地老百姓津津乐道，并为文人所记载。后来在流传过程中还加进了新的内容，说五代时期的周世祖柴荣，推着装有"五岳名山"的独轮车过桥，在桥上深深地印上了一道车辙。

当然，传说毕竟是传说，它只是人们想象的产物。张果老本来就子虚乌有，即使八仙的故事最早也始于唐代，而直到明时，八仙队伍中还没有这位张果老的名字。鲁班是春秋时代人，与建于隋代的赵州桥也是风马牛不相及，那么所谓的"仙迹"和他更是没有丝毫的关系了。但是传说的虚幻性却包含着某些历史的真实性，只是这种真实性被裹上了一层神秘的外衣。透过这层神秘色彩，我们可以发现，鲁班其实就是广大工匠的代名词，张果老及毛驴正说明桥梁建成解决了行人和运货的困难,日、月、五岳从桥上经过则表现了人们对赵州桥巨大承载力的夸张和自豪。至于桥面上的驴蹄印、车道沟等"仙迹",其实就是桥梁使用的安全线。明代翟汝孝在《重修大石桥记》一文中说,"仙迹"是行车外缘的标志,车辆应该在桥中央过桥;"手印"则是大桥需要加固时最合理的支撑点,这一看法是符合力学原理的。因为赵州桥的石拱,是纵向并列砌筑的,对于这类拱桥,重载的车辆从桥面中央过桥,则要比从外缘通过更能使桥梁均匀受力,因此重车过桥不要超越"仙迹",正是为了保证桥梁安全使用而设置的标识。这些都表明,早在一千多年前,中国的桥工在技术上已经达到炉火纯青的境界,是他们在无数桥梁建造的实践中付出的智慧和力量,以及他们灵巧无比的双手,创造了赵州桥这一人间奇迹。

此外,赵州桥的石构件的加工是非常精细的,手工技法细致,石料每一块都加工成方正平直,后人曾有"磨垄密致如削焉"的赞语。正是劳动者用他们的汗水,精细地打磨好每一块石料,才使奇特的设计转化为经久不衰的建筑。双手的灵巧,正是通过艰苦的劳动凝结在产品之中。劳动者的巧手,正是创造的根本,是我们今天赖以生存的物质文明的基础,在生产实践中,双手的价值首先要从对劳动对象的把握中显示出来。从桥梁建设的发展过程来说,双手的灵巧就是在征服天然的材料或者制造合成材料的过程中,不断地发展起来的,生产使人的双手发展到令人惊叹的水平。

就拿木材加工来说,虽然从人类的童年期开始,树木就跟人的生活结下了不解之缘。但是要把一根根木材建成一座能跨江越河,又能让无数的行人和重载的车辆安全通行的桥梁,没有高超的本领当然是不可能的。只有掌握了精湛的加工技术,才能让木材对人的指挥俯首贴耳,才能创造出人间奇迹。如广西三江侗族自治县程阳永济桥,是一座四孔石墩木梁桥。桥长64.4米,宽3.4米,高16米,每孔净跨14.2米。桥的正梁采用伸臂木梁结构,由直径约0.53米的杉木,八根为一排,分上、中、下三层交叉叠合而成,就像古建筑中的斗拱一样,两边层层挑出,在桥孔中相接。桥上有木结构的长廊,与每个桥墩上建的楼亭相连。眺望全桥,飞檐重叠,亭廊错落有致,塔型桥亭与带有侗族民族风格的木楼在造型风格上十分相近,桥的雄伟气势与秀美形象,集中地体现了侗族人民在建筑艺术上的水平和审美情趣,所以郭沫若1965年为这座美丽的桥梁题诗,开篇就是"艳说林溪风雨桥",这个"艳"字确是精当,把永济桥的精致生动之美淋漓尽致地表现了出来。

永济桥的梁、桥栏、楼亭、长廊都是用三江本地的杉木制成。整座桥梁都用木构件的榫卯结构接合在一起，桥上没用一颗铁钉，也找不到一块铁件。走到桥上，只见大小有致的木料纵横交接，斜穿直套，合成了一个严密精细、蔚为大观的木作世界。侗家桥工凭着双手的技艺，不用钉子帮忙，不用黏合剂胶结，却能把每一个木构件做得分毫不差，合得严丝密缝，其精致水平和坚固程度，可保持数百年而不损。侗族同胞在木作建筑上那种精妙无比的技巧，实在令人钦佩、赞叹。

可以与此相媲美的是中国人民在石料加工上的技艺。在中国古代桥梁建设史上，石料作为强度更高的建材，曾经在相当长的时间内成为大型桥梁的主要建材。古代工匠们正是在世世代代同石头打交道的过程中，找到了驾驭它的办法，并且在实践中不断地加以完善。尽管石头由于重量和有棱有角的外表，被人们冠以"石老虎"的称呼，但是在人的双手面前，"石老虎"却只能驯服地接受人的安排，默默地为人类服务。

就拿泉州的几十座大型石梁桥来说，只要仔细观察，就不难发现很多古代留下来的石梁、石板的边缘上，都留有凿孔的痕迹。那时的石工，已经掌握了比较科学的方法，用自己的双手，开采出大量石材，以解决大规模造桥的需要。石料大量应用于建筑工程，对泉州来说，正是始于宋代。可见，宋代应该是这一带石工技艺发生大飞跃的年代。当时广大的石工，就是在以石制海的伟大实践中，使古老的石加工技艺达到了比较成熟的阶段，柔弱的双手在和坚硬锋利的石头较量的过程中，完全占了上风。

花岗岩是石头王国中的坚硬分子，要把它从山岩上分割下来，没有比它更硬的工具以及更能经受磨练的双手，便是不可能的。如果一锤一锤地打，每次只能打进0.5厘米的深度，那么，要在石山上打下一根长8米、宽1米、厚0.7米的石梁（这样规模的石梁，在泉州的石桥中可以说比比皆是），起码要花上一个半月的时间。以这样的速度采石，显然是不能满足大规模桥梁建设的需求，这样的采石方法当然应该得到改进。其实，在北宋时期，石工们要把石料从山岩上分离开来，或把大石块分割成较小的石材，都不是靠一锤一锤地凿开的，而是在分割线上，打出一排不很深（16—20厘米）的孔眼，把短而粗的铁楔塞在孔眼中；然后轮番锤击铁楔，使它们比较均衡地向石头深处钻。不一会儿，一块很厚的石料就跟它的母体分离了，从顶端到底部彻底跟山岩或大石块决裂，而且劈面垂直平整，用来做桥梁构件，就不需要再加工了。现在我们在石桥上还常常看到半圆形的痕迹，正是当年石工们劈石时留下的。这样，坚硬密实的花岗岩，在石工们灵巧的手下，就像刀切豆腐一样干净利落地被分割成建桥的石料,石工们操作的技巧、质量和效率,都是高超绝伦的。

今天,桥梁建设中的主要劳动环节都实行机械化了,手的灵巧是不是不那么重要了呢?其实不然。再先进的机器也是靠人控制的,没有一双灵巧的手,是不可能最大限度地发挥机器的效能的。由于桥梁施工常常在野外进行,还有许多是水下作业,如果工人的操作技能不精,那么桥梁的质量必定会受到影响。因此,在机械化、智能化水平不断提高的今天,重视手的灵巧,讲究劳动技能,仍然是关系到桥梁质量的大事,不能有丝毫的马虎和放松。在这一点上,中国的桥梁建设者常常通过岗位练兵、技术比武的方式来提高工人的劳动技能,这是确保新时期桥梁质量的明智之举。

巧具

桥梁工程技术水平的高低还取决于施工工具的先进程度。这就是说,有了巧手,还必须有巧具。工具是手的延伸和扩展,它可以帮助我们解决双手无法解决的问题,完成双手不能胜任的任务,最终实现我们创造的目的。因此,工具本身就是人类征服自然的果实,是人的智慧和力量的结晶。中国历代工匠在创造性劳动中,不但注意提高自己的操作技能,而且非常重视工具的改进和革新,并能根据桥梁建设的特殊需要,发明出许多专门化的器械。这样就极大地提高了劳动效率,保证了工程质量,为中国的桥梁事业提供了发展的基础。

桥梁施工中,首先要进行的工作就是清除桥梁基础河底的淤沙,清除沉积下来的碎石;理清地基,做到桥墩地基的平正,既使河流畅通,又能确保桥墩的牢固。古代桥工们为此设计了专用的扒沙工具。这种工具主要是用辘轳和铁耙组成。先在水中打桩搭起一座平台,台上装好一架辘轳。辘轳上的麻绳有几丈长,而且每晚要蒸一次,免得霉烂。麻绳一端系上一只特制的簸箕。簸箕前装有铁钞,底部朝天装上竹竿或木柄。扒沙时,簸箕顺水放下,两边有人驾小船控制其下沉方位,并用力把铁耙插入泥沙之中。然后由平台上的人摇动辘轳,船上的人配合着把装满泥沙的簸箕提出水面,倒入船中。如此反复进行,直到桥基得到完全清理为止。

用来捞碎石的捞石船,则把辘轳直接架在两只并排的木船上,转轴、铁链、铁钩配套使用，先套住河底的石头，再把它捞到船上。这些器械虽然简单，但古代桥工们已经懂得充分运用水的浮力，并掌握了轮轴省力的原理。通过水上作业就能完成扒沙捞石的任务，这已经很了不起了。

　　石桥是中国古代桥梁建设者的杰作，无论是梁桥还是拱桥，中国古代都有脍炙人口的建树。那么，在建造大型石桥时，巨大而沉重的石料是如何准确地安装在预定的部位呢？桥工们当然有自己的高明手段。在梁桥建设上，一般是利用水的浮力，并且通过特定的吊装器械来使巨石就位的。如在建造洛阳桥时，就是采用"激浪以涨舟，悬机以弦牵"的方法来砌筑桥墩的。这就是利用潮水的涨落，把装有石料的船只驶到施工的桥墩旁。根据桥墩的施工进度，选择潮水上涨的恰当时间，使船只与已建桥墩的高度处于最合适的位置，然后用"悬机"把石料吊到桥墩上。特别值得注意的是"悬机以弦牵"的记载，可以说"悬机"就是古代的起重机。这种吊装设备肯定有一部分悬在空中，类似现代起重机的吊臂，同时装有简单而实用的机械设备，如辘轳、动滑轮、定滑轮及杠杆等，达到省力的目的。洛阳桥的几万块桥墩石料，重的达10吨左右，还有300多根大石梁，每根重20—30吨，都是依靠这种"悬机"吊装就位的。这里既靠古代桥工们艰苦卓绝的劳动，同时也靠他们的智慧和巧手，制造出当时可称先进水平的机械装置。这样，令人望而生畏的石老虎，几十吨重的庞然大物，在这"悬机"面前乖乖就位了。在这里，如果没有很好的工具与科学的方法，要想把那么重的石梁架到桥墩上，简直是不能想象的。工具的发明和不断改进，确实是人类改造自然的必要条件。

　　中国桥工在工具的发明和建造中，还善于总结经验，根据具体的劳动对象，制成不同的器械。同样是安装石料，处在江河入海口的洛阳桥，用浮运架桥法，因此需用"悬机"这样的吊装工具，而在修建拱桥时，由于拱券的砌筑不像梁桥那样可以把石梁直接安放在桥墩上，而是需要通过拱石互相挤密，才能实现拱的整体受力的目的。当拱石一块接一块地安放时，它们还没有组成拱券，都是松散的，是不可能悬空挂起来的。因此，修建拱桥首先就要搭建拱架，让它成为拱券砌筑的基础。一块块拱石先在拱架上排紧，直到整个拱券砌筑完成，整体开始受力，方可拆去拱架。所以，拱架常常放在河流中央，上缘根据桥的形状，或为弧形，或为半圆。下面临水的底部则根据不同情况加以制作。一般常用的形式有两种：一种叫满堂式拱架，另一种叫空心式。满堂式拱架的搭建，是先把木桩打入河中，再在桩上放置木材，然后搭成类似木结构房屋的构架。从拱顶到拱脚，木柱的高度依次下降，最后用木材把这些木柱的顶端连成拱形。这样就可以在上面砌筑拱券了。由于这类拱架水中有木桩，中间有纵横交错的木梁、木柱与木撑，满满当当的，所以有满堂式的名称。空心式拱架则是先预制好一个木拱圈，拱圈上部根据桥梁造型制成相应形状，木拱圈的两端放在桥台上，再在拱圈的上半部装上一根坚实的横梁贯穿整个木拱，横梁两头超出拱边，深入到桥身之中，再在横梁与木拱脚上钉上"八"字形的支撑架，梁上则安上垂直的木柱，把木拱顶与横梁撑实，这样，当在木拱圈上砌筑拱石时，重力就通过木拱和横梁、"八"字支撑，被传递到桥台和桥身，石拱券的施工就可以顺利进行了。而横梁下"八"字支撑之间则留有很大空间，因此这类空心式拱架适宜在航运繁忙的河道上建桥时使用。在施工实践中，为使木拱架有更大的强度，有的工程则在桥台上凿卯孔，把木拱架上的拱脚插入孔中，这样可以减少河中的桩柱和支撑架，使拱架更为简便，同时也有利于船舶的航运。

中华人民共和国成立以后，中国桥梁建设进入了一个崭新的阶段，中国桥梁科学工作者和广大桥工在赶超世界先进建桥水平的过程中，为中国的现代化架起了一座座空中坦途。他们在革新建桥工具，以及发明新的施工器械上，也取得了可喜的成绩。例如，1955年初武汉长江大桥开始建造，施工初步试验阶段使用苏联BII-1型震动打桩机，但由于力量太小，不能把直径1.1米的管柱下沉到岩层。武汉长江大桥工程局组织技术人员和机械工人，自行制造大吨位的打桩机，年轻的设计人员在苏联专家的指导下，废寝忘食地投入到打桩机的设计中。他们夜以继日地工作，提出了好几个设计思路，硬是凭着简易的计算尺和手摇计算器，在短短的七天时间里完成了打桩机所有结构部位的设计及绘图。机械加工车间的师傅们又是通宵达旦地加工，头天下班前刚晒好的图纸，晚上各工种的工人一齐动手，第二天早上一个个符合设计要求的零件就制造出来了。然而，大桥局及相关工厂手头没有现成的钢材，能满足制造打桩机心脏部位偏心锤的需要。偏心锤需要长和宽都为400毫米、厚度200毫米的锻钢块，后经多方查寻，在被日军炸毁的汉阳兵工厂的废墟里挖掘出来的大轧钢机的轧辊才解决了这一难题，而打桩机需要的经得起强烈震动的电动机，是大桥局的工程技术人员在湘潭一家专门制造机械电动机的工厂的全力支持下完成的。正是这台自力更生制造出来的激振力达90吨的BII-4型震动打桩机，首先在大桥2号桥墩处，将直径1.55米、重35—40吨的钢筋混凝土管柱，穿过江底20多米厚的沙质覆盖层直插岩层，胜利攻克了桥梁施工的第一道难关。后来，桥梁建设中的机械团队又制造出激振力达120

吨的BII-5型震动打桩机,当时属世界第一。

在20世纪末建成的钱江二桥上,中国桥梁建设者取得了好几个世界第一与中国第一。这些光辉成就中,有一个就是大批量新颖锚具的制造成功,且这些锚具在使用中表现出良好的性能。钱江二桥是预应力连续梁桥,梁体内除了有大量的常规性钢筋之外,还要在里面穿上密密麻麻的钢铰线,经高压受力后,它们会绷得紧紧的。为使这些钢铰线不再松弛下来,就必须在两端用东西卡住。这东西就是锚具。锚具虽然不大,但却要求能承受200吨的拉力,所以它的材料和工艺要求都非常高。过去中国在一些大型桥梁建设中都使用进口的锚具。钱江二桥的建设者,决心造出自己的锚具,开创大批使用国产锚具的先例。奇迹和机遇总是属于那些富有创造勇气和科学精神的人们。在科技人员精心设计的基础上,生产工人精心加工,大桥建设者终于用近5万只锚具固定了梁体内拉紧的钢铰线。经过反复检验,证明锚具的质量是完全可靠的。这一成就不但为国家节约了200多万美元,更重要的是,这证明了中国桥梁技术在这一方面完全可以与世界上其他任何国家的产品相媲美,那些利用他们的技术向中国以高价要挟的外商,只能在中国科技水平迅速提高的浪头的有力冲击下,躲到一边去感叹和遗憾了。

大跨径悬索桥的钢加劲梁安装通常采用缆索吊装与跨缆吊机安装两种施工方式。缆索吊装一般多用于中、小跨径的悬索桥,就是把钢桁梁及桥面板,在工地现场拼装成整体吊装节段,然后采用卷扬机等缆索系统进行牵引、提升、安装就位。主跨636米的北盘江大桥及主跨900米的四渡河大桥,都是采用缆索吊机架设的。而主跨千米以上的大跨径悬索桥均采用跨缆吊机安装钢箱梁。它的施工特点就是先将钢箱梁安装节段在桥位附近拼装、焊接好,然后用浮船运至桥下,再用跨缆吊机提升到位并进行安装,简单说就是"船舶就位、垂直起吊"的方法。

坝陵河大桥的桥位地势陡峭而场地狭窄,既缺乏钢桁梁整体吊装节段的拼装场地,桥下河流又不具备通航条件,再加上桥梁跨径大,起吊重量大,无论是采用缆索吊装还是跨缆机吊装的吊机,都无法承担这样的施工任务。因此,施工部门决定采用桥面吊机来架设钢桁加劲梁。因为这是中国首次在大跨径桥梁施工中应用桥面吊机,没有现成的经验可以借鉴,因此对建设者们来说,采用桥面吊机架设悬索桥确实是一次巨大的挑战。

坝陵河大桥钢桁加劲梁架设是利用桥面吊机采用平面构架带铰逐次刚结法,从两岸主塔向跨中方向悬臂施工。钢桁梁桁片在两岸引桥附近进行拼装,由运梁小车运至桥面吊机附近，再由桥面吊机吊装就位。钢桁梁架设时，主跨东、西岸两侧的钢桁梁各设2个临时铰，此为国内外同类型悬索桥的首次采用。由于架设技术上的复杂性，钢桁加劲梁安装前必须解决一些具体的技术难题，工程指挥部组织施工、设计、监控单位，对相关技术难点进行攻关研究，多次召集专家进行严密论证和严格评审。最终，这些关键技术难题都得到了解决。坝陵河大桥建造中桥面吊机的使用，为顺利架设中国钢桁加劲梁第一跨悬索桥实现了施工机械与施工方法的创新。

巧法

决定桥梁施工技术水平的第三个要素，就是科学的施工方法。这就是说，有了高超的操作技巧以及先进的工具、器械，还必须在科学方法的指导下，才能最终完成建造桥梁的伟大任务。有了巧手和巧具，还必须得到巧法的指引，才能达到巧夺天工的效果，造出坚固美观的桥梁。中国历代建桥工人，善于总结经验，敢于创造新法，在不同桥型、不同水情及不同情况的制约下，总是去寻找各种最有效的施工方法，以收到事半功倍的效果。这种"巧法"的核心，就在于对客观情况的各个方面进行系统而深入的分析，紧紧抓住事物的特殊性及其主要矛盾，找到相应的途径。这种实事求是的精神，是中国思想史的重要财富，它不仅仅表现在思想家们大块的文章里，同样也深入到人民群众的劳动实践中。这是因为理论的精华只能在社会实践的土壤中凝结而成的。同时，生产的问题最为现实，来不得半点的随意性和盲目性。任何主观主义、形而上学的思想方法，必定会在现实面前碰钉子。因此，我们可以自豪地说，中国桥梁建设的伟大成就，同样体现了辩证法的巨大力量。

桥梁建设中一个十分重要的问题是施工者怎样和水流打交道。在这一点上，中国古代桥工在千百年间积累了丰富的经验，他们不仅善于在水中施工，还能根据具体情况，采用不同的施工方法。如在水浅流小、通航量不大的河流上架桥时，干脆围堰筑堤，排水施工。这种建桥方法叫"干修法"，根据目前掌握的资料来看，最早的文字记载为清嘉庆年间重修江西抚州文昌桥时所采用。其实，干修法的历史远不止清代中期才开始的，大量的桥梁建设工地上，必定会有水流较浅的河流，尤其是中国北方，除汛期外，不少河流都有相当长的枯水期。在这种情况下，采用干修法造桥是很自然的。只是由于中国古代对于工程技术的理论研究不那么重视,对于那些挖土排水的体力劳动,很少有人去记录各种行之有效的施工方法,去介绍那些天天跟水和泥沙打交道的"卑贱者"的聪明智慧,所以直到重修文昌桥时才有比较全面的书面记载。当时所采用的干修法大致是这样的:先在需重建的西岸三孔外边筑一条导流坝,让河水从老桥的其他孔中流过,然后在施工处构筑围堰。围堰迎水的一边筑成尖顶状,便于分开水势。围堰外面用粗大的木桩打入河中,内侧设置斜撑;在两柱之间先拦上箆席,然后堆上塞在竹篓中的沙袋。围堰筑成后,再在其中修筑水柜。先用扒沙船、捞石船清理地基,再进行装柜。装柜时先将空心的木箱放入水中,箱内撑木纵横,使箱壁能顶住外面水流的压力。箱底装有横木,用大石块压住,这样水箱就不会移动与倾倒。最后在箱内填满装有黏土的草包后,整个水柜就建成了。于是,用水车把水柜中的水排去,柜内就成为一块干地,这时就可以比较方便地进行挖土建墩的工作了。

这种干修法比起水修法来,好处更多。首先能够准确地掌握地基情况,确定桩柱的长度和密度,以及桥墩基石的大小;其次可以更好地把桥柱打入基础岩层,因为干修法可以充分施展人工和器械的力量,比在水中靠搭建平台或船上施工更有效率。正是由于这些好处,干修法逐步在桥梁建设中得到推广,著名的西安灞桥在清道光十三年(1833年)重建时,也是采用干修法施工的。造桥者先在岸边筑一斜堤,与岸成一夹角;然后把装满碎石的布袋沉入水中将龙口合拢,构成一个近似直角三角形的施工区。这时只需排干三角形内的积水,便可打桥桩筑桥墩了。

筑堤排水是干修法的主要环节,但在河流不大,适宜改道,同时改道的工程经费比水上施工或筑堤排水要节省,或者在人工开挖运河时事先架设桥梁,就可采用陆地架桥法。这种干修法就是先在预定要开挖河道的陆地上架好桥梁,等到桥建成后,再在桥下挖河,并把它与原有的河流相连接;同时把新开掘的土方填到废止的那一段河道中。根据古人笔记,最早采用陆地架桥法的是苏州葑门外的灭渡桥。相传建造灭渡桥时,在原先河道上施工,水势很急,无论是水中施工或筑堤排水都很困难。后来有人献策,建议先在附近田地上筑基架桥,然后把桥下的泥土挖去,填在老河道中,使改道后的河流从已经造好的桥下流过。这座桥建成后,壮丽坚固,至今仍是苏州的一座名桥。

干修法、陆地架桥法都是古代桥工在实践中摸索出来的方法,它的核心就是要在桥梁建设中抓住有利条件紧紧不放,高质量地完成建桥任务。这就是在苦干的基础上高度重视巧干的作用。这一精神使得古代桥梁建设者创造出各种有效的方法，也使我们生活在科学技术不断发展的今天，在追溯先辈们的创造业绩时，也常常不得不为他们巧妙的智慧所折服。就拿大渡河上的泸定桥来说，每根铁索长127.45米，重1.5—2.0吨，简直是一条铁打的巨蟒。红军长征经过泸定桥时，善于调查研究的毛泽东同志，曾向身旁的战士发问：这样粗重的铁索，究竟是怎样拉到对岸的呢？要把碗口粗的铁索拉过漩涡密布、水流湍急的大渡河，确实是十分困难的。据当地老桥工介绍，清康熙年间修桥时，开始是用船装上铁链由东岸运向西岸。但是水流太急，链条又重，船只受到铁链的限制，重心不稳，还没到对岸就倾覆了，几次尝试都没有成功。后来，桥工们从攀附溜索过河的经验中得到启示，想出了以小引大、以轻牵重的方法。这就是先用细麻绳系上小铁锤，用船运到河对岸；然后把细麻绳紧紧系在粗麻绳上，在对岸收紧细绳，最终把粗麻绳拉过河。这时，再用同样的方法把绳子换成粗大的青竹索，并把竹索的两头牢牢固定在两岸桥亭的木梁上。接着，把上百只短竹筒系在铁链上，并且把竹筒全都穿进竹索，同时在第一只竹筒上绑上一根长绳，把长绳的一端交给对岸的桥工。这时对岸七八个人一齐努力，竹筒能顺利地通过竹索滑向对岸，于是沉重粗大的铁链也就被拉过大渡河了。正是依靠这种窍门，解决了当时没有现代化吊装设备却要使2吨重的铁链横跨激流的难题。

今天，这类问题随着现代机械的使用而变得十分简单了。但新的难度、更大的问题仍在桥梁建设中不断出现，同样需要科技工作者和工人们去解决，如我们在前面介绍过的钱江二桥的建造，就是很好的例子。工程指挥部为克服强涌潮带来的困难，开始采用避潮施工法。就是当排山倒海的涌潮将到来时，所有水上吊船及大型施工船舶都迅速驶离工地，撤到10多千米外的上游避潮，等涌潮过后再回来施工。这种办法本来也只是在这种特殊的自然条件下被迫采用的。但是每次避潮要花去五六个小时，一昼夜避两次涌潮，实际施工时间就只能打个对折。为了抓紧工期，按时竣工，钱江二桥的建设者们敢于开顶风船，勇于向大自然挑战，改避潮施工为抗潮施工，终于战胜了特强涌潮，赢得了时间。整座桥梁在水中的100个桥墩，就是在这一日两度的巨浪冲击下一个个地矗立起来的。抗潮施工法是中国桥梁建筑工人运用科学方法所创造的又一奇迹。

钱江二桥的建设者不但在水中桥墩的砌筑中有施工方法上的创新，而且在引桥的建造中也表现出高度的智慧和革新的胆魄。大桥两端岸上部分各有

800米长的引桥，这引桥的梁体是由宽11米、跨度30多米的钢筋混凝土预制梁连接而成。按常规施工方法，两岸都要建起混凝土预制厂、存放预制梁的堆场，还要铺设运输线，这样需要占用上百亩土地。但桥梁建设者考虑到两岸人民的利益和工地处在交通要道的具体情况，果断采用引桥桥头浇铸混凝土梁，然后逐块顶推到位的新方法。这样只需在引桥桥头设置占地面积很小的预制梁台座，把300多平方米大小的混凝土梁在台座上浇铸好以后，用几十只大吨位千斤顶将这重达3700吨的预制件擎起，架在已建成的引桥桥墩上，缓缓向前推进。依靠周密的调度和严谨细心的操作，梁体每前进一步，它的方向、平衡和速度都必须加以很好的控制。就这样，又大又重的引桥梁体，一块又一块地被单点顶推法全部推到了预定的位置。这一方法在全国桥梁施工中还属首创，是中国现代桥梁建设者在施工方法上的新突破。

在当代桥梁建设中，系统的科学研究早已取代过去经验性的探索，科学技术作为第一生产力，同样在桥梁工程中显示出极为重要的作用。大批科研人员深入施工第一线，在施工实践中摸索理论研究的方向，掌握工程进展的主动权，新的技术、新的施工方法如雨后春笋般涌现，中国当代桥梁建设的高科技含量正在得到不断提高。例如广州丫髻沙大桥，是世界同类型第一座万吨转体桥梁，它所采用的竖转加平转的施工方法，达到了世界领先水平。

丫髻沙大桥主桥为三跨连续自锚中承式钢管混凝土拱桥，主拱采用中承式双肋悬链线无铰拱。主拱肋的安装，不像一般桥梁那样是在水面上进行的，而是先在两岸制作上、下转盘，并在岸上特制的支架上组拼，完成长172米、宽39.4米的半跨全宽的整体结构，主拱和边拱又通过扣索支承在索塔上，形成一个自平衡体。转体程序采用先竖转再平转的二次转体施工方案，竖转重量为2058吨，竖转角度为24.7°。竖转体系由边拱、主半拱、索塔、撑架、扣索、液压同步竖转提升系统等组成，拱座上的临时索塔为钢管混凝土桁架结构，高62.2米。为控制主拱竖转时索塔顶由不平衡水平力产生的塔顶位移，在索塔设平衡索，在主拱肋上设两组扣索。为了降低索塔高度及调整主拱肋的受力，在主拱肋设撑架支撑1号扣索。为改善受力，在边拱上设置平衡索。通过设在边拱肋端部的液压同步竖转提升系统，对索扣进行张拉而实现主拱肋的竖转。

在竖转到位以后，边拱脱架卸载，然后进行平转。平转重量为13685吨，平转角度两岸稍有差别：一岸为117.1117°，另一岸为92.2333°。平转系统由上转盘、下转盘、撑脚、中心转轴、牵引系统等组成。转动面设在拱座之下，两拱座通过空腹式横系梁的连接而成上转盘，上转盘内设钢管混凝土劲性骨架，以保证上转盘的刚度及预埋件的定位。下转盘厚4米，由两个承台及承台之间的横系梁组成。中心转轴直径2米，并设直径300毫米的钢定位轴。每个拱座下设7组钢管混凝土撑脚，撑脚与环道接触部分涂上特制的黄油以减少滑动时的摩阻力。转动体的主拱重量为2058吨，边拱重量为3140吨，上述荷载通过扣索支承在索塔上形成自平衡体，转动体重量以撑脚传递为主，中心转轴主要起定位作用。丫髻沙大桥的平转支承体系充分利用桥梁基础宽、大的特点，组成大直径的平面支承，圆满地完成了转体施工任务，为大吨位的桥梁转体施工进行了有益的探索。这种新颖的施工方法所体现出来的创新精神，正是中国桥梁建设者与时俱进的具体表现。

计算机的广泛应用使桥梁建设进入了信息化施工的新阶段，这是桥梁建设在施工方法上的一个巨大飞跃。信息化施工技术的运用，使整个施工过程始终处于受控状态，施工单位和监理单位都能通过对现场的多点监测，掌握工程进展与施工质量的主动权，能够及时发现问题，及时处理施工过程中发生的那些意想不到的情况，基本上排除了以往建筑工程可能出现的对不合格工程进行返工的那种劳民伤财的被动局面，为确保工程的顺利、安全进行提供了保障。信息技术进一步强化了施工过程的科学化、标准化和规范化，并为工程指挥的科学决策提供了高新科技的有力支持。电子计算机的应用，使技术、工具和方法都将具有更高的科学性，当154米高的南浦大桥主塔，塔身垂直误差达到一万二千三百分之一的精度时，这标志着中国现代桥梁建设上升到一个新的层次。

如在润扬大桥北锚碇基坑的开挖过程中，施工单位为确保工程质量，提高工程管理的现代化水平，对地下连续墙垂直沉降、平面位移、纵向变形、墙体钢筋应力、内支撑轴力、立柱桩内力、坑内外地下水位、坑外孔隙水压力、坑外地基沉降、长江大堤及附近建筑物变形等多处与施工相关的情况进行监测，埋设的测点多达1800多个，汇集了大量的数据，并通过现场信息分析小组对监测数据及时进行分析处理，做出了空间模型计算反演分析、神经网络反演分析预测、结构安全符合计算等，整个工程可以说是一个数字化工程。信息化施工技术凝聚了科研人员的聪明才智，它在大型桥梁建设中的应用和推广，是桥梁施工管理现代化的重要标志和必然途径，也是润扬大桥这类特大型桥梁建设的工程质量和施工安全的最好保证。

被世界同行誉为"桥梁界的珠穆朗玛峰"，英国《卫报》称为"现代世界七大奇迹"之一的港珠澳大桥，又一次充分展示了中国桥梁建设在施工方法上新的探索和进步。港珠澳大桥的施工作业是用一种接近制造业的方式进行的，是通过大规模的、流水线的、工厂化的方式来实现的。跟以前的混凝土桥梁相比较，港珠澳大桥的建材主要是钢梁。那么，用什么方法才能使施工过程最科学地符合新材料的特殊要求，确保大桥的建造达到高质量的水平？如果没有找到合适的施工方法，必然会出现材料的特性与设计的要求不相匹配的问题。这一实际问题如果没有得到很好的解决，就必然会给桥梁施工带来新的困难——想要很高的质量，进度就上不去；要保证施工进度，就有可能影响桥梁的建设质量。针对这样的两难局面，桥梁建设者群策群力，最后发现只有通过提高与改善生产方式和生产装备，才能提升整个项目的质量和进度。于是，钢箱梁的自动化生产线就应运而生，这是全球第一条桥梁钢箱梁自动化生产线，在港珠澳大桥之前还没有过。因为要达到世界桥梁建设的最高品质，若按原来的方法，4万吨的钢梁就要花4年时间来生产，而港珠澳大桥的建造需要用42.5万吨的钢梁，便可能要3年甚至4年才能完成，这当然是不可能的。后来经过深入细致的全盘思考，桥梁建设者就把整个钢箱梁板单元在流水线上生产，就像是汽车零部件的制造一样。这个方案刚出来时遭到很多人的反对，因为在造桥这个行业里还没人这么做过，国际上也没这么做过。但经过工程技术团队的反复论证，在创新精神的指导下统一了认识，运用流水线生产钢箱梁板的方案得到了各方面的一致认同，后来事实证明，生产钢箱梁的这种方式不但保证了大桥自身建设的质量和进度，还推动了全球钢结构产业的进步。

港珠澳大桥的建设者通过自主攻关，成功研发了一系列新结构、新工艺、新技术、新装备，得到国外同行的认可和尊重。2016年3月，大桥工程岛隧总工程师林鸣到荷兰皇家哈斯康宁集团交流。当时在这家世界顶尖工程顾问公司里，五星红旗迎风飘扬，《义勇军进行曲》旋律铿锵，这是该公司130多年来第二次升起来宾国的国旗，奏响他们的国歌，这是向港珠澳大桥工程技术团队在技术上创造的卓越成就致敬。

工具的制造与使用，是人类改造大自然的社会实践得以不断发展的根本途径。在桥梁建设中，从施工工具到施工器械的技术革命风起云涌，而新工具、新器械的投入使用，往往又促进了施工方法的革新。新的施工器械的发明创造，推动桥梁科学技术迈向新高峰。

中国建桥的速度令世界称奇，其中一个很重要的原因就是运用高新科技在施工器械的技术革命中不断取得的新成就,而架梁吊机就是一个很好的例证。这个架桥机器能吊起1800吨,相当于20多头非洲大象的重物。2020年建成的世界上跨径最大的斜拉桥——沪苏通长江公铁大桥,就使用了这个架桥神器——桥梁工地上的空中"大力士",1800吨的架梁吊机。它是中国自主研发、全球首台1800吨架梁吊机,能够吊起长28米、宽35米、高16米的大桥整段钢梁,并把它安放到指定位置。这台架梁吊机最重要的创新成就是"双横梁三吊点"这一亮点,它是一个等腰三角形的结构。为了保证平稳起吊以及在空中安全移动,工程技术人员在被吊的整段钢梁上,设计了一个自动检测传感器——倾角传感器。这个传感器能够保证钢梁在起升及移动过程中,始终保持平衡稳定的状态,倾斜一旦超过0.05°,传感器就会对程序进行自动调整。这台架梁吊机具有较高的自动化性能,所有的操作只需要一人在操作室里进行监控就能完成。大约只花一个小时,1800吨重的钢梁就能平稳地上升60多米,并成功地安装在预定的位置上,而且只有毫米级别的误差。在沪苏通长江公铁大桥建设中,主桥162个节段钢梁中,除了个别的墩顶节段是由大型浮吊进行吊装之外,绝大多数的钢梁都是由4台架梁吊机架设的。

我国桥梁建设者创造的运用火箭抛射钢索的新技术,简直是异想天开的奇思妙想,因而被网友们称为"中国基建逆天操作"。四渡河大桥地处湖北的崇山峻岭之中,是一项施工难度最大、质量要求最高的桥梁工程。这座大跨度的桥梁采用悬索桥的方式,因此首先需要对岸投送一条重量和直径都相对较小的软质绳索。但是,要把这条先导索投送到彼岸,实在是一件非常困难的事情。因为工地地形复杂,就是普通的车辆也无路可走,重型机械只能望洋兴叹了。虽然也设想过使用直升飞机、热气球来进行投送,但都因为高山陡峭、峡谷幽深的地貌,以及由此造成的复杂气流,对飞行安全造成潜在的风险而被迫搁置。在各种寻常的方法都不能解决问题的情况下,工程技术人员在苦思冥想中突然产生了灵感的火花,用火箭绑上先导索发射到对面去。经过周密筹划和精密计算,火箭终于成功发射。于是,这一奇异而大胆的想法推动了一项新技术的诞生。中国桥梁建设者就是这样以顽强而自觉的创新追求,不断开创着桥梁建设在技术、工艺上的新天地。

中国历代桥梁建设者都在不懈的劳作中表现出高超的技艺,他们在操作上的奇妙本领,在施工器械上的创造发明,以及在施工方法上的不断创新,是值得每一个炎黄子孙引以为自豪的。正是他们在劳动创造中显示出来的神奇技巧,才使得中国的桥梁在世界桥梁史上有着辉煌的过去,并正在显现出灿烂的未来。在社会进入高科技时代的今天，人们在劳动中的巧手、巧具和巧法呈现出更大的综合性，三者结合使用，推动着人类改造自然的生产实践跃上一个崭新的层次。桥梁建筑者用灵巧的双手和智慧的头脑创造着一个又一个奇迹，这些奇迹显示了他们在赶超世界先进水平的努力中，正在取得扎扎实实的进步。

  从古到今，中国历代桥梁建设者在操作上的高超本领，在施工器械和工具上的发明和革新，以及在施工方法上的锐意创新，使中国桥梁在世界建筑史上曾经有过辉煌的成功，高度的技术美在过去的岁月里长久地闪耀着它的光彩。今天，向高新技术进军，争取早日实现科学技术现代化的中国桥梁界，正以自己的睿智和巧手，创造着中国现代桥梁建设的新时代，可以预言，他们一定会创造出比先辈们更加绚丽多彩的当代造桥史，一定会以更辉煌的建设业绩屹立在世界桥梁大国的行列中。

轮势随天度，桥影卧波弯

第四章　建筑艺术

　　桥梁是人类创造力的结晶，正像歌中所唱"哪一座高楼不是我们盖，哪一条道路不是我们开？"作为空中坦途的桥梁，正是道路的延伸和有机组成部分，是人类通过艰苦的实践建造起来的。要使桥梁这一跨越空间的支承结构牢牢地屹立在水面之上、峡谷之间或其他障碍物上面，让行人和车辆畅通无阻，人们必须对它的立足之地，也就是建桥处的地质情况有准确的了解；对它所跨越的河流的水文及其他相关的情况有充分的掌握；对构成这一支承结构的物质材料的各种性能，有很清楚的认识；还有一点，在动工建造之前对于桥梁的构造方式必须做出科学的选择，根据桥梁所要承担的使用功能、所处的环境状况、可能影响桥梁建筑的周边文脉、可供选择的合适的建筑材料，以及施工过程中允许动用的资金数量，进行综合的评估后，才能进一步考虑选用何种构造方式来建造桥梁，如此才能实现工程的优质高效、经济实用与美观大气。所有这些，都必须经过一丝不苟的深入研究，精益求精的反复考察，尤其是对于那些暂时还很难把握的不确定因素，更需要通过多次的比较分析，努力去找出最合理的解决办法。这就告诉我们，人们为着不断地开拓新世界去建造桥梁，然而这一过程本身，又必须在艰苦探索外在世界奥秘的过程中完成。从这一角度看，一部桥梁建设发展史，又是人类探索地质、水文、材料、结构等把握自然界奥秘的科学研究史，同时也是科学决策、经济管理、系统组织等在生产实践中运用并促进社会科学的实验史。因此，桥梁的建造过程以及其中的人类创造能力、创新追求和精益求精的建造技艺，都应该成为我们"知"桥的题中之义。

　　我们知道，人类是在进化过程中不断地摆脱了动物性本能的束缚，一步一步向前迈进的。人类能根据自然界的具体情况和自身不断增长的经济文化发展的需要，形成自己的生活习性；同时能够根据外界的发展变化，采取相应的社会实践以调整人与环境的关系；同样，人类学会了自己动手，去改造现有世界中不尽人意的地方，用自己动手创造的工具、器物、设施去提高生活质量。这样，人类逐渐成为大自然的主人，并把地球日益变成一个日新月异的"人造世界"。在这一漫长的过程中，人的好奇心起着重要的推动作用，这就是人类力求掌握外在世界奥秘的心理动力。面对着纷繁复杂的大千世界，人们从它的现象着手，为满足生存和发展的需要，逐步深化对事物本质规律的把握。这是因为客观事物的奥秘总是为外在现象所遮蔽，而且具有一定的层次性，所以人们不可能一下子抓住全部的奥秘，或者说是永远不可能穷尽事物的内在本质。然而，好奇心却是人类永恒的品质，作为人类社会发展的原动力，好奇心应该是无止境的，但是人类社会在现实的发展中，探究能力的实际水平却要受到社会发展程度的制约。也就是说，人们对客观世界产生好奇心之后，想要立即找到打开奥秘之门的金钥匙，却不是依靠本能可以实现的，而需要依靠包括科学技术在内的生产力的发展，也就是说是有条件地解决问题的。

桥梁建设也只有在社会发展具体需要的背景下，成为特定历史时期人们的奋斗目标。并且总是在具备了有关的条件之后，建桥过程中的一个个难题才能获得解决。而桥梁的最终建成和效益的发挥，正是人们在认识自然、改造自然的进程中跨越了一个障碍，取得了更大的主动权。这是科学的胜利，是人类理性的果实。因此，桥梁的建造成功，包含着人类科学研究的成果。中国历史上之所以能够建成那么多的名桥，也正是因为在桥梁科学中进行了孜孜不倦的探索。尽管在相当长的时间里，中国的桥梁科学是融合在造桥的技术系统之中，没有形成独立的系统的科学体系。但是，中国桥梁建设者显示出来的匠心睿智，永远在世界桥梁科学的宝库里熠熠发光。

脚踏实地

万丈高楼平地起，任何建筑物都只能在牢固的基础之上，才能抗衡自然界风风雨雨的冲击和岁月的考验，为人们带来长久的实际效用。桥梁建筑当然也不例外，它不但和其他建筑一样，对地基有着十分严格的要求，而且由于属于临水建筑，它对基础的牢固性的要求比一般建筑物更为严格。如果没有特别坚实的基础，不要说建成通过车水马龙的空中坦途，就是在水流中插上几根树木，也不是一件容易的事。因此，充分掌握建桥处的地质情况，认真克服淤泥流沙的危害，把桥台、桥墩真正建在不受或少受水流冲刷的基本岩层上，是关系到桥梁的建成，以及保持较长的使用寿命这些重大问题。只有在建桥中有"咬定青山不放松"的桥梁基础，才能不至于成为"空中楼台"，甚至发生倒塌的危险。因此，必须对将要建桥的河岸与河道附近地质状况进行科学的考察，对浮土的散失、流沙的迁移与地层的结构，都必须了解得一清二楚，并采取切实有效的措施，使桥梁建成后能有效地抵御地质变异对桥梁的损害，牢牢地立足于基本岩层中不为所动，只有这样才能从根本上保障两岸交通的安全通达。

在漫长的造桥史中，中国的工匠在这方面积累了丰富的知识，他们掌握了各种方法来对付流动的泥沙，建好桥梁基础，使每一座桥梁都能脚踏实地，让人们放心通过，并且保持很长的使用寿命。

早期桥梁建设中，由于材料、结构等诸多因素的限制，多采用木桩来做桥柱。这就是把事先准备好的木桩打入泥土中，使它深入土层，通过它与周围土壤产生的摩擦力和桩尖的承载力，牢牢地支撑起桥梁的上部结构。同时，还要把人马通行的压力传到坚实的岩层中去，使桥梁在承担车水马龙的重载时也能安然无恙。那些最简陋的架木桥，就是直接在打入土中的桥桩上铺桥板，为了增加桥桩的牢固度，有的把木桩打成"八"字形支撑，有的在两根竖木桩间增设对角交叉的木条，构成几个三角形以增加桥梁的稳定性。当然，这类构造简单、架设简便的梁柱桥，由于体量较小、承载能力很有限，就只能建在水流较浅、流速较缓的小溪小河上，它还谈不上用专门的基础来支撑桥墩和桥台。但是，它却为后来的桩基础的施工开了先河。这种直接在木桩上架木梁的架木桥，现在仍然可以在南方的小河、小溪上见到。

当中国桥梁发展到秦梁汉柱这一阶段时，木桩开始成为桥梁基础的一种形式。人们根据河流的宽度及桥板的放置把木桩打入水下的土层中，再在上面砌筑石轴或石墩，这样就能架设较大的桥梁。这种方法一直沿用了相当长的时间，从秦汉时期一直沿用到清代。重修于清道光十三年（1833年）的西安灞桥，就是在木桩基础上放置石轴，再在石轴上架木梁建成的。据《灞桥图说》记载，建桥时先在水浅时筑土堤，把河水集中在河床的一半；在另一半无水的地方测量好桩位，然后取粗直柏木，色白而绵，冬取者为佳，削去枝节，趁柏木尚湿带皮而用之，以防燥裂而损害牢度。打桩时，先在每个桥柱的位置上挖槽，再在石轴的中心打下一桩，把木制的导桩板套进这根中心桩，然后根据板上预先精确计算后确定的桩孔，把木桩一根根打下去。除迎水的那根桩高出一尺以作桥栏，其余依据水面线的特定高度锯齐。这时就可在桩上压石碾盘，碾盘有眼，刚好套住桩头，迎水那根桩子，又正好穿过碾盘预留的透眼。最后，还要在石碾盘的四围，打上八根护桩。这样木桩基础才算大功告成。

随着科学技术的发展，桩基础的施工也有了许多改进，特别是木料逐渐为钢桩、钢筋混凝土桩和预应力混凝土桩所取代。如1974年修建的上海黄浦江松浦大桥，采用直径1.2米、长46米的钢管桩，为增大受力面积，还在钢管的半腰处，焊上四块小翼板。经过这样的处理，它们的受力情况就相当于直径1.42米的钢管桩了。钢管桩重量轻，强度大，能经受打桩时重力的锤击。不足之处是金属制品容易在泥土和水的作用下腐蚀。而钢筋混凝土桩和预应力混凝土桩既有钢管桩的优点，又可避免它的缺陷，于是更受人们的欢迎。这两种混凝土桩的截面又可以浇铸成各种不同的形状，最常用的是空心圆形桩。这种桩直径小的称为管桩，直径大的称为管柱。预应力混凝土桩与普通钢筋混凝土桩相比，前者的强度更高，受锤击时不易开裂，水密性好，因为受到混凝土的保护，桥桩内部的钢筋不易生锈，并且还能节约钢材。

近年来，出现了用空心圆形桩建造的桥墩。这种施工方法就是把空心圆形桩的一部分打入地基，其余伸出水面的部分直接作为桥墩，桥梁工程学上叫做柱式桥墩。然后在桩柱顶上修筑承台，支承桥的上部结构。采用这种桥墩，桥梁的外形更为简洁明快，看上去更轻巧美观，而且减少力的传递环节，有利于桥梁使用寿命的增长；同时，这种桥墩比打桩后架设重力式桥墩可节约60%左右的工作量，因此正日益受到桥梁界的重视。其实，这种柱式桥墩也不是新的发明，而是对最早的架木桥直接以桩柱为桥墩的古老方法的继承和发展，重力式桥墩为适应大型桥梁的需要，是对架木桥桩柱施工方法的一次否定。钢筋混凝土这一新型材料的问世，使人们能够造出大体量、高强度，且能直接把桥梁上部结构的压力和载重力传递到基本岩层的空心圆形桩。桩墩合一，这是对重力式桥墩的又一次否定。正是在这种否定之否定的过程中，桥梁桩柱基础的工艺不断得到改进和完善。

坐落于云南宣威与贵州水城之间，沟通云贵两省的北盘江大桥，全长1341.4米，桥面到谷底的垂直高度达565米。建造当时世界第一高的桥梁，施工过程中肯定会遇到很多困难，其中最大的难题就是如何在遍布溶洞的高原上把桥梁基础做好，坚决排除溶洞给大桥安全可能造成的负面影响。工程师们首先把大桥桥位处及上下游10千米处梁的溶洞找出来，打桩时遇到小溶洞直接用水泥把它填实；对大的溶洞，桥桩穿过洞穴空间，再打入底层岩层的深处。有一个锁塔桩基施工时就碰到一个100多米深的大溶洞，工程技术人员在对这个溶洞的高度和周围地质结构进行了细致的钻孔探测，在充分掌握溶洞的现况与裂隙今后的发育趋向的基础上，有的放矢地采取了有针对性的措施，把这根桥桩一直打到溶洞底下几十米坚硬的岩石上。为了全面掌握桥下地层中溶洞的具体情况，彻底挖出影响桥梁桩基牢固的隐患，施工过程采取杀鸡用牛刀的方法，以杜绝对桥梁建筑质量可能带来的危害——北盘江第一桥塔虽然只有60多米高，但地质钻孔却要深达110—120米，真正用万无一失的严格要求来指导桥梁桩基的施工。

桥梁施工中除了采用桩基础、管柱基础之外，还可根据具体的地质情况，采用明挖基础的方法。这种方法做成的基础也叫扩大基础或直接基础。在表土层较薄的河床上，采用这种方法，既可省工省料，还能确保桥梁的牢固性。同时，这种基础施工起来也比较简便，在压力的传递中路线明确，过程清楚，人们能直接观察到地基原形，现在正为更多的桥梁基础施工所采用。运用这种方法，可以根据不同的地质条件采取特定的措施。在地质良好的无水地段，一般直接刨去表土，整平地基，在基本岩层上砌筑基础。如遇有水地段，则要根据水的深浅，用土袋、草袋或打桩的办法，先筑成围堰，把水排净，再清理地基，进行施工。例如1973年在四川宜宾到珙县的铁路线上修建塘坝桥，挖的基坑深度为7.9—13.6米，1975年建成的东河桥，基坑深10米，直径为8.8米，所谓扩大基础，就是指桥梁基础底部平面比较桩基础成倍扩大；所谓直接基础，是指基础直接砌筑在地基上，施工时直接与基本岩层打交道。由于这种方法在质量上有较大优势，近年来使用得更多，在工艺上也有相当的进步。

当人们要在水深流急的河流中，或在江海汇合处建桥时，打桩筑基的做法有时就不适用。新的基础施工方法首先为建造泉州洛阳桥的宋代桥工们所创造。洛阳桥又名万安桥，位于泉州城东北的洛阳江口。这是泉州北上福州，转往江西、湖北，通向京城汴梁的必经之路。江水的阻隔使人们只得绕道上游，不但要多走不少路程，而且山间小道，崎岖不平。排队候渡，货物装卸，既费时间又十分不便；遇到大风或汛期，渡船无法航行，若冒险过江，翻船落水的惨事也时有发生。这样，在洛阳江的入海口建座大桥就成为泉州人民的迫切愿望。当时的泉州太守蔡襄，是本地莆阳人，深知民众疾苦，率众动工建桥。为了解决江潮夹击难于打桩筑基的困难，桥工们在"甃石为浮桥"的经验的启迪下，首创了现代工程学上称为"筏形基础"的施工技术。筏形基础，就是利用当地石料丰富的优势，在江底建桥位置抛填大量石块，筑成一道水下石堤，用来作为桥墩基础。洛阳桥的筏形基础，宽约25米，长500余米，平均高度在3米以上，抛石总数达3万多立方米。为使这些石块连成一体，桥工们还大胆地利用养殖牡蛎的办法来加固桥基的独特创意，因为牡蛎壳可以附生在岩礁上面，并且能与抛下去的石块相互胶结，达到牢不可破的程度。牡蛎的养殖，使成丛成片的蛎壳伸入石块的缝隙安家落户，如此能够把分散的石头胶结为牢固的整体。同时，牡蛎还把桥梁基础与石板桥墩紧紧地联结起来。这在江海汇合处，比使用铸铁加固的方法更为实用，因为铁容易被海水腐蚀。这一出奇制胜的创造，使得洛阳桥在江水、海潮双重冲击下安然屹立，历时千年仍十分牢固，为泉州人民提供了安全便利的交通设施，这不能不归功于默默无闻地卧在水底的筏形基础，它使桥梁在浪急水深的洛阳江口扎了根。筏形基础是中国桥梁建设史上的一大硕果，是中国桥工对世界建桥技术的杰出贡献。这一技术已经成为世界现代桥梁施工经常运用的基础形式，并在技术上更趋成熟。

  筏形基础的基本原理就是扩大地基的受力面积，使基础能更稳固地支承桥梁。这说明中国桥梁建设者早在实践过程中，已经很好地掌握了压强的力学原理。而现代桥梁常采用的另一种基础形式——沉井基础，可以说是综合了桩柱基础与筏形基础而创造出来的新技术。沉井基础分开口沉井和气压沉箱法两种。开口沉井是一个井筒，最下面一节的端底装有钢制的或钢筋混凝土做的刃脚。施工时，一般是在井壁内挖土，靠井筒的自重或加压逐渐下沉，一节井筒将沉入土中，上面再加一节，直到沉井穿透土层，最后到达可靠的落脚处——永远不会再下沉的基本岩层为止。然后将井底的浮土清理干净，灌注一层水下混凝土将井底封住。最后在井上浇筑钢筋混凝土盖板，这样就可以在它的上面砌筑桥墩了。南京长江大桥、枝城长江大桥等大型桥梁就采用过这种重型沉井基础。南京长江大桥一号桥墩用的是重型混凝土沉井基础，沉井深达江底地表下54.87米，直接坐落在砾砂层上，是当时国内最深的沉井基础。这座大桥的4、5、6、7号墩为浮式钢筋混凝土基础，井底的刃脚与最下面一节井筒的底层是用钢壳制成。施工时，井上装钢气筒，使沉井保持半沉半浮的状态，并逐节浇铸混凝土井壁。等到井下沉到河床后，拆去气筒，让它靠自身重量陷进土层，直至嵌入基本岩层。当时这种新型巨型沉井基础在国外还比较少见，这是中国桥梁基础工程上的一项重大突破。由于江底的流沙和特强的涌潮，为使桥墩建在牢固的基础之上，钱塘江大桥在施工中采用了气压沉箱基础。特制的钢筋混凝土沉箱每个重600吨，在这庞然大物中注入高压空气，可以阻止江水的进入。工人在箱内开挖地基，清除流沙，使沉箱下沉到岩层上。这种基础形式，施工时可直接看到地基的面貌，可随时处理下沉时的障碍物，也不用灌注水下混凝土，工程质量可靠。但工人要在高压空气中工作，效率不高，且有害身体，因此后来就很少采用这种方法了。

沉井，尤其是开口沉井，既有筏形基础那种大面积接触岩层的优点，又有管桩基础能够穿过土层，把承受的重力直接传递到地基的长处，可以说是集中了两个方面的优势，因此为现代大型桥梁普遍采用。

2004年4月中旬合龙跨越镇江—扬州的润扬长江大桥，全长35.66千米，总投资53亿元，双向六车道，主桥由南汊桥和北汊桥组合而成，其中南汊桥为当时中国第一、世界第三大跨径悬索桥，主跨1490米。大跨径的悬索桥必然要有高塔，而高塔必有深基。润扬大桥的南汊桥两座主塔高215.58米，这两座高塔的基础均为32根直径2.8米的钻孔灌注桩。由于高塔的桩基不但数量多，而且所处的位置地质条件十分复杂，为了确保施工质量，做到万无一失，就必须对一定数量的桩基础进行承载力的试验。但是，大桥的桩基大部分是大直径高承载力桩，设计最大承载力高达1.1万吨，常规的静载试验方法在这里已经难以发挥作用。为了解决这个难题，润扬大桥的科研人员敢于接受挑战，他们首次在国内大直径桥梁桩基静力测试中采用了自平衡测试技术。在一年多的时间里，一共进行了6根高承载力桩的测试，其中悬索桥南塔试桩直径2.8米，测试承载力1.2吨，是当时国内最大、世界第二的试桩，这一自平衡桩基静力测试也是国际上最高等级的静荷载试验。这一试验结果为大桥桩基的设计提供了科学依据，并且最终为润扬大桥塔墩基础的高质量施工提供了可靠保证。

锚碇是悬索桥的主要受力部位，素来被看作是悬索桥的"命根子"。然而，大桥南锚碇基础却位于距长江400米的软地基上。因此要开挖一个长70.5米、宽52.5米、深29米的特大型基础工程，开挖的土方总量要超过10万方，而且要解决巨大的水土压力和丰沛的地下水渗流问题，可见施工难度之大。润扬大桥首创了"排桩冻结法"妥善地解决了这一难题。"排桩冻结法"过去都是用于煤矿施工的，就是通过人工冻结地层的技术，把零下28摄氏度的盐水注入地下，使地层遇冷冻结，在基坑四周形成厚1.3米、深40米的冻结帷幕墙体，这样就能把涌向基坑的地下水有效地挡在墙外。同时，在冻土内侧排列140根嵌入基岩的钻孔灌注桩，形成一道强有力的挡土墙。正是通过这样的措施，基坑内部的开挖施工就可以顺利进行了。事实证明，润扬大桥在深基础施工中首次运用的"排桩冻结法",施工方便,效果可靠,成功地实现了工程技术上的一次大突破,这也是中国桥梁界对世界桥梁建设做出的又一次贡献。

又如位于云南保山横断山脉南段的龙江特大桥,是一座双塔单跨钢箱梁悬索桥,在龙陵岸这边的索塔高度有169.688米,腾冲一边江岸的索塔高度为129.703米。大桥全长2470多米,桥面到江面的距离为280米,而索塔顶的最高处到江面则为470米,主桥跨径布置为320米+1196米+320米,这是云南省建造的首座特大跨径钢箱梁悬索桥,也是目前在亚洲山区建造的最大跨径的钢箱梁悬索桥。由于桥梁处于高烈度强震山区,两岸的地质条件非常复杂,因此大桥的抗震设计标准很高,并且设计了较为复杂的抗震体系防止强震对桥梁造成破坏。于是,大桥采用了重力式锚碇构造,这是国内桥梁建设首次在全风化玄武岩地区采用的锚碇类型。在火山地貌和高强度的地震带上建造大桥,当然不能简单地搬用现成的经验,而必须通过艰苦的探索,找到适合这一特殊地质地貌的施工技术和方法,这就需要把科学研究贯穿整个建造过程。龙江特大桥的工程技术人员用自己的智慧和毅力,在克服施工困难的基础上总结出20多项科技含量高的技术创新,为中国高海拔山区的桥梁建设开拓了新的道路。

为了确保桥梁抵御强震的能力,龙江特大桥的桩基就采用嵌岩桩的设计,并根据不同的底层选择了与之相适应的进尺和冲程进行成孔作业。为了保证成孔质量,施工单位针对不同地质的具体情况,分别采用了不同的钻孔技术:在软土层使用慢速、小泵量、稠泥浆正循环冲进的方法,同时通过减少泥浆的含沙率,加大黏度和比重来提高护壁泥浆的性能,以确保护壁效果和成孔质量;在沙砾层和卵石层,就用慢速、大泵量、稠泥浆稳定冲进的办法并在冲进前加大造浆量,尽量避免孔壁不稳定出现漏浆而导致扩孔、塌孔与埋钻现象的发生,施工中若发现漏浆现象就立即停止冲进,同时向孔内回填黏土和锯末,并用冲锤慢速造浆护壁,等到泥浆水头稳定后再继续进尺;在护筒底口和不同地层交接处,则采用慢速、小进尺冲进,避免发生扩孔、塌孔和偏斜孔等技术问题的发生。冲孔到位后用探孔器进行孔径和垂直度的检查,在确认完全合格后就开始进行清空排渣作业。这时,事先配置足量的优质泥浆,可防在清空时发生塌孔、缩孔等意外情况。清孔的过程中始终把高标准的质量放在第一位,反复清理以确保孔底没有一丝一毫的杂物,因为只有这样才能使桩柱和岩层最紧密地连成一体,使高耸入云的桥塔能够稳稳地承受桥梁本身和它所承载的车辆行人的压力，真正成为高山峡谷中的通天坦途。

上面介绍的是龙江特大桥桥塔桩柱成孔的施工过程，虽然这属于土建方面的作业，跟桥梁其他部件的加工安装相比，应该是科技含量不高的简单工程，但是我们中国的桥梁工程人员怀着高度的责任心，对打好基础予以极端的重视，在施工过程中绝对没有一丁点儿的疏忽大意：坚持了严格的质量标准，部署了严密的作业程序，确定了严谨的操作规程，安排了严实的检查环节，土建工程简直跟眼科大夫的手术一样精细，一样认真，这种一丝不苟的科学态度使龙江特大桥牢牢地屹立于高山深谷之中，无论是大自然的烈日暴晒、暴风骤雨，还是在桥梁上奔流不息的滚滚车流和千军万马，它都能够按照设计的要求稳稳地承担起通达的使命，牢固的基础就是桥梁充分实现承载功能和较长使用寿命的根本保证。

人们为使桥梁牢牢地扎根于江河水下岩层中，从桩柱基础的建造方法上不断创新，到施工技术水平的与时俱进，同时新的更先进的工程器械的相继问世，通过对水中泥沙的动力和变化规律的深入把握，在具体施工过程中想出一个又一个的锦囊妙计，终于使数量越来越多、体量越来越大、技术越来越精的桥梁，适应着社会经济文化发展的需要，威武雄壮地跨越在大小江河之上，在中国的大地上画下了浓艳的笔墨，在历史的风雨中显示了中国人的创造性智慧。

中流砥柱

桥梁的牢固不只取决于基础，而且还必须解决水的问题。水，在平时一派温柔，我们用它来比喻情感的亲切与柔和，常说"柔情似水"。然而，当水汇集成洪流，而且必然要往低处奔涌，其产生的力量，却有"来似雷霆放震怒"的狂暴和无情，人们又把它跟猛兽并列在一起，称之为"洪水猛兽"。许多桥梁正是在洪水的冲击下倾圮。因此，善知水情就成为桥梁建设中最基本的先决条件之一。要真正做到这一点，必须从两个方面着手：一是要了解桥梁所跨越的河流每年洪峰到达时的最大流量。这一数据要建立在几十年、上百年甚至更长久的水文资料的积累上；二是要掌握建桥以后，两边桥台从岸边向河心凸出，必然会使水的流动受到一定的阻碍。如果再有桥墩立在河流当中，肯定对水的顺畅下泄造成不利的影响。这就会使水流受到压缩，桥前可能出现壅水，桥下流速增大，导致河床受到更为强烈的冲刷。年长日久，受桥梁束缚的水流就会使桥下的河床变深，又使过水面积增大，流速也就逐渐下降，直到停止冲刷河床。由于建桥使水流压缩而冲刷河床，是一种普遍现象，因此叫作普遍冲刷。这就要求桥梁建造者掌握好桥孔能够提供的过水面积与桥下实际的供水面积之间的比例，使桥梁在冲刷中保持安全。此外，水流还会对桥墩四周发生局部冲刷，这叫桥墩局部冲刷。建桥时必须考虑桥墩局部受冲刷的深度，将桥台和桥墩所受的冲刷控制在安全系数之内。

在漫长的桥梁建设史上，桥工们不断摸索，逐渐悟出了内在的规律，积累了丰富的经验。同时，对水的了解不断加深，在建造桥梁时也就能够采取相应的措施。桥墩迎着洪水，受着冲刷，如中流砥柱，搏击水流。在这一方面，中国古代桥梁建设者所做出的贡献，同样是不同凡响的。

如前面提到过的赵州桥，从桥型选择、桥体设计等各个方面，都充分注意到水畅其流的行洪要求。根据有关书籍记载，洨河水一年中的涨落十分显著，每逢夏秋，"大雨时行，伏水迅发，建瓴而下，势不可遏"。如果建造多跨木、石梁桥，是很难适应河流的泄洪要求的。因此，桥梁的安全就很难保证。在这一背景下，石拱桥就成为最佳选择。在赵州桥建成之前，前辈们建造的拱桥都是单跨半圆形拱。而这种桥型必然要在水中建造联拱墩，而这又是水量丰富的洨河所不允许的。同时，如果建造单跨半圆形拱桥，如果要让水流在汛期顺利下泄，必须将桥高增加1.5倍，从现在的8.9米抬高到20米以上。这样不仅建造困难，而且妨碍了陆路交通，对于交通的顺畅同样是得不偿失。出于上述考虑，以李春为代表的桥梁建筑大师们创造性地选用了单跨圆弧形坦拱为基本桥型。采用单跨而不是联拱，使河道中间没有桥墩阻挡水流；坦拱就能够使跨径扩大，可以让两岸的桥台尽量紧贴河岸，而不会像半圆拱之类的桥台向河道中央伸出。这样做的目的就是给洪水预留下足够宽敞的通道，让它有路可走，不会再和桥梁发生冲突。为以防万一，还在桥的大拱两肩各设置了两个小拱，把拱桥从实腹式改为敞腹式，这是又一个伟大的创举。这样做不仅节约了材料，减轻了桥的自重，而且还为溢洪布置了又一道防线。这四个小拱犹如抗洪大军的四支奇兵，唐朝张嘉贞在《安济桥铭》中说：建四小拱"盖以杀怒水之荡突"。事实上，它们确实保证了夏秋季洪水的顺利下泄。据计算，四个小孔可增加16.5%的流水面积。从桥梁建成后一千几百年来，洨河洪水水位高度及通过小拱排水的次数，虽然现在不可能全部掌握，但从1963年洪水中可以清楚地看到小拱的排洪作用。那年河北降了特大暴雨，水位猛涨，洪峰到赵州桥时，两个位置较低的小拱 4/5 被水淹没，较高的两个也有 2/5 在水下。如果没有这四个小拱，后果很难设想。赵州桥千百年来坚固如初，在防洪上采取的一系列周密措施不能不说是一个重要的原因。

中国古代桥梁建设过程中，为战胜水患，人们想出了许多新招。例如，为减轻水流对桥墩的局部冲刷，在墩形的设计上动了不少脑筋，采取改善桥墩迎水面的形状，提高排水能力，来保证桥梁的安全。福建泉州安平桥，以"天下无桥长此桥"闻名全国，这座古桥在现存的 331 座桥墩中，根据不同的通水要求，采取了三种不同的造型。在桥的左右两边水流都不深峻的地方用长方形桥墩；在桥的一边来水较急的地方，则采用了船形桥墩，这种桥墩的形状是一头尖，一头方，尖头可把来水一分为二，以便快速通过；还有一种两头都尖的梭形桥墩，则用在桥的两边都是深水急流处。这是因为安平桥跨海而建，不比在江河上可以确定迎水面，而是洪水下泄与潮涨潮落相互应和，桥墩两头都可能迎水，梭形桥墩正是适应这一水情而采取的特殊措施，以减轻潮水对桥身的冲力。

又如中外闻名的卢沟桥，在永定河上安卧了 800 多年，同样有赖于它在排洪、破冰上的有效措施。民间传说卢沟桥上装有"斩龙剑"，说每当大雨时节，永定河的上游有 10 条恶龙，在洪水中张牙舞爪，直向桥拱扑来，善良的人们都为大桥的安危捏了一把汗。但恶龙一到桥下，不但无法肆虐，而且立即化为乌有，洪水也驯服地从桥孔中流过。于是，人们都以为是卢沟桥上"斩龙剑"发挥了巨大威力。其实，传说只是一种美好的想象，桥上确实没有什么"斩龙剑"，制服洪水的"分水剑"其实就是卢沟桥桥墩的特殊设施，是桥梁建设者实实在在的创造，这才是抗洪排水真正的"法宝"。原来，永定河自怀柔以下，经过高山峡谷，水流特别急。历史上在春夏之交的三、四月，上游冰雪消融，河水骤涨，河面上又有大量冰块，乘着水势向桥墩恶狠狠地撞来。如果按一般常规方法设计桥墩，桥梁就可能因此而遭受厄运。桥工们从建桥实践中掌握了战胜水患的智慧，他们对桥墩做了不同寻常的处理：首先加大桥墩体量，卢沟桥的桥墩就做得比一般石拱桥的大得多，长度起码有 4.5 米，最长的达到了 5.2 米，各墩的宽度在 6.5—7.9 米，这就是通常所说的厚墩联拱桥。其次，桥墩的造型前尖后方，呈船形，迎水面砌作分水尖，尖长 4.5—5.2 米，约占墩长的 4/10。在拱券券脚的凤凰台上，砌起 6 层厚度共有 1.82 米的石板层，这在工程学上叫"压面石"，以增加分水尖的压重，起着保护拱脚不被流冰冲坏的作用，这样冰块就可以在拱脚和拱址石与墩身分水尖之间、流冰水位以下做流线型过渡。特别值得一提的是，每个分水尖上都装有一根长26厘米的三角形铁柱，铁柱的尖角正对上游洪水冲来的方向。这样，厚重的桥墩，锐利而牢固的分水尖化解了洪水的冲击力，使整个桥身免遭水流的猛烈冲撞，不至于产生危险。锋利坚固的三角铁，主要用来对付春汛期的冰块。当洪水挟带冰块扑向桥墩，犹如鸡蛋碰石头，冰块为三角铁所粉碎，就只好乖乖地从桥孔中流过，避免桥洞被浮冰堵塞，大桥得以确保安全。800多年来，分水尖和三角铁确实像传说中的"斩龙剑"一样，把一条条由洪水浮冰组成的恶龙斩得粉身碎骨，大桥也依仗它们的威力，威风凛凛地镇住了那条曾被叫作"无定河"，后来才改称为"永定河"的激流。

然而，有的江河水急浪大，特别是在它们的入海口，河水海浪相互激荡。在这种地方硬要建造固定的桥梁，在材料、结构等技术尚未达到相应程度时，只能是劳民伤财的蛮干。对此，中国古代桥梁建设者不是盲目行事，而是因地制宜，实事求是地从人类已经具有的改造自然的能力出发，扬长避短，去达到驾驭江河的目的。他们就像古代的大禹，不是一味以"堵"的方式去对付洪水，而是采用"导"的办法制服了水患。古代的桥梁建设者本着朴素的辩证法思想，他们掌握了洪峰毕竟只在一年当中很少的时间内出现的规律，懂得海潮涨落有时的特点，采取"水进桥撤、水退桥通"的方法，用灵活机动的战术来对付恣意肆虐的水患。因而有了活动桥这一崭新桥式的创立。所谓活动桥，就是指桥的一部分或大部分是用浮桥组成，平时把这一段浮桥与两边的固定部分连接妥当，供行人车辆通过。当洪水或潮水来临时，把那段浮桥撤到水势较缓的河面上，等待洪水退去之后再重新组合成一条完整的桥梁。这也叫开合型桥梁，这样设计达到了既避开水害，又方便交通的目的。虽然要派专人守候，桥梁开启时要暂时中断通行，有些麻烦，但毕竟在更多的时间里给人们提供了方便。在建桥技术水平有限的情况下，这是很有意义的创造发明。广东潮州市的广济桥，就是中国第一座开合型桥梁。

广济桥处在韩江中下游交接地段，这是潮州城东江面最狭窄的地方，江水到此被卡住脖子，造成水位高低相差7米的险境。再加上韩江流域地处亚热带，雨量十分充沛，年平均降水量为1800—2000毫米，因此这一带常发大水。清康熙五十七年（1718年）洪水泛滥，竟出现"城西门外浪打天，城西门里街泊船"的奇特而恐怖的景象。韩江流域地处东南沿海，夏秋季常有台风登陆。每年六、七月的汛期，洪水暴发，同时又很容易碰上台风。风挟雨势，水借风狂，常常给人民生命财产造成很大危害。为了克服台风、洪水的双重破坏而建成的桥梁，设计和施工时不得不把桥墩做得比一般的大得多。广济桥西岸桥墩宽5.7—10米，长10—17.5米；东岸桥墩宽9.9—13.85米，长度为14.4—21.7米，真可以说是超级桥墩。但桥墩巨大又容易造成泄洪不畅。这一问题不解决，桥梁的安全仍是一句空话。要使桥墩既有较大的体量，抵挡飓风、激流的狂暴，又能让洪水迅速通过桥孔，尽量有较大的过水面积，这一两难境地促使人们在广济桥的中段采用浮桥形式。因此整座广济桥是由三段组合而成：东段梁桥12孔，长283米；西段梁桥7孔，长137米；中间是用18只木船搭成的浮桥，长97米。平时三段连成一体，人来车往，通达两岸；遇到涨潮或洪水泛滥时，就把浮桥部分分离出来，让潮水或洪峰从中间缺口中顺利通过，待水位恢复正常，再把浮桥与梁桥接上，使通行如常。

采用开合式桥型，这也是中国桥梁建设史上的一大杰作。广济桥不但是中国最早的活动桥，而且在世界开合式桥梁中也处于领先地位。在700多年前，中国桥梁建设者能够根据特定的水文情况创造出这种可合可分的新式桥梁，可见我们的先辈在改造自然的过程中所具有的科学精神和高度的灵活性、创造性，这与中国人重视辩证法，不固执成见，勇于采取变通的发散性思维方式是分不开的。由于上游筑坝蓄水及用水量的增大，进入20世纪之后广济桥的流量减少了许多，再加上现代交通的需要，古老的广济桥已经被改造成一般的梁桥，原本使用浮桥的部位已经为钢桁架所代替，古桥的风韵也就荡然无存了。令人欣慰的是潮州市政府和广大市民对广济桥的历史意义有了新的认识，因而按照古代广济桥的原样，在原广济桥的桥址上造了一座新桥，这一历经时代风雨的千年古桥又重新恢复了开合式桥梁的历史面貌，原来有几个桥墩虽然历经洪水多年冲刷但仍然坚如磐石，就成为新广济桥的有机组成部分，这一座历史与现代结合的开合式桥梁，诉说着中国桥梁建设的创造业绩，赞美着古代劳动人民的伟大智慧，以浓郁的历史意蕴和壮丽的建筑风采再现在韩江上面，每天都在迎接着来自各地的游客。

随着科学技术水平的不断提高，人们在桥梁建设中驾驭水流的本事也越来越大。现在，中国的桥梁建设者在大江大河上架起了一座座桥梁，甚至在世界上最大的涌潮区钱塘江口也建成了新的桥梁。钱江二桥的建成，就是中国桥梁在征服恶水巨浪中的一次飞跃。此后，杭州湾跨海大桥、嘉绍大桥地以大无畏的气概矗立在浊浪排空的钱江怒涛之中。

钱塘江虽然没有长江那样江宽水深，但它的涌潮却中外闻名。跟巴西的亚马逊河、英国的塞文河、印度的呼格利和布拉马普特河的涌潮相比，钱江怒潮被称为"世界之最"是毫不夸张的。特别是在农历望日前后几天，怒潮直竖千丈，震撼激射，雷奔电激，确实有一股排山倒海、无坚不摧的气势。苏东坡笔下的"八月十八潮，壮观天下无"的诗句，一点也不是诗人言过其实的浪漫与夸张。要在这样的强涌潮区建桥，世界桥梁史上尚无先例。如果避开潮头，在钱塘江大桥附近建桥，就要使铁路干线穿越杭州市区，这将给市内交通及环境带来很大的不利影响；如在上游富春江建桥，来往车辆又要多走几十千米的冤枉路。在对各方面的因素做了反复权衡之后，钱江二桥就确定建在老桥下游13千米处。为使大桥能扛住特大涌潮的强力冲击，工程技术人员经深入研究、反复论证，最后确定建一座钢筋混凝土预应力连续梁桥。为顶住一日两度、瞬时推力达每平方米5吨之大的涌浪，工程技术人员深入反复观察精细分析，最后决定根据南北两岸涌潮的不同情况，采用不同的施工方案。南岸一侧第17—10墩，水浅潮高，采用栈桥施工方案。在铁、公两桥围堰总宽32.4米的上、下游各设龙门吊机道及运料道栈桥。龙门吊机及相应栈桥按对称于桥中心46米跨度上、下游布置，运输道栈桥按38米对称于桥中线上、下游布置。栈桥是南岸工程的生命线，龙门吊机栈桥用拆装式梁，运输道梁用万能杆件拼装，两梁下弦间用平联连为一体，以增加整个栈桥的抗潮能力。每个栈桥桥墩是用直径55厘米的管桩打入黏土层2米，以保证栈桥的安全。第17—10墩的平台采用跨越上、下游栈桥的活动式平台，在墩位定位后固定抄紧支点，并插打8根直径1.68米的钢护筒到黏土层中，然后顶起平台，在护筒上焊环形支点，再将平台落放在环形支点上。活动平台除了作为施工场地外，还可使上、下游栈桥结为整体，对增强栈桥的稳定性起了很大作用。南岸八个桥墩就是用栈桥和平台扛住了强大涌潮，完成施工任务的。

　　北岸第2—9墩处，水深而河床冲淤变化大，同时又是通航水道，因此采用特殊的抗潮水上施工方案。这主要包括以下措施：首先充分利用平潮期，合理安排施工进度，对于受涌潮影响大的作业，安排在平潮期进行；其次是尽可能减少水上施工的工作量，能够在陆地上组装的构件，尽量在装成后整体吊装到驳船上，再到各个墩位安装；再次是采用整体性好的圆形钢壳防水围堰，并用整体吊装的方法就位。钢壳围堰外径为16.2米，内径为15.08米，底节高5米，当它下沉到河床时，就可以有效地抵挡涌潮的冲击，保证施工顺利进行。为了防止钢壳围堰在涌潮的冲击下发生倾斜，因此在基础施工中采用先浮运钢平台，并将钢平台搁置在定位护筒上，形成固定的工作平台，然后进行其余工序的施工。此外，为保护栈桥和钢壳围堰周围的河床，还抛下了总数在 3 万立方米以上的片石，使安全施工的两大关键得到加固，确保战胜涌潮，圆满完成建造大桥的艰巨任务。同时，大桥不采用普通钢梁结构，也是从克服涌潮的角度来考虑的。因为钢梁结构虽有施工方便、造型美观的优点，但造价较贵，尤其是涌潮大时浪花飞溅桥上，容易使钢材锈蚀，日后保养维修工作量大，成本高，势必影响桥梁的使用寿命。而预应力钢筋混凝土连续梁不存在上述缺点，且比普通钢筋混凝土梁有更大的稳定性和抗潮能力，于是在钱江二桥中大显身手，创造了新的世界之最。中国的桥梁工程技术人员和广大工人，以自己的智慧和勇气，让钱江二桥稳稳当当地屹立在怒潮汹涌的江面上，这充分显示了中国人敢与天公试比高的壮志和科学头脑。难怪世界著名桥梁专家、20 世纪 50 年代援建武汉长江大桥的苏联专家组长 K.C. 西林看到钱江二桥时赞叹不已，他高度评价中国桥梁建设在 30 年来取得的巨大进步，欣喜万分地说："你们完全有能力，到世界任何一国去修筑第一流的大桥！"

更为困难的是，桥桩或者悬索桥、斜拉桥的桥塔的基础正好处在地质状况较差的位置上，为了满足桥梁与道路连接便利的需要，或者能够使桥梁以最小的跨径跨越江河，桥梁或者桥塔的桩基只能选定在地质条件差的位置上，这就需要在施工过程中进行特别严格的勘测和科学的施工方法，需要绝对保证地质状况在交通运输高峰期的强大压力下依然牢固稳定，真正起到中流砥柱的作用。

中国首座跨地质断裂带的大型桥梁——海南铺前跨海大桥，全长约 3.8 千米，桥型为单塔双索面钢箱梁斜拉桥。钢筋混凝土主塔塔高 151.8 米，造型为"文"字形，寓意"文耀海天"。海南铺前跨海大桥的特殊之处在于直接跨越有三条地质断层的断裂带，其中一条属于活动断层。断层是指地壳受力出现断裂后，两侧岩块发生相对位移的地质构造。针对这一地质条件，海南铺前跨海大桥抗震设防烈度达到 8 级，成为海南省内防震等级最高桥梁。为满足抗震需要，主塔桥墩设计为 4.3 米超大直径桩基群，桩基最深达 38 米，相当于把 12 层楼高的楼层沉入水底，扎入海底岩层深处。因为受到地形的限制，大桥设计无法避让断层，导致有一段全长 581 米引桥的两个桥墩直接跨越活动断层。这意味着，断层地质活动将可能使这两座桥墩间的距离、高度差发生变化，给桥梁施工带来诸多挑战。虽然这种不利的条件给施工带来了很多困难，但设计方与施工方齐心协力，积极开动脑筋来解决这一问题。他们通过对主塔、桥墩增加两到三倍钢筋用量，强化建筑构件自身的牢固程度，以确保桥梁基础的抗震能力。同时，在桥梁的上部结构使用钢箱梁，以防桥墩万一出现高度差变化及其他危险，就可以调节钢箱梁下面的支座，在一定范围内消除桥墩高度变化带来的危险。为此，施工方还预制了多个节段的钢箱梁备用，一旦发生地震导致桥面损坏等情况发生，便可以快速更换钢箱梁以保证桥梁的安全使用。

物尽其用

桥梁的建造，最初依靠人类从大自然获得的现成材料，竹子、木材和石料都是人们直接从自然界取得的。到了使用钢铁建桥时，即进入了用人工合成材料架桥的新阶段。在这漫长的历史中，中国桥工用自己的心智，役物而用之，让各种材料发挥最大的作用，并且在不断深化对天然材料合理使用的基础上，较早开始了人工合成材料在桥梁建设中的使用。在这一点上，他们同样表现出独到的聪明才智，这对于世界桥梁建材的发展所产生的推动作用，是不可磨灭的。

早期中国桥梁常用木材建成，这和中国房屋建筑多为木结构的传统是同源的。因为从先秦时代起，阴阳五行学说这一朴素辩证法，含有一定的系统论思想，使人们把"木"跟东方、春天、温暖等事物和感受联系在一起，因此，古人认为用木材建造住宅，人住在里面就会欣欣向荣，充满活力，整个家族就会人丁兴旺、昌盛发达。当时的人们还认为数字中的"八"和五常中的"仁"都属于木性，这又意味着木结构的稳固可靠，寓意吉祥幸福。成语"四平八稳"就是把"八"与稳定、稳固联系在一起；而孔子说过"仁者乐山"，仁人的品格与山的稳重相似，而仁总是会给人带来幸福。这样，五行中的木也就具有稳重吉祥的特性了。正是在这种哲学思想的指导下，木柱木梁桥不但成为中国早期桥梁最主要的样式，而且优秀的建桥大师都把木材的各种性能摸得很透，曾经建造了绚丽多彩、气势雄伟的大型木桥。即使在新的建材如石料取代了木材的主要地位之后，木结构桥梁不但没有在桥梁史上绝迹，而且仍有许多精美的木桥佳构问世，不少木桥还一直使用到今天，如秦、汉、唐三代都在渭水上建造过大桥，三个朝代造的都是木梁木柱桥；又如北宋汴河上的虹桥，充分展现了木拱桥的曲线美。这些历史成就引起了国内外桥梁科学界的极大兴趣，尤其是木构虹桥的壮丽和实用，确实显示了中国古代在桥梁建设中对木材的驾驭和使用达到了得心应手的境界，笔直的木料被建构成飞虹般的曲线，桥工们的高超技艺不能不令人赞叹不已。尽管从隋朝开始，石桥工艺达到了出神入化的程度，但由于取材的方便、经费的节省等，许多木结构桥梁仍然不断问世，有的木梁桥如广西三江程阳风雨桥、浙江武义熟溪桥以及浙南山区泰顺、庆元的木廊桥，至今保存完好，这些木桥都可以让我们领略中国人对木结构的特殊喜爱。

在建筑史上，钟爱木结构的中国古代审美文化传统，确实把石结构留给人们在另一个世界中灵魂的住所。也就是说，石结构更多地被用来建造坟墓。所以有些人认为中国古代在建筑上不善于使用石材。其实，这种看法是片面的。石材不但在古代中国的陵墓建筑中留下了辉煌的业绩，在房屋建筑中同样有着不凡的创造，而在中国古代桥梁建筑史上更是写下了光彩夺目的一页。从隋唐直到明清各代，各式各样的石拱桥遍布华夏大地的江河之上。不只是赵州桥的敞肩圆弧拱、宝带桥的软桩基有铰拱、卢沟桥的纵联式弧形拱、颐和园玉带桥的蛋尖形拱等，还有其他大大小小的石拱桥，总数上百万。这些拱桥都由一块块拱石联结而成。桥工们把石块加工成各种构件，再根据总体设计组装成桥梁。拱券有的是由两端都为平面的无铰式拱石安装而成，有的用两端各有榫卯的有铰式拱石。前者完全是靠拱石相互挤紧的作用力，构成能承重的拱券；后者则在这种作用力的基础上，增加了拱石相互联结时的整体性，提高了桥梁的承载能力和使用寿命。无论是哪种形式的拱石，都是在工匠们充分掌握石材性能的基础上，充分发挥它们强度大和高度耐压的优势，在石料加工中表现出高超技艺的确证。石工们从山上采来石料，利用它便于分割的特点，加工成特定规格的桥梁构件，并且按照预先的设计最终建成跨江越海的坚固而又精美的桥梁。可见，中国人在桥梁建筑上不但广泛使用石材，而且在桥梁的石结构建筑上堪称行家里手。

当然，中国古代桥工不但善于建造石拱桥，而且在石梁桥的建造上，同样取得了辉煌的成就。我们在前面介绍过的泉州几座古老的大桥，都是用当地的优质花岗石做的大梁。这说明古代桥工们是深知本地花岗石特性的。花岗石是一种深层岩石，它是在地层深处缓慢地冷凝而成的。因此质地均匀、细密，而又坚实，是很好的天然建桥用材。福建泉州一带，有大量的花岗岩露出地面，是历代人民取之不竭的珍贵的建材资源。这一带的花岗石，尤以南安砻山出产的特别著名，人称"砻石"。由于它的质地非同一般，当地人对它特别珍爱，称之为"宝石"。还由于它硬度高，不渗水，耐腐蚀，用来建桥是再理想不过的了。"闽中桥梁甲天下",是与"闽中石材冠中华"分不开的。泉州一带著名的桥梁常用大型石材做梁,这清楚地显示了古代桥工们因地制宜、随物赋形的丰富的科学知识。他们懂得花岗岩材质坚实和巨大压重对于建桥的意义,成功地解决了抵抗江潮冲击、压实桥墩基础、增强桥身整体性等一系列难题,在石材性能的把握上,达到了相当高的水平。

如福建漳州的虎渡桥,又名江东桥,在城东面16千米的柳营江上,是继洛阳桥后建成的巨大石梁桥。这座桥的石梁,最大的长23.7米,宽1.7米,高1.9米,重达207吨。这样庞大的石构件,在中国建筑史上是罕见的。现代材料力学关于强度问题的理论认为:这一根石梁在其自重作用下,已经达到自身抗拉强度的9/10。也就是说,如果石梁再长一点,它自身的重量就会使它断裂。虎渡桥的巨大石梁已接近它最大的允许跨度,要做到这一点,在7个半世纪之前是非常困难的。材料力学诞生才200多年,而中国古代桥梁建设者早在施工实践中掌握了强度理论,这说明我们的祖先在这方面所掌握的科学知识,走在世界领先的位置。英国著名科技史专家李约瑟教授对此惊叹不已,他搞不清中国人如何在这么早的年代就掌握了这一数据。他想知道这些数据是经过多次失败后,从实际经验中得出来的,还是在采石场进行过专门的试验得出来的。其实,这是中国人在同石头打交道中总结出来的科学,它或许没有明确的公式和数据,但是在年年月月采石、加工的过程中,石工们对石头的性能、质地了解得很清楚了:他们当然能够根据石材的质地,确定桥梁石材的体积与重量的关系,经验的积累使石工们达到了可以凭自己的直觉来确定石材的长、宽、高的最大限度,并且做到万无一失的化境,就像一位哲人所说,经验使感觉变成了理论家,是无数次的实践使从事实际工作的工匠们悟到了高深的科学原理,让他们在劳动过程中做出了非凡的创造。

中华人民共和国成立后,桥梁建设者更加重视对现代材料科学的研究和运用,他们不断地开发出新的桥梁建材,同时还善于把普通的天然材料跟新颖的结构技术结合起来,向材料运用的深度进军,让古老的木材、竹子、石头焕发出新时代的光彩。这样做,常常可以就地取材,节约大量的运输费用和原材料,这不但可以缩短建桥的工期,更为重要的是,采用天然材料,省去了人工合成这一环节,可以减少环境污染,在经济和环保上都很有意义。同时,还能起到推动桥梁科学进一步发展的作用。就拿生活中最常见的竹子和石头来说,这些古老而简单的天然材料,在中国桥梁工程技术人员的努力下,被赋予了现代结构力学的新生命。竹子在中国古代建筑工程中很早已被使用,用在桥梁建筑中,可能是中国首创。苏联桥梁专家C.A.查普林在他所著的《吊桥简史》中提到,中国大约在三千年以前就已开始建造以藤萝和竹索为材料的索桥。这一看法早已为中国古文献所证实。《汉书·西域传》里就提到"悬绳而渡笮"。这里的"悬绳",就是指用竹篾拧成的绳索。四川都江堰的珠浦桥,就是著名的竹索桥。清嘉庆八年(1803年)珠浦桥重建时,由细竹篾编成粗五寸的竹索,24根竹索组合成索桥,并一直使用到1965年重修都江堰时才被钢丝绳替换下来。直接用竹篾作为桥梁建设主要材料的历史,才宣告结束。但是十分喜爱竹子的中国人似乎意犹未尽,不愿意让竹子和桥梁从此绝缘。因此,总是想方设法把它用到新的桥梁结构中去。这一愿望终于在20世纪80年代初实现了,1982年建成的位于安康市附近的公路桥,就是全国第一座竹筋混凝土拱桥。用竹子代替钢筋浇铸在混凝土中,会不会影响桥梁的强度呢?答案是否定的。江南一带的人们常说"独篾吊千斤",可见竹的抗拉度是很大的。在浙江省杭州、宁波等地,20世纪50年代曾经建造过一批以竹筋混凝土做楼板的房子,一直使用到20世纪90年代。这是因为竹子作建材,虽然抵御外界腐蚀的抵抗力较差,天长日久容易腐烂,也容易遭受白蚁、蛀虫的侵蚀,但把它浇到混凝土中,就避免了这些危害。当然,建设者是在对竹筋的强度进行了周密的计算之后,才最终确定竹篾的粗细,而且对用作建材的竹子进行了专门的防虫处理。安康这座使用竹筋混凝土建成的公路桥从1981年3月建成,至今仍然一切正常,这说明从新的途径去运用竹子的做法,还是有着相当广阔的空间。

同样,石头在桥梁建设中可谓功德无量,中国古代建桥在石料的使用上简直可以说是首屈一指。许多优秀的石桥经受了历史风云和现代交通的考验而屹立不倒,而能够适应新的交通要求的石桥桥梁构造也层出不穷。尽管钢筋混凝土逐步取代了石材,成为桥梁建材中的主角,但是,如同竹子一样,在中国桥梁史上活跃了几千年的石头,并没有轻易退出历史舞台,它们渴望在新的桥梁构造中继续发挥作用,这一点已经在新建的浙江淳安的梅川大桥中成为现实。梅川大桥全长129米,宽4.8米,高41米,主拱跨径达60米。这不是一般的石拱桥,梅川大桥到目前为止仍是华东地区跨径最大、桥身最高的石桥。更为奇特的是,桥梁建设者把古老的石拱技术与新颖的结构科学融合起来,建成了这座由箱形空心石砌筑而成的拱桥,就是说把每一块拱石的中间凿空,加工成一只只石箱组装起来的。整个石拱共用3433块优质花岗石组成一个蜂窝状、全封闭的有机整体。整座桥梁石质构件的空心率达到

21%，大大减轻了桥的自重；同时，每个构件的箱形结构，都具有类似双曲拱桥横向拱的作用，使主拱券整体受压，这增强了桥梁的稳定性和使用寿命。这是桥梁建材科学的新发展，是人类更深入地利用天然建材的一大杰作。

由于石料的强度有限，无法满足现代桥梁跨径愈来愈大的发展要求。19世纪中叶，世界桥梁建设史进入了由木桥、石桥向钢桥转型的过渡时期。1840年，美国建成了一座全铁桁架桥——特鲁巴尔桥。1874—1883年，美国用结构钢建成了依芝桥、纽约的布鲁克林桥和密苏里州的格拉斯哥桥。进入20世纪后，美国、德国和日本相继炼出了高强度合金钢，并大量用于建造大跨径的桥梁，钢材就此成为桥梁建材中的主力军。

这是因为钢材具有极高的强度，是一种优良的人工建材。从材料学的角度来说，钢是指含碳量0.02%—2.11%的铁碳合金，也就是说，钢所含的杂质是非常小的。钢的化学成分可以有很大变化，只含碳元素的被称为碳素钢或普通钢，而根据用途的不同含有不同元素的则称为合金钢。人类对钢的冶炼、应用和研究已有相当悠久的历史。尤其是19世纪50年代出现的酸性转炉炼钢和平炉炼钢技术，经过近两百年的发展，钢材最终以其价格低廉、性能可靠的强大优势，成为世界上使用最为广泛的材料之一。因此，"钢是现代社会最重要的物质基础"，这句话一点也不夸张。钢自重轻、整体刚度好、抵抗变形的能力强，又能很好地承受动力荷载。如果与混凝土和木材相比较，在同样的受力条件下钢结构的构件截面小，因此便于运输和安装；而且钢的材质均匀，能使结构具有较高的可靠性。优质的钢不但强度高，而且千锤百炼之后能够不但非常坚强，而且还变得非常柔韧，这就为把钢打造成包括绳、索、丝在内的各种形态提供了便利。汉语中有许多词语形容钢的坚强，如"钢打铁铸""钢筋铁骨""铁嘴钢牙"等，毛泽东同志用"度量大如海，意志坚如钢"赞誉朱德元帅胜于磐石的坚强意志。而晋代的刘琨曾写"何以百炼钢，化为绕指柔"的诗句，说明他已经很清楚地了解钢柔韧的特点。钢材还具有较强的承受冲击和动力荷载的特点，具有良好的抗震性能。而钢结构是工业化程度最高的一种结构，它的构件便于在工厂用机械化的生产流程制造出来，可以化整为零运到施工现场进行拼装，显示出速度快、工期短的特点。此外，钢材还具有低碳、节能、绿色环保的优点，回收后可以重复利用，这在高度重视环境保护的今天，具有特别重要的意义。当然，钢结构的耐腐蚀性较差，特别是在潮湿和带腐蚀性介质的环境中容易锈蚀。因此，一般钢结构需要通过镀锌或涂料的方法予以事先的保护，还要安排定期除锈等措施加以维护。

总的说来，钢特别适合用来建造跨度大、高度高、承载重的大型桥梁的主体结构。

正因为钢材具有如此众多的优点，它就当仁不让地在现代桥梁建筑中充当主角了。中国在19世纪末就开始建造钢架桥，1894年由詹天佑主持修建的滦河大桥，它的上部结构由多孔钢桁梁和钢板梁组成，它是中国工程师设计建造的第一座钢架桥，开启了中国现代钢桥建设的先河。1937年钱塘江大桥建成通车，这是中国建造的第一座公铁两用钢桁架大桥，这座因为抗战而富有传奇色彩的桥梁，是民国时期少有的现代钢桥的翘楚之作。除此之外，当时所建的钢架桥大多跨度较小，工艺较为简陋，结构联结用的都是铆钉，而更为重要的问题在于造桥的钢材都是从国外进口的，国内根本无法生产。国家在钢铁生产上的落后面貌一直延续到20世纪80年代末，中华人民共和国成立后，尽管国家极为重视钢铁生产的发展，虽然"以钢为纲""钢铁元帅升帐"等标语、口号响彻云霄，1958年还掀起过全民建小高炉大炼钢铁的狂潮，但最终由于违背科学规律而遭受失败。没有优质钢材，就不能满足基本建设和军事装备的迫切需要，钢铁生产就成为中国现代化建设的软肋，1958年建成的武汉长江大桥所使用的钢材是苏联生产的A3钢，这一事实也就成为武汉长江大桥这一伟大建设成就的缺憾与无奈。

中国钢铁企业经过众志成城的发奋攻关和呕心沥血的艰苦努力，国产的桥梁用钢在南京长江大桥的建设中终于登上了历史舞台，这座完全由中国自主设计建造的公铁两用特大桥的主梁结构，用的就是中国自己生产的16Mnq钢，它的质量已经超过武汉长江大桥所用的苏联钢材；同时，桥梁建设中首次用高强度螺栓取代铆钉，在桥梁结构的工艺上取得了重大的进步。南京长江大桥标志着中国钢铁生产和桥梁建设跃上了一个新高度，为后来中国桥梁建设更广泛地使用钢材开拓了一条新的道路。然而，新生事物必然还存在着某些不足，当16Mnq钢得到广泛应用之后，使用单位反映这种钢板由于采用"U"形缺口冲击，韧性指标偏低，同时还有反映钢材的板厚效应严重，铁路桥仅能用到32毫米，超过这一厚度冶金质量就难以保证。1995年建成的九江长江大桥，采用15MnVNq钢，它的强度虽然比南京长江大桥用的16Mnq钢有了明显的提高，但还是存在着钢板的低温韧性和焊接性较差的弱点，因此这一钢种没有能够得到推广。国产桥梁用钢仍然是当时桥梁建设中一个突出的难题。

改革开放掀起的经济建设高潮急切地呼唤着建设更多的大跨度桥梁，而尽快提高桥梁用钢的质量就成为全国钢铁企业的重要任务。20世纪90年代，为了解决芜湖长江大桥建设的用钢问题，中铁大桥局和武汉钢铁公司联合开发了大跨度铁路桥梁用钢14MnNbq，这一钢种采用降碳加铌合超纯净的冶炼方法，在保证了屈服强度大于等于370MPa的基础上，它的低温冲击韧性达到了零下40摄氏度的优异水平，而焊接性能也大为提高。由于解决了板厚效应问题，钢铁企业实现了大批量供应32—50毫米厚钢板的目标。在芜湖长江大桥建成之后的10年时间里，14MnNbq钢在铁路桥梁建设中得到了极为广泛的应用，中国桥梁建设的用钢问题得到了基本的解决。

随着高速铁路迅速发展，14MnNbq钢已不能满足铁路桥梁所承担的跨越更大跨径和保障更快速度的要求，如作为国家"十一五"重点工程、2011年建成通车的京沪高铁南京大胜关长江大桥，这座六线铁路桥梁的设计时速为300千米，具有大跨度、重载荷、高速度三大特点，是京沪高铁的控制性工程。大桥主构件最大轴力达9000多吨，中主墩最大支座力约为15000吨，而14MnNbq钢是无法承担如此巨大的压力的。为此，武汉钢铁公司和中铁大桥局继续合作，再一次联合开发了WNQ570钢。这一新的桥梁用钢强度得到了显著提高，不区分板厚效应，厚度在12—68毫米时屈服强度都要求大于等于570MPa，钢板厚度可以由传统的50毫米扩展到68毫米。同时，适应新的钢材特性的焊接工艺也应运而生，新型针状铁素体型桥梁用钢的手工焊、气保焊、埋弧焊的焊接材料接连问世，焊缝强度能够大于570MPa，而零下40摄氏度冲击韧性可以达到48J以上。这标志着中国桥梁用钢的研制和生产进入了一个新的阶段，已经能够满足国内公路桥梁、铁路桥梁持续发展的需要。

随着桥梁建设向大海挺进，钢材以它特有的强度和韧性，在波涛涌浪和疾风暴雨的考验中进一步展示着自己的优越性能，但海水海风中盐分的腐蚀和烈日的灼烤，让钢材容易锈蚀的弱点暴露无遗，甚至成为危害桥梁的重大隐患。而通过周期性的涂装去预防锈蚀，不但在经济上需要耗费大量的人力物力，而且还增加了繁重的管理、维护方面的负担。为了解决这一问题，国际钢铁行业提出了高性能钢的概念，主要是指钢材的强度、焊接性能、低温韧性能得到进一步改善，尤其是耐腐蚀性必须有较大幅度的提高。目标的提出鼓舞了攻关的热情，高性能的桥梁用钢也就成为国际钢铁材料研究开发的热点，并抓住耐腐蚀的特点对这种高性能钢冠以"耐候钢"的名称，于是，耐候钢就作为高性能桥梁用钢的重点发展方向，在美国、日本等西方发达国家开花结果并逐步完善起来，一批耐候钢开始成为桥梁建设的新宠。

中国在耐候钢的研究上起步也是较早的，1965年就试制出了耐候钢，并用它制造了中国第一辆铁路货车。20世纪80年代，国家把耐候钢列入重点技术攻关项目，经过"六五""七五"科研攻关，几个型号的耐候钢相继研制成功，并开始了大规模生产。但由于当时的交通运输还未能进入高速公路、高速铁路的时代，因此桥梁建设的总体规模和桥梁的跨度还不是很大，设计者关注的重点更多地放在桥梁用钢的强度韧性、抗冲击性及焊接性等方面，再加上开发出来的耐候钢品种有限，还不能完全满足桥梁建设的多种需求，因此，耐候钢当时并没有在桥梁建设上得到广泛的应用。

进入21世纪，中国桥梁建设迎来了快速发展的新纪元，跨越大江大河的高速公路、高速铁路绝对会少不了大跨度的桥梁，西部高原的激流深谷也需要跨径大、净空高的现代桥梁，海上桥梁对于材料的防腐蚀有着高标准要求，耐候钢终于捕捉到了在桥梁建设中大显身手的绝好战机。上文提到的南京大胜关长江大桥首次使用的由武钢和中铁大桥局联合开发的WNQ570钢，其实就是一种耐候钢。这一钢种以超低碳为设计思路，辅以适当的铜、铬、镍等耐候性元素，经过高纯净化处理，运用特定的浇注与轧制热处理，使钢板具有组织均匀性较好的针状铁素体组织，使材料各微区之间的电极电位差异较小，有效地增强了它的耐腐蚀能力。耐候钢不但要有高度的耐腐蚀性，而且还需要设法降低它的经济成本。连通宁波慈溪和嘉兴海盐的杭州湾跨海大桥，虽处于海洋性腐蚀环境，但设计的使用寿命又要达到100年以上，这样就把桥梁用钢的耐腐蚀性提到十分重要的位置。实际施工中，大桥的管桩用钢就采用了经济型耐候钢。冶炼这种经济型耐候钢充分利用了废钢中所含的残余元素铜，添加适当的耐候性元素铬和镍等，并运用精炼工艺尽量降低硫的含量，在生产成本没有明显提高的基础上，有效提高钢材的耐腐蚀性能，为建设具有高水平的防腐蚀功能的杭州湾跨海大桥提供了材料上的保障。经济型耐候钢的研发及不断优化，为建设更多的海上桥梁开拓出一条光明的道路，这是中国桥梁建设在钢的使用上呈现出来的新格局。

中国人在桥梁用材方面的演变，生动地展示了人类在建造能力方面不断进步的光辉历程。今天，钢材在中国桥梁建造中已经占有越来越重要的地位，好多特大桥的用钢量多达几十万吨，如港珠澳大桥用钢量已达42.5万吨；沪通长江大桥后来居上，工程用钢量更达到48万吨，相当于12个"鸟巢"的用钢量；平潭海峡特大桥用钢量83.5万吨，创下中国桥梁用钢之最。这标志着中国桥梁建设者通过艰苦探索所取得的巨大进步，也是他们用自己的智慧、技术、意志和力量，努力突破自然环境的束缚，向更广阔的空间拓展的表现。

工匠们最初只能局限在对身边的现成材料进行简单的加工，后来逐渐提升了加工的难度，最终发展到用人工合成方法制造新型材料。于是，新材料为建造更长更高更为牢固耐用的特大桥梁创造了物质条件，那些原来只能出现在人们想象中的桥梁建筑的蓝图，因为人工合成材料突破了自然物固有的局限而变成现实，这是人的本质力量不断增长的缩影，也是桥梁发展史对人的自由自觉伟大创造的壮丽颂歌。

时代风采

桥梁审美创造也是随着时代的进步向前发展的。科学技术作为第一生产力，在引导人类不断地从一个个必然王国走向自由王国的过程中，同时也为人的审美活动开辟了更多的新领域，许多高新科技已经创造了新的艺术样式，有力地拓展了人类审美活动的范围。这些新的审美创造的手段，理所当然地被运用到桥梁的装饰中来，使桥梁的美在继承传统的表现形式的同时，更增添了时代的风采。

灯光照明

对于桥梁审美带来影响的最大现代手段首先要数灯光照明了。

谁都知道，世上一切事物只有在阳光的照耀下才能呈现出五彩缤纷的绚丽，赤橙黄绿青蓝紫美丽的色彩，都是特定波长的光对人的眼睛的生理刺激的结果。如果没有光线，人的眼睛就不可能有色彩感觉。在新的时代我们应该更加重视桥梁照明的审美创造，把一般的照明从保障交通需要，提高到成为塑造桥梁美好形象的重要手段。然而，地球自转所形成的白昼与黑夜的交替，使人类有一半左右时间生活在黑暗之中。为了改变这一自然现象所带来的局限性，使人类在夜间也不必完全生活在黑暗中，从远古时代开始，人们就想尽各种办法，从最早直接燃烧树木的火炬，到依靠油脂的燃烧发光的油灯，直到电的发明之后出现的各种各样的现代照明技术，人类在创造更多的光明的过程中，有效地延长了社会活动的时间。那种即使到了夜间也不用在黑暗中摸索的愉悦和兴奋，既有力地证明了人的创造力的伟大，也给人类带来了更丰富、更妍丽的世界。现代照明技术适应着市场经济的巨大需求，逐步向着艺术的层次升华，为人们的都市生活营造了一个个火树银花、五光十色的不夜城。

现代人工照明条件可以说已经把月光的作用和影响大大缩小了，月亮的阴晴圆缺对于当代人来说，主要是富有诗意的审美观照对象，而不再是夜间的光源了。因为人工制造的灯光不但早就满足了夜间照明的要求，而且已经成为城市夜景美的重要表现手段，它点缀着每一个窗口，照亮了每一条道路，渲染着每一座建筑物。桥梁作为城市道路的延伸、空间的节点，当然是灯光照明与艺术渲染的重点，城市里的桥梁也因此在夜间变得更加美轮美奂，灯光使它在夜间不但仍然保持阳光下的那份美丽，那些精心设计的照明系统，甚至可以说使它比白昼更具魅力。桥梁的夜景美，首先就是它的灯光之美。

城市夜间的灯光主要是由以下四个部分组成：一是路灯与建筑物的窗口透出的灯光合成的生活用光，这是一种在实用性功能基础上，表现出温馨宁静格调的"万家灯火"；二是马路、街道上行驶的各种车辆（主要是汽车、电车，偶尔也有穿过城市边缘的火车）的灯光，这是流动的光带，显示着城市在夜间的活力，在"月上柳梢头"的黄昏时分，车流辉映成光的河流，像欢快的旋律，像奔涌的血脉，以光的车水马龙展示着城市现代生活的节奏与韵律，而到了深夜，马路上的汽车大为减少，偶尔有车驶过，车灯的光线犹如滑过的流星，另有一种独特的情趣；三是闹市区的霓虹灯、灯箱所构成的霓虹光影，无论是商店的标牌，还是巨大的广告，霓虹灯以其艳丽的色彩，花团锦簇的光影，五彩缤纷，闪烁不定，在富丽中显出变幻无穷，在极大的感性诱惑中诉说着市场的繁荣与竞争的激烈，这是城市夜的交响乐中的华彩乐章；四是使用大型射灯组合，入夜后将那些重要的建筑物的整个立面照亮，使建筑物的轮廓、线条和色彩在夜间得以显现，它们尽情地渲染建筑物在夜间独特的美。这四种灯光，对于桥梁来说，除了出于交通安全的需要，一般很少有灯箱、霓虹灯之类的商业灯光，其余三种都是桥梁夜光的组成部分。今天，由于对建筑物的立体照明的重视，一般来说作为桥梁实用性照明的灯光，已经被组合到整个灯光系统中去了，过去那种只是为了让过桥的行人和车辆看清道路的灯光，早已升格为具有艺术水准的立体照明的一部分了。作为车辆在行驶过程发出来的灯光，当然会随着城市交通的发达，在光带的密度和延续的时间上，显示出越来越强劲的势头，流光溢彩的动态和美丽，使桥梁的生命变得更为充实，形象更为生动。而桥梁的立体照明更是塑造它的夜景美的重要手段。

　　建筑物的立体照明最早是从英国开始的。在20世纪30年代，伦敦市政管理当局对重要的建筑物和公共场所提出了严格的夜间照明的要求。到了70年代，就进一步编制了系统的城市照明规划，并且按照这一规划进行了具体的光环境的设计和施工。由于整个规划和施工过程细致严密，又具有很大的创新精神，工程完成以后，伦敦就成为当时世界上城市照明的优秀样板。泰晤士河畔的著名建筑，如圣·保罗大教堂、国会大厦、伦敦塔桥都有很好的造型设计，不同层次、不同色彩的灯光把这些举世闻名的建筑物照耀得如同白昼，映衬得光彩夺目。在国会大厦的钟塔，照明设计师精心布置了28盏高压钠灯从各个不同的方位、角度照射，使这座古建筑既显得十分壮丽辉煌，又表现出独特的温暖色彩。即使在迷雾和小雨中，行人和游客也能很清楚地看到灿烂的光线，感受到光线烘托下的国会大厦的崇高地位和悠久历史。钟塔上时钟的字盘使用荧光照射，钟上的指针和数字就显得格外分明，这不但显示了时间对于人类生命的重要意义，还展现了稳重静止的建筑的凝固性，在大钟指针的走动中表现着历史的节奏和时代的步伐，让人领略到特殊的启迪意义。国会大厦的外墙也采用了高压钠灯照明，中央屋顶则用冷白色的汞灯，使光线和照度既有呼应又有对比，这些组合灯光的使用，使这幢建筑显得比白昼时更有神采。

　　特别值得一提的是伦敦塔桥的照明设计。塔桥是泰晤士河上位于最下游的一座桥梁，于1894年建成通车。桥梁是开合式，当大型船只要过桥时，全长270米、重约1000吨的桥身就会慢慢升起，变成一个巨大的"八"字，让船只从中间通过。整座桥梁以两座塔为基底，塔身采用哥特式厚重风格设计，塔顶颇具中国金刚座宝塔的神韵，由四座小塔拱卫着一座楔形主塔，外观十分典雅，结构形式别具一格，很有气势，是伦敦标志式的建筑物。精心设计的灯光把桥梁的造型展示得更加鲜明生动：在桥的基座用白光把塔身还原为阳光下的原色，底层拱形的门洞、外墙上的玻璃窗以及塔座四角的圆柱，在灯光的照射下轮廓清晰、层次分明，上层供行人通过的悬空通道的建筑结构和窗户上的玻璃，在白光的映照下更显出虚实的对比，塔顶的尖顶在光照中显得更加挺拔峻峭。而桥塔的上半部用蓝色荧光作为补充，不但使塔身在冷色调的作用下显得更加幽远坚定，而且两种光线的组合使整个建筑的表现力更为丰富；塔座上半部蓝色的荧光与斜拉索的蓝色相互呼应，面的展开与线的延伸，在建筑形态上的对比，使整座桥梁的造型在夜间显得十分醒目，灯光的倒影在夜色中的泰晤士河中形成浮光跃金，跟岸上的建筑物相映成趣，突出地显示了这座世界土木工程里程碑的壮观景象。

他山之石，可以攻玉。国外先进的照明技术和灯光设计，为中国城市桥梁的夜景美的创造提供了很多启发。首先是思想观念上的变化，对于现代城市桥梁的夜间照明，国人的认识已经从满足室外通行的功能要求，提高到创造城市美好夜景的审美要求的高度上来了，这不但是经济发展、社会进步和人们的夜间文化生活不断丰富的必然要求的具体体现，而且也是塑造美好城市形象，突出现代桥梁在城市空间的影响力的现实需要。其次是改革开放以来，中国的经济实力和灯光照明的技术水平和艺术水平获得了极大的提高，这是桥梁夜景美的创造的根本保证，科学技术水平的提高，开辟了审美创造的新途径，而经济的发展又是实现审美理想的物质条件。再者是发达国家在城市照明技术和灯光艺术上的领先水平，为我们在这一领域的赶超型发展提供了许多经验，使我们有了后来居上的可能。正是在这样一种背景下，中国桥梁的照明技术和灯光设计翻开了崭新一页。

如东方港城宁波，进入新世纪以后桥梁建设日新月异，一座座造型新颖的现代桥梁在发挥它们的交通功能的同时，也为城市景观美增添了新的魅力。到了夜间，这些美丽的桥梁建筑就会大放异彩，被聚光投光灯、日光灯、无极变色灯以及路灯的光芒装点起来，成为璀璨光明的人间天堂。精心设计的灯光已经成为桥梁夜间景观美的最有表现力的造型元素，灯光勾勒出大桥的英姿，凸显它们的形象特征，烘托了灯火辉煌的繁华与平安的盛世气象。夜色的朦胧与灯火的光彩构成了特殊的艺术感染力，让人觉得温馨、愉悦，有时甚至还会有那么一点神秘。灵桥的钢拱的圆弧在灯光的映照下显得比白天更加优雅，琴桥那秀丽的线条就像美丽的竖琴被夜风轻轻地弹奏着，甬江大桥上的主塔和斜拉索上的灯光倒映在江面上，就像流动的金属，随着江水的东流显示出一派迷离神奇的效果。座座大桥在夜间焕发着光影之美，让整个城市沉浸在充满灵感的梦幻之中。

作为中国当今最先进的都市桥梁，卢浦大桥这座"世界第一钢拱桥"在景观照明上同样有不俗的表现。大桥一共有4100多套（盏）灯具，当全部灯光依次亮起，大桥不但被照耀得通体透明，光彩夺目，而且无论从哪个角度欣赏，都能给人以极大的美感享受。因为大桥的灯光设计把实用性与观赏性融为一体，除了养护灯和主桥、引桥上的照明灯之外，还安装了602套（盏）景观灯和1100多套（盏）拱桥上的步道灯。为了能在夜色中清晰地勾勒出大桥的雄姿，每一盏灯都被巧妙地安装在最适当的部位，同时光线的照度、色彩和灯具的造型，都经过科学的设计，完全达到了最具艺术性的表现水平。

当所有的灯光亮起来时，不仅整座桥身的形象，就连桥面的厚度、桥拱的曲线都能清晰地显示出来，让人仿佛有走进金碧辉煌的水晶宫的审美愉悦。同时，灯光为大桥所创造的美丽是全方位的，人们无论从哪个角度欣赏，都会得到各不相同的美的享受。在浦西桥面上靠近观光电梯处看桥拱，只见一条光辉明亮的弧线，在夜空中静静地跨越黄浦江，在简洁明快中透出舒展与优雅；桥拱的外侧，密密的灯火如同晶莹的夜明珠镶嵌在长虹之上，就像一条巨大的珍珠项链，构成了优美的抛物线，把上海这一东方明珠装点得分外妖娆；从桥上的人行通道上拾级而上，还能看见脚下繁星闪烁，那是台阶两边的步道灯发出的柔和的光，它在引导着人们前进的道路，这也是桥梁在建设过程中"以人为本"的设计理念的具体体现。

当然，灯光照明对于桥梁的审美形象的提升，是受其内在尺度制约的，而不是桥上灯光多多益善，越亮越好。发达国家近年来积极提倡"绿色照明"的理念，这是从环境保护的时代要求出发，认为城市照明在满足夜间通行的实用性要求的基础上，景观照明必须有所控制，应该厉行节约能源的原则，反对热量的过多排放，以免城市的温室效应给臭氧层带来更大的破坏。其实，"绿色照明"的理念，同样也是我们在桥梁照明设计时给予高度重视的。此外，桥梁照明必须防止光环境的紊乱，那些或出于显示雄伟，或为了炫耀富丽，照度过大且刺人眼目的灯光，那些闪烁频率过快的光线，特别是那种扫描滚动的所谓"瀑布灯"，往往使人烦躁不安，甚至头晕目眩，还会影响到司机和行人的视觉专注，它们不能给人带来审美享受，只能给人带来痛感。对于这类违背人的视觉审美要求、违背桥梁建设的"美的规律"的灯光照明，应该像一些发达国家那样，必须通过立法加以禁止。可见，对于桥梁的灯光审美创造来说，有必要进一步提高光环境的总体设计水平，通过精巧的创意、科学的策划、科学的论证，找到最佳的照明方案，为城市桥梁的夜间景观创造出集科学美、技术美、艺术美于一体的光彩形象。

植物栽培

植物栽培对于提高桥梁的审美价值同样起着十分重要的作用。

由于过去的桥梁是以跨江越河为主要功能的,而且大都是使用木材和石头建造的,所以即使是建在城市里的桥梁,也很少用种植树木花草的方式来加以美化。这一方面是为了防止植物的根系对石块砌筑的桥梁基础的破坏,另一方面由于木材本身在材质上的温和特性,不适宜用更为柔软的草木来装饰它。现代桥梁更多使用钢筋混凝土与钢材作为建筑材料,水泥与钢材坚硬、冰冷的质感所带来的缺点,需要植物的温柔、生动加以弥补,而这类人造建材不会对建筑物本身产生危害。当然,更重要的是城市中的立交桥、高架桥、过街天桥以及大型水上桥梁的引桥,本来就是架设在地面上的,这就为通过绿化手段营造更为美丽的景观创造了条件。

植物以生动的形态、艳丽的色彩、芬芳的气味,已经成为城市环境中最重要的景观元素。树木花草在那种被人不无贬义地称为"水泥森林""石屎"的城市建筑中,能够起到改善环境的形象特性与审美感受,为那些生硬乏味的实用空间增加一点人情味,让人们在熙熙攘攘的闹市中感受到些许诗情画意。可见,布置合宜的植物,确实能在水泥和钢铁的丛林中营造意境,能够激发在滚滚红尘中疲于奔命的芸芸众生的想象力,还能增加外来游客的游览兴味。植物对于城市景观的审美功能,同样可以在桥梁形象的美化上发挥积极的作用。

植物栽培对于桥梁审美的作用,主要通过以下方式来实现:一是在桥梁建筑上直接布置花草;二是用垂直绿化的方式从地面种植藤本植物;三是在桥梁与道路相连接的围合空间进行绿化。这三种方式各有千秋,也各有特定的对象,如果按照因地制宜、因"桥"制宜的原则合理运用,花草树木就完全可以为桥梁增色添彩。

所谓直接布置,就是运用盆栽的方法把花草安放在桥梁建筑的特定部位上,这在城市立交桥、过街天桥上经常可以见到。这种方法简便易行,基本上属于较为外在的装饰行为,因为它和桥梁建设本身没有很多的内在联系。一般说来,在过街天桥或者立交桥上放置花盆,主要是利用花草绰约多姿的风采、生气勃勃的神韵、顽强的生命活力,跟桥梁的护栏、柱头等硬质景观的刚性形成很好的对照,给人以硬中见柔、亦刚亦柔的审美体验;不同品种的花草虽然在色彩上各有不同的表现,但绿色的枝叶衬托着或红或黄或紫的花朵,色彩的鲜艳、多样也会使桥梁建筑的单调得到很大的改变;尤其是人工栽培的植物,从每一盆的单体来看,无论是在外在形态上还是在气韵生动上,应该说都有丰富的表现,但作为统一的布置,又常常会体现出某种统一性,个体的生动与群体的一致所形成的形式美，同样会产生更好的美感效应。如果在花盆的布置上有意形成一定的间隔，或者是两种花卉交错摆放，或者在几盆同一种花草之后换一种花草，当这两种植物在外形上具有较大的差别时，整条花带就会表现出很强的节奏感。

使用植物直接美化桥梁，特别要注意的是花盆安放的牢固性。因此，运用这一方式应该在桥梁建设时就要有所准备，应该事先设计好特定的凹槽或孔洞，以保证安放的花盆不会在大风、地震时坠落下去伤人。同时，这一做法也要讲究花卉的选择。一般说来，植株过于高大或过于小巧、形态过于细碎、品种过分名贵、生长要求过高的花草，都不适宜用来进行桥梁美化，最好选择那些容易栽培、植株合度、色彩明快、造型大气的花卉草木，这样既便于管理，又不必花费较高的成本，尤其是鲜明的形象对于桥梁景观美的创造，能够起到有力的烘托作用。

所谓垂直绿化，是借用城市房屋建筑立面的绿化方法，也就是在建筑物外墙的地基上种植藤本植物，利用这类植物喜欢攀援的生长习性，让它沿着墙壁向上蔓延，直到布满整个墙面。这时，这堵墙壁就像一张巨大的纸张，植物在自由的生长过程中所形成的样子就像一幅天然的画图，根部较低处长得密不透风，越到楼层的高处就越长得疏密有致，自然伸展的藤蔓，卷曲细嫩的须芽，密密麻麻的藤叶，遍布几层楼甚至十几层楼高的墙壁，把原本坚硬、单调而又乏味的建筑物，变成气韵生动、构图精美而又充满造化魅力的软质景观。这就是绿色植物的功劳，是生命的礼赞，是审美的创造。

城市中的立交桥、高架桥和过街天桥，都直接矗立在地上，无论是桥梁的立柱、桥面的外沿还是引桥或匝道的基础部分，一般都有较大的块面，这些块面也不像房屋建筑那样需要开窗，因此往往有很强的整体性。在这种情况下，与其让它们赤裸裸地暴露在车水马龙的城市环境之中，还不如通过绿化的方法化腐朽为神奇，利用藤类植物特有的形状、色彩、质感等造型元素，创造出一种富有自然美情调的人造景致，使桥梁和人的视觉达到和谐的境界。这种垂直绿化的效果，跟直接在桥梁上面摆放花盆之类的做法有一些区别，主要是前者与桥梁建筑的关系更为密切，一盆花草随时可以更换，而种在桥桩边的紫藤、常春藤、爬山虎等藤本植物，地下盘根错节，地上枝繁叶茂，植物的生命形态已经和建筑物紧紧连在一起了。从景观表现形态来说，直接绿化更多的是以点与线的形式出现，而垂直绿化则表现为块面的展开，以较大的面积在城市交通路线上展示着绿色的风采，它那郁郁葱葱的生长态势，给行人带来更多大自然的气息和亲切愉快的情感体验。

在桥梁结构围合的空间进行绿化，一般是指立交桥的匝道与主桥之间形成的空地，由于立体交叉的互通性要求，大型立交桥往往需要占有较大的土地面积，有的甚至几条匝道围起来的土地多达上百亩。由于匝道的存在，这类巨大的空间和周围环境往往是相互隔离的，因此很难有更多的实际用途。在这种情况下，通过绿化营造美好的城市环境就成为最好的出路。这种美化桥梁的方法跟前面提到的直接绿化与垂直绿化又有很大的区别，前两种方法的共同特点是植物和桥梁建筑有着较为密切的关系，而这一种方法是在桥梁围合的空间中植树种草，通过草坪、树木、花卉的自然美和富有创意的花台、花雕的艺术美，营造一个微型的花园来烘托桥梁的美。

草坪的培植是这类绿化的基础。由于草坪既能覆盖裸露的地表，防止飞扬起来的尘土影响城市环境的清洁与空气的清新，同时又可以避免生硬、粗糙的石块以及混凝土把人和土地完全隔离开来，所以草坪成为人们在改造自然的同时又需要亲近自然的最好选择。同时，草坪所形成的大面积的绿地，具有很大的吸引力，它不但为人们提供了富有生机和情趣的观赏对象，在一般情况下，还能成为人们活动的场所。草类植物从个体植株来看，它没有树木高大的形体，也没有花卉艳丽的色彩和诱人的芳香，这种植物的本性决定了它在个体植株的观赏效果上似乎略逊一筹。但是，当在一定面积中生长着同一种小草时，人们就会在它那鲜嫩的绿色和顽强生命力之中，领略到它们的朴素与平凡及其群体之美。

一般说来，最理想的草坪是集观赏性与耐践踏性于一身的草栽培而成的。这样的草坪既可以以生命的绿色让人们获得美的享受，又可以为人们提供休憩、野餐及进行轻松的体育活动的场地。但是，立交桥所围合的草地，由于周围都是车辆快速通过的交通节点，一般是不向人们开放的。因此，这类草坪的耐践踏性就可以另作别论。至于在这样特殊的空间中栽种树木，必须严格按照环境本身的规定确定适宜的树种，那些树干太高、树冠过大、会遮挡驾驶员视线的树木，是不适合在这里栽种的。因此，对于立交桥下的围合空间的绿化造境，园艺工作者必须紧紧把握环境的特点，选择适宜的树木、花卉，通过草坪的协调功能，把它们组织到一个合理的主题中去。

为了强化绿地景观对于桥梁的烘托作用，我们经常可以看到园艺工作者运用花台和花雕的手法，把花卉、树木以及不同色彩的草地组成特定的几何图案，或者通过人工加工的方法，把花草和树木塑造成立体的空间造型，或是某种吉祥的动物，或是某一有历史意义的建筑，比如北京五元桥在 2008 年布置的奥运主题，其他如龙凤呈祥、国宝熊猫、喜迎新世纪等，具体表现了作者对于桥梁与周边环境的内在意蕴的理解，以及对于桥梁建造时的时代精神的深刻感受。通过具体的造型元素表现出来的这些主题，如果在形似与神似的结合中展示出技艺的高超精湛，同时又是用鲜活的花卉树木这样一些充满大自然生命活力的材料塑造出栩栩如生的人工造景，确实会增加桥梁及其周围环境的美感。值得注意的是，这种绿化方法作为审美创造手段，必须服从桥梁的交通功能，应该从汽车行驶的速度去考虑驾驶员的视觉专注和乘客的视觉享受之间的矛盾冲突，必须在严格保障交通安全的前提下为人们提供美的享受。否则的话，过分花哨的造型所造成的审美压倒安全那种本末倒置的危险后果，就不是对桥梁美的烘托，而是反过来对桥梁的使用功能和审美作用的极大破坏了。

  我们在北京、上海、广州、深圳等地，都能看到立交桥、高架桥和过街天桥在夜间灯火辉煌的壮丽，尤其是在乘坐游轮夜游黄浦江或者珠江时，每一座大桥在灯光照映下如同一条夜明珠做成的彩虹，在城市的夜空中格外璀璨夺目；而北京的几座特大型立交桥的绿化和人工造景，上海、广州的高架桥的立柱和边沿上的藤萝构成的美丽画面，总会给人留下十分深刻的印象。这些美丽的桥梁都是中国当代城市桥梁建设的杰作，它们为现代大都市增添了无穷魅力。一花引来百花放，这些建设成就的取得，必将进一步促进中国桥梁建设朝着更新、更强、更美的方向发展。

云气横开八阵形，桥形遥分七星势

第五章 桥梁形象

对于一般读者来说，如果了解与掌握了桥梁的工程建设、交通运输功能、常见的桥梁类型和中国桥梁简明发展史这几个方面的知识，可以说已经在"知桥"的学习中入门了。然而，如果从更高的要求来看，掌握这些桥梁基础知识还是不够的。因为桥梁在建筑上跟其他建筑类型相比虽然有其特殊性，但从人类创造物的角度来看，桥梁仍然属于建筑的范畴。同时，由于建筑物跟人类的生存表现出特别重要的使用功能和非同寻常的文化意义，因此，如何站在美学的高度对桥梁进行鉴赏，同样是"知桥"不可忽视的重要内容。这里，我们对建立在桥梁总体结构上的美学知识做一些简单的介绍，因为这既是全面完成"知桥"这一学习任务所必须掌握的内容，也是为下一步行走桥梁时的直接鉴赏打下基础。

勤劳智慧的中国人民，经过世世代代的艰苦创造，在中国的江河上建起了一座又一座桥梁。曾经在相当长的岁月里支配着中华民族意识形态的宇宙观——"天人合一"思想，使古代中国人总是把改造自然的活动，放到一个比较和谐、宽松的历史氛围中去。他们尽可能地在不破坏大自然自身固有秩序和美好面貌的前提下，展开他们各种各样的建造活动，桥梁建设当然也不例外。因此，中国的桥梁建设总是能够充分注意到遵循自然环境本身的美，去表现出能与它相得益彰的外观形象来，使人类所创造的社会美和自然美互相融合，努力结成一个和谐的整体，而不是把人工创造物作为损害或削弱自然美的破坏者。正如英国著名科学家李约瑟博士在他的煌煌巨著《中国科学技术史》中所说："中国的桥梁无一不美，而且大多数的桥梁都极为美观。"这一评价出自一位外国科学家，它充分说明中国桥梁具有高品位与普遍性的审美价值，它在世界建设艺术史上有着很不平常的地位，这实在是值得我们高度重视的。

中国桥梁在发展过程中不断趋向完美，里面包含了历代桥梁建设者的心血和汗水。他们坚持不懈地探索一切跟建桥有关的大自然的奥秘，在桥梁科学的研究中，不断地从必然王国走向自由王国。茅以升先生曾经十分自豪地谈到中国桥梁的美，他说，一座桥梁"如果强度最高而用料用钱都是最省的，它就必然是最美的，那里没有多余的赘瘤，而处处平衡。这样的桥就与自然界谐和了，就像秦少游词所说的'秋千外绿水桥平。东风里，朱门映柳'"。这就是说，中国桥梁的美来自科学的理性、高超的技术和浪漫的艺术想象，并且很早就朝着极简主义的方向努力。

平直刚劲

梁桥在中国桥梁建设史上可以说是最早出现的，并且至今仍具有强大的生命力。从造型的特征来看，梁桥是以直线为最基本的构成因素。无论桥梁的材料、结构、体量有多少变化，古今梁桥都以坚实的桥桩或桥墩立于水中，并靠它们承托起梁体。如果我们把桥桩与桥墩的实体性和多种细节忽略不顾，或者说把它们原有的"体"的特征暂时加以淡化，作一点抽象而看作"线"的话，那么，矗立在水中的桥桩或桥墩都可以看作垂直线，而架设其上的梁体也完全可以看成水平线。桥梁史和大量的实物都告诉我们，梁桥最基本的构成就是由直立的墩、柱和平直舒展的桥面相互组合而成的，也就是说，垂直线与水平线的组合，是梁桥最基本的构图特征。这横竖的线条组合似乎有点过于简单了，其实不然，里面包含着丰富的力学原理和心理要素，而这正是梁桥造型美的特征。

从线条本身来看，直线是两个点之间距离最短的连接，虽然它缺少变化，也没有装饰性，但是它的简洁明快却包含着力的传递最直接最迅速的优点；从空间构成来看，直线的组合形状最明确最肯定。那么，主要是由直线构成的梁桥，虽然与多数桥梁一样，在平面上是用直线把此岸和彼岸连接起来，但是，它和拱桥、索桥不同，如果从立面来看，大多数梁桥都是一条平展展的水平线，而拱桥最显著的形式特征就圆弧形，索桥则与拱桥相反，呈中间下垂的弧线，它们都不是直线。由于桥梁最根本的用途就是沟通两岸，作为空中坦途的标准形式，呈水平线的梁桥能以最短的距离连接两岸，车辆和行人就能用最短的时间过桥，而且由于它基本上呈水平状态，对过桥者来说最为省时省力。因此，梁桥对于交通来说，就比拱桥与索桥更加便利和快捷。尤其是在今天，汽车和火车已成为陆上主要交通工具的情况下，梁桥桥面的水平状态的特征对于提高车速是有极为重要的意义。因此，这一点正引起桥梁科学家的普遍重视，并且把这一优点推广到其他桥型上，让各种不同桥式的桥面都以水平线出现。这样做不但提高了运输能力和桥梁使用寿命，而且使现代桥梁变得更加丰富多彩。

　　线条的力学特征是和它的美学特征紧密地联系在一起的。直线的坚挺有力虽然缺乏变化而导致审美上的单调，但它却有另外一种美。纵观梁桥的柱和墩，以垂直线为基本特征的线条，确实没有曲线的柔和与优雅；但刚劲有力就使它们具有挺拔锐利的美学意味。垂直线的这种美，我们在生活中是常常可以感受到的：挺直的青松、笔直的钻天杨、"刺破青天锷未残"的山峰、高耸入云的旗杆，它们都被我们看成力量的化身、刚强的象征。就连人的姿势，也讲究"立如松"的风度美。这些现象都说明以力的刚劲为内涵的垂直线，确实具有崇高美的品格。

　　典型的梁桥，它的桥墩或桥桩，无论是像西安的灞桥是用石轴砌筑的桥柱，还是像武汉长江大桥、南京长江大桥、钱江大桥、钱江二桥以及杭州湾跨海大桥、港珠澳跨海大桥与平潭公铁两用海峡大桥及其他许多大型桥梁的非通航部分，都是以钢筋混凝土做桥墩的大型梁桥。对于这样一类桥柱、桥墩，我们在审美欣赏中都可以把它们看成是一组垂直线。它们的下端一直深入到基本岩层，水流的冲击，泥沙的流动，都无法使它们移动一步，桥桩、桥墩就像一棵棵大树，牢牢地扎根在那里；它们的上端支撑着桥梁的上部构造，让车辆行人安全地通过，如履平地。桥桩、桥墩又像一个个顶天立地的男子汉，显示着中流砥柱的英武气概和泰山压顶不弯腰的刚毅精神。同时，它们露出水面的那部分，由于水平面和梁体的作用，都会呈现出统一的高度，形成一种整齐一致的美。这就使多跨梁桥出水的那部分基础结构，从个体的形象到群体的组合都充满了垂直线所特有的力的美感。可见，虽然梁桥的桥桩、桥墩的线条简单，但是却蕴含着科学与技术的深刻内涵，体现着巨大的社会功能，同时在审美上也有其内在的深刻性。

　　跟桥墩、桥柱相比较，梁桥的上部结构又是另一番景象。虽然同样都是直线，但由于它处于水平状态，因此与下面的垂直线部分表现出迥然不同的美学意味。梁体横跨水面，平衡是其最基本的技术要求。视觉美学告诉我们，水平状的直线，常常给人稳固、宁静与舒展的感觉，而这正是桥梁建设者最乐于赋予桥面的形象特征，希望每一个过桥的人在对桥面水平线的肯定性感受中，增强对桥的强度的信任感，舒心地通向对岸。同时，水平线是以广袤无垠、海天相接的地平线为原型的，又与人类双眼的水平排列的方式所形成的线条是一致的，因此它极易和人的视觉处于一种协调的关系。这种主客体的和谐，能够使人对作为审美对象的水平线产生一种安详、平和、亲切的情感。这种快感反过来又使人赋予水平线以舒展、流畅的审美品格。

　　梁体水平线的美感，还由于它在桥梁整体构造中的地位而得到强化。在单跨梁桥中，梁体把两岸的桥台连接起来，它就是桥梁的通达作用的直接承担者；在多跨梁桥中，除了上述意义之外，它还使分散独立的桥柱或桥墩，连成一个整体。这种作用与人在知觉中乐于把相似的事物组合起来的倾向相应和，因此就增加了欣赏者对整体性的认同，从梁体的水平线中感受到贯通和统一之美。再者，呈水平线的梁体与桥下的水面在总体上处于平行的状态，两者在形式的相似中有相异，在性质上又有虚实的对比。这种互相应和而不类同的形式表现也是很美的。

　　当然，桥梁本身都是以三维空间的形式存在着，我们要求在审美欣赏中抓住它在造型上的基本特征，把立体的桥柱、桥墩及桥面都抽象成线条，这只是通过视觉去简化对象，为的是在形象上更好地把握对象，更好地感受其深层的意味。而要做到这一点，正需要欣赏者具备一定的审美能力，这样才有可能在繁杂琐碎的体积、块面和错综复杂的线条组合中，敏锐地感受到对象的构成要素及其形式美感。这就要求对圆柱体、长方体，甚至像钢桁架中那令人眼花缭乱的钢构件，都进行必要的视觉抽象，并且从最能代表对象造型特征的线条中去体验它的美学价值，去把握桥梁整体形象之美。

　　如西安灞桥，这是一座石柱木梁桥，它的桥墩共有 63 组，每组 6 根石轴柱。远远望去，这些桥墩就像一排排顶天立地的英雄好汉，它们托起宽 10 米、长 389 米的大梁和桥面，让南来北往的车辆和行人从桥上通过。这样，无生命的桥墩，似乎个个都被灌注了生命的活力。每当我们凝神观照时，就会为它们的威武气概所吸引，好像我们自己也变得无比坚强，可以用自己的身体把大梁稳稳当当地支撑住。而这总长 389 米的梁体，是由长 6 米左右的木材，13 根一组排列而成的。桥工们运用特定的技巧，把它们连成一体。整个桥面不仅从平面上看是长方形，而且由于主梁自身再加上托梁和 20 厘米厚的横枋，桥墩上架设的实际上是 60 多块长方体。只是我们在欣赏它的造型时，更多地关注着它的基本线条，把它看成是联结 60 多组桥墩的水平线罢了。灞桥正是由这么多的垂直线为形式特征，它与桥面这一硕大无比的水平线的密切协调，构成了纵与横的互相对立而又互相依存的总体构图，在简单明了中又有一定的变化，这样的线条组合所表现出来的造型美，也就很容易为广大的人民群众所理解。同时，人们也可以在对桥梁的造型欣赏中提高自己的审美能力。

现代桥梁建筑仍有很多采用梁桥的形式，由于建筑材料具有更强的抗压抗拉能力，因此梁桥的平直刚劲就表现得更加充分。如重庆长江公路大桥，是一座主跨为174米的预应力钢筋混凝土梁桥。这座桥共有7孔；桥墩为规整的扁形长方体。由于桥下净空较高，桥墩的水上部分高高耸立；同时还由于侧面的厚度比较小，体积感就不那么强，而更多地表现出垂直线的挺拔和刚劲，就像7座横空出世的高塔，立于滔滔江流之中，十分壮观。桥的上部构造也十分明快简单，桥面全长1073米，它的侧面就是一条水平线；由于宽度21米与长度相比，只约占五十一分之一，所以在岸边离桥较远的地方望去，整个梁体犹如一条平展的彩带横跨两岸。尤其是站在高处鸟瞰，整个桥面把7个桥墩和两岸的桥台连成一体，更能强烈地感受到水平线所表现出来的高度的舒展之美，体味到梁体在整个桥梁建筑中的整体性意义。

又如福建平潭海峡公铁两用大桥，这是中国目前施工难度最大的桥梁。大桥所在的平潭海峡，是世界三大风口之一，天上风大，海上浪高，海底水深流急，根据气象和水文的统计资料记载，每年有300多天都会刮6级以上大风，其中200多天有7级以上大风，海面上最大的浪头约有9.69米高，曾经被桥梁界称为建桥禁区。它的自然环境比已建成的东海大桥、杭州湾跨海大桥和港珠澳大桥各自所处的自然环境更为恶劣。台湾海峡平潭段中小岛屿众多，礁石星罗棋布。海峡诸岛屿受风化剥蚀与海浪冲击强烈，环岛四周均堆积风化崩塌块石，涨、落潮波流在桥位处相对强劲，冲刷强烈，海底地形起伏大，海床面极不平整，覆盖层不均。基岩主要为花岗岩、凝灰岩、英安岩和火山角砾岩。

面对这样的地质条件，工程技术人员根据桥梁结构支撑的特殊要求，每个桥墩的基础都用数十根直径不同的钻孔桩加以支撑。每个钻孔桩的施工，须先把一个空心钢护筒通过液压冲击锤打入海床10多米后加以稳定，然后钻机进入钢护筒钻孔，一直钻到60多米的花岗岩层为止。成孔之后随即灌注水下混凝土，就这样一根坚实稳固的钻孔桩才最后完成。更为困难的是有的桩基恰巧碰到不良海底地质，要在大风大浪中将1800多根钻孔桩嵌入海床60多米深处的花岗岩层，其施工的难度与危险程度可想而知。其中，有一根桩从插打钢护筒到最后完工，花了整整16个月。更有50根直径达4.9米的钻孔桩，为迄今为止中国桥梁施工中直径最大的工程桩。钻孔桩的直径越大，钻孔的难度也就越高，为了顺利克服这一世界性的难题，工程技术人员联合攻关，研制出达到世界先进水平的钻机。这台新钻机的最大成孔直径可以达到5米，钻孔深度能够达到180米，这不仅为平潭大桥桥墩基础施工提供了利器，同时也解决了中国海上桥梁建设大直径钻孔成桩的施工难题。经过四年艰难困苦的奋斗，到2017年11月，1800多根钻孔桩的施工任务终于圆满完成。千里长桥始于基础，梁桥的桥墩依靠深入到海床深处的钻孔桩，桩基的完成为接下来的施工创造了条件。平潭大桥近3000米长的简支钢桁梁非通航孔桥，正因为有了这样坚实的基础，就一定能够在台湾海峡的大风、巨浪、急流的冲击下岿然不动，成为当今世界桥梁建设又一壮丽篇章。

上面这几个例子告诉我们，梁桥以直线为主要造型要素，由垂直线和水平线的对立统一所体现的形象特征，以其线条的挺拔和力量展现着力与美的高度统一，这样一种特定的审美效果使简单平实的直线，展现出丰富的意味和特殊的魅力。

长虹倩影

在近两千年的桥梁工程史上，拱桥，尤其是石拱桥的建造，为古代中国的建筑建造赢得了较好的声誉，至今仍为世界土木工程界所重视。由于技术上的成熟和进步，石拱桥的数量占中国古桥数量的一半。石拱桥之所以在中国桥梁建设史上有如此重要的地位，首先是因为它在沟通陆上交通的同时，不会妨碍水上航运。大跨度拱券的建成，既使人们有了跨江越河的物质保证，又具有相对梁桥来说高大宽阔得多的桥下净空，使船舶能够比较顺利地通过，陆地、水上两种不同的交通方式互不干扰。其次，拱桥较好地解决了在宽大水面上架桥的技术难题，因为拱桥不像梁桥那样，直接依靠立在水中的桥墩来支承梁体。石梁桥由于受到材料强度的限制，它的梁体最长也不能超过7—10米这一限度。否则，桥梁在受重压时容易压弯折断。这样，在宽大水面上架设梁桥必然要砌筑一定数量的桥墩，在钢筋混凝土这类人工合成材料尚未问世的古代，建筑材料对于结构的限制是比较明显的。然而，桥墩一多就会给水流的畅通带来困难，平时容易使桥梁基础受水的冲刷，洪水到来时则有可能冲毁桥梁。而拱桥的上部构造是用小体量的材料组装起来的，随着拱券砌筑技术的进步，拱桥的跨径也不断扩大。隋代的赵州桥主孔净跨为37.02米，而目前石拱桥的最大跨径已达120米，这就使航运和排水的问题得到了较好的解决，拱桥也就成为最受欢迎的桥型了。

正是由于客观的社会需要，古代桥工在建桥的实践中逐步掌握了拱桥的建造技术，并使之不断完善，为世界桥梁建设的发展做出了技术上的贡献。拱桥的建筑材料虽然有石、砖、竹、木，但以石拱桥最为常见。而木拱桥则在由梁桥向拱桥的转型期，发挥过重大的作用，即在桥梁结构形式上由伸臂梁桥经过叠梁拱桥最终发展为完全的拱桥的全过程。从结构上来看，是由梁桥以线的跨越为主向拱桥以块的堆砌的转变；从造型上来看，这几种桥型各有不同的特点，但却表现为由直线的基本形式向曲线的整体构成转化的发展趋势。

为了更好地了解这一转变过程，我们还是先来看看伸臂梁桥的结构与造型的特点。伸臂梁桥最早都是用木材建成的，它利用木材的长度，在桥台上横直相间，朝河的一边层层挑出，使用的木材一层比一层长，每叠挑出的那部分就越逼近河心。当两岸桥台相对伸出的部分靠得很近时，再在它们的上面安放短梁。《四川通志》曾经这样记载榻水桥："桥跨文井江，在二铁索桥之间，俗名谓之刁桥。其制不用中柱，自两岸压木于土，填以砂石；木上加木，层层递出数尺；将至斗头丈许，则以竹为排架于其上。高约数丈，宽仅数尺。"这种层层递出的建筑结构，和房屋建筑中的斗拱是同样的道理，都是利用杠杆的力学原理：伸出部分承托上面一层木材的压力，它是杠杆的重点；它压住下面一层的边缘处就是杠杆的支点；而被沙石泥土压住，并埋进桥台里面的那一部分，正是它的力点。

从造型的特点来看，虽然每排木材本身仍然可以看作比较规范的直线，但它的整体轮廓已跟一般的梁桥不一样了。它在层层挑出的那部分整体组合中，以点的连续形成了弧形的虚线。这种外在形状的变化只是表面的，因为桥梁内部重力传递的途径，已经通过局部的直线的互相交接，在整体上表现为一条弧形的力的传递路径了。当然，短梁部分依旧是直线，只是由于它比较短，在桥梁整体中就无法处于支配地位了。因此，可以说伸臂梁桥的构成特点就是直线向曲线的转变和过渡，是由木材那现实的直线，向伸臂梁中层层挑出形成的倒阶梯形轮廓的弧形连接线转化，尽管这条曲线还是虚的，但它却代表了桥梁造型的一个新的发展趋势。伸臂梁桥的整体形状还不是很确定，桥台一般也显得比较庞杂和臃肿，曲线还处在虚设的状态，更谈不上流畅和优雅。因此，虽然这一桥型在很久以前就已出现，并且至今仍可在交通比较偏僻的山区见到，但它本身却不是一个成熟的桥型。技术上的不够完善与造型上的不够优美当然是息息相关的，这些都是伸臂梁桥只能局限于特定的区域发挥它的历史作用的内在原因。

紧跟着伸臂梁桥出现的是叠梁拱。叠梁拱是介于梁与拱两者之间的木桥，这一名称是当代桥梁学家唐寰澄先生确定的，他准确地揭示了这一类桥梁的结构特性。顾名思义，叠梁拱就是指由木梁叠合起来的拱桥。这里，木梁是基本材料，叠合是建构的主要手段，拱形是桥成后的造型特征。《清明上河图》中所描绘的汴河虹桥，就是这类叠梁拱杰出的代表作。从画面上看，虹桥的桥面已经完全是拱形的了，而桥的结构是以大圆木为拱骨。也就是说，在造型上是以直线的交叉、连接，叠合出曲线来。虹桥的结构大致上是这样的：在桥的宽度范围内，以直径30多厘米的圆木构成21组拱骨，并且分为两个系统，第一个系统是由五根圆木连接成等腰五边形（以水平面为五边形的底边）；第二个系统以三根长圆木连成一个等腰梯形（同样以水平面为底边）。两个系统互相叠合，两组圆木各有穿插口在它们的交会点上，设置横贯全桥的横木五根，在两个系统相互叠合的结点用拱骨联结起来，并且把两个系统重叠时出现的三角形塞实，使全部拱骨成为一个稳定的结构。然后再用木材把这一结构的几个顶点联结起来，最后在已经联成拱形的桥体上铺设桥面，并顺着拱券延伸到岸边与地面吻合。这样既便于车辆上下，又增加了桥的造型美。

始建于明洪武元年（1368年）、重建于清同治年间的甘肃渭源县的灞陵桥，是一座古典纯木结构伸臂曲拱型廊桥。据考证，这是迄今为止发现的建造年代较早并且仍在使用的叠梁拱桥。这座陇上廊桥自清中叶重建至今，中间在1919年、1932年有过两次大修，几百年的风风雨雨没有毁坏它的秀丽风貌，历史的沧桑反而增加了它的艺术与技术的魅力。灞陵桥坐落在渭水源头第一城——渭源县城南的河滩上，全长约40米，高15.4米，桥两端的底部以每排10根粗壮圆木纵向排列成11组，从两岸桥墩底部逐次递级伸出，并且形成一定的仰角向上飞拱，最终在河流中心相接，形成弓形的木拱结构。

灞陵桥的桥面是由中间通道和两侧花篮组成，通道呈踏步状，可见主要是为了供行人和牲口通过。桥的两端都有桥台，与桥身连成一体，台上的桥屋，左右两堵墙为青砖实叠，既勾勒出桥与路的过渡地带的厅间空间，又通过建材的重量，增加了对桥端底部的压力。桥台厅屋四角斗起，脊耸兽飞，琉璃瓦顶，彩霞绚丽，清风徐来，铎声叮咚，给人以田园牧歌般的享受。桥栏覆盖桥面，既为行人提供遮风挡雨的便利，又通过廊与柱的建筑构造，强化了桥梁建筑的整体性，还使桥的形象得到了美化，可谓一举三得。桥上廊房每间宽3米，共13间52根吊柱，由14排另柱提挂，每排4柱，两两另置，形成双侧挂栏。灞陵桥的结构设计、施工工艺、建筑装饰和桥梁的整体形象，都富有中国传统建筑特色，桥梁坐落的方位与周围环境形成了十分适宜的关系，它一面紧紧牵着东南君山秀峰和北面的七圣峻岭，两岸山峦对峙，在河道跟桥梁还有相当距离直到桥的跟前，都可以看到高耸的桥身在群山和蓝天的衬映下，更显得明净壮观，构成了长虹卧波、蛟龙腾飞的飞动之势；一面又以彩绘的桥身、梁柱、椽檐斗拱与周围的村舍田园、依依杨柳、萋萋草木交相辉映，愈发显出桥的典雅秀丽，质朴温厚。人们称它为"渭水长虹""渭水第一桥"，可见这座叠梁拱桥在中国桥梁建筑史上的重要地位。

　　叠梁拱已经以拱作为桥梁作用力的传递方式，对两岸桥台产生了一定的推力。我们看到张择端笔下虹桥的桥台，就是用方正的条石砌筑而成的，台前还留有纤道。这说明建造这类虹桥，是为了保证水面有较大的宽度，以及较高的桥下净空，以达到水上行船的便利。从造型上看，虹桥及其他的叠梁拱桥在直线的转折与叠合的同时，已经出现明确的曲线，《清明上河图》中，形似彩虹的圆弧在桥上就有好几条，这些弧线其实都是用木材具体地表现出来的。最为引人注目的是桥面外缘称为"博风"的边线，它在外观上强烈地显示了虹桥最基本的造型特征，具有很高的审美价值。

　　总的说来，这类叠梁拱桥在造型上通过折线的叠合，构成了一个拱形整体，桥梁的承载力已经由这一木拱向两岸传递，它们开始具备拱桥的形象美。但是，由于它还是以直线作为整个拱架的造型基础，纵横交错的直线还没有全部被组合到曲线中去，所以曲线还没有在其中完全占有支配地位。同时，由于木材本身的特点，叠梁拱上的曲线还缺乏石拱桥中曲线的柔和、流畅与优雅之美。

　　过去在相当长的时间里，人们以为虹桥的结构技术已经失传。后来，在浙闽山区发现仍有不少这类木拱桥。它们有的跟虹桥的结构相差无多，有的则有所改进。这主要表现在木拱骨的段数减少，结构趋向简单。但无论在结构上还是造型上，都和虹桥大致相同，仍是由直线的转折与穿插向曲线演变。我们前面介绍过的浙江梅崇桥，就是这类跟虹桥稍有差别的叠梁拱，或许可以把它看成是虹桥的改进型吧。

　　真正意义上的石拱桥，是以曲线作为它最主要的造型元素。曲线在视觉美学上被看作最优美的线条，它不像直线那样刚劲有力，但却比直线富于变化，它能表现事物的活力和动势，具有很高的生动性。人们在日常生活中所接触到的行云、树冠、花朵、叶片、贝壳，乃至人类制造的各种器皿、车轮、喷气式飞机的流线型外壳，都含有各种不同的曲线，当然还有人体自身，这种曲线更是精美绝伦。以曲线为特征的石拱桥造型，不但比木石梁桥的垂直线与水平线的组合，显得更加柔顺、流畅，更具雅致的情调，而作为圆的一部分，曲线能给人以和谐、圆满的感觉。由于圆是许多事物运动的轨迹，如行星绕太阳公转、月球绕地球旋转，直到飞旋的车轮，都呈圆形。因此，石拱桥的曲线也就富有流动的美。特别值得指出的是，每一座拱桥常常是几条曲线的复合，大凡成功的作品都是以和谐的曲线集群表现出美的空间形态。这些线条中最显著的是拱券和桥面这一组曲线，由于石拱桥的桥台一般都很坚固，以承受住石拱的推力，因此就需要桥台不同程度地伸进水中，而桥面与堤岸道路连接处总要比桥台外沿更靠近岸边。这样，作为两个桥台的连线，无论拱券的弧度多么小，它总是比不上两岸之间的连线——桥面曲线的长度，也就是说，桥面曲线总是要比拱券曲线长一些。这样，两条相似（都是曲线）而不相同（弧度、长度有差别）的线条组合在一起构成一组复合线条，在统一中存在着差异，在多样中呈现着统一，既有整体的和谐，又有个体的生动。这使得石拱桥的基本造型从整体上看确实十分悦目。

　　同时，从材料的运用和加工技艺上看，石拱桥的曲线已经进入比较自由的审美境界。当人们能够比较熟练地建造石拱桥时，他们已经很好地掌握了开采石料的技术，并且能够根据工程的技术要求，把石料打制成各种形状的构件。石料的轮廓可以做得很规整，线条很清晰。这样的构件在组装成拱券或铺设成桥面时，就会有比较光滑平洁的表面。这样，桥梁的总体结构所显示出来的线条就不会是充满皱褶、凌乱分散的了，而是显得十分柔和与明确。技艺的高水平在这里就转化为较高的审美价值了。石拱桥的拱券曲线不但因桥面曲线的相近组合而收到相辅相成的效果，而且在与桥栏、望柱和水平面的对比之中，表现出相反相成的意味，这是由直线和曲线的配合所产生的特殊情趣。两个半世纪前，英国美家学威廉·荷加斯在《美的分析》一书中说过，直线与曲线结合，其变化比单纯的曲线多，因而具有相当的装饰性，这种组合就比较美。石拱桥自身的曲线与直线，以及与水面的组合就是最好的实例。

　　再有一点，石拱桥的桥面总是要比两岸的地平面高些。虽然桥梁在功能上是对两岸道路的沟通，但在路—桥—路所连接的整体形象中，它又是对道路水平线的中断，不论这一拱形的波峰比地面高出多少，从这一点看来，民间俗语说的"桥归桥，路归路"，也就有了一定的合理性。可见，石拱桥以高耸的英姿改变了道路在空间形式上的单调，丰富了地表景观的轮廓线。正因为如此，石拱桥的坡度虽然给通行带来一定的不便，在通畅平直上比梁桥逊色，但却在景观富有变化的意义上赢得了人们的赞誉，使这种高出地面的建筑物，常常成为当地的标志，成为有象征意义的人文景观。因此，当石拱桥的高度对交通的影响不会对人们的生产生活带来实际的不利时（如在园林桥中），有意提高桥拱的高度，使整个道路系统处于起伏有致的变化中，也就常常成为自觉的审美追求了。

中国石拱桥的拱券形状多种多样，有全圆、半圆、马蹄、圆弧、锅底、蛋圆、椭圆等，还有抛物线及折边拱券。这些形形色色的拱券，主要是曲线不同的展开形式，它们除了具有共同的曲线美之外，同时还具有各自的造型美学特色。

全圆形拱券是比较特殊的，建成的桥梁为数不多。这种将拱券做成一个完整的圆筒，半个圆沉入河床之中，另外半个凌空跨越水面。其实，那沉入水中的半圆拱就是特殊的桥梁基础。这种拱桥一般建在地质条件很差，水面又不很宽阔的河流上。因为在一般情况下，用半圆拱与两岸牢固的桥台相接，完全可以完成它通达两岸的使命了。就是在造型上，全圆拱给观赏者的可视形象大半是以半圆形拱桥出现的，虽然由于水的深浅，实际所看到的圆拱会有所变化。根据桥梁专家罗英先生的考察和研究，中国西南一带还有几座全圆拱桥。他还认为江苏吴县甪直镇在明代建造的东美桥，就是一座全圆拱桥，但这座桥看上去似乎没有明显的圆拱，究竟是地面沉降后，有些拱券下陷于土层中，看起来似乎像全圆拱，还是原本确实是全圆石拱，因为没有经过开挖确证，现在尚无定论。苏州学士街上的升平桥，1949年后因市政建设需要而被拆去，据说曾发现倒拱，只可惜当时没有确凿的原始资料可以证实这一说法。如果这一传闻是真实的，那么升平桥也是一座全圆拱桥了。

全圆拱下部沉入河床之中，露出水面的也就是一个半圆拱。因此，两者在造型效果上完全是一个类型的了。跟全圆拱的罕见正好相反，半圆拱是中国石拱桥中最常见的拱券形式。江南水乡，河流分布很密，交通上人们驾驭船舶多而使用车马少，因此对桥梁的桥下净空的要求更高。于是，对跨径不大的单孔石拱桥，采用半圆形拱券当然是最合理的选择了。杭州西湖苏堤上的映波、锁澜、望山、压堤、束浦、跨虹六桥，都是单孔半圆拱，近年新修建的杨公堤上的六座新桥，也都采用了单孔半圆拱的桥型。四川万州陆安桥也是一座半圆拱桥，它的拱跨约20米，桥的高度也相当大，圆拱高耸，形象壮观。当然这种大跨径的半圆拱只适宜建在堤岸较高的河流上，否则上桥下桥就很不方便了。

半圆拱的造型除了曲线美之外，还有均衡、匀称的特点，它的矢高正好是跨径的一半，也就是说跨径正好是圆的直径，矢高正好是圆的半径。同一圆的半径自然是相等的，因此半圆形能给人丰满、充实的情感。明代文人曾经这样描写苏州南桥镇普济桥的半圆形拱："上为悬虹之势，中穹两垂，影饮河流；下为偃月之形，调空轮廓，帆樯径渡。"确实把半圆形拱桥的造型与性能，十分生动地表述了出来。半圆拱桥确实如长虹饮涧，给人以和美之感。如果在水面平静时观赏，桥拱和倒影合成一个全圆，虚实结合，互相衬映，那是很有意境美的。中国的半圆形拱桥有很多，很多著名的拱桥都是半圆形的，如苏州的枫桥，吴县甪直的正阳桥，绍兴的光相桥、太平桥、小古江桥和接渡桥，安徽黄山的白龙桥、百丈瀑桥，四川的万洲桥，等等。

江南水乡还有大量的拱桥，看上去是半圆拱，其实却不是严格的半圆。通过细致的测量发现，这类桥的圆心略略高于拱脚，拱券本身也大于半圆，即拱心夹角稍大于180°。这种做法说明中国古代桥工在桥梁建筑上表现出高度的科学水平和奇妙的艺术创造力。这是因为，从桥梁受压后力的传递来看，半圆拱脚在接近桥台的一部分，几乎与桥台成直角。而重物上桥下桥时的力量，不可能是垂直地下压，而是有一定的方向性。如果利用垂直线来传递这种压力，可能无法很好地胜任。反之，把拱券做得略大于半圆，使它与桥台平面的夹角稍稍小于90°，这样就会有利于增加桥梁的强度。从造型艺术的角度来看，采取这一措施正是利用了视觉上的错觉原理。视觉心理学上曾经有这样一个实验，两条等长的线条，在其中一条的两端各画上一个箭头，另一条的两端都画上一个燕尾。结果，带燕尾的那条线段看上去要比带箭头的长。半圆拱桥的跨径两端正好被拱脚截住，因此看起来似乎比实际长度要短一些，而把拱脚的位置稍稍移开一点，在视觉上则正好是一个半圆的形状，这就使得石拱的整体造型显得和顺优雅，更具半圆的端庄。采用这一做法，既增加了桥梁强度，又具有更高的美感，施工上也能使拱券更好地与略有倾斜的金刚墙相切，一举数得，又妙趣横生。这说明劳动实践不但是获取真知的直接源泉，同时也是提高审美能力的重要途径。中国名桥中，苏州的江村桥，云南思茅—普洱的大石桥，绍兴的东双桥、都泗门桥等都是这类形似半圆实际大于半圆的石拱桥。

与半圆拱较为接近的是马蹄拱。马蹄拱虽然明显大于半圆，它的拱心夹角为200°左右，但它仍然是圆的一部分。因此，它同样具有半圆拱所具有的造型美，而且在圆的美学效果上表现得更为充分。它比半圆在形象上显得更为高妙，就像中国园林建筑中的月洞门。由于拱脚已经落在超过半圆的位置上，所以从拱顶看来，线条先向外逐步展开，到半圆时拱心夹角刚好与圆的直径重合，拱券向外展开到最大限度。过了半圆后又开始向里收拢一段，这才坐落在桥台上。线条的这一运动过程，使马蹄拱比半圆的形象更富有变化，它的闭—开—收的发展过程，极大地引起观赏者的兴趣。如绍兴阮社乡的阮社桥，建于清同治年间，桥长约20米，宽2.5米。主拱券最宽处5米，两边拱脚之间的距离却只有4.5米，桥下净空则在5.5米左右。阮社桥的建筑不是很高大，但在大水面的映衬下，桥拱形如满月，高高地凸起在水面之上，加上附近又没有其他建筑，更使它有海上生明月之势。桥面在拱顶上部有1.5米左右的平台，总体形状为一个极近似三角形的等腰梯形，桥面为40°左右仰角，石阶分明。无论远望还是近观，这座桥的形体对称，线条明快，让人不由得赞叹它的峻丽、匀称与充实。浙江绍兴东湖的秦桥、柯桥区的荫毓桥及东浦的瑞桥，都是这类马蹄形拱桥。

圆弧拱刚好跟马蹄拱相反，它只取圆周中小于半圆的一部分，因此也叫割圆拱。这种拱桥的建造显示了中国建桥技术发展到相当高度的成就。桥梁工程学认为，拱桥建造中矢高与跨径的比值越小，拱形越扁，拱的推力就越大，建造的难度也就越高。因为圆弧越扁，在高度相等的情况下，可以跨越的水面也就越大。如赵州桥的主拱券大大小于半圆，矢跨比约为1∶5。桥拱平坦，桥面坡度也相应地变小，这就极大地方便了车辆的通过。桥拱平坦会导致拱脚对桥台的力增大，这就需要把桥台建得十分牢固，才能顶住拱的推力。这对于桥梁建筑提出了更高的质量要求。当然，桥拱平坦会使桥下净空相应地缩小，这对水上通航不利。在以马匹、车辆为主要交通工具的北方，桥面平坦就比桥下宽阔显得更为重要。因此，北方在通衢要道上建桥更乐意采用扁圆弧拱。赵州桥净跨达37.02米，如果用半圆形石拱，那么处于拱顶部位的桥面起码就比拱脚高出25米。现在采用坦拱，桥面高仅7.23米。这里还包含着这样一种考虑，即拱桥也注意吸收梁桥平展舒展的优点。不只是为了满足实用的要求，而且在造型上也有独到之处：桥梁的整体构造在稳重端庄中透着轻盈，线条既具有秀逸柔和的品格又不失力度之美，寓壮美于空灵之中，使曲线向直线靠拢。古代桥工架石飞梁，巧夺天工，可谓匠心独运。赵州桥确实是石拱桥中最为优秀的作品。

在南方，苏州灭渡桥和上海青浦金泽镇上的普安桥，可以说是代表性作品。灭渡桥在苏州东南城郊，跨越大运河，是江南一带现存最大的古桥。这座桥建于元大德二年（1298年），长75.2米，宽5.4米，高10.8米。桥拱矢高8.2米，跨径20米，矢跨比约为2∶5，桥梁整体形象宽大，但拱券仅30厘米厚，采用了四个间壁，这样可以和边墙一起，与拱券上的填料联系起来，能在一定程度上限制拱券变形，以增加桥梁的强度。事实确实如此，灭渡桥在清同治年间重修之后，一百多年来没有大修过，虽然拱脚的石基一角已被轮船撞下多年，但全桥仍能正常使用如初。它不但在强度上有突出的表现，而且造型也很有特色。尤其是主拱券的曲线与桥面曲线一曲一坦的组合，使桥下净空的开阔和桥面的平缓形成一种对比，在保证水陆交通各得其便的功能美的前提下，表现出形象的生动。灭渡桥在结构上也有独到之处，拱券本身和拱顶与桥面间都做得比较薄，如此便把大体量的桥梁本应出现的笨重感冲淡了，而且线条的轻快流利形成全桥轻灵坚巧的美学效果，这种效果是从高超的技术水平中生发出来的。中国古代在石拱桥建造上的技术成就，转化为高度的审美意识与审美价值，这在赵州桥和灭渡桥的建造中已经表现得很明显了。

上面四种石拱的形状都是以圆为共同的造型结构。此外，还有几种造型奇异的石拱桥。如尖形拱，也叫锅底券，因桥孔形状像一只果蒂朝上的桃子，也有人称其为桃形拱。它实际上是两点圆拱，就是说左右两个拱心之间相互保持一定距离，两段弧线在拱顶相交，形成一个小夹角。著名建筑学家梁思成先生在分析中国传统石拱建筑时提出这样一个看法，他认为很多石拱，看上去是半圆，其实不少是锅底券。这是为了避免半圆拱拱顶和桥面形成平切线，在强度和视觉上都容易产生下垂的后果。使用了锅底券之后，从结构力学来看，更容易把桥梁承载力从垂直方向迅速转化。同时，在视觉上也不致产生拱顶不圆的错觉。至于明显的尖拱，在造型上两条圆弧线相交后形成尖角，表现出圆弧与圆弧的冲突，使桥孔的整体形象比普通圆弧拱更为新奇，也更有锐气。由于尖拱的拱矢较高，所以比较适宜于峡谷中的高桥。一般桥梁如采用尖拱，拱顶尖头与桥面的距离不可能太大，这时就会在视觉上产生不良效果，好像整座桥梁被拱尖刺破，会给人以危险的错觉。所以，在桥梁结构高度有限的情况下，一般也不宜采用尖形拱。云南建水小尖拱石桥、贵州平越葛镜桥、陕西三原县清河的龙桥和山西襄汾通惠桥，都是很有特色的尖形拱桥。

另一类很有意思的拱形是蛋形拱。蛋形拱其实就是在尖拱的顶端加上一段小圆弧，把尖形拱拱顶的锐角改为曲线。这样，蛋形拱实际上就是由三个不同圆心的弧连接起来的。它既有一般圆弧拱柔和优雅之美，又在一定程度上吸收了尖形拱的锐气和力度，并且把两者融为一体，尤其是由于三段圆弧的组合，线条充满了丰富的变化，它因此成为石拱桥中最为清秀优雅的一员。蛋形拱的矢高要比跨径大，建成的桥梁，线条显得柔和而有力，桥体高耸而清秀，从观赏的角度讲是最美的桥型。但是由于桥拱太高，上桥下桥相对来说都比较费力。因此，在园林桥梁中常见这一拱形，其他地方因为实用的要求比较突出，所以只能忍痛割爱了。北京颐和园玉带桥应该是优秀蛋形拱的代表作，它的美早已为中外人士所普遍赞赏。值得指出的是，如果把蛋形拱横过来，用它的长轴代替短轴作桥跨，短轴变为矢高，这样的拱桥就叫作椭圆拱了。椭圆拱有圆弧拱的基本优点，跨径大，桥高却相对低一些，拱的形状比较温和而宽厚，拱顶处似与桥面平行，拱脚则与桥台近直角。这两点如果从桥梁的强度上看是不那么合适的，顶部太平似有坍塌之虞，拱脚太直又不利于把重压传到桥台；同时，由于拱券形状跟桥面不够和谐，在视觉感受上也有所不足，所以在中国石拱桥中较少见到。当然，像苏州山塘桥、云南安宁桥之类的都是很成功的椭圆拱作品，它们的存在使石拱桥的样式显得更为多样化。

　　石拱桥在实际应用中，并非都是单孔成桥的。遇到较大的河流，一跨过河在工程技术及其他方面都会产生困难。这时，人们就采用多孔联拱的桥型来解决。多孔联拱又分为厚墩联拱和薄墩联拱两种。前者常建在以车马为主要运输工具的北方地区，后者多建在水运为主的江南水乡。这是因为江南一带多属软土地基，承载力低，如果建厚重的多孔联拱，它可能会慢慢地下陷到土层中去。同时，水网地带行船需要桥梁有较大跨径，厚墩联拱则因桥墩占去较多的河道，势必影响船只顺利通过。于是，懂得因地制宜的古代桥工，就会按实际需要设计出薄墩联拱，把更多的空间留给水面，如此除了方便水上交通还有利于排洪。

　　这两种桥型，一个显著的共同点就是桥面纵坡度很小，大都接近或基本上呈现水平线，间或有一两孔高起，也是为照顾大船通过，而大部分都以平坦为特色。桥面看上去像一条彩带，把一个个桥拱像珍珠似的串联起来。桥梁整体造型多为水平线与圆弧拱的组合，曲直相映，情趣盎然，也有像颐和园十七孔桥那样，以很平坦的圆弧线为主线去贯串各个桥拱，以不同曲度的组合，呈现出同中有异的氛围，欣赏起来也很悦目。多孔联拱最多的可达一百多孔，当十几孔乃至几十孔桥拱连成一线，从河岸望去，由一个个拱券构成的波状线，富有强烈的节奏感和韵律感,用荷加斯的话来说,波状线比任何一种线条都能够创造美。可见,多孔联拱在造型上有着强烈的美感。这里,厚墩联拱则以桥墩的厚重稳重与桥孔的空灵通透形成强烈的反差,以虚实结合的丰富性表现出对比之美。由于桥墩厚度一般等于或大于桥拱的跨径,因此厚墩联拱在整体形象上则更倾向于端庄厚重之美。薄墩联拱由于跨径大于桥墩,桥墩薄,因此拱券曲线相互之间的联系更为紧密,整体感更强,富有统一之美,全桥则显现出俊秀飘逸的灵气。

厚墩联拱桥中,最著名的当推卢沟桥了。这座十一孔大桥无论在桥梁建筑、装饰艺术及民族历史上都在中国人民心中留下了不可磨灭的印象,本书在前面已作介绍,这里就不赘述了。再有北京颐和园的十七孔桥,这座桥虽然桥孔的高度和跨径,都从中间向两边递减,但桥墩的厚度却没有变化。桥拱的有序变化与桥墩的始终如一,使它在造型上独树一帜,一反园林桥梁不宜采用联拱厚墩的成法,成为脍炙人口的精美之作。十七孔桥建于清乾隆年间,桥长150米,宽8米,高7米,由17个呈筒形的拱券组成,飞跨于颐和园的东堤和南湖岛,造型兼有卢沟桥与宝带桥的特点。每个桥栏的望柱上都有神态迥异的石狮子,连大带小共有544只。两边桥头还有石雕瑞兽,造型十分生动。北面桥额上书"灵鼍偃月",南面则是"修蝀凌波"。更为奇特的是,每年冬至前后几天,这座厚墩联拱桥的17个桥孔都会在夕阳的照射下,呈现出神奇的"金光穿孔"景象。每个桥洞都充满了金色的冬日阳光,光明、温暖与壮丽又跟桥墩的沉稳、厚实与素朴形成一种相反相成的鲜明对比,就像一幅展示着生动的节奏感与韵律美的图案画,一改石材建筑往日的硬朗与冷峻,在人与自然的巧妙融合中呈现出绮丽而又壮美的景象。每年这个时候,十七孔桥就成为最富魅力的名胜,吸引着来自全国各地的游客争相一睹胜景,桥上桥下、南北两岸,到处人头攒动,相机手机闪光熠熠,人们在欣赏美景的同时,都想把这一蕴含着深厚文化底蕴并具有极高的美学价值和科学价值的历史遗产记录下来。可见,古人在建造十七孔桥时就已经能够自觉地运用天文地理知识,他们掌握了冬至时节的北京,太阳直射南回归线,阳光对北半球的照射显得最为倾斜。有资料说,在冬至这一天,北京的太阳高度仅有26°42′,正因为这样的天文现象,落日的阳光才能直接照射到十七个桥洞,只有洞悉了这一天造地设的自然奥秘,才能让这座桥梁一年一度地呈现出非凡的热闹。

这里,再介绍一座厚墩联拱桥——浙江金华的通济桥。这是一座十三孔筒形拱桥，位于金华江上，当地人俗称"大桥"。桥长314米，宽8.3米，高15.4米。十三个桥孔净跨为10.24—12.06米，每跨稍有差异。桥洞呈筒形，就是在半圆拱下接一个长方形，半圆的直径与长方形的宽刚好重合。因此桥墩的下半部就是一个长方体，它的外缘与水面垂直。这种筒形拱在国内的石拱桥中是比较少见的。桥墩厚度为4.5米，还不到拱跨的一半。因此虽为厚墩联拱，但桥梁的整体造型却无笨重与呆滞之感，而有高朗明快之美。桥面呈水平线，它和桥墩下半部的垂直线一起，颇具梁桥的直线美。但富有节奏的半圆形拱，在垂直线与水平线之间起了很好的过渡作用，并以其自身的和谐与温柔，充分强化了大桥的端庄之美。宋代时这里是一座浮桥，元代建成石墩木梁桥，清嘉庆十四年（1809年）改建成石拱桥。1942年抗战期间被炸毁三孔。1949年后修复，1958年把桥面踏步改为引桥，并开始通汽车。1960年曾拓宽桥面，1977年再次大修，桥体灌浆加固以适应日益繁忙的交通运输的需要。

薄墩联拱桥孔数最多的要数江苏吴江的垂虹桥了，共有七十二孔，长500米。石拱桥初建于元泰定二年（1325年），最近一次重修是在清嘉庆四年（1799年）。可惜几十年前就逐孔坍塌，至今只剩下残洞十一孔。

现存薄墩联拱桥中孔数最多、桥身最长、结构最精的，首推苏州宝带桥了。宝带桥在苏州市东南3千米，位于运河与澹台湖之间的玳玳河上。它与运河平行，过去曾是苏州至杭嘉湖陆路的必经要道，又是太湖水流向运河与吴淞江的一个溢口。从隋唐开始，东南漕运对京师的粮食供应乃至封建政权的巩固来说，是性命攸关的大事。为保证秋、冬季节那满载皇粮的漕船能顶风北上，运河边上供纤夫使用的挽道是必须贯通的。而湖上因为排洪与调节运河水位的需要，又不能筑堤，宝带桥就是在这样的背景下修建的。全桥总长近317米，有53孔，长249.8米；北端引桥23.2米，南端引桥43.8米；桥端宽6.1米，桥身宽6.1米；桥堍为喇叭状。

宝带桥主要是作为纤夫通过的道路，没有很大的载重要求。为使汛期汹涌湍急的湖水尽快流入运河与吴淞河，以及受到软地基的限制，桥梁没有采用又宽又厚的实体墩，而是先打木桩，再在桩顶放置基础，上面安放墩身，拱券的下端就嵌在墩上预留的沟槽里。这类桥墩属柔性墩，易变形。它的每一个桥墩都靠两边拱脚传来的大小相等或相近，而方向却相反的水平推力来保持平衡。如有一孔坍塌，和它相连的两个桥墩因失去均衡，都会倾毁，而且会引起连锁反应，甚至造成全桥尽毁的惨象。为了防止发生这样的恶性事件，中国古代工匠早就有科学的方法，他们把从北端起的第二十七号桥墩做得特别坚固，比其他桥墩厚一倍，这样，它就成为单向推力墩。国外最早提出单向推力墩理论的是法国桥梁大师简·佩罗奈特，而中国桥工早在其提出该理论的两三百年前就在建桥的实践中应用了。因此，当英国人戈登在清同治元年（1862年）为进攻太平军拆毁桥的两个大孔，结果使靠北的二十六孔全部坍倒，而在单向推力墩以南的二十六孔却安然无恙，这就是第二十七号墩的功劳。因为它不是靠两边拱脚推力的相互抵销来保持平衡，而是靠桥墩自身的坚实立足于水中，所以它就成为南二十六孔的可靠屏障。

宝带桥是用花岗岩建成的。造型上各孔都接近于半圆形，属于陡拱。陡拱的拱脚对桥台、桥墩所产生的水平推力相对来说要小一些，有利于桥台、桥墩的牢固。此外，陡拱的桥下净空较大，便于行船与行洪。桥的大孔主拱券厚20厘米，小孔则为16—18厘米，矢跨比约为1/2。特别值得一提的是，宝带桥的桥墩非常薄，只有60厘米，与最大那一孔跨径达6.95米相比，接近1:12。在每个桥墩的拱脚，薄薄的墩石飞出两条弧线，就像一朵盛开的喇叭花，全桥显得轻灵秀气，似乎具有女性的清盈俊美。远观全桥，几十个桥拱连成的波状线在水面上绵延，特别富有跃动的节奏美；近观桥墩，极似西方哥特式教堂飞扶壁的拱肋，同样具有线条飞升腾空的动态美。坚硬沉重的花岗岩，在能工巧匠的手中，塑造成柔和轻盈的形象，桥工们对劳动对象的了如指掌，简直达到了随心所欲不逾矩的自由境界。

宝带桥虽有五十多孔，但人行其上却不觉其单调，因为全桥各孔的跨径、孔高都有一定的变化。第十四、第十五与第十六孔高出其他各孔，因为这里是玳玳河的主航道，建高拱是为了便利大船通过。同时，桥孔的半圆与水中的倒影合为整圆，虚实相济，多孔联翩；波光粼粼，长桥飘逸秀美，确实如同一条宝带。传说每逢皓月当空，五十三个桥洞下各含一月，景色分外迷人。宝带桥不愧为江南名桥，在中国多孔薄墩联拱桥中当是首屈一指。

随着桥梁建设的蓬勃发展，中国钢拱桥的建造进入了一个快速发展的新阶段，近年来已经有几十座大型、特大型钢拱桥屹立在大江南北、东部沿海与西部山区。

当然，钢拱桥采用何种形式，必须根据桥址的地形地貌，尤其是地质状况，以及交通运输的功能要求与建筑材料的使用情况。城市桥梁还必须根据特定的地域文化与桥梁所在地的建筑文脉，从桥梁建筑、交通运输、文化氛围及市民的集体审美心理等进行全方位、多角度的调查研究，并且在设计方案提出后还应该充分征求各方面的意见，把设计者对桥梁在使用功能的实现、建筑文脉的承接、市容景观的优化等方面的意图，积极主动地向相关单位、社区的群众宣讲，在倾听意见、磨合协调的基础上形成共识，使桥梁的建造能够广泛集中群众智慧，得到他们的关心和支持。这样，具有广泛群众基础的桥梁造型和结构形式，不但能够建成一座质量优异的现代桥梁，而且能把桥梁建设和普及桥梁科学知识、提高人民群众文化知识水平有机联系起来，在普及的基础上反过来达到提高桥梁建设水平的目标。

空灵飘逸

中国西南、东南山区的索桥，在造型上与梁桥、拱桥相比，则大异其趣。无论是古老的藤桥、竹索桥，还是后来的铁链桥，它们大都建在两岸山崖陡峭、水流湍急的峡谷上。在这种地势险恶的河流上架桥，不能立柱建墩，而且山路崎岖，也不可能像连接两岸通衢大道的平地桥梁，可以从引桥到正桥从容展开，享有直线延伸的便利。山路盘旋，又常常和河流呈平行的走向。因此，在生产力和科技水平不够发达的古代，不可能像今天这样先在山体中开掘隧道作引桥，再架设梁桥或拱桥以沟通两山间的交通。即使现在已经具备这样的手段，但如果不是在交通干线上，也不会这般大兴土木。因为建造什么样的桥梁，除了工程技术上的条件许可之外，还必须符合经济效益的要求。因此，在浙江、安徽的山区，仍然可以看到一些新建的钢索桥。这就是说，在桥梁技术迅速发展的总趋势下，古老的索桥还不能完全退出历史舞台，它在特定的地域仍有一定的生命力。

从造型上看，由于索桥使用的是柔性材料，它的形象便具有十分鲜明的特点。顾名思义，索桥就是悬挂在山峡两边，由各种不同材料做的"绳索"建成的桥梁。因此，它的线条感就十分明显、现实。跟梁桥和拱桥不同的是，它就是以线条本身为桥梁的基本构架，建筑的空间形态或者说建筑构件的立体感，在人们观赏时就更容易抽象为具体的线条。它没有结结实实的桥墩，没有方方正正的梁体。至于一般在山区才能见到的溜索桥，甚至连一个平面都没有。面的缺乏反而突出了线的形象，观赏索桥，不需要从立体的桥柱、具象的桥墩中去抽取它的线条，没有必要在视觉上对桥梁进行简化。在这里，线条是十分清晰明白地展现在你的眼前。可见，强烈的线条感，应该是索桥在造型上的第一个特点。

从线条的形态来看，无论是藤萝还是铁索，都是以各自的抗拉性固定在两岸的山崖上，以承载行人车马的通行。然而，因为柔软性的特点、自身的重量以及力学上的要求，悬索在固定的过程中，要想绷得像一条直线，这既做不到，也不能这样做。因为紧绷的桥索，在拉力达到极限时，若有重物在上面通过，是很容易拉断的。因此，留有一定的余地就很有必要了。这就使得桥索不是以一条水平线出现在河流之上，而常常带有一定的弧度。从形象上看，这种曲线总是两头稍高，中间微微下垂。正如徐霞客在《游记》中所指出的，"盖凡桥拱而中高，此桥反挂而垂"。在那如同刀斧削过的悬崖峭壁之间，架上一条优美的曲线，使桥的秀美与山的崇高、水的流动相映成趣。同时，这样的曲线作为桥梁的承载部分，必然具有相当的强度。为此，悬索都拉得比较紧，所出现的弧度又是很小的。这里，形象上的柔和与结构上的强力融为一体，形式与功能得到了完美的统一，科学技术与造型艺术在这一特殊的地貌氛围中显示出独特的风采。正因为索桥常常以几根竹索、铁链就沟通了两岸，所以它在造型上的另一个特点就是简单。它没有纵横交错的线条组合，也没有大小不同、形状各异的板块堆砌。最简单的溜索桥只有一条线，即使是比较复杂的并列多索桥，如泸定桥，九底四栏，一共也只有13条铁链。索桥的简单不但表现在线条少，而且排列的方式也相当统一。桥索一般都是固定在两岸桥台上，由于距离相等、材料相同，因此它们在成桥后有很强的统一性。在西南山区，虽有个别索桥从两端到桥中心斜挂铁链作扶栏，也有像都江堰上的安澜桥在扶栏索上装了木条，与桥面形成垂直；或者如西藏墨脱的藤网桥，做成网状圆筒形，但它们都有一个显著的特点——全桥在形象上的统一性；跟其他桥型相比，索桥的造型确实是最简单的了。这种简单有什么意义呢？从建筑学的角度看，造型的简单正说明结构的合理，使用最简约的手段圆满地去达到目的，和那种繁杂、累赘的结构相反，人们完全有把握把那些可有可无的东西舍弃，从而说明他们在改造自然的过程中已经有了很大的自由。从审美的角度去看，简单的形象往往也带有一种肯定、明确的意味，它不是把各种审美信息塞给欣赏者，而是以有限的又有较大包容性的形象为载体，让欣赏者自己去展开想象和联想活动，以一种"引而不发"的方式，使形象具有"一以当十"的效果。因此，索桥在造型上的简单，也是它的形象美的重要根源。

而且，由于索桥"下无所凭，上无所倚"，因此它还有一个重要的特征，就是具有"飘然悬空"的动态美。山区人民常把索桥称为"飞桥"，如云南《永昌府志》曾这样记载霁虹桥的建造："成化中，僧了然者乃募建飞桥。"把索桥称为"飞桥"，这确实抓住了它的特征。这种悬索动荡的景象，在风中还给人一定的恐惧感，这种恐惧感却因桥本身的强度，而容易转化为战胜险恶自然条件的愉悦感。宋人范成大曾经这样描述索桥："攒立大木数十于江河中，辇石固其根。每数十本作一架，挂桥于半空。大风过之，掀举幡幡然，大略如渔人晒网，染家晾彩帛之状。"索桥的飞动之势和飘逸之美，被他描绘得具体而生动，而这种态势恰恰与梁桥及拱桥的稳固坚实相反，形象有限的动态感，更增加了造型简单的魅力。

　　这种飞动之势，对观赏者来说，当然是一种很有意思的美感享受。但是，对于过桥者来说则不是那么简单了。因为观赏只是从它的线条构成、动态形象来感受它的姿态的特点，因此对于桥的飘荡飞动总是充满了肯定性评价。但那种美感是单一的，它和亲自过桥时所体验到的复杂感受就不大相同了。由于桥索只有两头固定在岸上，一般索桥在中间又没有桥墩支撑，两岸山高崖陡，这种景象给过桥的人一种恐惧感。尤其是踏上桥面，每走一步，桥索摇荡如秋千，身体站立不稳，开步更感困难。笔者曾在安澜桥上体验这种滋味，感觉就像在风浪中的海轮上，脚步踩下去像是空的，又好像多喝了酒，身体重心很难控制。旧时代文人更不习惯于这种颠荡摇晃的桥梁，在他们的笔下，过索桥简直就是过奈何桥。请看："山川阻洪流，深广讵可越。两崖兀相望，怪石走嶒崒，飞空架索桥，锁钮危欲绝。曳踪窨不前，轰然竖毛发。宛宛虹舒腰，落落蛇脱骨。回眸匹练铺，窄抵长縆拽。谁遣高梯横，莫挽巨筏脱。翻风乍飞骞，缘云更骯脆。手怯扼索扪，足苦缩板裂。"正是在这种高度的紧张、恐惧之中，一步一颤、步步颤颤地走到对岸，仍然是心惊肉跳，双腿紧张得抖个不止，"登陆股犹栗"，确实是充满着对"一坠无百年"的后怕。当然，在勇敢者的脚下，这种恐惧和危险就会被转化为挑战的兴奋和征服的愉悦。同样的险山恶水，同样的悬索飘荡，甚至在独根竹索的溜筒桥上过，却有"渡者如激矢，其下石如犬牙，与波相戛摩，而土人殊不为意"。当地群众的胆魄，早已使索桥在他们足下变得俯首贴耳。英国探险家泰维斯曾经在长90多米的溜筒桥上有亲身体验，在他对这段经历的记录中，不但没有发现丝毫的恐惧，反而充满着"愉快的感觉"，认为过桥"并无看起来那样危险"。中国古桥技术史的考察小组也曾亲试飞渡，他们的体验是"大有凭虚御风的感受"。这些都说明悬索桥看起来颇有几分危险，走起来也会有摇晃的感觉，但只要材料的强度有保证，过桥的安全性完全是有保证的。当然，在一个敢于迎接挑战的人面前，这种视觉上的恐惧与心理上的紧张害怕，都可以在成功的行动中转化为探索的惊险与成功的喜悦。人们在过悬索桥时体验到的凭虚凌空的感觉，由于缺乏脚踏实地的安全感所产生的恐惧感，其实也是一种很有意思的刺激感受，因为在这样的害怕之中，人们可以把在日常生活中所郁积起来的惧怕、怜悯及忧虑等否定性情感宣泄掉。这种从痛感向快感转化的心理过程，正是人们欣赏崇高美的普遍反应，而那些否定性情感的宣泄，恰恰有利于心灵的净化。这就告诉我们：悬索桥的形象，具有崇高特质，与其他形式的桥梁所具有的壮美，是不一样的，从这样的桥梁上走过，还会让我们得到特殊的心理收获。

现存著名的索桥，大都在西南山区，浙江、安徽一带也有一些铁索桥，但一般体量不大，长度有限。而西南几个省区的悬索桥，种类多、桥型奇、跨度大，很有特色。中国在悬索桥建造方面的成就在17世纪中叶已经被西方人介绍到国外，引起国际桥梁界的极大兴趣。国内介绍得最多的除泸定桥外，就要数安澜桥了。这两座悬索桥我们在前面也多有谈及，这里主要想介绍一下云南永昌的霁虹桥。

霁虹桥早在唐代樊绰所著的《蛮书》中就有记载，说澜沧江"两岸高险，水迅激。横亘大竹索为梁，上布篾，篾上实板，仍通以竹屋盖桥，其穿索石孔，孔明所凿也"。如果这一传闻符合历史真实，那么，霁虹桥最早应该建于三国时期，也就是公元3世纪20年代至50年代了。但比较可信的是，元代先建成木桥，明成化年间，有位叫了然的僧人募捐建悬索桥。后来几经毁坏，又几度重建。当徐霞客见到这座悬索桥时，他在《滇游日记》中写下了这样一段话："澜沧江由岭南行一里，即曲折下，其势甚陡。……溯江北行又一里而至铁桥之东。先临流设关，巩石为门。内倚东崖，建武侯祠及税局。桥之西，巩关也如之。内倚西崖，建楼台尚祀创桥者。巩关俱在桥南，其北皆崖石如削；无路可援。盖东西两界山，在桥北皆夹石，倒压江面。在桥南者皆削土，骈立江旁。故取道但内就土崖，作之字上下，而桥则架于其北土石相接处。其桥则阔于北盘江上铁锁桥，而长则杀之。桥下流皆浑浊，但北盘有奔沸之形，澎湃之势，似浅；此则浑然逝，渊然寂，其深莫测，不可以其狭束而与北盘共拟也。北盘横径之链，俱在板下，此则下既有承，上复高绷两崖，中架两端之楹间，至桥中又斜坠而下绷之。交络如机之织，综之提焉。"

徐霞客不愧为大旅行家，他不但记叙了霁虹桥险要的地势，恶劣的交通条件，桥的结构、形状，而且把它与北盘江上的铁索桥相比较，更清楚地展示了霁虹桥的特点。尤其可贵的是他指出了桥上有斜绷的铁链,告诉我们霁虹桥的构造的独特之处。这几根斜绷的铁链,在这里虽然是作为稳定桥梁的辅助手段,然而现代斜拉索桥的萌芽正是在这里生发。

霁虹桥在清代屡建屡毁,清道光二十六年(1846年)被大火焚毁后重修。1930年因铁索超载而断裂,很快修复。抗战时遭日军轰炸,所幸未被炸毁。现在该桥铁索仍基本完好,净跨57.3米,两岸桥台伸入江中共达56.1米。原有16根底缆现存14根;桥面宽4.1米,左右栏杆各一根,高出主索1.4米。扶缆与底缆间有钢筋连接,使过桥者增加安全感。只是不知什么原因,桥面木板一块不留,也没有再行铺上,只剩下光溜溜的铁索,倒真有点"澜沧桥横铁索寒"的冷峻感了。

多彩多姿

梁桥、拱桥与索桥在中国桥梁大家族中历史悠久,分布广泛,数量众多。但是,除了这几种桥梁以外,历代中国桥工还根据当时当地的具体条件,建起许多其他类型的桥梁。它们在造型上也往往各有特点。同时,随着科学技术迅速发展,尤其是中华人民共和国成立以后,在广袤的国土上,在祖国大大小小江河上,桥梁建设日新月异,新颖的现代桥梁一座接一座出现。它们在造型上既吸收了古代桥梁的优点,同时又表现出高度的时代特征和创造精神,以崭新而壮美的形象为大好河山更添娇美,把丰富生动的幻想和迫切的愿望,化为现实的建设成就。这些新桥是国家现代化的象征,是奔向中华民族伟大复兴的康庄大道。

在传统桥梁中,浮桥在造型上有自己的特点。浮桥主要是利用水的浮力,通过船舶的连接来解决过河的问题。因此,它是船与桥的结合体,中国的大多数浮桥都是"造舟为梁,比船于水"。过去在主要道路上的浮桥所用的船只体量都较大,原在宁波新江桥上所用的浮桥船,长达21米,宽4.5米。20世纪70年代初新江桥改建为钢筋混凝土双曲拱桥后,原来的浮桥便上移到姚江上的解放北路口,和江北岸已建成的几孔钢筋混凝土梁桥相连接,建成了半是浮桥半是梁桥的解放桥。当时还有两只特制的大型水泥船,长24米,宽6米。这样的体量、这样的材料在过去的浮桥中是不多见的。1981年5月解放桥全桥建成永久性的钢筋混凝土梁桥,这些浮桥船又被移到大河路口的奉化江上，成为一座新的浮桥——江厦桥。没过几年，江厦桥又改建成钢筋混凝土预应力桥，不知道那些曾经为宁波人默默无闻地服务了多年的浮桥舟船，如今流落到何处去了。其实，它们应该被陈列到宁波市的博物馆去，让后人看看这些船只的功劳，看看先辈们巧妙的创造。从宁波的浮桥演变史中，我们可以看到这么一点：浮桥常常是永久性桥梁的先导。

浮桥的造型有两个特点是值得我们注意的：第一，从整体看，浮桥是用缆索把特制的船只排列起来，因此它具有十分强烈的整齐一律之美。舟船的大小、形态以及间隔的距离都是一致的，而且又被连成一体，具有很强的整齐一律的美感。站在岸边望去，就像一条蛟龙，蔚为壮观。船与船的等距排列，又表现出很强的节奏感，再加上船的长度总是超出桥面的宽度，整座浮桥好比一根叶子对生的树枝。建在河流入海口的浮桥，大抵两头都是尖的，这样既便于分开上游涌来的大水，也可以使汹涌的海潮被分解，免得潮水和洪水对浮桥造成不良影响。这时，桥面就是一条中轴线，两边船头互相对称，浮桥又如一条两边呈锯齿状的彩带。那些不会受到潮汐影响的淡水河上的浮桥，一般采用一头方一头尖的船舶，以尖头迎水。这样的形象虽不对称，但尖与方相对，也别有情趣。从桥的立面看，大多数浮桥的桥面都离水较近，船只露出水面的那部分，高度也是有限的。这就使桥面与水平面呈平行状态，并给人以互相吸引的感觉。当桥上有人或车辆通过时，桥面这条水平线就会上下波动，虽然幅度不大，但线条的变化是比较明显的。特别是在水面变化比较大的河流上，浮桥的形象也就充满了较大的起伏。若遇到潮水高涨，浮桥的两端固定在桥台上，中间的船只就会浮起来，出现一个明显的等腰梯形。笔者当年在宁波工作时，经常路过当时还是浮桥的解放桥。每当涨潮，过桥时上坡、下坡，只能推着自行车步行，所以印象很深。而在潮水退后，浮桥恢复常态。有的在桥台的设计中，高度比最低的桥位可能还高出一截。因此，整座浮桥的线条两头挂起，形成一条两头高、中间下垂的曲线。浮桥这种随物赋形的动态之美，是其他桥型没有的。

如果说传统的桥梁形式在造型上更多地表现着质朴、简明的美，人们把创造的重心放到实际功利上，美观更多地是在桥梁工程技术之外的附加物的话，那么，科技的发达使现代桥梁的造型美成为更自觉更内在的要求。人们在更加深入地把握桥梁科学的内在规律、更完善地掌握实际建造技艺的基础上，把桥梁建设的审美创造提高到一个新的水平。因此，修建更新更美的桥梁也就成为现实。这里，我们想介绍下钢桁架桥、钢拱桥和斜拉索桥的造型美。

钢桁架桥的基本造型是从梁桥发展过来的，它的基本形状跟普通梁桥差异不大，主要是在梁体的构造上，与木石梁桥乃至混凝土梁桥不同。它不是以实体的方式，靠自身的强度来达到承载的目的，而是梁体本身就是由钢制的桁架构件组合成的，所依据的就是结构学上的三角形原理，即三边长度不变，三角形就不可能变形。因此，它的结构是最牢固的。钢桁架由简到繁，又出现了复式腹杆系桁架。其实不论如何复杂，核心仍然是用三角形原理把钢桁架构件组成一个框架，放到桥墩上，让行人车辆在钢铁框架的空腹中通过。这种钢桁架桥的立面形象就比实体梁的梁桥要大，不但桥的左右两边有纵横交错的钢杆、钢板构成的桁架，而且上部有顶棚，过桥就是经过一个钢铁世界。因此钢桁架桥不像普通梁桥，在造型上以平面为主要特征，而是以空间的围合为其造型上的特点。由于拉杆、顶棚的作用，整座桥梁就会出现一种独特的立体感。同时，这些一根根钢杆、钢板的不同布置，形成了一种新的氛围：钢构件排列的复杂与简单，顶棚位置的高低、桁架平面造型的整体形状是长方形、梯形，还是穹窿形；采用的桁架式样，是三角形的，或者是双斜杆，还是菱格形；是"米"字形，还是"Y"字形，抑或是"W"字形的，这些都具有不同的审美价值。有些桥梁用钢桁架作为跨越江河的主跨，在靠近两岸的桥跨上用实体性梁或者钢筋混凝土梁。就是说，一座桥上有两种不同的材料和构造方式。这样使整座桥梁的中间一部分钢桁架高耸，两头则比较平直。这种情况，丰富了桥梁的外部形象。中国在1949年后建的许多大桥，如武汉长江大桥、南京长江大桥、重庆白沙坨长江大桥、成昆线上的金沙江铁路桥，都是钢桁架梁桥。前两桥的钢桁架贯穿全桥，如同钢铁巨龙横跨天堑；后两桥在主跨上用等腰梯形桁架，它的高度及其围合起来的空间与其他桥跨上的平面形成鲜明对比，也不失为一种对比之美。

用钢来建造拱桥，不仅可以获得与石拱桥一样的美，而且由于钢材的强度超过石料的强度，因此拱跨可以大得多，形象也就显得更加壮观。再加上钢拱桥一般不像石拱券那样，由一块块拱石砌成，而是用钢杆件组合起来的，这就使得它的线条更为明确、流畅，整体形象更加空灵轻盈。钢拱桥在结构上也比石拱桥丰富得多，它的桥面与拱的组合方式更为自由。传统石拱桥由于材料的限制，一般只能以上承式的组合方式出现，就是拱券在桥面之下。这种形式仍然为钢拱桥所采用，且有所发展，主要表现在钢拱桥的桥面趋向平坦。石拱桥为了使拱肩不必承受过多的压力，桥面基本上采用与拱券近似的曲线，而钢拱桥可以在拱顶两边到拱脚的弧线上装设拉杆，起到类似梁桥桥柱的作用，使桥面不必有坡度，而像梁桥那样平坦舒展。这样不但在功能上为过往车辆提供了极大便利，而且在造型上以柔和的曲线与刚劲的直线相结合，增添了线条的丰富之美。钢拱桥除了上承式外，还有下承式和中承式的组合，下承式是把钢拱整个儿放在桥面的上面，利用拱的拉力来发挥承载作用；中承式则是桥面在钢拱的半腰穿过，把钢拱切割成上、下两个部分。从造型来说，下承式圆拱高耸，很容易成为当地的标志性建筑，在景观领域中有较高的审美价值；中承式使曲线与直线互相交接，既有下承式的高挑，又有上承式的平整，形象上显得丰富、生动。上海卢浦大桥就是采用中承式结构。

被称为"世界第一拱"的卢浦大桥，在设计上融入了斜拉桥、拱桥、悬索桥三种不同桥型，又是目前世界上单座桥梁施工工艺最复杂、用钢量最多的大桥。虽然钢拱与桥面采用了悬索的结构方式，主拱两边又各有一座桥塔采用斜拉的方式解决两岸引桥的承重，但从它的基本结构来看还是一座中承式钢拱桥。卢浦大桥两道钢拱呈下宽上窄的布局，桥面下两道拱脚像一个巨大的"八"字插在桥台上，不但增加了桥梁的坚固程度，而且体现出形象的生动。两道钢拱的顶端靠得最近，又用一道道相互平行的拉杆把它们连在一起，于是，在桥面上方就出现了一道穹窿形的天棚。天棚、桥面和两边的钢拉索使桥梁上部呈现出一个实体性较强的空间，有效地增加了桥梁景观的生动性和丰富性，又通过这些建筑实体，跟长 750 米、高 46 米的桥下净空巨大的开放性构成了很好的虚实对比。桥面与桥拱都是坦拱的形态，两条弧线相切而过，既表现出外在形态的相似性，又由于桥面几乎近似水平线时桥拱和桥面呈现出较大的差异性，这种同中有异、异中有同的造型使整座桥梁给人以高度的美感。正因为这座桥梁在设计、施工中所蕴含的高度的科技含量和在城市景观上所创造的新的审美价值，人们把卢浦大桥称为"21 世纪上海的新地标"。

1990 年代中期建成的九江长江大桥，位于江西省九江市浔阳区和湖北省黄冈市黄梅县之间宽阔的长江江面上，是当时长江上规模最大的公、铁两用桥梁，也是中国铁路南北通道之一的京九线和公路干线 G105 国道跨越长江的重要桥梁。九江长江大桥是继武汉长江大桥和南京长江大桥之后，在中国建桥史上树立的又一个里程碑。大桥铁路桥长 7675 米，公路桥长 4460 米，其中江上正桥长 1806 米，有 10 个桥墩、11 孔钢梁。主航道为三孔刚性桁、柔性拱，桁高 16 米，跨度为 180 米，中间最大一空的跨度达 216 米，最大矢高 32 米，无论长度还是跨度在当时都是首屈一指的。大桥的钢构件采用十五锰钒钒氮高强度低合金钢制造,钢板的最大厚度有56毫米,钢梁杆件都用直径27毫米的高强度螺栓铆接。

这座11孔钢桁架联拱桥的中间3孔用的是中承式桥型,其余8孔都为上承式:所谓中承式,是指桥面布置在承重结构高度中间的桥梁,也就是桥面从钢肋拱中间穿过,多见于大跨径的肋拱桥,一般是在桥梁建筑的高度受到控制时才采用这种结构方式。九江长江大桥的三孔主航道用中承式结构,主要是为了避免过于高大的建筑结构难以承受江上风力的侵袭,同时使桥梁的整体造型显得更加生动——11孔拱架中主航道上3孔高耸于桥面之上,3条连续的弧线与桥面的水平线相切,就像是在为过往的船只指引着主航道的位置,招呼着江轮"朝着我驶来";而在桥梁的形象上,11孔钢桁架拱呈现出很强烈整体性,如果全部都使用上承式,难免会有些单调,中间3孔采用中承式,弧形的拱券像3道联袂起舞的彩虹,既成为桥梁造型的重点所在,又使整座钢桥形成了以中间第6孔为中心,第5与第7两孔桥上弧线,以及第4、第3、第2、第1与第8、第9、第10、第11孔的桥下坦拱,形成了严格的对称,让在桥下通过的江轮能够由远及近地感受到桥梁整体的对称美,这就是中承式与上承式组合的整体结构所产生的美感效果。

香溪长江公路大桥横跨湖北秭归的兵书宝剑峡口,是目前世界上跨度最大的钢箱桁架推力拱桥,桥梁设计采用中承式钢箱桁架拱桥的方案。这座大桥将彻底结束秭归县长江两岸只有轮渡这唯一过江方式的交通格局,使国家高速公路网的两条重要路线——沪蓉线和沪渝线能够相互连通,还能把三峡、神农架和武当山等黄金旅游区以最便捷的路线连成一体。香溪长江公路大桥全长883.2米,主跨531.2米,主桁的横向中心距为25.3米,桥面宽32.3米。大桥的主拱是由23块弧形钢构件在空中组合,全桥没有桥墩,钢铁彩虹飞跨峡口,从空中俯瞰壁立千仞的峭壁与碧水东流的江面,何等雄伟,何等壮观。跟九江长江大桥的联拱钢桥不同的是,香溪长江大桥是单跨钢箱桁架推力拱,钢拱的两端深深地扎进兵书宝剑峡两岸峭壁的基座中,整个推力拱把桥梁所承受的巨大压力通过钢箱桁架向拱脚传递,并通过插进岩石的桩柱再将压力向岩层分散,为高速疾驰的车辆在桥上川流不息、滚滚向前提供了安全畅通的康庄大道。从岩石中的隧道穿出来的路面在钢拱的中间穿插而过,拱的曲线与桥面的水平线组合成一个曲直相切的钢铁联合体,如果说联拱在波浪形曲线的连续展开中表现出节奏的跃动与韵律的优美,那么单拱就是在彩虹高挂的悬空耸立中,在群山夹峙的江面上显示出崇高与壮丽,与钢拱的弧线所表现出来的圆润和柔美，形成了崇高和柔美、壮丽与温馨相反相成、丰富多样的建筑形象的生动性，极大地提升了桥梁的美学价值。

过去由于钢拱桥的造价较高，因此在数量上大大少于钢筋混凝土拱桥。因为钢筋混凝土拱桥在造型上既有石拱桥那种在厚重中显出轻灵的特色，又有钢拱桥的曲线明快、形象生动的风采，在造型上富有更自由的表现力，在美丽的拱桥家族中堪称后起之秀。广州环城高速路西南环段跨越珠江主、副航道和丫髻沙岛的特大桥梁——丫髻沙大桥，就是用新型的钢管混凝土建造的中承式拱桥。

丫髻沙大桥全长1084米，其主跨以360米一跨跨过珠江的主航道。主桥采用三跨连续自锚中承式钢管混凝土拱桥桥型，这种新桥型可以说把钢管混凝土这一新材料的优势性能最充分地发挥出来了。大桥以抗压能力强的钢管混凝土作为拱肋，以抗拉能力强的高强度钢绞线作为系杆，通过劲性钢骨架外包混凝土的边拱肋的重量，并随着施工加载顺序逐步张拉系杆中的预应力束，以平衡主拱所产生的水平推力，这样就能减轻钢管混凝土主拱对拱座基础的推力。这座桥梁所使用的钢管混凝土，可以说在桥梁建材上是一个大胆的革新。它把劲性钢骨架的高强度与混凝土的抗腐蚀性很好地结合起来，通过发挥两种材料各自的优势，在"强强联合"中既降低了桥梁的造价，又可以延长桥梁的使用寿命，确实是一个不同凡响的创举。

在现代桥梁中，斜拉索桥的造型可能最富有审美情趣了。它一改传统索桥直接以索为梁的结构模式，而是以索悬梁，形成了崭新的桥梁形式。斜拉索桥如我们前面介绍过的南浦大桥，一般都是由桥塔、拉索、梁体三部分组成。根据水面宽度，先在水中建起若干桥塔，从桥塔上系拉索把梁体拉住，同时桥塔又是搁置梁体的桥墩。这样，梁体上面依靠从塔上斜拉下来的钢索的拉力，下面依靠塔座的支撑，完成沟通两岸的使命。桥塔的坚实挺拔，使它的下部能够承受住梁体及过往车辆的压力，而它的上部又必须经受住斜拉索的拉力。因此它总是以高大伟岸的形象，成为整座桥梁构图的中心。在具体的桥梁中，桥塔还可设计成不同的形状，如柱形、"A"字形、"H"字形。它们在造型上各领风骚，柱形塔挺拔，"A"字形塔锐利，"H"字形塔端庄，再加上它们的高度，使它们常常成为当地著名的人文景观。梁体由于不是直接用绳索做成的，因此不是以曲线的形式出现，而是一条水平线，跟普通梁桥相比，显得更薄一些，这样线条感更强，造型上更为轻巧了。斜拉索是全桥最生动的部分，它不仅可以有竖琴形、放射形、扇形等不同的样式，还可以布置成单索面或双索面，形态丰富。其实，斜拉索不论作何种布置，都与桥面、桥塔一起构成一个个三角形，牢牢地维系着整个桥梁。同时，钢丝索是以高强度的优质钢为材料，却被加工成绳索的形式，可以说是寓刚以柔，柔中见刚。当它紧紧拉住大梁，千车行，万人过，又实实在在地显示着力量的美。在这里，力学的规律和美学的形式法则，是那么完美地融为一体，高科技时代正使桥梁造型向更新颖、更生动、更多样化的方向发展。

现代浮桥尤其是为了保卫国家主权和领土的完整，人民军队运用钢制门桥在战场上以最快的速度架设的能够让整师整军的铁甲雄师迅速通过的战场浮桥，更是让人在欢呼中惊叹，在敬佩中骄傲。曾有一篇通讯描述了这一生龙活虎、惊天动地的场面：江面上浪花飞溅，江岸上车轮滚滚。长江某水域，一队队官兵蓄势待发，一辆辆精心伪装的车辆各就其位，一节节钢筋铁骨的门桥向着预定渡场奔驰而去。中部战区某舟桥旅的官兵按预定的岗位跃上门号，动作娴熟地展开操作。门桥长们一边认真观察江水的流动，一边及时调整门桥的角度、距离与航速，整个操作如行云流水、一气呵成。而在浮桥下游2000米处，舟桥旅的官兵们正在用12部携带反射器的冲锋舟架设一座佯渡舟桥，并利用反射器在第一时间消除敌方雷达波的干扰，确保架桥的战斗任务顺利完成。突然，一阵刺耳的警报声响起，这是"敌"机来袭的信号。战场情况瞬息万变，但舟桥旅的指战员个个成竹在胸，没有丝毫的慌乱。只见他们迅速运用水幕与烟幕对门桥进行伪装，并通过隐真与示假相结合的方法，对已经架设的浮桥进行多点拆解，把一座很快可以架设成功的浮桥解体转移。不一会儿警报解除，隐蔽在岸边的数路门桥同时启动马达，船载雷达对门桥进行精确定位，很快一节节门桥就按照预定方案，有条不紊地向江心延伸。随着浮桥闭塞成功及两岸进出口构建完毕，一座全长1150米的浮桥就完整合龙。数千名官兵、上百台装备快速通过浮桥，完成了南北战略机动演练任务。一桥飞架南北，长江天堑在训练有素的精兵强将和现代化装备的共同作用下，已经成为通途，这就是我军舟桥旅在架设战场特殊桥梁的过程中展示出来的高超的技术水平和强大的战斗意志。

新的材料、新的器械、新的工艺，正随着基础设施建设的不断深入如雨后春笋般地涌现。桥梁作为交通运输设施的控制性工程，理所当然地走在基建队伍的前列。这样的发展态势必然会催生更牢固耐用、更气壮山河、更经济实惠与更便利舒适的新型桥梁的问世，人类的创造力在人工智能的帮助下正在产生新的飞跃，桥梁审美也就必然会给我们开创一片新的天地，我们对于桥梁的审美期盼正在一步一步地成为看得见、摸得着、用得好的现实,让我们用智慧的头脑、灵巧的双手和矫健的步伐去迎接这一灿烂壮美的伟大景观吧。

行桥篇

在《知桥篇》中，我们对中国桥梁的历史与现状、实用功能与文化意蕴，中国人在桥梁建设中表现出来的实践理性与游刃有余的精巧技艺进行了必要的探讨，这些基础知识为我们"知桥"提供了入门的向导。但是，这些对于认识中国桥梁还只是一个知识的铺垫与基础。书本知识对于把握事物的特质确实十分重要，但对于任何事物的全面把握和深入理解，完全停留在书本知识上还是远远不够的。魏征在给唐太宗的奏疏里说过"非知之难，行之惟难"的话，当代伟人毛泽东强调实践是深入认识事物的根本，他说："你要有知识，你就得参加变革现实的实践。你要知道梨子的滋味，你就得变革梨子，亲口吃一吃。"这充分说明对于包括桥梁在内的任何事物的深入的认识与科学把握，亲身实践是最根本最切实的途径。也就是说，对于桥梁的科学技术水平和审美价值的深刻认识，最有发言权的也就是桥梁的设计者、建造者。

然而，现实生活中能够亲身参加桥梁建设的人，毕竟是很有限的，更多的人只能通过其他间接的方式对桥梁的实用功能、社会意义、建造工艺和形象审美进行多方面的感受与领悟，而"行"就是广大喜爱桥梁的非专业工作者深入感知桥梁的最好途径。这里的"行"，不仅仅指过桥时的"行走"，更重要的是指到桥上去观察体验，在独特的桥梁建筑空间中"施施而行"，以细细体认桥梁的具体类型，具体了解桥梁建造的时代背景，通过对桥梁的结构、材料、体量、跨径等建筑元素的考察，对桥梁在交通运输的历史与现实中所发挥的独特作用的认识，在"行"程中对桥梁形成较为全面与深刻的印象。当然，条件许可的话还可以通过空中鸟瞰、水上仰视等方式，在不同角度、不同水情、不同季节与不同时间的桥梁上"行"，就能向着"行成于思"的高度升华，在深入把握桥梁建筑的总体结构、艺术风格、创新追求的基础上开展更为生动的审美鉴赏活动。

在"行桥篇"中，我们要讨论中国桥梁的地域分布，中国桥梁在建筑美方面的一般表现，并进一步展开对桥梁建筑的特殊审美价值的探讨，同时对桥梁审美的方法与美感收获的内涵进行分析。此外，还将关注桥梁建筑所承载的艺术作品与多种艺术样式对桥梁美的传播，以帮助广大桥梁爱好者在"行"的过程中更好地领略桥梁特有的丰富深邃而又别具一格的美，在"知"与"行"的积极互动中达到对中国桥梁更全面更深刻的认识与把握。

树绕芳堤外，桥横落照前

第六章　行前准备

要通过"行"的方式走访分布在中国各地的著名桥梁，当然可以运用不同的方式。例如不预设行走的路线和攻略目标，在随意潇洒的自由行中，凭着运气或许会邂逅一座很有意思桥梁，不经意的相遇让人有喜出望外的兴奋与激动，这就会对桥梁的感受与鉴赏增加特殊的喜悦，从而提高"行"与"知"的效果。然而，如果想通过有目的的行走和有计划的考察，对中国古今名桥有一个较为全面的亲密接触与系统认识，那么，对于它们的分布有一个大致的了解就显得很有必要了。虽然由于空间的广袤与时间的悠远，中国桥梁在地域分布上呈现出纷繁复杂的情形，乍一看似乎无章可循，给人一种"乱花渐欲迷人眼"的感觉，其实不然，如果我们对祖国的大好河山有全局在胸的把握，对中国桥梁建设发展史的脉络有比较清晰的认识，那么，还是能够在耀眼的历史星光中找到基本的坐标，然后运用自己的慧眼、真情与卓识，去关注建造于不同时间、分布在不同空间的中国桥梁，既可以对相关的知识进行实地的验证，又可以在跟桥梁建筑的亲密接触中真切地感受它的风采。俗话说"百闻不如一见"，只有通过这样的"行"，才能真正深刻领会已"知"的桥梁的间接经验，在"知"与"行"的相互融会中成为广泛而深入地了解中国桥梁的达人。

区位鸟瞰

为了更好地把握中国桥梁分布的形态，有这样几点是必须加以考虑的：

第一就是不同历史时期生产力的发展水平及社会需要，对于桥梁建设所产生的决定性作用。需要是人类发明创造的第一动力，也就是说，无论是货物的运输还是人员的流动，如果已有的交通运输能力已经不能满足生产生活日益发展的需要，就必然会催生新的运输方式和交通工具，桥梁建设也就在努力满足社会需要的背景下不断向前发展。今天留存在华夏大地上的古桥名桥，就是积极适应不同历史时期社会需要的产物。从历史的总体走向来看，社会生产力的水平总是向前发展的，这就决定了修建于不同时期的桥梁，在设计思路、建筑工艺与使用功能等方面呈现出长江后浪推前浪的超越性。因此，时代就成为观察中国桥梁分布特征的重要维度，古人说得好，"江山代有才人出，各领风骚数百年"，秦汉时期的木梁桥不但不能跟今天的现代化桥梁如悬索桥、斜拉桥、钢桁架桥同日而语，就是与隋朝修建的赵州桥，在各个方面跟前代桥梁相比较也有着天壤之别。因此，不同历史时期的桥梁建筑都是那个时候建筑科学和建造技术的结晶，是我们的祖先在当时已经达到的创造力的见证。在今天看来可能显得简单粗糙的桥梁，其实却是那个时期历史发展的现实，是当时的桥梁建造者创造的伟大成就。所以我们在"行"桥时一定要认真考察桥梁建造的具体年月，从中感受中国桥梁文化的悠久博大，体会桥梁建设者匠心独运的聪明智慧、炉火纯青的技术工艺和忘我奋斗的坚强意志，温故而知新，把古人勇于探索、矢志创新的科学态度作为前进的动力，不断攀登桥梁科学技术的新高峰。

第二就是科学技术进步对于桥梁建设的实际影响。如果说社会需要是推动桥梁建设的重要动力，那么可能只有在掌握先进科学技术的前提下，需要才能转化为客观存在的现实。也就是说，只有当作为人的本质力量重要组成部分的建造力，通过社会实践的不断深入而变得越来越强大，跟桥梁建设密切相关的新理论、新材料、新工艺、新器械的诞生，才会有效地帮助桥梁建设者在设计、建材、器械、施工等方面以与时俱进的姿态，创造出超越前人的新业绩。科学技术的进步为桥梁建设更好地实现功能担当与文化使命创造了现实的条件。因此，特定历史时期的科学技术水平决定了桥梁建设的综合质量，桥梁科学、桥梁技术的具体发展水平也就成为我们认识中国桥梁不可忽视的基本要素。特别值得注意的是中国现当代桥梁建设的发展历程，认真关注桥梁建设者们挺起民族脊梁，把赶超世界先进水平作为奋斗的目标，从20世纪30年代开始白手起家、急起直追，到今天已经成为世界桥梁科学技术的执牛耳者。在几代科技工作者的顽强拼搏下，终于实现了绝地超越。我们在考察现代桥梁时，应该对特定的桥梁建筑在中国桥梁科技打翻身仗的艰难而又伟大的历程中的作用与地位，进行深入的了解，并以此为榜样，对中国当今高新科技的发展充满必胜的信心，鼓起更大的干劲。

第三就是特定的地域及其地形地貌对于桥梁建设的影响。从"天人合一"

的哲学观念出发，中国人认为人和自然在本质上是相通的，因此人类的一切活动都应该遵循自然规律，这样才能达到人与自然的和谐。正如老子所说的，"人法地，地法天，天法道，道法自然"。桥梁建设作为中华建筑文化的重要组成部分，理所当然地遵循着"天人合一"这一中国文化的核心观念，严格按照特定地域的自然条件设计施工。一切成功的桥梁建筑都是如此，同样是石拱桥，华北大平原上的赵州桥、卢沟桥，跟江南水网地带的宝带桥、泗龙桥就存在着很多差异，而它们又和处于峭壁深涧中的葛镜桥，有很大的不同。因此，我们在"行"桥的过程中，不但要认真考察桥梁建筑本身，还要深入了解当地的风土人情，看看桥梁设计是如何体现地域文化特征的，桥梁建筑在积极取得和周围自然环境的和谐协调的同时，有没有想方设法去展示当地的历史文化和特色，尤其是现在有不少大桥建造在少数民族地区，如何在桥梁的建筑造型、艺术装饰、桥梁命名等方面遵从民族习俗、体现民族特色，正像歌曲所唱的，"五十六个民族五十六枝花"，桥梁建筑也要体现万紫千红的民族文化。这既是对丰富多彩的民族文化的认同与尊重，也是桥梁设计在确保工程质量的前提下创造千姿百态的建筑艺术形象的重要途径，因此，同样值得"行"桥人的认真关注。

正是从上面这些观念出发，我们对于中国桥梁的认识就有了一些可以依靠的路径，因为要认识一个复杂事物，必须抓住它们各自的矛盾的特殊性，再进行分门别类的比较思考，才有可能得到比较准确的结论。如果"眉毛胡子一把抓"，那往往就会陷在表象丛林的错乱迷茫中无法自拔。中国桥梁建设的历史成就和辉煌现实，要求我们运用辩证思维进行认真的分析，理出基本的头绪，认识各自的特性，这样才能够为我们在"行"的过程中，充分感受它那宏大深邃的"建筑意"，深刻体味蕴含其中的文化奥秘，在行走中欣赏，在欣赏中体验，在体验中思索，由此实现对中国桥梁的深层次的观赏和理解。

要对分布在祖国大地上的桥梁有一个较为全面的把握，我们需要先把自己设想成一个站在云端既能穿越时间隧道又能俯瞰祖国大地的巨人，只有这样才能把中国桥梁的历史成就和今日辉煌尽收眼底：承载着古人无数别离之情的西安灞桥，以精巧设计和精湛施工被誉为最悠久的"国际历史土木工程里程碑"的河北赵州桥，苏州的思婆桥与灭渡桥、绍兴的八字桥与太平桥、漳州的虎渡桥与泉州的洛阳桥，闽浙边界耸立在青山绿水间的廊桥，侗族兄弟的木工杰作广西程阳的风雨桥、在大渡河的激流峡谷中潇洒飘逸却经历过血与火的洗礼的泸定桥、广东潮州韩江上中国第一条启闭式桥梁湘子桥……

这些桥梁杰作都是我们的先辈用他们勤快而又灵巧的双手创造出来的宝贵遗产，因为别出心裁的设计和优异的建筑质量，许多历经千百年的古桥仍然巍然屹立在人间。

如果巨人把目光转到当下，就会清晰地看到被称为"基建狂魔"的当代中国在桥梁建设上不断登上一座座新的高峰，光是沿海城市的跨海大桥就已经不胜枚举，从渤海之滨大连的普湾大桥到南海伶仃洋上的港珠澳大桥，原来被大海的波涛和大陆隔离开来的众多岛屿，有了跨海大桥，海峡变成通途，海岛和大陆的交通畅通无阻；西部边陲常常是急流深涧在悬崖峭壁中狼奔豕突，有些地方的险要连老鹰都不敢飞越，现在一座座现代化的悬索桥、斜拉索桥凌空飞架，汽车火车在高山峡谷奔驰如履平地；而在祖国的腹地，长江、黄河、珠江等道道天堑早已为一座座现代化的桥梁所驯服，南来北往的汽车、高铁承载的人流物流，就是正在努力实现伟大复兴的中华民族的强劲骨骼和通畅血脉；在城市里，中国也开始成为轮子上的国家，一座座气势恢宏、线条流畅的立交桥拔地而起，它们成为城市交通现代化的鲜明标志，也是社会经济文化发展的重要纽带。上述对于中国桥梁建设的历史成就和现实创造的鸟瞰式描述，就是为了让关注桥梁的有心人做到心中有数，免得在行桥的过程中因为缺乏宏观把握而犯下瞎子摸象那种只见树木不见森林的错误。

当然，由于中国桥梁建设走过了几千年的漫长岁月，又分布在广阔无垠的国土之上，时间的先后与空间的广袤，使得它们以星罗棋布的态势分布在祖国大地上。由于时代变迁形成的层层叠叠的历史积累，地震、洪水及泥石流等地质灾害的破坏作用，使得今天上演着生生不息的人间活剧的大地舞台，已经跟古时候大不相同了，被黄河决口后泥水冲刷并覆盖了的古代汴梁城，北宋年间青天大老爷包公审案的开封府，早就淹埋在今天开封市地下的泥层中。在广州闹市区的北京路，我们可以看到唐宋时的街市，已经按历史先后的顺序下沉在地下了。桥梁建筑也会遇到这类"历史层累"的现象，许多古代桥梁随着时代的变迁被埋在地层的深处，发生在历史长河中沧海桑田的巨大变迁，就使得我们今天仍能够见到的古代名桥不但数量有限，而且在分布上大多显得散乱无序。

然而，除了那些历史较为悠久的古桥分布得比较零散之外，北宋以后建造的桥梁建筑，由于生产力的发展、社会经济文化水平的提高、交通运输的兴旺呼唤着更多的桥梁，桥梁的建筑技术与艺术的不断发展又为这一目标的实现提供了现实的可能性。于是，宋代的桥梁建筑就雨后春笋般地兴盛起来，特别是在东南沿海一带的桥梁建设更让人目不暇接。由于建造和维护受到高度重视,尽管经过一千多年来天灾人祸的侵袭破坏,但因为具有数量上的优势,宋代以降的不少古桥就得以较多地保存下来,而且这些古桥在地域分布上也表现出一定的特点,这就为我们的"行"桥活动提供了有章可循的便利。

从地域分布来说,江南的苏州、绍兴被人们称为桥梁博物馆,两地都处于水网地带,河流纵横交错,而较强的经济实力、持续的发展态势必然会对交通运输提出更高的要求,造桥也就在相当长的时间里成为改善交通的最好选择。苏州平江历史街区的主河道上共有18座桥,绝大多数为梁桥,只有胡相思桥为拱桥。当然,我们今天看到的梁桥中有些原来是拱桥,虽然为了更好地满足汽车行驶的需要而改建成钢筋混凝土梁式结构,但这些新的梁桥大多沿用原有的名称,并且保存了不少宋代的墩台结构和武康石构件,从中仍然依稀可见千年古桥的历史荣光。苏州河多桥多,早在唐代,杜荀鹤就有描写这一景象的诗:"君到姑苏见,人家尽枕河。古宫闲地少,水巷小桥多。"这首诗绝不是文学的夸张,仅从东、南、西、北环城四门的密集的桥梁就能得到证实:东门有葑门桥、相门桥、娄门桥,南门有南门桥、关门桥,西门有胥门桥、金门桥、阊门桥,北门有平门桥、齐门桥。这些桥梁有的遥相呼应,有的相邻成群,众多的古今名桥和秀丽的私家园林一起,成为这座具有几千年历史的古城最亮丽的文化名片。当然,苏南各地包括今天的上海郊区,同样还保存着不少具有较高建筑水准的古代名桥,它们同样可以纳入"行"桥的范围。

绍兴是中国桥梁重要的发源地,古越先民早在远古时代就开始把小船连接在一起成为水上通道,这就是浮桥的滥觞,有论者认为"绍兴应是浮桥应用最早最广的地区"(罗关洲《绍兴古桥文化》,中华书局2004年版第4页)。宋代嘉泰年间成书的《会稽志》详细地记载了自东汉到当时的绍兴桥梁建筑,光是建在鉴湖长堤上的堰桥就有二十几座,这本志书中记载的桥梁有的一直沿用到清代,后来虽然改建为现代桥梁,但仍然沿用原来桥名的有府桥、都亭桥、斜桥、江桥、鲤鱼桥、仓桥、酒务桥、香桥、大云桥、北海桥、鲍家桥、舍子桥、告成桥、塔子桥、跨湖桥、兰亭桥、稽山桥、钱清桥、枫桥、干溪桥等。嘉泰《会稽志》及宝庆《会稽续志》所记载的古桥有34座一直保留下来。今天我们在绍兴城区看到的古桥,大多在不同的年代进行过重修,不少古桥虽经重修但基本上仍保持了原来的桥型,这一类古桥在绍兴城区就有20多座。例如著名的"八"字桥,桥柱上镌刻的"时宝祐丙辰仲冬吉日重建"的字样,说明从宋宝祐年间以来这座桥就没有再重建或重修过，是一座名副其实的古桥。还有像光相桥、广宁桥、宝珠桥、拜王桥、小江桥、东双桥、题扇桥、龙兴桥、谢公桥、锦鳞桥、望花桥、虹桥、景明桥、凰仪桥、瓜咸桥、纺车桥、西跨湖桥、柯桥、阮社桥、宣桥、高桥、广溪桥等，都是中国古桥中的佼佼者。明清时期绍兴继续修建了不少石拱桥，这些桥梁在造型、结构、施工等方面，都表现出自觉的创新追求，把中国石桥建筑的技术水准推到一个新的高峰。

毗邻绍兴的宁波，由于商贸的发达（唐代曾经在那里设置市舶司），又因为河流纵横，所以在桥梁建设上也有很大成就，各种桥型一应俱全。直到2010年，在宁波市的辖区内尚有古桥510余座，其中石拱桥230座，石梁桥与碶闸桥近260座，廊桥17座，特型桥9座。这些桥梁中在建筑艺术上成就最大的还是石拱桥，过去在城区就有张斌桥、月湖桥、甬水桥、望京桥、大卿桥、西成桥、望春桥、高桥等石拱桥，这些石拱桥以优美的造型、实用的功能和丰富的文化内涵，为宁波经济文化的发展做出了重要的贡献，虽然有的已经退出了历史舞台，但仍为人们津津乐道，而那些保留下来的古桥，作为宝贵的历史文化遗产承担着延续建筑文脉的重任，仍然坚强地矗立在江河之上，有机会到这些桥梁上"行"走一番，也是很有意义的。

除了苏州、苏南、绍兴与宁波之外，福建在桥梁建造上同样具有悠久的历史和辉煌的成绩，尤其是泉州、漳州两地，更有许多古代名桥可以成为我们"行"的对象。茅以升先生在《桥梁史话》一书中热情地写道：

> 洛阳桥与江东桥都是福建的古桥，一在泉州，一在漳州。这两地的古桥真是多，据《古今图书集成》所引这两州的《府志》，其有名称、地址及事迹可考的，泉州本府有桥64座，所辖各县有桥132座，漳州有桥58座，所辖各县有桥139座。不但漳、泉两州如此，福建其他各地的桥也多，比如，建宁本府就有桥194座，其中13座为13世纪的意大利人马可·波罗在他的游记中称道过。福建的桥不但数目多，而且有不少宏伟的结构，凡是到过福建的人，都会感到"闽中桥梁甲天下"之说却非过誉。（茅以升《桥梁史话》，北京出版社2012年版第109页）

纵观福建的古桥，有不少是在宋代建造的。宋王朝积极鼓励海外贸易，泉州港凭借优越的地理位置而迅速发展起来，成为仅次于广州的全国第二大港口。北宋元祐二年（1087年），朝廷在泉州设立市舶司。南宋虽然偏安一方，但经济还是得到了很好的发展，繁荣兴旺的对外经贸活动，使泉州港进入发展的鼎盛期。经济规模的迅速扩展带来了财富的增长，成为桥梁建设的积极动力和可靠保障，而宋代活字印刷与火药的发明，航海、制瓷等技术的改善与提高，使科学技术得到了较为长足的进步，桥梁建造技术也就在这样的大环境中得到了很好的提升，泉州也就顺应着历史潮流，建造了数量可观的大桥。宋皇祐五年（1053年）至嘉祐四年（1059年），由蔡襄主持建造的洛阳桥，"长三百六十余长，广一丈五尺左右"；宋绍兴年间僧人祖派带领工匠建造了"长八百有十一丈，广一丈六尺"的安平桥；还是在绍兴年间，又一位僧人文会把府城临漳门外的浮桥改建为"长八十余丈"的石笋桥；宋嘉定年间泉州人在笋江下游造了一座"长一百五十余丈"的顺济桥。此外，泉州的苏埭桥、玉澜桥、北平桥、龙津桥、獭窟屿桥、金鸡桥、通济桥、宏济桥、下辇桥等，这些桥梁除了洛阳桥建于北宋，其他都是在南宋时期建成的，特别是绍兴年间建成的占了很大比例。泉州的古桥既有数量上的优势，又因为大多是用花岗岩建造的，所以历经千年而规模仍在，其坚固耐久的建筑质量由此可见一斑。泉州古桥的这些特点，基本上也为漳州所共有，两地紧密相连，可见泉州、漳州肯定是"行"桥的好去处，值得有心人认真游赏一番。

此外，浙闽边界山区，由于山岭纵横、溪流湍急，要想安全便利地跨越深涧激流，最好的方法还是建造桥梁。山区的人们懂得就地取材，廊桥就成为最合适的交通设施。这些廊桥把桥和廊这两种不同的建筑形式有机地结合起来，不但能够为人们提供跨越溪流与避风躲雨的场所，而且廊檐如翚斯飞，廊柱比肩矗立，桥梁坚固，廊屋高耸，充满"建筑意"的生动形象和坚固耐用的使用功能，充分展示了中国工匠在木结构建筑营造中的高巧技艺。

就拿木材加工来说，虽然从人类的童年期开始，树木就跟人的生活结下了不解之缘。但是要把一根根木材建成一座能跨江越河，又能让无数的行人和重载的车辆安全通行的桥梁，没有高超的本领当然是不可能的。只有掌握了精湛的加工技术，才能让木材俯首贴耳地听从人的指挥，才能创造出人间奇迹。

在浙闽边界的浙江的泰顺、庆元与景宁，福建的寿宁、古田、连江等地的崇山峻岭间，分布着不少廊桥。这些廊桥大致又可分为编梁木拱廊桥、"八"字撑木拱廊桥、木平廊桥、石拱廊桥等几类，其中编梁木拱廊桥最具文物价值。浙江泰顺境内至今仍然保存完好的唐、宋、明、清时期所建造的木拱廊桥，数量众多、工艺精巧、造型优美，并与周边环境十分和谐，堪称世界桥梁史上少见的木桥经典之作，有不少是《清明上河图》中虹桥结构在现实生活中的客观呈现。泰顺廊桥座座如瑰宝般镶嵌在群山之间，截至目前，泰顺共有46座各个时期的廊桥，其中北涧桥、溪东桥、三条桥、仙居桥、文兴桥、薛宅桥、文重桥、南阳桥、霞光桥、池源桥、普宾桥、城水桥、刘宅桥、永庆桥与毓文桥共15座廊桥，在2008年被列为全国重点文物保护单位。

泰顺木拱廊桥的木拱架多为单孔"八"字形，这样的桥型是为了更好地适应汛期山洪暴涨的自然条件而做出的科学选择，其"三折边""五折边"及"剪刀撑"的木撑拱构架的制作技艺已显得相当成熟，因此木廊桥的最大跨径可达34.5米，科学地解决了木拱廊桥在结构力学上的问题。桥上廊屋的造型十分优美，左右两面鳞叠铺钉"风雨板"，梁架大多是用九檩四柱五架抬的制式，结构虽然较为简朴，但由于廊桥的屋檐挑出较远，也就能够充分显示中国木结构建筑造型的优美。

三条桥是泰顺历史上最为久远的木拱廊桥，位于洲岭、垟溪两乡交界的横溪上。因为这座桥最早是由三根巨木跨溪为梁，所以称为三条桥，桥长32米，宽3.96米，高9.55米，单孔跨径21.26米，桥上部是11间单檐桥屋，明间五架柱梁，柱头有蝶形莲花瓣头拱座，造型古朴典雅。当地的文献曾有记载，"三条桥最古，拆旧瓦有贞观的年号"，因此有人认为三条桥的建造时间比《清明河上图》中的虹桥还要早。而今天人们看到的三条桥，则是清道光二十三年（1843年）重建的。还有人在三条桥木栏板上发现了一首没有署名的词《点绛唇》："常忆青，与君依依解笑趣。山青水碧，人面何处去？人自多情……"可见这是文人过桥小憩时留下的笔墨，也为这座青山绿水间的建筑瑰宝额外增添了一抹饱含情思的诗韵之美。

木桥的寿命虽然比石桥短，但用上一二百年的也常有见到。浙江景宁的梅崇桥，桥屋的房梁上题着建于"嘉庆七年"的字样，此桥建成后未大修过，可见此桥基本上仍为初建时原物。这说明梅崇桥已有200多年的历史了。这是一座全木结构桥，桥梁的构造和《清明上河图》中的虹桥相似，是由两组长短不等的木拱骨搭架穿插而成。第一组由三根长拱骨组成，第二组由五根短拱骨组成，两组拱骨交叉叠合，构成了一个较为粗放的拱形整体，这种结构形式处于梁桥向拱桥嬗变的过程之中，称为叠梁拱。为了使互相平行的拱骨增强稳定性，工匠们在两组拱骨框架上，都装上了对角交叉的横向斜撑，再加上长短拱骨在交叉叠合中构成的几组三角形，使桥梁的木结构具备了较高力学特性。这座木桥和虹桥不同的是，它的桥面是平坦的，没有像虹桥这样高高拱起。这一改进显然是适应了山区的地形特点和交通上的需要，桥上通行的方便比起桥下通航的需要来，前者完全处于支配地位。同时，平坦的桥面又和两端拱肩构成了两个大三角，无疑比拱形桥面更牢固耐用。梅崇桥在桥面上盖有桥屋，两侧设有护板，使风雨、烈日都不能直接侵蚀桥梁的内部结构。同时，整座桥梁的木结构两端安置在卵石砌成的桥台上，最靠岸边的端边直竖排架后面的第一层也是卵石，卵石后面全是填实的土。这样，山上的流水就能较快地排到河里去，不会由于桥基的潮湿而使桥梁腐烂。梅崇桥至今仍很牢固，据专家分析，如果没有意外的破坏，再用上二三百年也不会有大的问题。

至于用石墩木梁建成的桥，在浙闽一带那就更多了，如浙江武义的熟溪桥、福建建瓯的平政桥、福建永春的东江桥等。这些桥梁大都建于清代中期到末期，寿命都在百岁上下，可以说在木桥世界中，它们都是高寿者了。这里，我们可以看到，木材本身的缺陷，在技艺高超的造桥者手里确实得到了很好的克服，使木桥以质朴轻便的特点在桥梁世界中闪耀着独特的光彩。

改革开放的春风吹拂着中国的桥梁建设，"要想富，先修路"，而修路又和造桥紧紧地连在一起，人民群众的迫切愿望就是对桥梁建设者的最高命令，一支支勘察、设计、施工队伍挥师造桥工地，中国桥梁建设很快就呈现出"日出江花红胜火"的壮丽气象。中国当代桥梁建筑成就遍布全国各地。条条江河天堑，都已成为汽车、高铁飞速驰骋的通途，过去人迹罕至的新疆伊犁果子沟、云贵高原北盘江、四渡河、怒江、清水河、鸭池河、龙江、金沙江、大渡河等激流深谷上，一座座现代化桥梁拔地而起；万里长江从宜宾到崇明入海口，据不完全统计，到2022年底已建有154座大桥。那悬索桥就像天神弹奏的竖琴矗立在天地之间，由几百条斜拉索组成的扇面就像神奇的船帆点缀在江流之上，壮丽的气派、精美的造型或辉映着城市的摩天大楼，或连接着两岸的阡陌绿野，或把壁立千仞的峡谷变成畅通无阻的坦途。我们大智大勇的桥梁建设者，又马不停蹄地向海峡进军，从大连的星海湾跨海大桥、青岛胶州湾跨海大桥、上海的东海大桥、宁波的杭州湾跨海大桥、舟山跨海大桥、温州洞头连岛工程、平潭海峡大桥直到南海伶仃洋上的港珠澳跨海大桥，中国的桥梁建设迈着豪迈而坚实的步伐，向着海洋进发并交出了一份优异的成绩单。

当代中国在桥梁建设取得的伟大成就，使中国当今桥梁分布呈现出花团锦簇的可喜面貌。这为我们开展"行"桥活动提供了非常有利的条件,你无需长途跋涉,在居住的城市里可能就能看到气势恢宏的斜拉桥,或许在出差、旅游的过程中,常常能够和世界名桥不期而遇,只要我们有热爱桥梁的诚心,有一定的桥梁知识的铺垫,祖国的东西南北中,都会常常给我们提供行走大桥、新桥的机会。如果我们驱动汽车、迈开双脚,就必定能够"行"更多的桥,也一定会从那些新颖别致、气象万千的现代桥梁中,获得更丰富、更广阔、更深刻的思想启迪、知识学习、美感享受,我们就为祖国拥有如此众多并在世界优秀桥梁建筑中名列前茅的现代大桥,而产生满满的成就感,情不自禁地为桥梁建设者创造的伟大业绩点赞,为新中国七十年来在桥梁建设中取得的辉煌成就欢呼。

路线规划

"行"桥可以有几种不同的方法。

最随意的"行"就是不经过刻意安排,而是因公出差之余或探亲访友之暇进行的"自由行"。当知道自己要去的地方有古桥名桥,或有近年新建的大桥,如果是在紧张的行程途中,能够抽出一点高贵时间的话,那就停下匆忙的脚步好好欣赏一番;如果是在出行的目的地,那就忙里抽空,在办完公事或探亲之余,轻松地走一走,认真地看一看。这样的"行"程看起来似乎不具备专门的性质,在行为的专注与态度的认真上似乎有所欠缺,但这种可遇而不可求的游览却是现实生活中难得的好机会。因为只有专门研究交通运输与道路桥梁的专家,以及专门研究地方历史文化的学者,或者是高水平、深资历的桥梁爱好者,才会安排专门的时间对那些有重大影响的桥梁进行深入的考察和专门的调研,而一般的人往往是不会这样做的。这是因为尽管有些桥梁非常有名,在建筑艺术与交通功能上占有举足轻重的地位,但能够成为一个独立的景点供人游览的,毕竟是少之又少,尤其是远离城市的野外桥梁更是如此。能够成为游览对象的桥梁,大多是和车水马龙的城市之美与江河湖海的水景之美结合在一起的,它往往只是景观的一个组成部分。所以利用出差、探亲等旅行的机会,游览考察当地的桥梁,在桥上行走、感受、体验,了解桥梁的前世今生,瞻仰它的建筑艺术,对于"行"桥者来说,既节省了时间和金钱,又达到了和桥梁有亲密接触的目的,这样的机会不可多得,确实是值得好好珍惜的。

如果想在"行"桥的过程中见到更多的桥梁，学到更多的知识，领略到更生动更丰富的桥梁之美，那么，对"行"桥路线的认真规划，根据自己所能支配的经费与时间，对即将"行"走的桥梁加以认真梳理，看看什么样的路线既能把自己想要"行"的各座桥梁串联在一起，又能少走或不走回头路，不但能够看到更多的桥梁，还能省钱省时。这样的路线规划之所以很有必要，因为它是许多旅游达人在亲身经历的基础上得出的经验，也是使自己的旅行活动上升到理性自觉的一种表现，所以值得"行"桥者借鉴与仿效。

"行"桥路线的规划，以下几个方面的参照系值得我们关注：

首先是"行"桥路线必须根据个人的兴趣爱好和既往经历进行规划。"行"桥者的主观态度就是游览路线规划的起点，作为"自由行"的旅游考察活动，游览路线必须充分体现个人的意志和愿望——是去古桥较为集中的历史文化名城，还是到现代桥梁正在蓬勃生长的热点地区；是按照桥梁建筑的特定桥型设计路线，还是系统考察修建在同一条河流上各种不同类型的桥梁；是把某些桥梁定为考查的重点对象，还是不管每座桥梁的具体情况，以来者不拒的态度，准备花费同样的经费与时间。有的"行"桥者已经到过很多桥梁，那么他只把尚未走过的桥梁作为"行"的对象，以拓宽行走桥梁的广度；还是对自己"行"过的桥梁仍然有浓厚的兴趣，通过再次行走以提升、强化对于桥梁认知的深度。所有这些，都要按照"行"桥者的主观意愿和实际情况来做决定，也只有在遵从个人兴趣爱好与知识基础的前提下做出来的路线规划，才能真正成为"行"桥的向导。可见，规划"行"桥路线，最重要的参照系就是从个人内心的真实愿望出发，自觉听从内心的命令。这就是做好"行"桥路线规划的起点。

其次是"行"桥路线规划，还应该把个人的兴趣、愿望跟桥梁分布的具体特点结合起来。也就是说，"行"桥者的主观愿望如果能够符合并适应桥梁分布的客观实际，他的"行"桥活动就有可能取得事半功倍的良好效果。因为桥梁的客观存在是不以人的意志为转移的，只有充分运用"知"桥所掌握的相关资料，对那些具有代表性的桥梁位置有准确的把握，对桥梁之间的距离及内在联系有基本的了解，《孙子兵法》云，"知己知彼，百战不殆"，规划"行"桥路线当然需要尽量了解桥梁的各方面信息，这样做出来游览攻略才会具有真正的可"行"性，才能保证"行"桥的过程一路顺风，并让人获得一气呵成、酣畅淋漓的快感。

再者就是对于前往"行"桥目的地的交通情况的准确掌握，尤其是对于要求一"行"多点的考察方式的路线规划，更要知道出行使用何种交通工具最为合适，是坐飞机还是乘高铁，是从出发地就开始自驾游，还是通过民航、铁路到达目标所在地之后再租车前往；何种交通工具在经费的多少、旅途的舒适与疲惫，以及耗费时间的长短，综合考虑这些因素所构成的性价比，这就是路线规划必须经过充分考虑乃至反复比较才能确定下来的原因。有时，不同路段可以有多种行走方式，那么在规划路线时就应该提出几个方案。只有在仔细斟酌、反复权衡的前提下，最后选定的路线才会因切合实际情况，让"行"桥过程显得更便利更经济。同时，在确定行程时还必须关注某些情况的变化，例如不同季节的航班与列车时刻表是有一些区别的，所以需要通过多种方式的查询、比对，力求获得最可靠的信息，制订出科学的路线，为圆满完成"行"桥任务提供可靠的保证。

作为个人行为的"行"桥，因为人们对这一活动抱有的目的不尽相同，对出行工具的各有偏好，经济实力有强有弱，能够支配的闲暇时间有多有少，因此"行"桥路线的规划就会呈现出百花齐放的差异性，这充分体现了个人生活的主体性、社会文化的多样性及实践活动的丰富性，因此值得充分肯定。然而，从中国桥梁的现实分布来说，提出一些"行"桥的基本路线，给关注桥梁文化和桥梁建设的热心人参考，应该是很有意义的。正是出于这样的考虑，从桥梁分布的客观情况尤其是桥梁集群的实际存在出发，提出几条"行"桥的路线，或许能够起到抛砖引玉的作用。

由于经过几千年历史长河的淘洗，现存古代桥梁已所剩无几，而且散布在广袤的祖国大地上，所以"行"走这类历史名桥就很难提供一份明确的路线图。但是，"行"这类桥梁可以根据其分布的区域采用以下两种方法：一种是"行走一域、深察个别"，就是说抽时间到一个省或一个地区，而后分别行走特定的名桥古桥。如到北京，可以到北海走一走金栋玉鳌桥，可以抽出半天时间到颐和园领略十七孔桥的端庄及其通过非常严密的科学设计所创造的冬至时节桥孔金光辉耀的奇景，再拾级登上玉带桥眺望昆明湖波光潋滟的美丽湖光水色，当然丰台的卢沟桥那是非到不可的，桥上不但有数不清的石狮子，还有康熙皇帝题写的"卢沟晓月"的御碑亭，更能透过历史烟云感受全面抗战在这里爆发的壮烈篇章。如果你到了黑龙江，可以先到哈尔滨的文庙走走状元桥，接着可以去看看宁安的大石桥，然后到密山当壁镇的白棱桥，最后再到齐齐哈尔的铁道桥，在那里还可以追忆当年义勇军抗击日军的战斗场景。

　　另一种方法是把"行"古桥名桥和考察现代大桥结合起来，对同在一个地区但建于不同时间的重要桥梁一网打尽。因为很多在古代建造桥梁的地方，往往处于河流与陆路交通的节点，虽然因为交通工具与时俱进的变化，以及道路类型的相应演变使桥梁的具体位置有所变动，历史上的茶马古道在某地通过石拱桥跨越一条河流，今天的高速公路还是要跨越这条河流，但是连接两岸高速公路的悬索桥或斜拉桥，肯定会比古代石拱桥跨径更大、净空更高，它在建桥位置的选择上就会有更大的空间。这就为在行走古桥的同时，提供了更多的行走现代桥梁的便利。假如你想到云南去看古桥，但那里的古桥分布比较分散，为了保证"行"桥的效率，就可以把有影响力的古今桥梁组合起来，把它一次"行"遍；如果准备去"行"走人称"金沙江上第一桥"的金龙桥，就可以顺便到附近的金安金沙江大桥一"行"。前者是一座只能供行人和畜力车通行的古代铁索桥，走上去时会感到桥面随风飘动，产生紧张与恐惧之感，倒是桥的两头被髹漆成大红色的桥屋，能够给人一丝温馨热情的安慰；后者则是一座主跨1386米的双塔双索单跨加劲梁悬索桥，这座特大桥梁连接的是现代化的高速公路，汽车在水流湍急的金沙江上以每小时100千米的速度飞驰而过，车上的人则如履平地，不会有丝毫的紧张与焦虑。

　　又如位于云南建水县城西郊的双龙桥，是一座十七孔联拱桥，桥长148米，宽3—8米，桥中建有三座楼阁，中间的楼阁建筑体量最大，两端楼阁略小，阁上飞檐翘角，四重相叠，桥楼相互辉映，蔚为壮观。这样的大型古桥自然值得桥梁爱好者前来"行"走游赏。但双龙桥在这一带颇有茕茕独立的气象，其他值得一"行"的古桥却几乎没有，这难免会令人感到沮丧。但只要"行"桥者把眼光稍稍放远一些，流经红河州的元江却有几座现代大桥是值得认真观赏的，如元江红河大桥就是其中的佼佼者。红河大桥是元江至磨黑的高速公路上规模最大的一座预应力混凝土连续钢构桥，长802米，宽20余米，桥的最大跨径为265米，桥下净空高163米，建成时为当时世界第一高桥，虽然这个纪录第二年就被高270米的法国的米约大桥所超越，当今世界第一高桥的桂冠也为后来居上的北盘江大桥所拥有，但红河大桥高高耸立于"V"形深谷的桥墩所显示出来的恢宏雄伟的气势，还是能够引起"行"桥者的敬畏之心，尤其是把它那现代桥梁的豪迈大气和建水双龙桥精工细作两种不同特色的工匠精神相比较，中国桥梁在历史发展中力争走在世界前列的雄心与成就，确实能够给人满满的自豪感。

跟布局较为分散的情况相反，集中分布也是常见的桥梁存在形态，而这一特点对于规划"行"桥路线来说就是一个重要的优势。下面这几条路线把中国大地上现存桥梁做了较为合理的梳理，可以作为设计"行"桥路线的参考：

第一，对于中国古代桥梁的行走考察，江苏南部、浙江的宁绍地区、浙闽边界、福建东南沿海是值得深度关注的区域。这些地区古桥的分布都呈现出相对集中的特点，无论是被誉为桥梁博物馆的苏州、绍兴和宁波的石拱桥石梁桥，还是存在于浙闽边界的廊桥，或者是福建泉州、漳州地区的石桥，这些桥梁建筑都是中国桥梁发展史上闪烁过灿烂光辉的文化遗产，确实值得认真学习和细细鉴赏。"行"桥路线规划的关键，就在于想方设法使旅程变得较为简单顺利，力求花较少的金钱和时间，尽量行走更多的桥梁，努力获得更准确的桥梁建筑的具体信息，为积累更丰富的桥梁科学知识打下扎实的基础。

从有利于"行"桥者的考察活动来看，应该高度重视"行"者与目标区域的位置关系，在确定出发地点的前提下安排具体路线。无论是坐高铁还是乘飞机，都应该先找一个合适的切入点，这个点不但要具备发达的交通，而且在整个东南沿海地区具有较为重要的经济文化地位，上海、杭州、苏州都是不错的选择。"行"桥者应该根据自己的条件确定考察的范围，同时拟出行走的日程。这样的"行"桥就不会产生东一榔头、西一棒子的随意性与盲目性，而是在循序渐进的行程中多走一些有意义的古桥名桥，这样既不会遗漏重要对象，也不会出现无章可循的紊乱与迷茫，在潇洒与艰辛相反相成的"自由行"中，就能够对这几个地方不同历史时期建造的桥梁形成较为完整的总体印象，而那些特征鲜明的桥梁个案也会给人以深刻的形象记忆。

第二，桥梁最根本的功能就是跨江越河，因此它总是和特定的河流、峡谷等地理要素联系在一起，并由此形成一个具有较大相关性的桥梁集群。因此，我们"行"走桥梁，可以把河流作为规划"行"桥路线的依据，为"行"桥活动的顺利进行提供正确的指南。

作为中国最大的河流，长江是中国桥梁聚集程度较高的第一大河。它从雪山流向东海，丰沛的水资源一方面为华夏儿女提供了巨大的舟楫之利，被誉为黄金水道；它灌溉着两岸千里沃野，这些地方就成为亿万人赖以生存的粮仓、果园和菜篮子；奔腾不息的水流拥有的磅礴力量，又可以转化为源源不断的电能，为中华民族的伟大复兴提供强大无比且永不枯竭的动力；它还为中华民族培育了上海、南京、武汉、重庆等几十个大城市。另一方面，滔滔江水又把我们的国土分成两块，有时甚至成为南北分治的界线。直到20世纪50年代，中国大陆的陆上交通还因为它的阻隔被迫切割成两段——平汉路与粤汉路，津浦线与沪宁线这些今天已经鲜为人知的铁路名称，在相当长的时间里就是长江天堑导致铁路无法通畅南北的标志。要彻底解决这一问题，兴长江水上航运之利，除天堑割裂国土之害，唯一可行的出路就是在长江上建造大桥。20世纪五六十年代武汉长江大桥、南京长江大桥相继建成，改革开放以来沿江各地纷纷建桥，目前至少已有154座包括斜拉索桥、悬索桥、钢桁梁桥矗立在长江之上。因此，把长江作为"行"桥的路线，对江上众多的大桥进行深入考察，这样的"行"桥活动具有十分丰富而重要的思想引导、科学探究、文化体验和旅游观光等多方面意义。把长江作为"行"桥路线，无论是从上游的宜宾顺江而下直达上海崇明，还是从崇明溯江而上直抵宜宾，这一百多座形象生动、气势非凡的现代桥梁都值得"行"桥者进行深入细致考察鉴赏，认真体会这些庞然大物的雄伟壮丽，再进一步细细辨析不同类型、不同时期建造的桥梁在建筑艺术与交通功能上的共同特征与具体差异，那就一定会对中华人民共和国成立70多年来桥梁建设的辉煌成就，对当代中国的城市建设、交通运输的发展历程，产生更新更深的切身体会和情感震撼。

类似长江这样的河流，在"行"桥路线规划中起主导作用的地理要素还有不少，但在桥梁集聚方面规模较大的却不是很多。黄河虽为中国第二大河流，但由于沿河城市相对较少，特别是晋陕河谷那一段黄河，出于地理的原因两岸缺乏交通干线，也没有规模较大的城市。而从三门峡到东营出海口除了郑州之外没有更多的大城市，又因为这段河流河床浅水流少，不具备优越的水上航运条件，而连接南北两岸的铁路、高速公路及国道、省道的桥梁，由于不用考虑水运的要求，因此桥梁建造中表现出施工难度不大、建筑形象一般化的特点，往往没能引起桥梁考察的重视。其实，把黄河作为"行"桥路线，对黄河上的各类桥梁进行认真的考察，深入领略流域各地独特的地理环境、悠久的历史文化、精彩的风物习俗和勤奋的人民群众，这不但对于全面认识中国桥梁当代发展史具有多方面的积极意义，还有助于深入把握包括黄河流域在内的北方桥梁建筑的地域特色和审美品格。

其实，有些河流虽然没有黄河这样大的名声，河流的长度有限且流域面积也要小得多，但由于那些河流流经比较繁华的城市，为了城市社会经济文化的进一步发展，人们就会在河上建造桥梁。桥梁促进了城市的繁荣，繁荣起来的城市需要更多的桥梁，两者在良性循环中产生积极的互动，河上的桥梁也就形成了集群。上海的黄浦江、天津的海河、杭州的钱塘江、宁波的甬江、福建的岷江与潮汕的韩江等都是这样的河流。流经广州的珠江，更是中国的第三大河，奔腾向前的干流在将要入海时却分成很多支流，就像一棵大树，粗壮的主干向上生长就分成很多小枝条，流经广州的珠江也就不再有大江大河的气派了。但在珠江三角洲的水网地带，近年来一座座现代化大桥比肩而立，值得"行"桥者认真关注，尤其是从珠江入海口到伶仃洋上的跨海大桥，更是当今中国这个"基建狂魔"伟大成就的确证，从虎门大桥、南沙大桥、深中大桥到港珠澳大桥，可以说是中国桥梁建设辉煌成就的一个缩影。而上海黄浦江上的桥梁自从南浦大桥首开纪录之后，杨浦大桥、卢浦大桥、徐浦大桥、闵浦大桥、奉浦大桥、闵浦二桥、金山铁路黄浦江特大桥、松浦大桥、松浦二桥、松浦三桥与横潦泾大桥接踵而来，令人目不暇接。各种桥型各类结构及各异的造型，构成了华美壮丽的新时代上海桥梁交响曲。而杭州的钱塘江，20世纪30年代到80年代只有茅以升先生主持建造的钱塘江大桥，改革开放的春风吹绿了钱塘江的桥梁建设，1991年钱江二桥建成通车，杭州掀起了桥梁建设的新高潮，现在钱塘江杭州段已有10座大桥，还有新的桥梁正在建造之中。这就告诉我们，像黄浦江、钱塘江这样的河流，也是值得"行"桥者高度关注的对象。由此可见，把它们作为"行"桥路线规划的纲要，也是顺理成章的事。

还有一条特殊的河流，就是全长1797千米的京杭大运河，它是世界上里程最长、工程最大的古代运河，和长城、坎儿井并称为"中国古代三项伟大工程"。大运河向南抵达杭州余杭之后，又与浙东运河对接，它贯通了海河、黄河、淮河、长江、钱塘江和甬江等水系，当浙东运河在宁波镇海口出海，又把内河航运与海上运输连为一体。对于这样一条凝聚着古代劳动人民智慧与汗水的人工河，杰出的社会功能与文化内涵使它成功入选世界文化遗产名录，而横跨运河的众多桥梁就是运河文化的不可或缺的重要组成部分。因此，在规划"行"桥路线时把运河上的桥梁也考虑进去，以大运河作为"行"桥的主线，就能够见识很多修建于不同年代的桥梁。

如杭州市区的拱宸桥，这是一座三孔薄墩联拱驼峰桥。水平桥长98米，高6米，桥面中段为5.9米，两端桥堍、拱券也是纵联分节并列砌筑。桥身用条石错缝砌成，并在上面贯穿长锁石，桥面呈柔美的弧形。拱宸桥以巍峨高大的雄伟气势，标志着京杭大运河的终点，看到拱宸桥就知道杭州到了，无论是归家的游子还是外来的游客，都会因旅途的顺利结束而感到欢欣。又如余杭塘栖的广济桥，是京杭大运河上硕果仅存的一座七孔薄墩石拱桥。广济桥的拱券采用纵联并列分节法砌筑，椭圆拱与薄墩的结合所展示的优美曲线，形成了桥梁秀丽的造型，而78.7米的水平全长与7.75米的矢高构成的比例，不但有利于船舶航行的顺畅，还为桥梁增加了伟岸的气势，这是优秀工匠用精美的桥梁建筑为运河入选世界文化遗产名录增加了不少砝码，在这样充满文化内涵的桥梁上行走，肯定是一件令人心旷神怡的美事。

第三，把海岸线作为"行"桥的基线，到体现当代中国桥梁建设最新成就的海峡大桥、海湾大桥去行走考察，深入体验中国桥梁从陆地向海洋进军是怎样克服种种困难，在实事求是、无所畏惧、敢于拼搏、坚忍不拔的开路先锋精神鼓舞下，中国的桥梁建设者深入钻研海上桥梁建造的理念和方法，创造了一系列新的建筑材料、施工机械和仪器设备，解决了应对海浪、潮涌、强风、咸水等影响桥梁质量与寿命的环境因素，并有效提高桥梁抗击台风、地震、海啸等自然灾害的能力，使中国桥梁建设能够由近及远、由小到大，一步一个脚印地向前推进。可见，海上桥梁的成批建造，不但成功地开拓了桥梁建设的新空间，而且在桥梁工程的质量上经受住了大海的严重考验，有关桥梁的科学技术和造型设计等方面有了新的飞跃，成为当今世界桥梁建设的执牛耳者。今天，从渤海湾到黄海之滨，从东海的舟山群岛到台湾海峡，从香港、澳门的岛屿到南海的伶仃洋，一座座大桥把海岛与大陆连成一片，原本需要绕行的冤枉路为海上坦途所取代，以前往来于海岛之间的轮渡在大桥建成后已经放进了交通博物馆。中国海上桥梁在改革开放40年尤其是进入21世纪的20年中，取得了当惊世界殊的丰功伟绩，我们把它纳入"行"桥的范围便是必须的。

海上桥梁建设的蓬勃发展，为"行"桥活动拓展了一个崭新的空间，也对桥梁的科学考察与美学鉴赏提出了新的课题。"行"走海上桥梁，最简单的就是沿着海岸线对海湾大桥、海峡大桥进行科学技术的考察、运输功能的体验、建筑艺术的评价与百姓口碑的了解，这些立足于桥梁建筑的感受、体验、鉴赏与评价的内容，跟陆地上的"行"桥基本一致。然而，海、陆两种桥梁所处位置的巨大差别，使我们在"行"桥的过程中产生的感受、形成的体验及收获的美感，还是会有一些具体的差异。

对于"行"桥者来说，海上桥梁所跨越的水面一般都会比陆地桥梁更为宽阔，因此桥梁的长度也就会有相应的增加，这就给"行"桥人带来了更为开阔的视野。"海阔凭鱼跃，天高任鸟飞"，海上桥梁所具有的登高望远的优势，能够使"行"桥者享受到水天一色的壮阔，而当他的注意力高度集中于这一视觉感受时，心灵就会通过"内模仿"作用进入到物我同一的境界，觉得"我"就在拥抱着浩瀚无边、水天一色的无限风光，浩渺旷远的景观就是"我"心灵的外射。如果能产生这样的心境，就有可能进一步到达物我两忘的境界，就像陶醉在梦幻般的仙境中，这种审美高峰体验就是海上桥梁对"行"桥者观赏活动劳心费力的最好回报。海上桥梁还有一个很重要的特征，就是桥桩、桥塔在潮涨潮落乃至狂涛巨浪的冲击下，能够表现出中流砥柱的无畏气概和坚毅品格。当然，这样的感受除了坐船游览或游泳观察之外，如果走在桥上就需要通过对桥面的实际观察，以及对海浪冲击下桥岿然不动情景的遐想来实现，视觉感受与审美想象的虚实结合必然会产生一加一大于二的心理效果，这就大大增加了"行"桥活动的感受的生动性和想象的丰富性。

"行"走海上桥梁，还有很重要的一个观察点，就是桥梁工程为更好地适应海洋的地理环境和气象条件的特殊性，在设计和施工中做了什么样的创造发明。这一艰巨的任务始终贯穿着每一座海上大桥建设的全过程，从整个桥型的确定到桥梁基础的施工，从主梁材料选定到海上航运的保障，从桥面的构成形态到架设工具的革新……这些控制性工序关系到桥梁建设的成败与建筑质量的高低，理所当然地成为工程技术人员关注的焦点和突破的重点，而所有经过千辛万苦的努力才得到的新材料、新技术、新工艺、新器械，最终都会通过桥梁建筑本身表现出来。因此，"行"走海上大桥就必须认真关注建设中的难点是如何转化为建筑物的亮点的。在这样的转化过程中，建设者是如何通过呕心沥血的探究、筹划和试验，一线操作工人又是如何在栉风沐雨的工作环境中一丝不苟地操作，最终使智慧、胆魄、意志和机遇形成一种体现着人的本质力量的合力，并且通过建桥实践把它落实到桥梁上，而"行"桥就是要从已经建成的桥梁上，发现这些人的本质力量不断发展的具体表现，从中感受海上桥梁所具有的特殊的伟大与光荣。

第四，中国当代桥梁建设还有一个展现着桥梁建设者光荣与梦想的重大成果，就是西部偏远地区的桥梁建设的突飞猛进。中国西部地形复杂，山高水险，人口稀少，社会经济文化发展相对落后。正是出于这个原因，改革开放前整个西部地区的现代桥梁建设十分有限，不但数量少而且难度极大，像成昆铁路上的每一座桥梁的建成都需要付出很大的代价，铁道兵战士甚至付出了宝贵的生命。改革开放的东风吹遍了中华大地，西部的桥梁建设在国家西部发展战略的统筹下，随着青藏铁路、川藏铁路及北京—拉萨、上海—昆明等高速公路的建成，一座座高水平、高质量的现代桥梁巍然屹立在崇山峻岭之中，成为祖国西部最耀眼的最亮丽的风景线，如目前世界第一高桥北盘江大桥、跨径亚洲第一的龙江特大桥、世界第二高桥清水河特大桥、中缅国际通道大（理）临（沧）铁路澜沧江大桥、2018年前跨径为"国内第一世界第六"的贵州坝陵河特大桥、创世界"V"撑铁路桥最高纪录的南盘江特大桥、世界最大独塔单跨地锚式悬索桥虎跳峡金沙江特大桥、拥有世界最高混凝土桥塔的平塘特大桥、西藏跨越通麦天险的通脉特大桥，还有川藏公路上的雅鲁藏布江追龙沟特大桥、雅砻江特大桥、怒江特大桥，以及鸭池河大桥、赫章特大桥、鸡鸣三省大桥、乐山水口大渡河大桥、宜宾中坝金沙江大桥，等等。因此，把西部的大桥作为"行"桥的对象，就能够对中国桥梁的当代发展有更全面更准确的把握。

行走西部大桥有以下几点值得注意：

一是这些大桥分布的范围非常广，北从新疆伊犁的果子沟大桥，南到云南最南端的景洪西双版纳大桥，东起重庆巫山大宁河龙门大桥，西至西藏墨脱雅鲁藏布江德兴大桥，这一范围的面积为549万平方千米，涵盖了半个多中国。因此，要行走西部的桥梁，除了专业团队，一般的桥梁爱好者很难有如此充裕的时间和充足的经费，想用一次"行"程就走遍西部所有的桥梁基本上是不可能的。这就需要学习明代大旅行家徐霞客，根据时间的空闲、经费的充裕、当地的气候条件及对于特定桥梁的关注程度，把行走西南的大目标分成几个小目标一步一步地加以实施。正是在这样通盘考虑的基础上，确定行走路线与考察对象，这样确定的行程与预定的考察计划，才有可能得到圆满的完成，并通过积少成多的努力，最终实现"行"遍西部桥梁的宏伟目标。

二是中国西部地处世界屋脊及其周边地区，又是好几条大江大河的发源地，河流奔腾而下冲决山岭，形成一道又一道的峡谷，这对于桥梁建设者和行走者来说都是巨大的挑战。"行"桥者如果要仔细踏勘、全面观察，就需要面对高峡绝壁、怒涛激流的考验，这就需要用谨慎缜密的科学态度去统帅，在桥梁考察过程中必须把人身安全放在第一位，对任何疏忽大意、侥幸随便的观念和行为必须采取零容忍的态度。俗话说"不怕一万，就怕万一"，只有最严格的人身安全的保障措施，才能保证"行"桥活动的顺利展开。近年来有些"驴友"不管山高水深，不管风云变幻，不管自身实际能力，开始时胆大包天，一味横冲直撞，到最后往往折戟沉沙，甚至还连累救助人员付出生命的代价。这种违背科学精神的鲁莽做法，坚持科学精神的"行"桥者都必须予以坚决的抛弃。此外，行走西部桥梁还应该认真体验桥梁建设者如何把英雄主义旗帜和周密的安保措施相结合，深入了解桥梁建设者怎样依靠技术水平的提升、施工器械和工艺路径的创新，苦干加巧干，从而克服重重困难而走向成功的彼岸。

　　三是西部地区有不少民族自治区域，中华民族56个民族中有一半以上居住在西部，他们作为中华民族大家庭中的一分子，为祖国的和平安定与繁荣昌盛忘我地贡献着自己的勤劳和智慧，中华民族的伟大复兴离不开他们的积极参与和艰苦奋斗。少数民族兄弟姐妹为社会主义现代化建设取得的伟大成就欢欣鼓舞，但是由于各民族在长期的历史发展中形成了各具特色的思想观念、风俗习惯、集体心理和审美趣味，因此他们对于像桥梁建设这样的具体成就的肯定、赞美，就会有不同的方式和习俗。我们从祖国各地去那里行走现代桥梁，必须深入了解桥梁所在地少数民族群众对于大地、江河、山岭的纯真而虔诚的生态观念，其次应该准确把握他们对于桥梁建筑的感情有着怎样丰富而生动的内涵，其中也可能有由于缺乏科学知识而产生的惊叹、神秘及少许恐惧的感觉。对于可能遇到的个别人在思想上对桥梁建设的疑问与困惑，我们在"行"桥的过程中应该担负起释疑解惑的工作。

　　要完成这样的任务，首先，要高度重视沟通的态度。"行"桥者如果需要和当地少数民族群众交流，在思想上必须充分尊重少数民族同胞，严格遵循文化多样化的理念，用包容与开放的心态积极了解居住在桥梁附近的少数民族同胞对于自然、宗教、生产和生活的传统思想和实践经验，特别是他们在宇宙观、人生观、幸福观和死亡观中所包含的民族智慧和哲理精华，理解他们对桥梁这类大规模基本建设产生某些困惑不解乃至恐惧惊慌的原因，然后有针对性地提出自己的看法。要使接受对象认同你的观点，就得把自己融入少数民族同胞中去，诚恳谦逊的态度是获得认同与欢迎的关键。其次，要认真讲究沟通的技巧，掌握通过平等交流、友好商量的途径和少数民族兄弟姐妹讨论相关问题，用通俗易懂的语言尤其是少数民族同胞能够接受和理解的话语，去解答当地人们普遍关心的桥梁的技术问题，例如：高入云天的大桥为什么能够屹立不倒，只有桥塔没有桥桩的斜拉桥为什么能够承载千军万马，大风天通过悬索桥是否安全，等等。当我们掌握了较为高明的沟通技巧，就能够为普及桥梁知识、动员广大群众成为爱桥护桥志愿者出一份力。这样，"行"桥过程中不但能够深入了解桥梁建筑、亲身感受桥梁之美，还能够为普及桥梁知识与增强民族团结做出积极的贡献，这种一举三得的好事，当然值得花大力气去把它做好。

"行"桥攻略

"行"桥是一种旅游活动，虽然它有别于简单的走马观花式的观光，也不是在导游带领下按照固定路线行走的那种蜻蜓点水式的游览，而是具有目的明确、活动自主、观察细致与体验深入等特点的专题性旅游活动，所以在准备工作的各个方面就需要做得格外认真细致，必须把整个过程中可能出现的各种问题在深思熟虑的基础上提出应对的方案。从旅游学的角度来说，"行"桥活动有别于传统的组团旅游模式，而是属于志同道合者的自由组合。它不再通过旅行社指派的导游，像保姆一样把旅行的各个环节的具体事务帮我们安排得周到妥帖。跟这种以导游为主导的旅游模式不同，"行"桥活动的整个过程都是"我的旅游我做主"，在充分享受自由自在的潇洒的同时，当然需要克服自我服务中遇到的琐碎与麻烦，这种辛苦贯穿于从准备工作的开始，一直到顺利返家的全过程，而这种自我服务的旅游模式其实也是锻炼个人办事能力和务实精神的很好途径，只要不把这类日常生活中必不可少的事务当作一种无法推诿的负担和俗务来对待，并且能以"从小事做起"的积极心态来完成所有准备工作，那么这些琐碎小事的办理也可以让我们在完成之时获得成功的愉悦与心理的满足，从而使我们的"行"桥活动有一个良好的开端。

为了使"行"桥活动在离开了导游带队的前提下获得圆满的效果，在出发之前认真做好案头工作，把参与活动的人对整个行程的各种设想与应对各种困难的预案整理成系统的文字，这就是人们常说的"旅游攻略"。所谓"攻略"，就是攻城略地，这当然不是占领城市、控制一方的战争行为，只是借用军事术语来说明到过一个地方、游过一个景点的重要性，就好像是完成了一项战斗任务，在实现"闯世界、走天下"的人生愿望的过程中，游览了新的名胜古迹，拓展了旅行版图，增加了人生阅历。世界那么大，我们要在有限的生命历程中尽可能走更多的地方，看更多的风景，这才无愧于我们到人世间走一遭。可见，旅游在某种意义上讲，就是人的本质力量的对象化和个体自我实现的具体表现，而攻略的制订就是为了使这样的活动取得完满的成功具有更大的保险系数，有限的生命不至于在没有意义的瞎撞乱闯甚至迷路遇险的担惊受怕中被浪费掉，即使是不畏艰难、不怕牺牲的探险活动，也是要通过合理的规划和严密的组织，千方百计把成功的希望变成现实，更不要说像"行"桥这样的游览考察活动。正是由于"行"桥活动是以个人或几个好友组合的自由行，在没有旅行社提供的服务和导游带领的前提下，一切活动、各个环节都必须得到最深入的谋划和最充分的论证，只有认真做好了各项准备工作，才能保证每一次"行"桥活动都圆满成功，都达到过程顺利、身体安康、收获丰硕、心灵愉悦的旅行目标。

旅游攻略的制订就是以科学的规划、细致的设计和周到的安排为基础的，主要是由"旅"和"游"两个方面的活动安排构成。所谓"旅"就是旅行，人们由于公务、商务或个人事务的需要，暂时离开平时生活、工作的地方，到另一个地方去办事、开会、经商及游览观光、休闲度假，这个过程除了在极个别的情况下（例如路途较短，或希望在长途跋涉中锻炼体能、感受沿途风物人情）是用徒步的方式来实现的，最基本的出行方式还是使用各种不同的交通工具，因为交通工具和其他各种工具一样，都是人的身体机能的有效延伸，这是人类对自己所拥有的自由自觉的创造能力的享受，也是人类不断提高工作效率和生活质量的重要表现。因此，在一般情况下出行者希望快速安全地到达目的地，都会根据安全系数、消费能力、时间要求与个人爱好等各种因素，选择最符合自己需要的交通工具出行。所谓"游"就是游览观光，是指人们对自然风光和人文景观的实地感受与直接体验，景色诱人的山河湖泊、生机勃勃的树木花草、龙腾虎跃的猛兽珍禽与气象万千的日月星辰；展示着人类在艰苦卓绝的社会实践过程中付出牺牲夺取胜利的发生地和保留下来的遗物，如神话传说、宗教故事、战争厮杀、革命斗争、科技发明等对民族、国家乃至全人类的发展与进步产生过重大影响的名胜古迹。人生有涯，能够亲身经历的事情总是有限的，但是人的精神空间是无限的，因此无论是从增长知识、增加阅历的需要，还是在真切感受历史巨人们在成败在此一举的生死关头，如何穿透迷雾认清方向，以巨大的胆魄振臂一呼的睿智、果断与勇气，以提升自己精神世界的力量，这都是向历史学习、以前人的光辉榜样激励人生的最好课堂。可见，抓住了"旅"与"游"这两个基本环节，旅游攻略的制订也就基本完成了。

具体说来，旅游攻略应该包括以下一些内容：

一是目的地，我们在做旅游攻略的时候，目的地当然是最为重要的。对于"行"桥来说，游览考察桥梁这一基本目标是明确的，但一次具体的"行"桥活动所能考察的对象是有限的，因此必须根据个人或小组成员的实际情况，明确选定一座桥梁或者某处的桥梁集群作为游览考察的对象。选择什么样的桥梁作为行走考察的对象，除了对现存的古桥与已建成的现代桥梁的分布有较为充分的了解之外，还应该随时关注各地正在建造的桥梁工程的进度。这些工程的竣工通车，会为我们的"行"桥活动提供新的对象，即使是去参观正在施工中的桥梁工地，对于了解桥梁建造的具体过程，感受建筑工人"敢教日月换新天"的凌云壮志和成竹在胸的坚定信念，领略基本建设现场热火朝天而又镇定有序的生动场景和宏伟气象，应该也是"行"桥活动的重要组成部分。此外，我们还应该注意那些修建多年、已经完成历史使命的古桥老桥，它们的某些部件是否正在进行更新换代的改造或修建，或者它们完成了承担的历史使命，将要作为文化遗产接受人们的瞻仰与敬意，成为我们缅怀历史、致敬创造的历史胜迹。可见，充分了解各地桥梁建设的历史面貌和当下发展，就能够使"行"桥活动的对象更为明确，内容更有意义，也就容易更深入地了解特定桥梁在功能上的巨大作用、审美上的重要价值和中国历代桥梁工程技术人员和造桥工人精益求精的工匠精神，对桥梁在设计与建造中所表现出来的人的本质力量不断增强的伟大历程，有更为深刻的理解，这些都是在"行"桥攻略中确定游览考察目的地所必须认真考虑的主要内容。

二是确定旅行的方式，也就是选择什么样的交通工具到达目的地。交通工具的确定需要从这几个方面加以统筹兼顾，即安全系数、经济实力、时间要求和舒适程度：安全系数是指交通工具在提供服务的过程中必须具有确保生命财产安全的能力，对于出行来说安全是第一位的，所以必须把这一点作为根本性的要求来考虑，如果在这个方面不能得到充分的保障，那样的交通工具就应该坚决加以剔除。还有一点，在考虑出行的安全保障时，不但要关注交通工具本身的安全系数，还要重视对特定交通工具上乘客群体的行为方式的了解，尤其是要提防那些损害旅客生命财产的扒窃、诈骗、斗殴及赌博等违法乱纪的犯罪行为，普通列车、大巴上相对来说这类犯罪行为要比其他交通工具上多，而黑车、摩的等未能获得正式运营执照的车辆，应该排除在出行方式之外。有些地处人迹罕至的深山峡谷、荒野戈壁的桥梁，到那里去的最后几千米、几十千米，可能仍旧没有正规运营的交通工具，我们就需要把安全放在第一位。如果没有可靠的安全保障，有时只能等交通条件改善以后再来游览考察，急于求成、莽撞冒险很容易造成难以承受的风险。因此，在确定旅游攻略时，不但要认真研究从居住地到目的地的长途行程的交通安排，而且应该准确把握短距离的交通安排，如从家里去机场，出租车会不会堵车，公共车站远不远，会不会刚好遇到上下班高峰，坐地铁虽然不会堵车，但也要对客流量超大时的候车时间有充分的估计，免得出现对于短途或者熟悉的交通情况掉以轻心而导致航班延误等困境的发生，使每一段行程都有安全顺畅的保证。在这一基础上，再对交通工具的舒适与本人和同伴的身体机能、心理素质加以尽可能准确的评估，同时还需要根据时间进行综合的考虑。还有一点就是对行程准备好必要的保险，无论是车、船还是飞机，在基本票价里已经包含了一定保险，但是这种保险提供的保障还是很有限的，最好能够购买票面之外的保险，它不但提供了以防万一的心理保障，就当作为慈善事业做出一些奉献也是很值得的。只有把安全系数、舒适程度、消费水平、时间限定，结合出行者的身心健康状况加以全面而深入的评估，才能最后确定每一段行程的交通安排，尽量在出行之前完成票务预订，确保整个"行"桥活动能够顺利展开。

三是安排好住宿。"行"桥活动当然包括对居住地附近的古桥、大桥的考察，这种说走就走的观光活动的行程，一般都是当天一个来回就能完成的，因此只要安排好交通与食物就可以了。然而，更多的"行"桥活动是需要花上两三天或者更多一点的时间，因此必须把住宿问题圆满解决，以保证所有人都能得到很好的休息，每天都有旺盛的精力、快乐的心情投入到游览活动中去。这就需要根据行程预先订好房间，住宿预算应该较为宽裕，往往一天活动下来总是比较疲倦的，良好的休息就显得格外重要。为此，酒店的预订可以先在网络上全面了解消费者的评价，并了解酒店或民宿到交通站点与桥梁的距离，以及到哪些地方去的交通的便利程度，经过反复的研究比较，最后才把住宿的酒店确定下来。住宿还跟餐饮有密切的关系，因此必须弄清楚酒店是否提供餐饮服务，是否有免费的早餐供应，如果没有餐饮服务，那么酒店离最近的饭店、快餐店有多少距离，步行需要多少时间。如果去考察的桥梁地处远郊的野外，还需要弄清楚那里能不能找到吃饭的地方，如果要带干粮，在酒店或者附近能不能比较方便地得到解决。只有把上述各种情况搞得一清二楚，使"住"与"食"的问题都得到妥善的解决，"行"桥活动才有可能顺利展开并取得理想的结果。

四是细化"行"桥活动的具体安排。在解决出行与居住之后，接下来就需要细化这几天的活动内容。根据我们积累的桥梁知识，以及通过网络对准备游览的桥梁景观的相关介绍加以了解，把每一个单位时间（即上午、下午各为一个单位时间）的具体活动安排好：如果是专门去游览考察单独的一座桥梁,那么在这座桥的行走上就要投入较多的时间,大致上可以通过远望、近观、细察、拍照这些环节。如果是有几个同伴一起去"行"桥,还可以对桥梁建筑的结构特点与艺术效果进行现场讨论,结合平时积累的桥梁知识,针对面前的桥梁的总体形象、桥型选用、桥墩桥塔、空间围合、细部形式、交通效能以及装饰艺术等内容发表个人意见,这不但有助于对观察到的桥梁建筑所表现出来的丰富信息进行消化,而且在讨论与交流的过程中能够有效加深对这座桥梁的认知。有的桥梁由于在建造的过程中克服了恶劣的地质条件、创造了新的建筑结构、运用了新的建材、发明了新的施工方法或器械,为了纪念与宣传这些填补空白、刷新纪录的光辉业绩,在附近设有相关的博物馆或陈列馆。还有因为在桥梁的设计施工中工程技术人员和建筑工人废寝忘食地操劳、奋不顾身地战斗,有的甚至为此献出了宝贵的生命,因而在桥梁建筑附近设有纪念馆、陵园,我们在"行"桥时也应该安排时间前往参观与凭吊,这是深刻领会桥梁建设者们"一不怕苦二不怕死"大无畏精神的重要途径,也是认真学习在改造自然、建设国家的社会实践中涌现出来的英烈模范的最好课堂,更是一部充分体现桥梁建设所经历的"艰难困苦,玉汝于成"的崇高壮阔,进一步理解桥梁建设者"跨江越海、遇水架桥、勇往直前"精神风貌的社会学教科书。

  五是"行"桥攻略的制订必须在各方面注意留有充分的余地。留有余地,首先是对计划的实施方面,在时间上、活动的内容上及追求的目标上要留出伸缩的空间,对于相关的行程和各项活动的安排,都应该有比较宽松的安排。其次是对于可能碰到的困难要做好尽可能充分的准备,宁可把困难设想得全面、复杂一点,并做好解决各种困难的具体办法,对行程中可能出现的各种意料之外的情况做好科学的、具有可操作性的预案,只有把各种困难都纳入充分准备的掌握之中,这样的攻略才能够发挥实际的作用,而不至于产生"临时抱佛脚"的仓促与慌乱。当然,也不用把那些在特定的出行时间根本风马牛不相及的问题都做出应对预案,以为包罗万象、多多益善,其实就是心中无数。正像《礼记·中庸》所说,"凡事预则立,不预则废",尽量弄清楚在特定时间、特定空间有可能遇到的困难,旅游攻略才不至于沦落到糊里又糊涂的大杂烩,也不至于流于文牍主义的表面文章而于事无补。再次,"行"桥攻略中留有余地的观念还应该成为所有参与者的心理共识,在处理各种具体事务时,都要有"忍一时风平浪静,退一步海阔天空"的宽容心态。这当然不是让大家放弃做人的基本原则,正如孟子所倡导的"富贵不能淫,贫贱不能移，威武不能屈"（《孟子·滕文公下》）的大丈夫气概，坚守心灵深处的真善美，不屈服于外在的压力或迁就于内心的软弱，绝对不能出卖自己的良心去和假恶丑妥协，因为对坏人坏事的容忍，就是对正义与善良的伤害。然而，在并非大是大非的问题上与他人发生冲突的时候，就需要以大气大量的宽容之心退让一步，这绝对不是懦弱的表现，而是杜绝因为鸡毛蒜皮的小事而激化冲突。当今社会，不少人戾气缠身，动辄群起而攻，或干脆拔刀相杀。据媒体报道，2020年10月9日，内蒙古武川县村民马某因一只羊走失与邻居发生纠纷，在民警现场调解中马某突然拔刀行凶，当场造成三死两伤的惨剧，这类因一点小事酿成巨祸的惨案并非绝无仅有。因此在外出游览的过程中，要以宽容的心态待人接物，只有心理上留有充分的余地，才能避免这类悲剧。

  一份科学的、具有可操作性的"行"桥攻略的制订，就是把即将展开的旅游活动的主要内容和相关细节在所有参与者的头脑里进行一次预演，就像先在脑子里过一遍电影。这样做便于我们发现可能存在的问题和遇到的困难，有条件解决的就在出发之前解决好，暂时没有办法解决的，就放弃有关的活动。由于大家对整个活动的过程已经做好了经费、物资、身体和心理上的充分准备，就能使"行"桥活动有条不紊地顺利展开，为活动的圆满成功提供最大的保险系数。

  中国古代桥梁曾经在相当长的时间走在世界桥梁建设的前列，说到那些桥梁建筑的精品，至今让我们有如数家珍的自豪。改革开放的春潮催生了当代中国桥梁建设新的辉煌：祖国的大江大河从过去的天堑，已经为桥梁集群展示科学成就、精湛技术和审美创造的伟大成就提供了生动壮阔的舞台；一大批名扬世界的海上桥梁屹立在从渤海到南海的波涛之上，连岛工程把海上珍珠串联成熠熠生辉的项链；在云贵高原、帕米尔高原和青藏高原那沟壑险峻、溶洞丛生的悬崖峭壁上，北盘江特大桥、龙江特大桥、清水河特大桥、平塘特大桥等悬索桥、斜拉桥和钢结构桥，跨越条条峡谷，穿过崇山峻岭，李白曾经仰天长叹"难于上青天"的蜀道等西部高原，天堑已经变为通途，车辆风驰电掣、畅通无阻。面对这样伟大的桥梁建设成就和波澜壮阔的动人场景，任何一个赤诚热爱我们祖国、真诚尊重创造功绩、热诚赞美建设者伟大功勋的人，一定会热情欢呼、放声歌唱。作为桥梁爱好者，能够到飞速发展的城市桥梁、交通大动脉上的江河桥梁、在海潮涌浪中巍然屹立的海上桥梁和深山峡谷中顶天立地的现代桥梁上行走一番，不但其乐无穷，而且收获无限，这是当代中国光辉形象的现实写照，是中华人民共和国70多年来的壮美颂歌，也是中华民族走向伟大复兴豪迈步伐留下的光辉足迹，值得我们引以自豪。

一树寒梅白玉条，迥临村路傍溪桥

第七章　观赏态度

　　历经舟车劳顿之后，终于来到心仪已久的桥梁面前，我们的"行"桥活动正式揭开了序幕。首先映入我们眼帘的就是桥梁建筑的外在形象，无论是历史意蕴浓郁的木桥、廊桥，还是充分体现这手艺精巧的石梁桥、石拱桥，或者是展示着现代工程技术高新水平的悬索桥、斜拉桥、预应力混凝土连续梁桥与钢桁架桥、钢箱梁桥，它们都以凝聚着人类智慧、技艺、想象和力量的建筑形象吸引着每一位游客。对于热爱桥梁的"行"桥者来说，在认真观察、深入感受桥梁形象的基础上，进一步运用掌握的知识和以往的经验，对桥梁建筑的结构、体量、造型、质感等形式要素进行更为深入的审视、品味与评价。这时，观赏的感性认识与知识的理性认识经过相互激荡、碰撞之后，就会再一次达到新的融合，桥梁的形象审美、文化内涵、时代精神与人文意蕴，也就通过生气灌注的方式作用于"行"桥者的心灵。赏心悦目的形式美感、畅通无阻的使用功能、辉煌壮丽的建筑形象和精致微妙的细节表现，既能使"行"桥者积累的知识经验得到确证并因此加深对书本知识的理解，又通过对社会实践对象化成果的欣赏，感受到人类创造力在艰苦探索中不断地有所发现、有所发明、有所创造、有所前进的历史发展规律，并由此激励自己养成渴望创新的精神追求，树立无坚不摧的勇气，锻炼百折不挠的意志，为经受住社会实践的严峻考验，真正成为自由自觉的创造者奠定精神准备和知识基础。这就是说，"行"走桥梁最重要的内容就是通过对桥梁建筑的直接感受，达到充实知识、体验功能与享受美感的目的，并在对桥梁建筑的近距离观赏中，获得愉悦身心、滋养情感直至畅神悦志的精神享受。

　　观察外在世界，欣赏美好的自然与人文景观，这是一个人在情趣丰富的生活中不可缺少的重要内容。人跟动物有一个很重要的差别，就是人除了运用自己的智慧和力量去满足生存的需要之外，还会有特定的精神追求。这就是马克思在《1844年经济学哲学手稿》中指出的，"一个民族要想在精神方面更自由地发展，就不应该再当自己的肉体需要的奴隶，不应该再当自己肉体的奴仆。因此，他们首先必须有能够进行精神创造和精神享受的时间。"也就是说，人的欲望只有在超越了温饱等生理需求的前提下，还能够积极向往并主动追求丰富生动的精神享受，这才是真正的人的生活。而这种精神的追求，其实就是人类通过对真善美的永恒向往和积极探索，并在社会实践的积极展开与逐步深入的发展过程中，不断实现驾驭客观规律、造福人类社会的根本目的。因此，休闲度假、游览考察、极地探险、天文观察、太空飞行等探索外在世界的各种各样的伟大实践，所有展示生活、抒发心灵、表现性情、拓展想象的文学艺术的创作活动，数学、物理、生物、化学、天文、地理及医学等一切探究客观世界奥秘的科学研究，都是人类为了更好地掌握并且驾驭客观世界的内在规律，更进一步提升人的本质力量的具体途径。"行"桥就是通过对人类在改造大自然的过程中做出的伟大的创造物的观赏、感受与领悟，体验人类通过自由自觉的创造所获得的实际成就，感受作为"人造世界"的桥梁建筑与江河湖海的和谐共生，以求进一步激发我们关注桥梁的热情，了解桥梁建设的发展历史，学习桥梁科学与技术的基础知识，以激励创新精神，鼓舞人们在创造性的实践中取得更大的成就，这就是观赏桥梁的积极意义。

三种态度

桥梁观赏能不能实现这样的目的，观赏者的心态或者说观赏态度起着十分重要的作用。众所周知，人们对于客观世界的观赏，往往会有各种不同的态度，这是因为我们人类在社会生活中跟外在事物会产生各种不同的关系，当其中一种关系在我们心目中处于主导地位时，就会对我们的观赏活动所采取的态度起到支配作用。朱光潜先生在《谈美》一书中对人们观赏事物的三种态度进行了生动的阐述和深入的分析，他说：

> 假如你是一位木商，我是一位植物学家，另外一位朋友是画家，三人同时来看这一棵古松，我们三人可以同时都"知觉"到这一棵树，可是三人所"知觉"到的是三种不同的东西，你脱离不了你的木商的心习，你所知觉到的只是一棵做某事用值几多钱的木料。我也脱离不了我的植物学家的心习，我所知觉到的只是一棵叶为针状、果为球状、四季常青的显花植物。我们的朋

友——画家，什么事都不管，只管审美，他所知觉到的只是一棵苍翠、劲拔的古树。我们三人的反应态度也不一致。你心里盘算它是宜于架屋或是制器，思量怎样去买它、砍它、运它。我把它归到某类某科里去，注意它和其他松树的异点，思量它何以活得这样老。我们的朋友却不这样东想西想，他只在聚精会神地观赏它的苍翠颜色，它的盘曲如龙蛇的线纹以及它那股昂然高举、不受屈挠的气概。

朱光潜先生列举了人们观赏事物的三种主要态度，因为真善美是人类价值体系中三种最基本的要素，因此也是我们审视外物最常用的参照系，当然也是我们游览考察桥梁的可能持有的基本态度。朱光潜先生还对这三种态度进行了具体的分析，他指出：

> 做人的第一件大事就是维持生活。既要生活，就要讲究如何利用环境。"环境"包含我自己以外的一切人和物，这些人和物有些对于我的生活有益，有些对于我的生活有害，有些对于我不关痛痒。我对于他们于是有爱恶的情感，有趋就或逃避的意志和活动。这就是实用的态度。

也就是说，实用的态度就是从功利出发，来考察评估事物对于个人或特定群体是否有用，是否能够带来什么样的好处。这种态度其实就是世俗的态度，这是由于生存和安全就是人最基本的需要。恩格斯说过"人们首先必须吃、喝、住、穿，就是说首先必须劳动，然后才能从事政治、科学、艺术、宗教等"。可见，人们用实用的态度来看待客观事物，这种思想认识既很普通又很现实，丝毫没有值得贬斥和否定的理由，因此，实用的态度或者说特定的事物对于人类所产生的实际功能，就是我们观赏客观事物最基本的态度。桥梁作为交通运输的基础设施，又属于建筑艺术的范畴，它的实用艺术的特性是相当明显的。因此从功利的角度对它进行观赏肯定是排在第一位的。从实用艺术的本质属性来说，这类特殊的艺术确实跟纯艺术有很大的区别，因为实用艺术具有多种价值，然而功能价值是第一位的，其他的价值都建立在这个基础之上，或者说在这一类艺术中，艺术是通过美感为实用服务的。一座桥梁如果建造起来不能解决车辆与行人顺畅安全通过的实用问题，那么它的建筑形式即使花团锦簇又有什么意义呢？

我们观察桥梁的实用功能，首先要看它在交通运输上发挥了什么样的作用：它跨越的是大江大河、湖泊海峡，还是小溪小沟、池塘沼泽？是沟通了作为国家交通大动脉的高速铁路、高速公路，还是把原本被河流分割成几片的城区或者分布在河流两岸的村落给连接起来？建成的桥梁能够通过载重多少吨的车辆，是只能允许行人以及马车、牛车、拖拉机一类轻型车辆通行，还是可以让载重几十吨的重型卡车乃至上百吨的大型平板车、重型坦克这些庞然大物安然无恙地通过？汽车、火车是不是在同一座桥上通过，公路和铁路在桥上的布局是两种道路平行还是上下重叠，或者是在相距不远的地方分别建桥？这些都是桥梁实用价值的具体体现，也是我们从实用功能的角度观察桥梁建造的科学水平、施工技术、社会效益和文化内涵的主要参照系。同时，任何工程的实用价值高低还跟它的投入息息相关，建造一座桥梁花了多少钱，这笔费用需要多少年才能从它所产生的社会效益（人们从桥上通行节省的时间与金钱）与经济效益上加以收回？投入的资金回收之后还有多少年可以在例行保养的条件下继续获利？桥梁的寿命到了需要大修之后还能服务多少年？所有这些问题都跟桥梁的实用价值有着密切的联系，许多数据我们在"行"桥活动开始之前就能找到正确的答案，但对每一座桥梁的实用价值的认识和感受，就只有到了桥上才会有确实的答案和真切的把握。这就是说，对于桥梁的实用功能，虽然可以从大众传媒发布的信息中获取相关情况，但是，"行"桥活动使我们能够目睹桥梁在交通运输方面产生的天堑变通途的巨大贡献，这是对实际情况的直接认知，是对桥梁在完成跨越障碍、顺达交通的合目的性使命的现场确证。

正因为实用的态度对于客观事物或具体情况的认识具有确证性的特质，所以在这样的观察认知过程中，最重要的就是坚持实事求是的原则。从科学认识论的角度说来，对于桥梁实用功能的观察，就是要把实践作为检验真理的唯一标准。为了做到这一点，我们就必须从桥梁建筑的实际荷载水平，车辆在各种不同的气候条件下通过桥梁的速度，在上桥下桥的过程中是否需要减速，有没有发生"跳桥"的颠簸；此外，还要统计一下在特定的单位时间里过桥车辆的总数，等等。只有正确掌握了这些情况，并且得到相关的统计数据，才能对特定桥梁的使用功能有深刻的认识，才能对桥梁建设的实用价值与社会意义做出正确的判断。这些就是我们在以实用的态度观察桥梁功能的实际发挥时所必须注意到的一些基本问题。

科学认知

朱光潜先生认为科学的态度、审美的态度都不同于实用的态度，而且各自都有自己的特点。对于科学的态度他是这样分析的：

> 科学的态度则不然。它纯粹是客观的，理论的。所谓客观的态度就是把自己的成见和情感完全丢开，专以"无所为而为"的精神去探求真理。理论是和实用相对的。理论本来可以见诸实用，但是科学家的直接目的不在于实用。……科学的态度之中很少有情感和意志，它的最重要的心理活动是抽象的思考。科学家要在这个混乱的世界中寻出事物的关系和条理，纳个物于概念，从原理演个例，分出某者为因，某者为果，某者为特征，某者为偶然性。

这就是说，科学家在进行专业的科学观察时用的是理性分析与归纳的方法，事物的实用价值已经被他们暂时搁置了，由于人的情感是通过对利害关系的体验所产生的，用科学的态度来观察事物的时候，已经不去考虑它的实用价值，因此也就不会把情感上的偏爱与反感夹杂在其中。这就是说，当人们专注于考察事物的科学属性时，就会把眼前的对象作为单一的个体纳入相关的类型中去，然后会根据对某种事物共有的本质特征的认识而抽象出相关的概念，回过头来看看眼前这一个别的事物是否符合类的概念所揭示的基本内涵，然后再加以深入细致的考察鉴别，分析所观察的对象的本质特征或者主要的方面是否和概念的基本内涵相符合，如果基本相符的话，对象就可以为这一个概念所涵盖。此外，还有必要考察辨析对象在哪些方面有一些个别性、特殊性与偶然性的存在，这些存在有没有对概念的基本内涵产生颠覆性的冲击，是不是需要我们对概念的内涵加以一定的拓展与修正。理性思维就是通过这样的判断、推理与分析，使人们对相关事物的认识在分门别类的审视与探幽发微的索求中得到了进一步的深化。

对于"行"桥活动来说，科学的态度确实是观赏桥梁不可缺少的心理准备。当我们经过风尘仆仆的旅行，怀抱着浓厚的兴趣和强烈的期待来到一座桥梁面前，首先需要通过认真地观察、确认桥梁的形式，并根据自己已经掌握的各种桥型的基本特征，判断眼前的桥梁所属的类型。如果我们来到贵州北盘江大桥，它横跨云贵交界的尼珠河，是在峡谷深渊和悬崖峭壁上建造的，映入我们眼帘的首先是两座高耸的桥塔，以及从塔上伸出来的钢索有力地抓住桥面，让车辆在桥上风驰电掣、如履平地。纵观这座现代化大桥，桥塔和斜拉钢索组成了一系列钢打铁铸的三角形：它们由相互对称的斜拉索的外沿为三角形的两边，以大桥的桥面为三角形的底边，四个巨大的建筑构件构成的相同的几何造型矗立在天地之间，巍峨磅礴的气势惊天动地。双塔双索的结构就在空中展现出四个大的等腰三角形，而每一根桥塔的立柱既是大三角的高，如果把这个等腰三角形一分为二，这条与桥面垂直线又是两个方向相反、面积相等的小直角三角形的直角边，而且它们又是相互重合；桥面作为一条水平线，就是三角形的另一条直角边，它和桥塔的立柱相垂直，而斜拉索就是三角形的斜边，每一条斜拉索就是一个直角三角形。这样一些主要的建筑构件，以一系列的三角形组合，强化了力的平衡并承担着桥梁建筑本身的稳固，确保桥上车辆安全通过，而桥塔、拉索和桥面就是斜拉桥的基本特征。像北盘江大桥这样有着笔直地冲向云天的桥塔和平行排列的钢索的，属于中规中矩的最典型的斜拉桥。如果有些桥梁因为不需要很大的承载量，却更重视桥梁建筑形象的景观美，于是在桥塔的设计上赋予奇思妙想的创意，如有的把桥塔歪向一边，有的桥塔干脆就做成拱形，还有用两条圆弧在桥梁上空呈现立体交叉……这些桥塔虽然形态各异，但它们都通过钢索把桥面吊挂起来，并且承受了梁体的重量和桥上行驶的车辆所释放的动态压力，由于桥塔的高度、位置与造型，相对来说在设计与施工中具有出较大的自由度，因此斜拉桥就成为建造大跨度现代桥梁的首选桥型之一。这样的桥梁虽然在桥塔的造型上有各自的追求，但只要是由桥塔和钢索直接组合起来悬挂桥面，它就仍然是一座斜拉桥。那些造型新奇的桥塔只能是这类桥梁在个别细节上偶然性、个别性的表现罢了，因为它们在桥梁的建筑造型与力学结构上仍符合斜拉桥的基本特征。反过来，虽然桥梁建筑同样有桥塔和钢索来悬挂桥面，但是吊挂桥面的钢索不是直接从桥塔伸展出来，而是有一条粗大的钢丝绳悬挂在两座桥塔或桥塔与岸边大型构筑物之间，更多的细钢索是系在这条钢丝绳上把桥的梁体悬挂起来，以承担起保证车辆安全通行的使命，这就是现代桥梁另一种重要的形式——悬索桥。这样的桥梁似乎跟斜拉桥没有多大的区别，但两者的建筑结构和受力原理有本质的区别：斜拉桥把桥面的重量和车辆通过时的能量，直接通过钢索传递给桥塔；而悬索桥是把承受的力量，先通过平行排列的垂直钢索上传到那根粗大的钢丝绳上，再由钢丝绳向两边桥塔传递。就是因为悬索桥在力的传递上增加了一个环节，它在类型概念上有了不同于斜拉桥的基本特征，或者说跟斜拉桥概念的基本规定发生了根本的冲突，所以它就无法纳入斜拉桥这一概念，而是属于另一种桥型——悬索桥了。运用基本概念对桥梁的类型进行准确的分析判断，就是运用科学的态度去观察桥梁的基础工作，如果桥梁一般特征符合特定桥型相关概念的基本规定，那么它的形式类型就可以得到确认，然后再对那些别具一格的细节和非同一般的表现加以细致的体味，就能够对眼前的桥梁建筑生动的个别性有较为深入的把握了。正是这样通过从个别到一般，再由一般到个别的反复探索辨析，就能够对特定桥梁的一般特征和个别特性获得较为具体而深入的认识，这就是我们运用科学的态度观察桥梁的第一步。

可见，科学的态度就是要运用理性思维的方式，对桥梁建筑的各个方面进行细致的观察与深入的思考。所谓理性思维，就是指建立在掌握证据的基础上，运用逻辑推理去认识客观事物的思维方式。这种思维方式就是通过对大量感性材料的整理、概括，舍弃事物的细枝末节与那些偶然性的表现，达到对事物的本质特征、整体联系和内部规律的认识。理性思维建立在感性认识的基础之上，首先需要通过眼、耳、鼻、舌、身等感官所获得的感性材料，经过去粗取精、去伪存真、由此及彼、由表及里的思考、分析，然后经过概念、判断、推理的抽象过程，产生感性认识向理性认识的飞跃，人们就获得了对事物的全面、本质和内部联系的掌握。

在"行"桥过程中，对于桥梁建设密切相关的地质状况的了解与认识，也是运用科学的态度进行观察与分析的重要方面。桥梁建筑有一个很重要的特点，就是它必须以凌空的架构跨越桥下的障碍物，这就要求建筑物有特别牢固的基础。然而，由于桥梁基础不是建在濒临水流的岸边，就是在河道或海湾的水中，这一现实对筑牢桥梁基础来说无疑是一个严重的挑战。因此，准确把握桥梁桩基周围的地质状况，弄清楚泥沙下面的岩石是属于最坚固致密、有韧性的石英岩、玄武岩，还是比较坚固的花岗岩、石英板岩与硅质片岩，或者是比较松软脆弱的白垩、盐岩、无烟煤及破碎的砂石，这就是桥梁施工必须掌握的地质勘探情况。这些性质不同的岩石对于桥梁桩基的打造必然会有不同的要求，因此，桥梁建设者需要以高度的责任感，处理好桩基的材料构成与打入基础岩层所需深度，并且合理选择打桩器械与施工方法，只有这样才能使基础结构真正成为桥梁建筑的中流砥柱。而那些出于各种原因无法避开地质状况恶劣的位置而建造的桥梁,建筑施工中所遇到的困难肯定是错综复杂的,当这样的桥梁不但得以成功建造,而且能够安全运行,就更能让我们"行"桥者感受到桥梁建设者所具有的"明知山有虎,偏向虎山行"的大无畏精神和高超的科技手段,他们付出了更多的智慧,克服了更多的难题,以"一不怕苦,二不怕死"的英勇气概和万无一失的技术保证,建成了坚不可摧的大桥,当然更值得我们敬佩与骄傲。

此外,对于桥梁所跨越的河流或海面的水文情况予以准确的把握,也是我们用科学的态度了解桥梁建筑的一个重要内容。我们在"行"桥的过程中,不但需要仔细观察桥梁建筑本身的形象,还需要认真关注桥下水流的大小与速度,并且要了解桥梁设计者是如何在准确掌握河流在丰水期与枯水期的具体流量,以及这条河流迄今为止发生过的最高洪峰的历史记录的基础上,在桥梁设计上采取了哪些特别的措施,使建成的桥梁既有利于泄洪抗灾,又能够保证桥梁自身安全度汛。因此,在"行"桥的过程中认真关注河流的水文情况,并深入体验设计者在对历史和现实的相关数据进行科学分析的基础上,通过形式的选择、结构的强化、有效的创意,充分发挥工程设计解决桥梁在行洪防灾、确保安全、造型美观、节约成本上的矛盾冲突,由此进一步感受桥梁建设者的智慧与担当、胆魄与谨慎、经验与创意,具体领略他们科学处理桥梁与水流和谐共生的良苦用心。

对于大多数人来说,用科学的态度观赏桥梁主要是根据日常积累的科学常识,对桥梁建筑进行大致上的感受与理解。只有真正掌握了相关的专门知识,如结构力学、材料力学、岩土动态力学、水流动态力学等科学理论,才能够从理性认识的高度深入探索并充分领略桥梁建筑的内在奥秘和巨大功能。俗话说,"内行看门道,外行看热闹",如果我们对桥梁怀有浓厚的兴趣,只要努力学习积累相关的科学知识,就能够通过对桥梁建筑的感性形象的直观鉴赏,进一步领悟到它深邃的理性智慧与内在的合规律性,这样我们就有可能从外行变成内行,在桥梁的观赏中不但能够更确切更具体地体会到设计师呕心沥血的创意,更生动更直观地体验到工程技术人员和广大工人在施工过程中一丝不苟的严谨态度和艰辛付出,甚至还有可能发现桥梁的设计与施工中存在的值得改进的地方,并且通过适当的途径向有关方面反映,为中国的桥梁建设事业做出自己的贡献,如果能够做到这样的层次,就已经达到了用科学的态度来观赏桥梁的最高境界,也就是对桥梁的设计与建造进行科学的分析评价了。

功能确证

朱光潜先生认为人们观赏客观事物的第二种态度就是实用的态度,他说:

  一个木商看一棵古松,想的只是做什么用,值多少钱,架屋还是制器,怎么买它、砍它、运它;在看到古松时会首先看到一棵做某事用值多少钱的木料,这是从维持做人基本生存的角度去观察古松。

  可见,实用的态度就是人们从功利的视角出发来看待客观事物,并把功利的内涵主要局限在物质利益的范畴内。这是因为从实际用处出发去看待事物,确实是大多数人对待客观事物的基本态度,由于客观事物能不能对我们产生实际的用处,确实是人类社会生活中首先应该解决的问题。但是,不能把这种态度变成过于执着的人生价值,否则就很容易把人与物的复杂关系简单化,从而钻进唯利是图的针眼中去。应该指出,朱光潜先生在《谈美》中举的例子是观赏古松,这类对象虽然也具有多重实用价值,除了作为木料、燃料使用之外,松科植物中渗出的油树脂松香可以成为药材与弦乐演奏的辅助材料,松花又是很好的食品颜料……但是,一棵古松的实用价值还是比较有限的,跟桥梁这样具有广泛而重要的经济效益和社会效益的人工建造物具有天壤之别,因此,从实用的态度来观赏桥梁,也需要有开阔的视野去接受丰富的内容。

  桥梁最主要的实用价值就是实现交通的顺畅,把那些被江河湖海或者居民区、已有道路等障碍物分割成碎片的区域重新连接起来,使人们在不必更换交通工具的情况下直接通过。正是有了桥梁,从古到今有多少原本无法通行的天堑变成了通途,从20世纪50年代武汉长江大桥建成,到今天已经有154座大桥矗立在大江之上。这些桥梁使中国南北交通大动脉畅通无阻,公路、铁路运输不再被阻隔在江岸两头,货物和人员可以直接往来,不但能够大幅度地节约车辆的燃油,还可以有效减少车辆的损耗,更重要的是发达的交通网络已经在全国范围内形成,从"八纵八横"高速铁路主通道建成之后,又完成了《"十三五"现代综合交通运输体系发展规划》制定的"十纵十横"综合运输大通道的宏伟目标，桥梁作为交通路线的控制性工程，在其中起着决定性的作用。尤其是西部地区一座座现代化桥梁跨越大江大河、峡谷深渊，高速公路、高速铁路直通云贵高原、青藏高原，成为全国运输大通道的不可或缺的有机组成部分。可见，国家交通要道上的桥梁，关系到国计民生、国家安全和发展利益，它的实用价值无论怎么强调都不会过分的。即使是一般的桥梁，在实用功能上也发挥着相当重要的作用，例如城市桥梁就是城市空间的一个结点，在汇聚着各种交通路线的同时，往往还成为城市的一个地标，成为人们感受与认识城市意象的重要元素；乡村的小桥，常常吸引着男女老少集聚到这里谈天说地、游乐玩耍，就像村庄非正式的新闻发布与信息交流中心，既是村民们日常生活中实实在在的热点，又是他们心目中共同家园的现实空间。

朱先生在《谈美》中为了更明确地区分不同的人对待客观事物的态度，从人的身份或者说社会角色的差异来讨论人们对待事物的三种态度。然而，人与客观事物之间存在着多种关系，正如朱先生所指出的，"人生是多方面的，每方面如果发展到极点，都自有其特殊宇宙和特殊价值标准"。正因为人生是多方面的，所以人与物之间的关系与对待物的态度也是非常复杂的。马克思在《〈政治经济学批判〉导言》中指出，"整体，当它在头脑中作为被思维的整体而出现时，是思维者的头脑的产物这个头脑用它所专有的方式掌握世界，而这种方式是不同于对于世界的艺术的、宗教的、实践精神的掌握的。实在主体仍然是在头脑之外保持着它的独立性；只要这个头脑还仅仅最思辨地、理论地活动着"。马克思这里指出了人对于世界的掌握有艺术的、宗教的、实践精神的和理论的等方式，说明除了科学的、实用的和审美的关系之外，人与客观世界还有宗教的、伦理的、政治的、工艺的等关系。这一方面说明了客观世界对人来说表现出极为丰富生动的意义，另一方面又是"人占有自己的全面本质"的具体表现。在现实生活中，人们受到客观世界多方面的制约，因而跟这个世界形成了复杂的关系，而主体就会根据自己的需要，在众多关系中挑选某一种关系，并使它在自己心中占据主导地位。这时，个体就会根据这一关系的本质特征的内在规定性对客观事物采取相应的态度。譬如在宗教活动中，特定的场所和环境氛围，庄严而神秘的宗教色彩很快就会感染每一个人，人们就很容易用宗教的态度来看待那些本来很平常的事物，似乎它们都沾上神的光环；如果在一个政治集会上，会场的布置、讨论的问题和与会者慷慨激昂的政治热情，都会强有力地激发起人的政治意识，这个时候政治的态度就会成为人们观察世界、探讨问题的基本出发点。也就是说，人们用不同的态度观察客观事物，主要不是取决于个体的身份特征，而是取决于具体情境对人与物各种复杂关系的抉择。这就告诉我们，人们对待事物的态度不但是多种多样的，而且具体选用什么样的态度，是由客观环境和个体主观意志的相互作用的结果来决定的，因此不同的环境、不同的意志力量决定了个体选择特定的态度来看待具体事物。

个体不但可以用不同的态度看待客观事物，而且这种选择还会随着环境与主观情致的改变发生相应的变化。这一点对我们观赏桥梁来说是非常重要的，在"行"桥的过程中，并不是只有桥梁科学家能够以科学的态度对桥梁进行探索；也并非只有经营交通运输的企业家和驾驶员，才会关注桥梁的实用功能；对桥梁建筑进行审美欣赏也不是艺术家和美学家的专利，普通百姓都可以在桥梁的生动形象和巨大功能中得到美感享受。而对于专门前来观赏桥梁的"行"桥者来说，因为活动的目的性非常明确，就要充分调动多方面的主观能动性，把"我"与桥的各种关系尽量激活，用各种不同的态度对桥梁进行全方位、多角度的观赏，这个时候我们就是一个多面手：既是一个掌握了丰富的桥梁科学知识的桥梁学家，又是一个善于指挥桥梁建设施工的工程师，还可以是一个驾驶着载重汽车长年累月在桥梁上奔驰的驾驶员，或者是一个常年巡逻在桥上，警惕地守护着桥梁的大桥卫士。只有把自己设想成不同身份的人，并且从各种不同的角度去观赏、去感受、去体验，才能对桥梁进行全面而深入的认识与领悟，并由此深刻理解桥梁的设计意图，准确判断它在建造过程中所达到的技术水平，充分领略它的交通、环保、行洪及景观等各种社会功能，生动体验它作为特殊的建筑艺术的审美意义。这是我们在"行"桥过程中必须掌握的观赏方法，也是真正达到"知"桥的有效途径。

朱光潜先生把木材商对古松的认知完全局限于商品交易的视野，这就很容易使这个观察主体显露出来的功利心既狭隘又浅薄，这种看法只能产生在小商贩及低层次企业经营者的头脑中。如果木材商的眼光放得更加开阔一点，懂得把古松移栽到园林中去，让它成为一个吸引游客的景观，还可以利用古松遒劲曲折的树枝制作成古色古香的工艺摆设，或者把古松龙腾虎跃的根部造型做成根雕作品，这样这棵古松的经济价值就得到很大的提高。尤其是在现代社会，事物的审美价值开始成为经济价值的有机组成部分，即使商人也不能不把经济价值的范畴放得更为宽泛。著名建筑大师沃尔特·格罗皮乌斯

1919年在德国魏玛创立的包豪斯设计学校，把艺术与技术在新的观念下统一起来，开创了遵循自然与客观法则的设计风格，并创造性地运用艺术元素，让人们能够更好地享受工业产品功能上的舒适便捷与感觉上的赏心悦目。包豪斯倡导的以艺术元素优化产品的实用功能，利用先进技术和追求经济效益为特征的设计理念，适应了现代大工业生产和人类生活的实际需要，在建筑和工业设计领域刮起了强劲的东风。而日本著名的未来学家，曾任经济企划厅长官、内阁特别顾问的堺屋太一，在20世纪80年代就提出的知识价值革命的观念，从社会发展的高度阐释了知识经济兴起的原因，认为"在这个社会里，知识与智慧的价值就是经济发展和资本积累的主要源泉，它会使人的美学意识和伦理观念发生很大的变化"。他所说的美学意识的变化，就是指产品的审美价值已经成为商品的经济价值的重要内容。包豪斯的艺术设计实践和堺屋太一的知识价值革命论，使艺术与审美进入商品经济的范畴已经成为新的社会思潮，这样的思想认识对于我们从实用的态度观赏桥梁，具有十分重要的现实意义与指导作用。

审美观照

朱光潜先生认为美感的态度是人们观赏事物的第三种态度，他说：

> 有审美的眼睛才能见到美，这棵古松对于我们的画画的朋友是美的，因为他去看时就抱了美感的态度。你和我如果也想见到它的美，你须得把你那种木商的实用的态度丢开，我须得把植物学家的科学的态度丢开，专持美感的态度去看它。
>
> 我们的画画的朋友看古松，他把全副精神都注在松的本身上面，古松对于他便成了一个独立自足的世界。……他不计较实用，所以心中没有意志和欲念；他不推求关系、条理、因果等，所以不用抽象的思考。这种脱净了意志和抽象思考的心理活动叫做"直觉"，直觉所见到的孤立绝缘的意象叫做"形象"。

上面这些论述告诉我们，用美感的态度看待事物必须把科学的理性和实用的功利放在一边，尽最大努力唤起感官的直觉，并且全神贯注地关注事物的形象，这样才能得到美感的享受。在撰写《谈美》的时候，朱光潜先生认为"美就是形象的直觉"，所以他对于美感态度的理解就集中在"直觉"与"形象"这两个环节上。所谓直觉，就是指人不通过分析过程而直接获得对事物的整体认识，也就是在对事物的直接的感知中把握对象；所谓形象，就是指事物客观存在的感性形式，存在于实际生活中的对象总是有具体的形状、体量、结构、质感，还有冷暖、声响、气味，以及运动方式与速度等，人的感觉器官把这些要素作为直接的对象加以感知，由此获得事物的客观印象。"形象的直觉"是人们认识客观世界具体存在的基本途径，也是从小到大都在使用的认知方式。然而，当这种直觉进入全神贯注、心无旁骛的境界，对象的感性形式在主体的凝神观照中逐渐生动起来：原本静态的存在似乎被灌注了生命的活力，而本来就是鲜活的生命，更像是注入了灵气而更显得活泼鲜灵、神动色飞，仿佛对观赏者放出了奇异的电光，形式的意味在这个时候显得特别神奇。而观赏者在直觉的最高阶段也开始出现物我两忘的陶醉现象，甚至会进入一种心醉神迷的迷狂状态。这是美感享受的极致，也是审美活动的最高境界。正是在这个意义上或者说到了这样一个阶段，人们才会对客观事物的感性形式倾注全部的心力，而把它们的科学特性、实用功能等其他特性放在一边，笔者认为这是直觉到了聚精会神的高峰状态所出现的特殊的心理现象。科学家由于把全部精力都集中在学术研究上，常常会在日常生活中闹出一些令人啼笑皆非的趣闻：有一天牛顿煮鸡蛋，心里却纠结于数学公式的证明，结果把手表当作鸡蛋丢进了锅里；陈景润在回家途中一边走一边思考着复杂的数学问题，整个注意力都沉浸在对数字的苦思冥想中，一不小心就撞在一根电线杆上。至于企业家为了资金、成本、销售、利润等各种关系到企业生死存亡的经营问题，绞尽脑汁、筹划盘算而废寝忘食的例子，更是不胜枚举。这说明当人的心智凝神屏气地关注一个特定问题的时候，就很容易进入一种走火入魔的状态，使意识与思维集中优势力量，采取"攻其一点，不及其余"的战术，从而把其他感觉到的信息予以暂时的屏蔽，并且放弃对它们做出及时的反应。正是这种集中优势兵力打歼灭战的思考方式，在人们强大的意志力的作用下，才能够使智慧和想象登上光辉的顶点，审美活动是这样，科学研究和实际工作同样如此。

审美观照所呈现出来的独特的心理方式，对于桥梁的观赏同样具有重要的指导作用。如果要在桥梁的观赏过程中达到美感享受的高峰，就必须在了解跟这座桥梁有关的科学知识和实用功能的基础上，把注意力集中在桥梁的感性形式上，对它高耸入云的宏伟气势或者优雅、质朴的平易氛围，木料、石材、钢铁、水泥等不同的建材所显示出来的质感，大跨度的悬索桥、斜拉桥或者一跨过河的坦拱桥、贴近水面的园林平桥等不同桥型，以及桥梁建筑所使用的红、绿、白、黑、灰等不同的色彩，从对整体的高瞻远瞩到局部的凝目注视，同时把自己的注意力充分调动起来，使它集中在桥梁的形式表现上。这个时候观赏者就会进入激情澎湃的高度兴奋状态，而那些在当下跟"形象的直觉"没有关系的意识与思维活动必须放于停滞的状态，这就像西晋文学家陆机在《文赋》中所说的，从"收视反听"的高度专注开始，逐步发展到"耽思傍讯，精骛八极，心游万仞"的心理兴奋活跃的阶段，最后到达"情瞳昽而弥鲜，物昭晰而互进""浮天渊以安流，濯下泉而潜浸"的极致境界。这个时候，桥梁建筑就在观赏者眼中活了起来：当我们观赏一座宏伟的悬索桥时，巍峨的桥塔似乎灌注了我们的生命力，以擎天柱般的伟岸展示着顶天立地的张力；从桥塔顶端伸展出来的悬索主缆，就像是我们在张开双臂拥抱蓝天碧水；主缆下面的每一条吊索都像我们拎着重物的一双双手，虽然分量沉重但不会感到紧张，因为我们对自己的双手有百分百的把握；由加劲梁组成的桥面，在桥塔、主缆和吊索的共同围护下，车轮滚滚，行人如织，虽然承载的任务十分繁重，但因为有足够的承受力而显示出坚如磐石、纹丝不动的坚定与稳重；而横贯江河的凌空跨越，更展现了天路那样的恢宏与霸气。桥梁就在这样的观赏中不但走进我们的心里，而且和我们一起应和着血液的流动与空气的呼吸，这个时候我就是桥，桥就是我，观赏者就这样进入了桥梁的生命内涵之中，两者形成了物我两忘、天人合一的极致的审美关系。这就是用美感的态度观照桥梁走进的众妙之门，玄虚含蓄中似乎还有几分神秘，其实，每一个"爱桥懂桥"的有心人都可以获得这样的审美享受。

高峰体验

朱光潜先生认为，在具体观赏事物的过程中，科学的、实用的与美感的态度，相互之间是处于隔绝的状态，而且"美感与实用活动无关，而快感则起于实际要求的满足"。这一特点在欣赏古松这样个别的自然景观时有可能体现出来，但是对于桥梁这一类由人类经过不懈的科学探索和艰苦的技术创造所生产出来的社会性产物，如果在审美观照时完全排除科学和实用这两种态度，在实践中是不容易做到的，而从理论上说也是不可能的。笔者认为在欣赏桥梁这一类体现着人造世界特性的客观事物时，对于观赏者所持的态度，应该有这样几个方面的问题值得进一步思考：

第一，桥梁作为人类社会实践的创造物，必然是人类在认识自然改造自然的历史进程中，依靠不断积累起来的聪明智慧和越来越灵巧的建造能力，在驾驭水文地质等客观规律的基础上，为适应社会发展的需要而创造出来的劳动成果，是丰富复杂的科学知识、精湛高超的技术能力和顽强拼搏的意志力量的结晶。如果人们在观赏过程中，对于跟桥梁密切相关的科技创新的新成就、工匠精神的新境界一无所知，对桥梁设计师匠心独运的高超造诣，工程师在施工过程中的科学组织、严格要求与工艺革新，建筑工人的精湛技艺和忘我付出全都充耳不闻，那么，要想真正体会桥梁建筑多方面多层次的审美价值，就会不可避免地造成隔靴搔痒的隔膜与扑朔迷离的困惑。因此，在对桥梁进行深入观赏并且希望达到深邃的审美境界的"行"桥者来说，他们不但需要有一定的桥梁知识来支持科学的观赏态度，而且需要把科学的态度作为对桥梁进行审美欣赏的心理基础和情感引导。朱光潜先生认为科学的态度只能帮助人们在理性认识的高度来把握事物的本质特征，因此否定它们在美感欣赏中的作用，这个看法是值得商榷的。因为桥梁作为对社会发展起着重要作用的人造世界的一部分，如果没有科学的态度的引导，就无法理解在人类自由自觉的创造中所表现出来的合规律性与合目的性高度统一的本质特征，当然也就无法在对桥梁的审美欣赏中获得妙趣横生、鸢飞鱼跃的美感享受。桥梁这一类人工创造物，它的美本身就包含着丰富而深刻的科学特性，这就是科学美。如果排斥科学的态度，那么就无法领略到品类丰盛、数量庞大并且对人类的生产生活发挥着巨大作用的人造世界的美，这样的审美就只能停留在对象的表面，因而获得的美感必然是肤浅而片面的。也就是说，对于人类社会实践所创造的具体成果的审美观照，科学的态度不但不能排斥，而是应该积极提倡，审美对象的不断拓展与审美方式的有效优化，就是人类审美活动对于高新科技日益发展的时代要求的积极适应，也是包括审美能力在内的人的本质力量不断提升的具体表现。

第二，桥梁观赏要真正进入审美的高度，还要有建立在对于事物功利价值认识基础上的实用态度的参与，也就是说对桥梁这一类人造物的审美不能与实用的态度割裂开来。朱光潜先生认为实用的态度只能让人由于感官满足而产生快感，因而拒绝实用功利对于美感态度的参与。笔者认为这是由于老先生把事物的实用功利对人的作用直接定位于生理快感的满足，这就把这个复杂的问题简单化了。实际上那些能够满足人的生理欲望的事物，虽然对于人的意义主要表现为快感，但由于事物与人的关系是复杂多样的，作为脱离了大自然本能化束缚的人类，始终保持着追求美好生活的强烈欲望，并能够在驾驭客观规律的基础上开展自由自觉的创造性实践，因此人与客观对象的关系并非单一的。就拿食物来说，它是人类获得能量和营养的重要源泉，但这并不是它给予人的唯一的贡献，精工细作的菜肴具备色、香、味、形等多种特性，因此人们除了把它作为食物直接享用之外，还可以对它进行审美欣赏：食材固有的颜色经过烹调加工，尤其是高水平的厨师对菜肴的处理已经上升到艺术化的高度，使菜品在原本就有的鲜亮色彩的基础上，又增加了诗情画意的艺术韵味，当然就会更让人感到赏心悦目；而食物本身的芳香在经过精心配制的调料的烘托渲染，也就进一步产生了锦上添花的作用，香气扑鼻的嗅觉效果让人食指大动；酸甜辣醇的味道和细糯酥脆等各种口感，大饱口福的享受不仅仅停留在饱我荒腹的能量与营养的满足上，精工细作的美食对于人的感官享受，也已经从生理快感的层面出发，向着心理愉悦的精神层面升华。面对这样的佳肴美食，感官所得到的美好享受肯定能够给人带来精神上的愉悦，而这就是美感享受。由此可见，即使是为人提供口福享受的菜肴点心，在让人得到生理快感的同时，还具有相当丰富的审美价值，它们当然能够给人带来心理上的满足，并非只是停留在生理快感上。

桥梁的社会价值就在于它能跨越障碍，为交通运输提供快速顺畅的行驶条件。对于这方面功能的认识和体验，理所当然地成为"行"桥活动的重要内容。但实用的态度虽然在桥梁的观赏活动中确实有它的用武之地，却不能完全拒绝科学态度的参与。因为对桥梁建筑的跨径、承重、行洪、通航等功能的认识，离不开桥梁工程在建造过程中通过科学的探索而获得的知识与经验，只有在充分掌握建筑物相关的数据与施工过程必须达到的各项指标，施工人员的任务才有可能算得上圆满完成。观赏者如果确实需要领略桥梁的强大功能，也必须首先用科学的态度了解桥梁建筑是如何运用相关的科学原理与技术规则，在建造实践中严格遵循设计要求的规定进行施工。这说明科学的态度确实是认识桥梁实用功能的基本前提；反过来从实用的态度去把握桥梁巨大的使用功能及由此产生的社会价值，科学态度又能成为实用态度的先导与指南。可见，整个桥梁工程在设计、施工、使用中表现出来的科学技术水平的高低，也只有通过对使用功能的实际效果的检验才能得到证实。不要说那些还没有经受实践检验的建桥理念与工程规划,即使是已经建成的桥梁建筑,在使用过程中出现经受不住洪涝、地震、严寒及台风等极端天气与地质灾害的考验,造成桥梁毁损甚至人员伤亡的灾难,也不是绝无仅有的事。从这个角度看来,对于桥梁建筑的科学水平的认识,同样离不开实用功能的确证,只有真正认识了桥梁在交通运输中所发挥的巨大功能,才能对桥梁的科学性达到深刻的理解与切实的体会。

第三,从上面这些分析中可以得出这样的结论,人们对桥梁的观赏,主要取决于桥梁与人之间所形成的特定关系,虽然人与物之间的关系是错综复杂的,但是人们在对包括桥梁在内的现实对象的观赏,最主要的还是以真、善、美这三种社会价值为依归的。朱光潜先生提出的科学的、实用的和美感的三种态度确实是人们感受事物具体的存在形式、探索事物的内在本质与了解事物实用价值的基本途径,其他如政治的、伦理的、宗教的、工艺的等各种态度,对于一些特定的对象来说可能会产生重要的作用,但这些态度也往往和真、善、美的基本价值具有千丝万缕的联系。譬如我们游览福建平潭跨海大桥,政治的态度就会自然而然地参与进来,因为这座大桥的建造就是为两岸同胞的往来提供一条更快捷、更顺畅的康庄大道,进一步促进海峡两岸的和平发展,为完成祖国统一大业创造更加有利的条件;又如举世瞩目的港珠澳大桥,这一体现着目前中国基本建设最高水平的超级工程,把香港、澳门两个特别行政区和珠三角地区更加紧密地联系在一起。粤港澳大湾区的形成与崛起,必然会成为中国改革开放和创新发展的新亮点,也一定会在国家统一和民族复兴的伟大历史征程中产生巨大影响。因此,准确把握这两座大桥的政治内涵,把政治的态度适当加入到桥梁观赏的过程中去,就是全面体验与认识这两座特大型桥梁的本质特性不可缺少的观察视角。当然,这些因素还属于平潭大桥和港珠澳大桥的社会价值的范畴,了解它们的社会价值对于深入感受桥梁的科学内涵、实用功能和形象审美具有一定的积极作用,但对于桥梁本身的美,还是必须通过对科学的、实用的、美感的这三种态度的灵活运用,才能实现真切感受、深刻体验桥梁建筑真、善、美这一观赏目标。

正是观察者对不同的态度的运用,使得"行"桥者在具体的考察观光活动中呈现出较为复杂的心理态势,因此就有必要对人们在实际的观赏活动中的几种态度的动态变化进行一番梳理。在具体的观赏活动中采用什么样的态度,笔者认为主要不是取决于观察者的身份,科学家、企业家或者艺术家,作为具体的个人他们所从事的职业可以有差别,不同的职业由于知识结构、认知方式与生活习惯的差异，确实会对人们日常生活中的行为产生重要的影响。人们常说的"三句不离本行""职业病"等现象，就是从正、反两个方面对这种情况的生动表述。然而，作为一个真正的人，就应该是一个"自由而全面发展"的人。马克思说："正像人的本质规定和活动是多种多样的一样，人的现实性也是多种多样的。"虽然由于社会分工的需要，人们所从事的职业确实会对人的生活与工作产生深刻影响，同时也会引导他们选择从不同的角度探索世界的奥秘。"一千个读者就会有一千个哈姆雷特"，人类对于客观世界的认识与感受的丰富多彩，既是现实世界奥妙无穷的生动性的反映，也是人的精神世界无限广阔、无比活泼的最好证明。因此，努力掌握更多的科学知识和生活常识，以便更自由更深刻地驾驭客观规律，并通过不断提升人的本质力量，在自由自觉的创造中达到自我实现的完美境界，就是一个全面发展、趣味高雅的人在人生道路上必须坚持的前进方向。由此可见，人们总是追求从各种不同的态度自由灵活地看待客观世界，正是基于这样的人学背景，人与客观世界之间形成了"多元一体、自由转换、心力聚焦、创造极致"的基本格局，这样的心理状态同样适用于对桥梁的观赏。

所谓"多元一体"，就是说每一个人都能够运用各种不同的态度来看待世界，这既是客观世界对于人来说具有丰富的价值体系的具体表现，这个世界能够从不同的方面跟人建立具体的关系，又是人类具有多种不同的方式掌握世界的本质力量的确证。马克思认为人可以从艺术的、宗教的、实践—精神的和理论的方式掌握世界，这就是人的主观能动性在现实生活中的实现。因此，人们就能够从各种不同的视角出发，运用不同的态度来看待人所赖以生存的客观世界。而这个多元不是分裂离散的，而是统摄于个体生命的实际存在，是人的思想感情、人文素质、道德修养与个人意志相互融合的结果，并且在社会作用与个体自觉的矛盾运动中呈现出动态发展的特性，然而当它发展到一定的阶段，又会表现出一定的稳定性，它在个人成长的过程中随着社会化的发展水平而逐步定型。"多元"就给主体提供选择的空间，"一体"显示了人的主观能动性，两者的辩证统一既是个体生命具有展翅翱翔无垠蓝天的可靠保证，又是个体生命积极追求自我实现的主体性与责任感所提出来的现实要求。

所谓"自由转换"，就是指人们在对事物的观赏过程中，不同的态度不但可以随着个人动机的变化而转换，而且可以通过特定的心理调节，对几种态度的相互关系进行重构。例如，当对象的实用功能成为最重要的观察内容，实用的态度就占了上风；如果希望把科学的认识作为观察的重头戏，科学的态度自然就是解决问题的主要矛盾或矛盾的主要方面；当审美的需要上升为压倒一切的首要任务时，美感的态度必然脱颖而出，迅速在各种观赏态度中独占鳌头。此外，主体还可以对这些态度相互之间的关系进行合理的调整。譬如对桥梁的科学技术水平高低的衡量，科学知识就成为把握实用功能的唯一尺度，科学的态度也就理所当然地成为实用态度的铺垫；实用价值又是验证科技创新水平的最好途径，因此实用的态度又能够成为检验科学理论的标准；桥梁的科学内涵、实用价值不但可以引导审美观赏活动，还能够拓宽审美视野，丰富美感享受的心理内容，而它所蕴含的科学美、功能美又可以反过来成为美感态度的助力。"自由转换"是指个体心理完全能够掌握对于不同态度的选择，这里的"自由"既不是哲学上的合规律性，也不是社会生活中在法律与道德规范下的政治权利，而是心灵在想象与幻想、欲望与意愿上具备天马行空、畅想联翩的无限性，这是人的本质特征最基本的表现，也是社会不断向前发展的原始动力。黑格尔认为"审美带有令人解放的性质"，其实，在对客观世界的自由观照中，科学的态度和实用的态度同样具有这样的作用，虽然在人的解放所达到的层次上，科学认知与功能确证还不能与审美感受的心理舒展并驾齐驱。

"心力聚焦"是指在观赏过程中，虽然不同的态度可以自由转换灵活运用，但要使观赏活动真正能够获得高峰体验，却不是胡子眉毛一把抓，各种不同的态度争先恐后一齐上阵，这样的话只会导致不同的思维方式陷入紊乱无序的状态，最终在矛盾冲突的内耗中都落得徒劳无功的下场。因此，当观赏活动渐入佳境时，就会有一种态度逐步在个体的心理活动中占据突出的位置，并且把人的全部的注意力尽最大努力统一到这种态度上来，而其他的态度就只能暂时地被搁置起来。这就像战场上集中力量打歼灭战，在特定环境中，观赏活动的具体情况促使主体把心理能量高度集中起来，在凝神静气的观照中形成强大的精神力量；同时抓住观赏对象的某一个焦点，既有千军万马的强势，又有锲而不舍的努力，强大的心理能量倾注在对象的一个点上，当然就出现了攻无不克、战无不胜的必胜态势，透彻地把握对象的形式特征与内在本质也就不在话下了。

"创造极致"就是心理活动进入了凝心聚力的新阶段，特定的观赏不但完全明确，而且已经成为心理活动最为集中的焦点，持续的增量在不断的强化中最终产生了量变到质变的飞跃，这个时候人的认识活动就达到了高峰体验的极致境界。高峰体验这一概念是美国人本主义心理学家亚伯拉罕·马斯洛提出来的，马斯洛认为人们在追求自我实现的过程中，在基本需要获得满足之后就能够达到自我实现的境界，这时人们就会感受到一种豁然开朗、醍醐灌顶般的心理体验，是一种跨越时空、超越自我的高度满足与完美享受，就会产生一种特殊的认知，仿佛自我与宇宙融合了，一切矛盾已经到了完满解决的"无差别境界"。

  这种"无差别境界"，就是人的自我实现所带来的精神享受，也是个体生命在自由自觉的创造中获得的精神享受。马斯洛认为到了需要的金字塔顶层的人，也就是自我实现的人，在他们身上更有可能产生高峰体验。笔者认为产生高峰体验的关键在于心理活动能不能进入一个"心力聚焦"的阶段，现实生活中有人即使连基本需要都没有得到满足，或者还在冻馁之中，或者身陷囹圄，也有可能在对自己缺失的事物的热诚追求中产生高峰体验——1963年初夏，词作家乔羽从外地回到北京的家里，刚打开窗户，一只蝴蝶轻柔而欢快地飞了进来。他静静地盯住这只自在而欢快、灵动而飘逸的小精灵，看着它在屋内飞了六圈后才从窗口飞出，随后消失在阳光闪烁的美丽田野里。一种圣洁的情感洋溢在乔羽的心头，积蓄已久的情感涌流，强烈地撞击他的心灵，这一情景令他铭记在心，后来写出了脍炙人口的歌词《思念》。当时处在寒风凛冽的政治环境中，艺术家很难有轻松愉快的心情，蝴蝶却给人带来了轻松欢快的精神享受，让人在心力聚焦的精神状态之中进入极致的审美境界。可见，并非只有各种基本的需要都得到满足之后，才有可能形成高峰体验，心理缺失的补偿性追求，也可以成为高峰体验产生的条件。值得指出的是，无论是科学的认识还是实用的领会或者是美感的享受，在这些不同类型的观赏活动中，都有可能产生令人陶醉的高峰体验，并且在相应的意识区域获得美妙的收获，我们在"行"桥时如果能有正确的观赏态度，合理运用相关的心理规律，就完全能够在对桥梁深刻而专注的感受、审视与体验中，进入高峰体验的极致境界。

> 桥北桥南千百树，绿烟金穗映清流

第八章 "行"桥步骤

桥梁观赏不但需要正确的态度，而且需要合理的步骤。毛泽东同志曾经用"饭要一口一口地吃，仗要一仗一仗地打"的通俗语言，阐明了把握合理的节奏对于取得战争的胜利乃至完成各项任务所具有的重要意义。写文章也是这样，正如苏东坡所说，"吾文如万斛泉源，不择地皆可出。在平地，滔滔汩汩，虽一日千里无难。及其与山石曲折，随物赋形，而不可知也。所可知者，常行于所当行，常止于不可不止，如是而已矣！"当行得行，应止即止，这样才能写出文气贯通、洋洋洒洒的好文章。日常生活中同样需要科学地把握工作的进程，行止有度，才能收到好的效果。我们观赏桥梁，也应该把握好活动进行的节奏，一步一步地推进，一项一项地落实，这样才能使观赏过程既富有趣味，又充满活力，而且能够实现增长科学知识、领略实用功能、陶冶思想情操与升华美感享受的目的。

把握桥梁观赏的节奏，主要体现在合理安排"行"桥的步骤，认真抓住基本环节，既要符合人们一般的认识活动的客观规律，更需要积极探索桥梁观赏活动的特殊步骤。在人类的认识活动中，首先需要充分调动人的感觉器官，还要努力激活个人的知觉经验，用积极主动地学习探索的态度，促发个体对认知对象的热情关心；然后遵循由远及近、由表及里、由浅入深、由此及彼的认知方法，掌握好活动进展的步骤，抓住几个关键的环节，全力以赴、聚精会神，同时在情感的推动下，把想象和联想调动到最活跃的状态并让它们投入到观赏活动中来；最后阶段就是运用文字、绘画和照片视频，从各种不同的途径把自己感兴趣的桥梁的相关内容记录下来，在努力保存观察到的成果的同时，还要通过对个人感受的反复体味，提炼成具有积极的思想意义和生动的表达形式的文字，使每一次观赏活动都能够为个人高大上的业余爱好的资料积累。当我们较为圆满地完成了这样几个步骤，"行"桥活动就取得事半功倍的效果。

那么，桥梁观赏活动应该包括哪几个基本步骤呢？笔者认为至少可以从以下四个方面加以讨论，即"下马观花""含英咀华""心临其境""余音绕梁"。

下马观花

　　我们这里说的"下马观花",是指"行"桥者走近桥梁建筑,并对它特殊的建筑形象进行整体的观察。"行"桥者无论是乘用哪一种交通工具过来的,到了桥边都要下来步行,我们讲的"行"桥活动,既不是出于赶路的目的从桥上通过,只是把桥梁作为普通道路的一部分,不是作为一个对桥梁特别关注的有心人,甚至没有什么感觉就已经从桥上过来了;也不是像某些地方的风俗习惯,在一个特定的日子里,去走过一定数量的桥梁来纳吉祈福,广东省揭阳市就有这样的民俗,正月十五那天,如果连续走过十五座桥梁,这一年全家就会吉祥如意幸福美好。我们的"行"桥,是通过对桥梁建筑的观察鉴赏、对桥梁功能的体验领略,以便更深刻地认识桥梁这一特殊的交通工程,直接感受人类自由自觉创造的伟大。从认识论的角度来说,对于客观事物观察的基本过程,一般是先从它的外在形象着手,以视觉器官领先,听觉器官紧跟,再有其他感官的辅佐,就能够在感性认识的层面把握对象的外在形象了。人们常说"眼见为实,耳听为虚",就是对视觉在获得外来信息的过程中所发挥的举足轻重的作用。在具体接触客观事物的过程中,首先感受到的总是事物的整体形象,这是因为视觉在接近对象的过程中,首先映入眼帘的必然是事物的大体面貌,至于生动的细节、深刻的内涵只有在理性认识的阶段才能得到。同时,视觉心理学非常重视"第一印象效应"对于正确认识客观对象的作用。所谓"第一印象效应"本来是指人与人在第一次交往中留下的印象,会在对方的头脑中打下较深刻的烙印并占据重要地位,这种效应也叫首次效应、优先效应或首因效应,是美国心理学家洛钦斯(A.S.Lochins)首先提出的,指交往双方形成的第一次印象对今后交往关系的影响,也就是"先入为主"带来的效果。桥梁的观赏同样存在着"第一印象效应"。我们"行"桥时第一眼看到的桥梁建筑,往往会给我们留下特别深刻的印象,或者为其高大的建筑体量所震撼,或者为其优美的艺术造型所吸引,这种感觉虽然是我们认识桥梁建筑的开始,然而这个"开始"对于接下来的观赏活动会带来很多具有指示意义的引导作用。所以当我们的视觉第一次接触桥梁建筑时,就应该加以特别的留心,尤其需要把注意力尽量集中到对象上,同时充分调动肯定性情感,用一颗炽热的心和一双明亮的眼,拥抱我们向往已久的桥梁。

桥梁属于建筑的范畴，因此桥梁建筑具有建筑艺术的一般特性。建筑就是为了满足人类生存的实际需要，原始人在大树的枝桠与天然的洞穴中安身，体现了人类积极利用自然资源的能力，而从打造简单的勾栏建筑开始，又展现了不断提高生存质量的必然要求。作为栖身之所的房屋，跟人的生活有着最直接的关系，它的牢固、安全、舒适、便利，一方面成为衡量生活质量高低的重要尺度，另一方面又是人类自由自觉创造能力的几种表现。而如何合理地使用建筑材料，去建造既符合生活生产实际需要的人工构筑物，并把它牢固地围合成紧凑有序的空间，把那些原本在露天进行的活动移到能够遮风避雨的室内，就成为早期人类梦寐以求的集体愿景。正如老子在《道德经》中所说，"埏埴以为器，当其无，有器之用。凿户牖以为室，当其无，有室之用。故有之以为利，无之以为用"。建筑空间的营造过程，就是把能够驾驭的科技力量和尽可能完美的建造理想紧密结合起来，最终灌注到建筑物上面去。所以建筑艺术既要服从实用功能的需要，又要体现审美想象的自由，用马克思的话来说就是要"按照美的规律来建造"。可见，只有把事物固有的属性和人的主观愿望高度统一起来，建筑才能够上升到尽善尽美的理想境界。

桥梁作为实用建筑的一种类型，它的使用功能决定了它的结构形式、空间特性与总体形象，这就是说，桥梁建筑由于需要承担特殊的功能，它跟其他类型的建筑确实存在着一定的差异。但是，作为建筑整体范畴的一个组成部分，它又理所当然地表现出建筑艺术的共同美。因此，作为"行"桥者，要想感受桥梁建筑的生动形象、领略桥梁建筑的瑰丽风采、领悟人们在桥梁建造的伟大实践中表现出来的脑的聪慧、手的灵巧、想象的生动和意志的坚强，就必须先从建筑艺术的一般特性出发，对桥梁进行审美观照，在把握桥梁建筑美的一般内容的基础上，再去深入挖掘它那与众不同的独特性。这就需要我们通过对建筑的形象美、结构美、空间美与装饰美的观赏，在努力体味桥梁建筑与其他类型的建筑共同的功能用途和艺术特性的同时，积极探寻、深入感受桥梁建筑整体形象、建筑结构与空间构成上独特的表现，这就是从桥梁建筑矛盾的特殊性中进一步认识建筑艺术矛盾的普遍性，也就是我们观赏桥梁必须坚持的辩证法。

当我们在接近一座桥梁时，首先映入我们眼帘的一定是由具体的物质材料构建而成的实存的建筑形象。所谓形象，是指由特定的物质材料组合而成的具体形态，作为客观事物的存在形式，它能够对人类的感官和思维产生实际的刺激作用。说得简单一点,任何形象都是人看得见、听得到、摸得着的,有的还能让人闻到它的气味、尝到它的滋味。因此,形象外在形式的可感性、具象性与内在意蕴的丰富性、多元性,就能刺激人的感官,触动思想感情,成为科学认识、实用功能、审美体验与意义象征的对象。形象的上述特征当然也会在桥梁建筑上表现出来,这些要素既是事物存在的基本方式与具体载体,因而也是人们感知与审美的直接对象。

无论是古老的石梁桥、石拱桥,还是充满现代气息的悬索桥、斜拉索桥,抑或是钢打铁铸的钢桁架桥、钢箱梁桥等各种桥梁,虽然有的是宏构巨制,有的则是纤巧小筑;有的建在车水马龙的繁华闹市,有的则处于交通大动脉上的峡谷深山,但对所有矗立在江河湖泊或其他障碍物之上的桥梁建筑,我们"行"桥时总是首先看到它的外在形象:就拿斜拉桥来说,它以轩昂的气宇展现着时代风貌,老远就能让人感受到它的豪迈与壮观——高耸入云的桥塔、大跨度的桥面和露出水面的桥墩构成了一个明确而完整的图形,而从主塔伸出的斜拉索形成排列有序的三角形平面,以刚柔有致的姿态和虚实相映的格调表现着力与美的平衡。如果我们对整个视像稍稍作些抽象,眼前就会出现一幅挺拔升腾、昂首擎天的垂直线与优雅舒展的水平线形成的夹角重叠、简洁明快的画面。这就是斜拉桥的基本形象,也是我们"行"桥时必然会首先获得的视觉效果。例如上海杨浦大桥,不管是从陆上高速公路还是从黄浦江上靠近这座双塔双索的斜拉桥,都会为桥梁建筑呈现出来的生动形象所震撼和感染。大桥的主塔基本造型为"A"字形,"A"字的两脚就在桥面和桥墩连接,构成一个钻石形,而"A"字的左右两条边相交之后继续向空中上升,以"刺破青天锷未残"的英姿显示着建筑的空中高度与英秀锐气,因此大桥为城市天际线提供了生动有力的形象支持。斜拉索钢缆在空中形成以桥塔为中轴的扇形布置,就像在江上乘风破浪的船帆,在两两相对的布局中表现出左右呼应、齐心协力的气势。作为沟通东、西两岸的特大桥,杨浦大桥主桥长1172米,悬挂在桥塔两侧伸出的密集有致的钢索上,滚滚车流过江时产生的压力就通过钢索的拉力桥塔,再从桥塔上部转向桥墩直至地层岩石;而主桥这一巨大的坦拱,以微小的弧度展示着它的坚实舒展与曲线之美,犹如挂在宽阔的黄浦江上的美丽曲线。

由于技术水平和实用要求的不同,桥梁建筑在具体的结构、材料、体量与风格上都会表现出各自的独特性,这是由桥梁建造需要满足的特定的地理位置及其在交通运输上实际承担的功能所决定的。因此,不可能成批量产的桥梁建筑，就以千姿百态的形象展现着整个桥梁王国的生动性与丰富性。从诸多决定桥梁建筑形象的因素来看，时代与体量在其中起着非常重要的作用。由于科学技术的发展水平总体上呈现出与时俱进的特点，不同年代的桥梁的建筑都会打上时代的烙印，这就使桥梁形象随着时间隧道的伸展，成为一部璀璨夺目的人类建造成就的光辉史诗。同时，桥梁建筑的体量也对它的形象表现产生着重大的作用，即使是建造于同一年代的桥梁，由于所处的位置的不同也会表现出特殊的个性。那些建在小河小溪的小桥、短桥，跟大江大河上的大桥、特大桥在体量上的差异简直是有天壤之别——一块或几块石板、树干并列成为桥面，把它们架在水流舒缓、流量有限而堤岸低矮的溪流河道上，当然不需要直插苍穹的桥塔，也见不到成排的桥墩和连续跃动的拱架，更不会有飞跨天堑的大跨径主梁。这一类桥梁的形象似乎颇具小家子气，跟那些能够傲然屹立于水势浩淼、岸远堤高的大江长河之上，举国关注、举世瞩目的大桥相比，确实是两种截然不同的气象。但对于桥梁形象的审美来说则各有千秋，高屋建瓴的大桥形制高大、气概宏阔，以气吞山河的伟岸壮美显示着人类经天纬地的建造能力；那一类体量小巧甚至迷你型的桥梁，在建造过程中确实不需要运用最先进的技术，也不用去解决很复杂的难题，只要依靠前人留下来的经验和技术，就能够驾轻就熟地完成造桥的任务。然而，小桥流水并非全是落后与卑微，它以精致巧妙见长，无论是田园牧歌式的清静雅致与素朴安逸，还是微妙灵动与精益求精，它们也是一种美，这是一种小夜曲一般的美，一种富有诗意的优美。这样的桥梁形象同样值得"行"桥者细细品味，切不可因其小而嫌弃它的形象，贬低它的审美价值，这是每一个"行"桥者都必须高度重视的问题。

对桥梁整体形象的观察与审视，以下几个方面的建筑要素值得认真关注。

结构与材料

结构就是事物自身各种要素之间的相互关联与相互作用的方式，包括构成事物要素的数量比例、排列次序、结合方式以及发展所导致的动态变化。结构是事物最基本的存在方式，也就是说，任何事物都有结构，而不同的结构方式形成了不同的事物。正因为结构对于人们认识客观世界具有牵一发而动全身的意义，20世纪60年代法国诞生了结构主义思潮，不但取代了曾经风靡一时的存在主义，而且很快扩展到全世界，至今仍然保持着强劲的发展势头。

由此可见，把握事物的结构对于认识客观世界具有十分重要的方法论意义。

桥梁结构就是它的建筑结构，每一座桥梁建筑，总是由若干构件，也就是组成结构的单元如梁体、墩柱、缆索及面板等连接而构成的起到承载作用的平面或空间体系。桥梁结构因所用的建材的不同，可分为木结构、石砌结构、混凝土结构、钢结构和组合结构这几类，主要由这三个部分组成：上部结构、下部结构和附属结构。上部结构又可分为桥跨结构和支座系统两部分。桥跨结构是指桥梁跨越桥孔的置于支座以上的承重部分。按受力方式的不同，上部结构可分为梁式、拱式、钢架和悬索、拉索等基本体系。支座系统就是把上部结构所承受的荷载传递给墩台的连接装置，一般分为固定支座和活动支座。下部结构是由桥墩、桥台、墩台基础这几部分组成。桥墩、桥台是在河中或岸上支承两侧桥跨上部结构的建筑物。桥台设在两端，桥墩则在两桥台之间，而桥台还要与路堤衔接。墩台基础就是保证桥梁墩台能够在水流中岿然屹立，并将上部结构自身的重量和各种交通工具过桥时的荷载传到地基的结构部分。附属结构是指那些为了便于实际使用及增加建筑物的美观程度而附加的部分，如桥头堡、桥屋、引桥及栏杆等。

我们观察桥梁，首先要确认它的结构形式，看清楚眼前的桥梁是一般的木梁桥，还是用木料建成的伸臂梁桥，尤其是那些在桥上有桥屋的廊桥，遮风挡雨的房屋建筑往往围护桥梁的结构部分，如果观察得不够细致，就很容易产生张冠李戴的谬误。而对那些作为中国古桥建筑结晶，蕴含着精湛技术、勤奋劳作的工匠精神和历史文化意蕴的石拱桥，就要先看清楚是单孔独跨还是多孔连跨。如果是单孔拱桥，就要辨析一下这座桥拱的形式，是赵州桥那样的坦拱，还是像颐和园玉带桥那样的陡拱，或者是半圆拱、蛋圆拱、椭圆拱、锅底拱；如果是多孔联拱桥，那就先要判断是薄墩联拱，还是厚墩联拱。如果行走的是现代桥梁，那就要分清是以桥塔、吊索为主要特征的悬索桥、斜拉桥，还是钢打铁铸的钢箱梁桥、钢桁架桥。

桥梁的下部结构也是我们确认桥梁结构的重要依据。下部结构的桥墩主要是指拱桥矗立在地层基础之上，承托桥的梁体的建筑构件。人们最早是在踩着溪流中露出水面的石头到对岸去的经验中得到启发，于是在大自然没有生出石头的溪流中人工放上一些石头，既不会完全挡住水的去路，又可以让人踏着这些石头跨过水面，这些石头就是桥墩的原型，并随着技术的进步逐渐发展成一头深入水底、一头托起主梁的基础构件。由于桥墩在水面以下的部分人们看不见，所以就更多地关注水上那部分。而在大江大河和深山峡谷中的大型桥梁，其桥墩的高度都非常可观，如云南、贵州两省交界的北盘江第一大桥，横跨花江大峡谷这一世界大裂缝，桥面至江面的相对垂直高度达565.4米，在大峡谷的悬崖峭壁的衬映下，桥梁的下部结构高耸入云，让人感到格外壮观。而香溪长江公路大桥由于建设条件异常复杂，施工人员创造了一项"世界第一"，即世界最大跨度推力拱桥，工程不再采用传统的埋入式拱脚连接构造，而是创造了一种承压式桁架拱拱脚连接构造，采用端部承压板式，弦杆外侧设置预应力钢拉杆，钢拉杆下端通过钢锚板在混凝土拱座内锚固，钢拉杆上端通过弦杆四周设置的加劲小钢箱进行张拉锚固。这样的构造不但具有受力模式清晰、结构可靠度高的特点，而且由于拱脚深入岩层，钢拉杆又围护了拱脚，钢拉杆、钢拱下端和作为桥面的钢箱桁架形成钢铁三角形，有效地分担了拱脚的载荷负担，并使桥台显得更加坚实牢固。这样的下部结构在视觉上就让观赏者产生了充分的信任与肯定的积极情感，这就是力量的美。我们在行桥过程中当然是把桥梁的上、下两部分结构组合在一起加以观赏，由此获得的视觉印象就成为桥梁整体形象的基本架构。

　　桥梁建筑的发展和建筑材料有着非常密切的内在联系，从木材、石材、混凝土、钢铁到使用多种建材的组合结构，这些不同类型的建筑材料，不但在强度上各有千秋，而且它们通过各自的质感、肌理和色泽，给观赏者提供了不同的视觉效果：木材由于很早就成为人们生活生产常用的材料，人们与它朝夕相处，就有一种平实素朴、相互熟悉的类似老朋友的感觉；石料也是从人类童年期就成为制造各种工具的材料，它比木材坚硬，给人一种强硬牢固、坚不可摧的崇高感，但因为石料容易对人的身体造成伤害，所以又被称为"石老虎"，从中可以看到人们对它的敬畏与恐惧；混凝土实际上是一种人造石头，但它不是天生而是人工合成的，所以比起石料来人们对它具有更多的肯定性情感；钢铁同样是合成的材料，悠久的历史使它具有比混凝土更高的知名度，但由于今天钢材在桥梁建设中大显身手，人们对钢材的认知似乎带有一种老兵新传的特殊意味。由于我们在平时生活中对各种不同的建筑材料的质感和肌理已经有了一定的触觉感受，因此在体验桥梁建筑材料时，需要积极调动以往生活中积累的主要由触觉和视觉融合生成的知觉经验，再把它和当下的视觉感受结合起来。对桥梁建材的知觉收获帮助我们更容易地把握桥梁的整体形象。

线条与图形

　　线条是人视觉感受客观事物的最基本要素。在几何学上，线条是点的移动留下来的轨迹。建筑物所表现出来的线条除了人工特意设计或刻画的之外，大多是人的视觉对具体的建筑构件的抽象而获得的，这些建筑构件有的本身没有明确线条，只有成为人的视觉对象时，人的感官通过对外在事物的直接反映并在知觉统合作用的基础上，视觉对象就会被抽象成特定的线。在桥梁建筑中，线条往往成为一个形状或空间的表现形式，如物体边界所在的方位、平面相交处棱角的连续展开、不同的色彩及材料交接的边界等。可见，正因为线条是构成建筑形象的基本元素，所以是"行"桥者首先必须高度关注的对象。

　　在形式美学上，因为表现为单一维度的简单存在线条却包含着有趣的意味，英国美学家克莱夫·贝尔称之为"有意味的形式"，其实就是线条的形式美。这就告诉我们，线条通过它的长度、宽度、方向、弧度及组合过程中形成的角度，在表现形式上的自由流畅、紧凑细密、短促粗犷，都含有各不相同的审美意蕴。而线条的多种表现方式产生的各种类型，如直线、曲线、折线，以及在实际生活中由不同的放置方式形成的垂直线、水平线、斜线以及在具体表现中由宽度决定的粗线、细线等，同样能够给人带来生动的美感，如垂直线蕴含着对地球引力的抵制而产生的升腾挺拔，在给空间增添尊严和力量的同时，还能激起人们渴望进步、奋发登攀的情感诉求；水平线的舒展平伸就像地平线那样旷远宁静，如果具有相当的长度，这种感觉就会显得更加强烈，观赏这样的线条时似乎人的双手尽力向两边张开，就会给人以胸怀开阔、包容万象的感觉；曲线则起伏飘逸、活泼而具有滑动感，不但能给人愉悦温柔的美感，而且象征着女性形体与德行的柔美妩媚，还是母爱的仁慈宽厚、温馨情怀的象征。

　　桥梁中各种表现出丰富的情感色彩与审美情趣的线条，在展示自身形式美的同时，还组合起来以"面"的形式成为桥梁形象审美进一步展开的载体。这就是说，"面"是"线"的组合，"面"与"线"具有生动复杂的审美关系，深入体味由"面"转化而来的图形，就能为更全面地领略桥梁的形象美打下扎实的视觉与心理的基础，这一点必须引起"行"桥者的高度重视。

　　线的移动形成"面"，人们常说的"线动成面"就是这个意思，它具有长和宽两度空间，是一种二维的存在。对于人的视觉感受来说，在现实生活中事物的面积已经表现出形态的具体性与面积的大小，所以人们把它称为"图形"。图形是人类视觉系统对客观事物的反映，它是人类认识世界和人类本身的必由之路。"图"是通过物体反射或透射光的分布，"形"是人通过视觉系统对"图"的接受在头脑里形成的形态与认识，在主客观统一的基础上产生的"图形"，就成为构成事物形象的要素。在桥梁建筑中，建筑构件中的线条通过交接、组合等方式呈现出图形的特质，成为桥梁形象最重要的结构支撑与视觉形象。两种最常见的图形——平面图形与曲面图形在桥梁建筑中经常可以见到：平面图形是指所有的点都在同一平面的图形，曲面图形是指曲线或直线按照一定的约束条件的运动轨迹所形成的图形。传统梁桥的桥面、台阶、桥栏等构件便表现出有很多平面图形，拱桥的拱券、桥面等都是曲面图形。

　　然而，桥梁建筑中还有一些颇为独特的图形，这就是线条围合而成的虚空图形，以及由悬索或斜拉索构成的索面图形。虚空图形虽然在面上没有图形的实质，但是围合这一空间的线条已经呈现出特定的形状，这对于视觉感受与精神体验来说都已具备了审美的意义，像钢拱与主梁由于结构方式的差异形成的不同图形，以及桥塔自身的框架，这些都属于虚空图形的范畴。而索面图形就是由排列在一个面上的钢索所形成的，钢索的"实"与间隔的"虚"形成了虚实结合、富有意境的特殊图形，白天在阳光的照耀下，夜间在灯光的照耀下，产生的两种不同的视觉效果，使这种索面图形更具魅力。这几种图形往往都是桥梁的功能、结构、造型与风格等建筑特性的具体表现，因而也是桥梁形象审美最重要的形式要素。"行"桥过程中，我们的视觉通过对线条的感受进而发展到对图形的领悟，视觉在这个时候就具有对事物的存在元素进行组合、品味、探究的能力，从感觉的个别性，到知觉的统合性，再进一步深化为感性与理性对立统一的审美思维，在把握整体形象的情况下形成审美判断，这样就能够进入享受美感愉悦的高峰体验阶段，桥梁形象审美的过程也就基本完成。

意象与色彩

　　"意象"是艺术家主观心灵与外在客观形象融会而成并带有一定的情感内涵的意识成果，它不但是中国艺术美学理论体系中一个重要的概念，对中外艺术创造发挥着独特的影响与作用,同时也是人们认识客观事物的不可忽视的环节。最早阐释"意"与"象"内在关系的是《易·系辞上》,"子曰:'书不尽言,言不尽意。'然则圣人之意,其不可见乎?子曰:'圣人立象以尽意。'"这段文字认为,"言"不一定能够完全表达"意",而"象"则可以充分表达"意";这是古人对于认识事物的基本方法的表述,也是古代美学"以象明意"的观点之滥觞。魏晋南北朝时期著名的文艺理论家刘勰在《文心雕龙·神思篇》中指出:"积学以储宝,酌理以富才,研阅以穷照,驯致以怿辞,然后使玄解之宰,寻声律而定墨;独照之匠,窥意象而运斤。"就是说创作要从"志气"和"辞令"两方面都做好准备,只有在如泉涌的文思中获得意象,才能得心应手地把它刻画出来。可见,刘勰认识到"意象"就是头脑中生成的形象,它就是创造活动所依据的形成与头脑中的雏形或模板。苏东坡用"成竹于胸"称赞文与可画的竹子,他说:"画竹必先得成竹于胸中,执笔熟视,乃见其所欲画者,急起从之,振笔直遂,以追其所见,如兔起鹘落,少纵则逝矣。"这段话包含着好几层意思:一是强调意象在艺术创作中不可或缺的重要性;二是高度重视意象的整体性对于艺术创作所起的关键作用;三是指出了意象作为意识的产物具有稍纵即逝的特点。这些观点充分显示了苏轼对于意象的内涵的理解是很深刻的,他的阐释对于意象理论研究具有重要的推进作用。到了清代,郑板桥进一步完善了苏轼的理论,对于不同性质的"象"进行了细分,用"眼中之竹""胸中之竹"和"手中之竹"来区分自然生长的竹子、人的大脑所感知到的竹子和作品所展现的竹子。其实,"眼中之竹"是竹子的客观物象,"胸中之竹"是作为审美主体的人对客观事物的竹的感知所获得的主观意象,而"手中之竹"则是画家运用精湛的技巧所形成的艺术形象。这样的分析不但明确了物象、意象与艺术形象各自的本质属性,而且厘清了三者之间的相互关系,可以说是中国美学对于意象研究的重要收获。

对于"意象"的生成,著名国画家、曾经担任中国美院国画主任的顾生岳教授,认为"意象"的生成就是创作过程中的"立意",而"立意"的基础就在于"瞬间观察"。对于画家来说,要在短暂的时间内迅速观察表现对象,并在头脑里留下深刻的印象,这个印象就是"意象"。绘画创作要求画家有一双富有穿透力的慧眼,要具备敏锐的目光,能够在刹那间抓住人物的五官形貌和形体特征,还要求画家像孙悟空一样有一双火眼金睛,能够在瞬间透过人物的音容笑貌、言语辞令、举手投足及神情姿态等表情、风度、体态、神色这些形体表现,来抓住对方当下的心理状态、精神面貌和性格特征。这种由表及里、由浅入深的观察过程，既是艺术家平时养成的观察能力的具体表现，其实也是人们观察、感受事物的基本方法。因此，"行"桥者只有经常留心各种各样的建筑物，善于对不同形式、体量、建材及修建年代进行细致考察，才能够完成对桥梁的"瞬间观察"。观察到的结果虽然已经带有一定的理性认识的成分，但更多的还是感性认识的结果，这就需要从观察结果中提炼出"对象的神态特征"。这种提炼不是条分缕析的比较分析，也不是对纷纭复杂的客观现象的归纳与抽象，而是把炽热的情感注入到鲜活的形象思维中去，就会熔铸成一种特殊的思维成果，这既是对象的"神态特征"给人留下的总体感受，也是观赏者的内心情思的自然流露。对于桥梁的形象观照来说，在这个过程中，"行"桥者必须把桥梁建筑结构的主要线条摄入眼中，并在知觉层面很快组成一个有机整体，这就是"意象"。意象的形成对于艺术创作来说就是"立意"，对于一般的认知过程来说就是知觉最重要的收获。

　　色彩同样是桥梁形象审美的重要元素。物体对光的反射使这个世界能够以五光十色的绚丽璀璨丰富着人类的视觉享受和精神愉悦。鲜艳夺目的赤橙黄绿青蓝紫，不但展现了大自然的华美与生动，而且对人类的生活环境和心灵世界有着无可替代的影响。马克思说，"色彩的感觉是一般美感中最大众化的形式。"色彩的生动与和谐可以起到烘托形状的作用，有些比较平常的造型，可以通过突出的色彩效果产生化平凡为神奇的变化，而那些粗枝大叶、缺乏创造性的色彩处理，则会损害那些经过精心设计的建筑形象。这就是说，高度重视色彩在桥梁形象美的创造中的特殊作用，使桥梁整体形象在色彩美感的烘托下更上一层楼，使色彩与图形相得益彰，从而达到比较完美的艺术境界。

　　中国桥梁如同其他建筑一样，在色彩的运用上表现出两大倾向：以木材为主要建材的古代梁桥、木拱桥，由于油漆能起到保护作用，常常有比较鲜艳的人工设色；而石梁桥、石拱桥则以建筑材料本身朴素淡雅的色彩为主。现代桥梁尤其是钢架桥，油漆对于长期受到阳光、风雨、尘土等侵袭的桥梁建筑来说，就是最好的防护剂。此外，桥梁所处的具体环境，也决定着色彩运用的不同要求。一般来说，城市桥梁和园林桥梁的用色比较讲究，常常以绚丽多彩的形象出现。旧时宫廷建筑中的桥梁受皇家至高无上的文化传统的影响，最为富丽堂皇，甚至在陵墓区的桥梁，也漆得五彩缤纷、大紫大红。野外和山区的桥梁，不要说石桥都是以本色面世，就是木桥，大多用桐油髹漆，同样是质朴无华。混凝土建造的桥梁，已经更多地使用彩色油漆，彩虹过江呈现出绚丽华美的景象。混凝土的灰色，在建筑上曾被称为"万全之色"，就是说它最容易和各种不同的色彩背景相协调，也便于与其他建筑部件相和谐。但是，随着白色水泥、彩色水泥的问世，钢筋混凝土桥梁也逐步以新的面貌出现在祖国的江河之上，使多娇江山更添风采。

含英咀华

　　含英咀华就是对桥梁建筑的细部进行更为深入的观察体验，形象观照使我们对桥梁具有一定的宏观把握和整体认知，接下去就需要对一些具体的细节加以深入的探究。韩愈在《进学解》中说，"沈浸浓郁，含英咀华"，就是说认识事物、掌握知识要能够细细咀嚼、品味精华。要做到这一点，不但要在观察事物的方法上体现由近及远的合理性，而且要抓住事物一些个别的特征，以便对观察对象产生更加深刻的印象。如果在认识事物的过程中，对观察结果只停留在笼统印象的初级阶段，那么很容易使我们对于事物的认知陷入囫囵吞枣、浅尝辄止的浅表层次，那就无法真正把握客观对象的本质特征和内在规律。在桥梁观察中同样如此，我们不但要了解它的大致形象，还要通过认真的审视和仔细的辨析，在深入分析的基础上抓住特定的桥梁建筑的个别特性，找出它在设计、施工与发挥交通运输功能上的创新成果，发现它在实用功能上与众不同的长处，这样就能达到对这座桥梁的精准把握。

　　"行"桥过程中对桥梁细节的深入探究，首先要关注的是建筑施工的质量有没有得到充分的保证，尤其主要的建筑构件是否完全到位，构件之间的连接拼装有没有做到严丝合缝，悬索桥、斜拉桥的吊缆的钢丝有没有断裂，等等。我国的桥梁，无论是前人留下来的建筑遗产，还是解放以来尤其是改革开放四十年大规模建造的现代桥梁，都是国人历来把修桥铺路作为最实际的慈善事业加以苦心经营的累累硕果，都是苦干巧干、精益求精的工匠精神的生动体现，都是团结拼搏、敢于创新的时代精神的伟大成就。所以对建筑物细部的认真关注就是仔细领略桥梁在设计、施工、监理、验收和运行等方面所表现出来的极端负责的科学态度与所达到的不断攀登新高峰的技术水平，每一道工序每一个岗位，都以一丝不苟、兢兢业业的工作作风以确保工程的质量。对于关系到国计民生的百年大计的大型桥梁建设，尤其是国家基本建设的重点乃至重中之重的项目，每一个人都感到肩上挑起了千斤重担，都把生命的全部力量奉献给伟大的桥梁工程。

同时，认真关注桥梁建筑的细部，还能够更准确更具体地把握桥梁在建筑上的特征，也就是通过对细节的深入探究，领会并体验设计师在这座桥梁上倾注了心血的神来之笔、得意之作，这有的可能表现在悬索桥、斜拉桥桥塔的造型上，也有可能落实在桥墩的高度与形态上，或者是为了让引桥适应周边环境而设计成别具一格的路线形态。总而言之，在对桥梁建筑细部的认真观察、深入体验的过程中，探寻桥梁在建筑艺术、生态保护、功能实现与管理养护这些方面的强项，领悟它有别于其他桥梁的独特之处，这样才有可能逐步熟悉它，就像我们碰到一个陌生人，初次见面就想记住他，那么最好的方法就是记住他与众不同的特点。可见，善于抓住特征对于在"行"桥过程中探究细节来说，确实是一个事半功倍的好方法。笔者以为从桥梁的形式审美着手，能够帮助我们把了解建筑外在形式作为观赏与认识桥梁的起点，假以时日就有可能逐步向桥梁科学以及它的建筑艺术的深层次推进，就能够帮助我们从"爱桥、行桥"的热心人，转变为"懂桥、知桥"的内行人。下面几个方面就是值得我们在细节探究的过程中积极尝试的形式审美的关注点。

均衡与稳定

均衡与稳定不仅是建筑物得以建成并能为人们所用的先决条件，而且有它的艺术效果，有内在的审美意味。因为任何建筑物总是建造者在掌握了特定的结构力学、材料力学的原理之后，运用具体的物质构造建成的。只有符合了均衡与稳定的要求，这一人工创造物才能立足于大地之上。几根七歪八倒的桥柱、一段支离破碎的桥面，只能给人带来危险和恐惧的感受，毫无美感可言。电影《卡桑德拉大桥》有一组描绘一座久已废弃的大桥的特写镜头：桥面上钢构件锈迹斑斑，杂乱零散的钢材犬牙交错，桥面上衰草丛丛，乌鸦在桥上盘旋哀号。看到这种摇摇欲坠的危险场景，不要说从桥上过去，就是站在旁边看一眼就已经令人心惊肉跳了。这种缺乏稳定性的建筑物，由于已经失去了基本的使用价值，也就不可能给人以美的享受了。与此相反，坚实稳固的桥梁，如同巨龙在人们眼前展现着雄姿，它是人类认识并掌握建筑科学规律的成果，实现着通达的功利目的。在这种真和善的结合中，实现了人的建造力，肯定了人的创造力。因此，人们在观察与体验桥梁的均衡与稳定时，一种庄严自豪的成就感就会油然而生。

均衡与稳定的桥梁之所以能够产生美感，其基础就在于这样的形式与人类自身的活动形态和自然界中许多事物的外观是一致的。"仁者乐山"，是山的稳固、恢宏给人们以庄严、博大和宽厚的意蕴；而一个品行端庄的人，也应该具有"立如松、坐如钟"的外在形态。这种均衡与稳定的意味，是自然事物强大有力的表现，是人的生命力强盛，人格高尚、心胸宽广的象征。因此，具有同样的形态的桥梁造型，由于和人自身及自然界具有异质同构的联系，被赋予了特殊的情感色彩。

均衡在造型上是指形态的和谐，它是结构内部力的和谐在外部形式上的表现。因此，均衡的事物也就常常有一种稳定感。可见，均衡是桥梁结构的基础，当然也是桥梁造型的基础了。正是桥梁结构内在的力的传递的合理性，使得它能够凌驾江河之上，承载车水马龙的通过。正是均衡的力学特性的发挥，造就了桥梁的稳定性；同样，也只有均衡的作用，才使桥梁具有长期的使用寿命。

中国桥梁建设者早就掌握了这一形式美的法则。我国古代的石拱桥中，单孔桥的拱冠石或者多孔奇数拱桥的中心孔上的拱冠石，一般都通过各种手法给予强调。如加大体量、突出墙面，甚至还雕刻成兽头形状，使它在桥梁整体形象中显得醒目，使人们很容易地捕捉到它的形象，并能一下子留下深刻的印象。单孔的如赵州桥，在拱券正中的拱冠石上，用高浮雕的手法刻了一个龙头。这个龙头体量大、造型奇，只见它龙须冲天，双目怒睁，龙口大开，在整个桥拱中十分显眼，观赏者老远就能看到它的雄姿与威势。这里既包含了人们企盼桥下水流平平安安地顺流而下，不要有什么兴风作浪的举动；同时，又通过突出均衡中心的巧妙手法，来强化桥梁的形象的稳定性。

加强建造物的均衡感，还可以用另一种形式美的法则。这就是在不便于突出均衡中心的情况下，反过来在它的两端形成有力的停顿。这样做，似乎对事物的整体形象标上明确的界限，使观赏者的眼睛，在构图的两个端点做相应的滞留。这时，即使不对均衡中心加以标定，对象的均衡性也会清楚地表现出来。

在中国桥梁中，这种强调两端的手法同样运用得很普遍。通过精心制作栏杆端头，以强化桥梁均衡感的做法，是中国古今桥梁都经常采用的手法。桥的栏杆两端既是桥梁与道路的分界点，自然就成为桥梁整体形象的两个端点，把它们的体量、造型、材料加以艺术的处理，使它们跟栏杆上的普通望柱有较为明显的区别，这就会增加全桥的均衡感。在古代桥梁中，常把栏杆端头做成抱鼓石形，以大理石、花岗石等质感的厚重与实体性，跟栏杆本身的透空、分割形成鲜明对比，以抱鼓石的圆形与栏杆节间的方形显示其特色。有的桥梁还把栏杆端头做成巨大的动物雕像来取代抱鼓石，如卢沟桥就用两对石象和石狮作为端头，可谓别具一格。高大的体量、精湛的工艺，使桥头两边显得格外有神采。

现代桥梁常常使用墙式和柱式这两种端头，但同样重视它的作用，往往做得新颖醒目，使它能吸引人的视线，端头自身常常成为城市桥梁的标志。如天津勤俭桥的栏杆端头，就是在一个混凝土的长方体上，嵌上一个由两只孔雀组成的混凝土圆圈，其高度是栏杆的一倍以上。长方体基座在体量上已经大大压倒了栅条式栏杆，而孔雀图案通过造型的生动更具有一种厚重的分量。现代桥梁中的墙式端头，以其实体性显示着特殊的力度；或者用增光材料做成桥头灯柱、灯台，白昼以其多姿多彩的形状、高耸的姿态，增强了桥梁的稳定感，夜晚灯火辉煌，使整座桥梁显得更为壮丽，而栏杆端头以其超越普通望柱的高度，显得更为夺目。

均衡一般有两种表现方式，一种就是对称性均衡，另一种是非对称性均衡。前者是指中轴线两边的事物，在形与力两方面都相等；后者则不是以简单的形的对等来实现平衡，它没有像对称那样严格地在中轴线两边距离相对，形状相同、力量相等。因此，从表面上看，这种均衡的统一性似乎不是那么明显。但是，它也避免了对称性均衡中那种单调呆板和过分拘束的缺点，所以在并非绝对需要庄严肃穆的氛围中，或者由于地形条件、水文状况的限制，采用非对称性均衡，同样是符合形式美的法则的。

在中国古今桥梁中，无论从其平面还是侧面，都可以看到大量的对称性均衡，这跟中国传统建筑艺术的审美理想是分不开的。梁桥的桥墩排列、拱桥的拱脚对峙、桥头堡的对立，都是对称的具体表现。有时，由于桥梁的长度较长，光靠拱冠石的强化已经很难起到突出均衡中心的作用，为了让人们能够比较迅速地感受到对称性均衡的情况下，干脆采用别的方法，如河北赵县济美桥，共有五个桥孔，其中靠两边河岸的是一对较小的半圆拱，在河中是两个跨度较大的坦拱。在两个坦拱的中间，还做了一个跨度最小，矢高却与其他拱券差不多的马蹄拱。这个马蹄拱，对于通水及行船并无多大意义，建桥者特地把它安排在两个大跨度的坦拱的中间，主要是为了增加桥梁在造型上的对称性，就像全桥之眼，使整座桥梁的对称美表现得十分充分。

我国在建设现代桥梁中，也十分重视对称性均衡的手法，悬索桥、斜拉桥无论是独塔还是双塔、多塔，都表现出强烈的对称感，因为这两种桥梁的建筑结构就是力的对称的典型表现。如果是坐船在桥下经过，桥塔向桥头两端伸展的吊索，就是很好的对称美。我们在桥上行走，分别立在桥梁的近岸处驻足观望，就会看到桥塔两边的斜拉索，或者两座桥塔之间的悬索，它们呈现出互相对称的形式美，桥梁的整体性和稳定性由此得到根本的保证，观赏者也能更深刻地感受到大桥的雄伟壮观。

非对称性均衡在桥梁建设中也是不可缺少的形式美法则，因为桥梁的美是不能脱离实际功利的。如果河流的主航道并不是在河面的中间，而是偏向一边，那么，桥梁的造型必须服从这一客观需要，把跨度大、净空高的桥孔安排在主航道上。只要这个或这几个桥孔可以满足通水泄洪和航运行船的需要，其余的桥孔净空就可大大降低，跨度也可减小。这样做，虽然桥梁的整体造型缺乏对称之美，但只要处理得当，仍然可以具有均衡的特点。如我们在前面介绍过的绍兴泗龙桥，就是采用了非对称性均衡来设计的。这座桥由三个高拱和几孔低平的梁桥组合而成，拱桥紧靠北岸，与水面的中心离开很远，所以根本谈不上对称。然而，建桥者一方面通过减少南岸梁桥的跨度（每跨两米左右，只有拱桥的三分之一左右），由此增加了桥墩的密度，从拱桥到岸边共有二十眼桥孔，梁桥桥墩的紧凑性在一定程度上抵消了它在高度上的劣势，在视觉上起到一种平衡作用。更值得注意的是造桥的工匠们还在桥南岸建造了一座石亭，这座石亭通体由石头砌成，质感敦厚，造型玲珑可爱。它与靠北岸的三孔薄墩拱桥相互对应，一方面增加了梁桥部分的表现力度，另一方面又使整座桥梁在构图上体现出很强的均衡性。

均衡与稳定在桥梁建筑中的实现，正是依靠了各种形式美的法则，才有可能在材料的厚实与体量的硕大中取得一种轻巧和秀气。结构的精密、布局的合理以及技艺的高超，可以使以巨木、硬石、钢材和混凝土为主体的建筑材料，在桥梁大师和桥工们手中如抟泥捏丸，高度的科学水平和技艺为形式美的实现打下了良好的基础。而只有当桥梁依靠这种非凡的建造力去体现丰富和新奇的想象力时，靠艺术性而不是材料的堆砌去获得均衡和稳定时，这一形式美的法则才可算成为建造者自觉掌握的规律，也只有在这种情况下，桥梁的强度才能和它的艺术表现真正地融为一体。

韵律与节奏

建筑物的均衡与稳定确实是引起美感享受的重要因素,但是,如果它的结构部件的排列组合缺乏生动的变化,或者杂乱无章、烦琐堆砌,就势必损害它的艺术感染力。因此,在重视它的均衡与稳定的同时,还必须通过韵律和节奏的形式法则,去表现建造物的动感,使它具有一种能和观赏者活跃的生命和飞动的心灵相互契合的形象特征,这就需要用韵律与节奏的手法去表现它的活力。

韵律与节奏,自然界之中普遍存在,由于这种现象呈现出一种有规律的重复出现或者有秩序的变化的特征,从而能够引起人的美感享受。它不像那些散乱无章的点,由于混乱常常引起人们的否定性情感,而是依靠一系列因素的内在联系,提供了整体性的连贯,具有类似图案画的美学情趣。这种现象与人的眼睛本能地把自己的感受归类成一个有序的系统的能力相适应,于是给人带来一种心理上的满足。实际上,韵律的美就在于物体在呈现多样性变化中保持着内在的统一性,多样统一的特性在这里以有规律变化的重复表现出来,从而引起观赏者的美感享受。正因为韵律具有如此的魅力,桥梁建筑中把它作为常用的造型手法,也就很自然的了。

最典型的韵律形式是以不同的重复为基础的,即把形状或者尺寸按照一定的规律加以渐变,如把一组桥孔由小到大地递增,而其基本造型不变;或者通过逐步演变的手法,把桥梁栏杆正中的方块,依次柔化,最后变成椭圆形。这种同一系列中的递减或递增,使整个对象充满了运动感。尤其是把这种变化通过重复的手段加以再现时,桥梁建筑的韵律感就表现得更为充分了。如著名的北京颐和园十七孔桥,桥洞随着驼峰形的桥面向两岸下降而依次缩小,十七个桥孔就形成了由小到大、由低到高,再从大到小、从高到低两个序列。每一个桥洞的造型是相同的,但离开中轴线越远尺寸越小。这种相对性重复同时表现为对称,十七孔桥的韵律美也就布置得十分丰富和巧妙了。在多孔联拱桥中常可见到这种安排,如北京的卢沟桥、苏州的五龙桥、上海青浦放生桥、浙江余杭长桥等。有的桥梁在主拱上各孔之间没有出现变化,而是通过拱上的小腹拱,以两主拱相交的桥墩正中为最高的腹拱,随着主拱券的上升,腹拱的高度依次缩小,形成韵律感。如四川嘉陵江大桥就是以主拱肩上的小腹拱来组成韵律的;南京长江大桥公路引桥部分也有类似的做法,南岸公路引桥部分,主拱肩上安排了一组渐变的小腹拱,形成渐变的韵律美,使整个引桥更有活力。

在现代桥梁中,韵律感最为突出的是斜拉索桥的索面。竖琴形索面缆索相互平行,索与索之间的距离相等,而长度从塔身开始由里向外递增,形成渐变韵律;放射形索面缆索从塔上同一点出发,而下端却在梁上形成等距离的间隔,缆索的长度则是由里向外渐增,索与梁的夹角渐次变小,表现出更为丰富的韵律感;扇形索面缆索在桥塔上的位置由高到低渐次下降,使索、梁、塔形成的三角形的面积由外到里递减,如此便表现出极为生动的韵律美,并成为斜拉桥很重要的审美特色。

节奏也是自然界普遍存在的现象,如一年当中春夏秋冬的交替,人的心脏的收缩和舒张,这些都是通过时间范畴表现出来的事物的运动方式;而公路上每一百米、每一千米就有一块里程碑,杭州西湖一棵杨柳一棵桃的排列,都是事物在空间展开的节奏。因为任何事物的运动都必须在时间和空间的两个维度上,表现为一种渐进的过程,这是事物发展的一个基本性质,毛泽东同志曾经说"仗要一仗一仗地打,饭要一口一口地吃",这其实就是对把握事物发展节奏性的通俗易懂的表述。

节奏跟韵律还存在着这样一种有趣的关系:韵律总是有节奏的,而有节奏的事物不一定会有韵律。从这一点来说,节奏的形式美不及韵律那样丰富和深刻。所以,在音乐艺术中,只有节奏的乐曲一般来说就会显得相对单调一点,而韵律与节奏的组合却能够成为一首富有表现力的乐曲。在桥梁建设中,情况也是如此,造型上的节奏感所具有的意味,可能不如韵律感那样丰富充实,但节奏的表现无论在日常生活中还是在艺术中应该说更为普遍。这是因为节奏之美也是基于事物表现形态的多样统一,尤其是在事物的时间和空间的展开中显示着运动过程的某种统一性,可以说,节奏美在意味上或许略逊于韵律美,但在力度上有超过韵律美的表现。桥梁作为建筑艺术的一个组成部分,也是以凝固的音乐这种特殊的形态展现着节奏美的魅力。在桥梁的建筑造型中,梁桥的桥柱或桥墩,是以实体性的垂线出现的,而紧接着就是悬置在水上的横梁及大块空间,这里从实到虚、从垂线到水平线的转换,就表现出桥梁建筑结构的变化,显示了形的丰富与对比。而当这种变化表现为一个系列,通过一连串的重复,在变化中又显出了一致性。于是,桥梁整体的统一性就非常明确地出现了有秩序的变化,在变化中表现出整体性与一致性,就使得节奏的形式给人以视觉上的丰富性与秩序感,从而引起了观赏者的美感享受。这种现象,在拱桥的桥墩与拱券的连续转换中,在桥栏的望柱与块面相互连接中，都有同样的美学效果。

在中国古今桥梁中，节奏的运用可以说是随处可见。多孔的梁桥如西安灞桥、浙江武义熟溪桥、绍兴纤道桥，宁波北仑安乐桥、余姚大隐学士桥、宁海胡陈戊巳桥，多孔联拱桥如苏州的宝带桥、金华的通济桥、南京的七瓮桥、湖南湘乡的万福桥、江西南城万年桥、山东兖州泗水桥，等等。这些多孔梁桥与联拱桥，都是相同的跨度和相同的桥墩厚度的有序排列，形成良好的节奏感。单孔桥梁不可能在桥孔上显示出强烈的节奏来，但桥工们常常通过桥栏的望柱与板块的转换来强化桥梁造型的节奏感。赵州桥上拱石之间的腰铁，由于等距离的排列，加上铁的质感在石材的衬托下显得格外醒目，远远望去，也就很有节奏感了。

节奏虽然在实际造型上表现为同类变化的重复和连续，不如韵律那样每个因素都有具体的差异，显示出更多的个性特征，在形式上更有韵味。然而，当一系列节奏在空间展开时，观赏者由于透视的作用，感受到的是近大远小，逐渐缩减的形象，在视觉上形成有大小差异但形式一致的单体的排列，也就产生了由疏到密的变化，因此在视觉效果上节奏就转化为韵律美了。

比例与尺度

桥梁建筑和一切造型艺术一样，和谐的比例也是美的重要尺度之一。正如法国建筑师威奥利特·勒·杜克所说："比例的意思是整体与局部间存在的关系——是合乎逻辑、必要的关系，同时比例还具有满足理智和视觉要求的特征。"这就要求比例要正确反映建筑的内在结构和使用功能的内在特点，并使观赏者的感受力和理解力处于协调的状态中，在对象的和谐关系中感受到它内在的意味。

不少美学家甚至认为美的本质就是比例的和谐。西方还流传着这样一段趣闻：古希腊数学家毕达哥拉斯有一天路过一家铁匠铺，当他听到铁匠师徒三人打铁的叮当声，觉得十分动听，就走过去仔细观察起来，结果测定出三把铁锤的长度之比为6：4：3。最大的铁锤发出主调，较短的那把基音是第五音，最短的铁锤则是高八度。这一发现促使毕达哥拉斯又用长度不同的弦线绷紧来做试验，同样得出类似的结论。经过多次试验，他发现了事物之间最和谐的比例，这就是黄金分割率。

黄金分割率之所以能引起高度的美感享受，是因为它和人体自身的结构与生理活动有许多密切的联系。现代医学发现人的大脑发出的两种电波——α电波和β电波，它们波长的比例就是1∶1.618；人的躯体、面部的长宽之比，基本上也符合黄金分割率。建筑大师勒·柯布西埃发现人体的一些基本尺寸的比例同样符合黄金分割率。当人站着时，从头顶到肚脐的高度与肚脐到地面的距离之比，也接近1∶1.618；当人的双手高举，从头顶到指端的距离和肚脐到头顶的距离之比，也极为接近黄金率，大致为1∶1.615。人体本身跟黄金分割率有着这样密切的关系，使得他们在身体的活动中最能适应这样的比例，慢慢就积淀为一种心理上的定势，对各种符合黄金分割率的比例关系也就格外垂青，最终把它纳入形式美的体系。黄金分割率在桥梁建筑中同样有它的用武之地，这就是在那些受客观条件制约较少、人的主观能动性比较能够发挥的场合中，如根据桥栏的高度，用1∶1.618的比例把整通栏杆分割成若干块面，使每个望柱之间栏板的长与宽符合黄金分割率；再者在梁桥的桥墩或桥柱的相互间距的安排中，采用黄金分割率，使桥孔的空间呈现出和谐的比例关系。只要不影响桥梁的强度，这类手法都是有利于桥梁形象之美的。

我国古代桥梁中，不少多孔梁桥、联拱桥的跨度之间的比例关系，与黄金分割率相吻合。如苏州的普济桥，是一座三孔薄墩联拱桥，不但每个桥拱的矢跨之比接近黄金分割率，更重要的是中间一个桥拱的矢高与跨度跟两边桥拱的矢高与跨度相比，大致上接近8∶5，基本上符合黄金分割率。又如广东肇庆七星岩的五孔桥，第2孔和第4孔跨径为中孔的三分之二至八分之五，最边上两孔的跨径，又为第2孔和第4孔的三分之二至八分之五。这种布置，由于相同的马蹄拱，使整座桥梁有了共同的"几何原素"，而具有黄金比的尺寸关系，则进一步在相似性的作用下，体现出匀称、谐和的美感。这种布置在苏州城东澹台湖口的五孔桥及其他许多桥梁上都能见到。在桥梁局部因素的组合中，有意识地运用最佳比例关系，去组成协调统一的建筑整体，比起西方只重视单体造型自身维度的黄金比来，不能不说有独到之处。

在桥梁形式美的构成因素中，和比例相联系的是它的尺度。这一形式美的范畴是指建筑物呈现出恰当的适合人们预期的某种尺寸，使它原有的品格与观赏者得到的实际印象不相悖谬。因为当我们看到一座桥梁，如果它所呈现出来的形象和地理环境、实际用途不相符合的时候，往往会引起迷惑不解而感到扫兴，产生失落感，从而无法得到美感享受。如玲珑小巧的园林桥梁使用了又高又粗的桥柱，直通通的桥面可以让几辆卡车并排通过，或者在较为宽阔的河流上架设的大型桥梁，却采用了细腻小型的结构形式。前者如同装腔作势打肿脸皮充胖子的憨人，在一群娇艳如花的幼儿中手舞足蹈；后者则如一个侏儒，在宽广高大的舞台上勉为其难地充当英雄好汉，两者都会由于主客体的不协调引起人们的不快。

  这是因为桥梁是人建造的，它的大小和特定的结构形式，必须受到两个方面的制约：第一，桥梁总是建造在具体的空间之中，它的体量、形状、结构特征必须和周围环境有相当的协调性。也就是说，要使桥梁达到美的高度，不是只从桥梁造型本身来看就能解决问题的，而必须服从特定的环境氛围的美学要求。说得通俗点，就是要求桥梁和周围的地形地貌、原有的建筑呈现出来的体量、风格及其社会性能，保持良好的比例关系。它只能在适应环境的基础上，以自己美好的形象，合群而又具有新意的格调，通过画龙点睛的方式，使环境总体的审美价值得到升华。第二，桥梁和一切人工建造物一样，它们的功能要求和外观形象，由于人类长期的创造和使用，逐步形成了一个比较固定的观念，根据桥梁的建造地点、实用功能、材料性质等多方面因素，约定俗成地有了一种常规。这种规范的基础就是以人体的生理特征及社会活动的动态模数为依据。例如，桥面的坡度，必须根据车辆运行的便利性来设计，坡度太大，就会导致车辆难以通过，在交通线上的桥梁就不允许采用这样的设计。园林桥梁却可以有较大的坡度，因为这里主要是让人们观赏园中景致，漫步桥上以获得心旷神怡的愉快和舒畅，但台阶的高度和宽度必须适应普通人轻松向上迈步的尺寸，当游人需要格外费力去登上那过于高大的台阶或者不得不加快迈步的频率去对付那低矮而紧凑的台阶时，审美欣赏所要求的凝神观照、物我两忘的心理态势也就无法出现了，游园赏景的兴致或许就会因为桥上几级不合尺度的台阶而大为减少。又如桥梁栏杆的高度，也应该根据人的身体的尺寸来确定。在一般桥梁上，常见的高度为1米至1.2米，有的栏杆基本高度为1米或1米稍稍多几厘米，连同20厘米左右的望柱柱头，整道栏杆的视觉高度就超出常人身高的二分之一。这样，无论在实际尺寸还是在心理感受上，靠近栏杆时人的重心就不会倾向桥外，从而产生安全感。桥梁栏杆的高度也不能超过这一尺寸，如果做成1.5米以上，那么安全是可以保障了，但站在桥上眺望江河两岸和水面上的流水行船的审美权利就被剥夺了。即使用透空型或栅栏型栏杆，不会完全妨碍过桥者的视野，但过高的栏杆，使人的心理感受很受压抑，如同被关在动物园里一样，封闭、包围的氛围只能迫使人们匆匆离去,并且对桥梁的审美价值留下负面的感受。由此可见,桥梁在造型上要有适当的尺度,就必须和人体自身的尺寸与人的动作的幅度,处于协调的关系。只有这样,桥梁的整体形象才能使人感到和谐、愉悦。

一座好的桥梁总是具有好的尺度,好尺度的核心就在于"谐景"与"宜人",而"谐景"的核心也是为了"宜人"。因此,人自身就是度量桥梁乃至一切建造物的真正尺度。这一点,在中国古今桥梁建筑中,都曾引起建造者的高度重视。如同样为多孔联拱桥,处于华北交通要道上的卢沟桥,采用厚墩,墩的厚度几近拱跨的一半;还把桥墩迎水一面砌成三角形分水尖,分水尖的长度达5.2米;在每个分水尖上还垂直安装了长约20厘米的三角形铁柱,再在分水尖的凤凰台上加了六层厚达1.83米的压面石,呈现出"石工鳞砌、坚固无比"的态势。而苏州的宝带桥,主要是作为挽道使用,所以采用薄墩联拱的桥式,桥墩之薄,可以说十分罕见,只占拱跨的八分之一左右。而且桥墩根本没有其他保护性设施。使拱券道道相连,形成曲线的优美连续。宝带桥桥墩的尺寸跟卢沟桥相比,简直天渊之别,但两座古桥都很美,因为它们都和周围的地理条件和人的使用要求相互和谐,都具有很好的尺度。卢沟桥处在永定河上,汛期水势猛涨,且有浮冰撞击,只有厚实坚固的桥墩才能适应这种自然条件。而宝带桥作为湖口挽道桥,使流水顺畅通过是桥梁长存久安的必要条件,因此缩小桥墩厚度、扩大流水通道就是势所必然。同时,从与周围环境氛围的协调上,两桥也各自达到了高度和谐。卢沟桥地处燕蓟地区通往华北平原的重要道口,附近群山耸峙,旷野千里。厚重的尺度恰与燕赵慷慨之气相契合;而宝带桥两边都是宽广的水面,远处绿柳粉墙,田园牧歌,纤巧灵秀的桥梁尺度更能衬托江南杏花春雨的秀美。更有趣的是,卢沟桥的栏杆为实心板块,厚重的块面与望柱上的石雕在虚实相映中表现出较大的尺度感;宝带桥则一反中国古桥多有栏杆的常规,没有一柱一石高出桥面,就连桥面最外缘的条石,也是平放的。这可能是出于拉纤的需要,装了栏杆会牵绊纤绳。但从桥梁总体尺度考虑,或许是出于小尺度的统一性,在桥两旁平展展的湖面的衬托下,没有栏杆的桥面更容易与水面处在协调一致的氛围中。可见,两桥都从各自的环境特点出发,采用了合宜的尺度,取得了很好的美学效果。

美国建筑学家托伯特·哈姆林把尺度印象分为三类:自然的尺度、超人的尺度和亲切的尺度。第一种尺度也就是普通尺度,是建筑物表现出它本身与自然相和谐的尺寸,观赏者在这类建筑物面前能够度量出他自身的正常存在。一般的桥梁，像我们在前面介绍过的苏州、绍兴城里的桥梁，我们在江南水乡和北方普通的河流上见到的桥梁，基本上都表现出这种自然的尺度。在这种尺度的桥梁面前，人们会因自己的创造物与环境和人的和谐关系而感到愉悦，如苏州的枫桥、绍兴的光相桥、上海苏州河上的一系列桥梁。第二种尺度是值得人们仰慕的那种大体量的建筑物，它们往往是人们对于超越他自身，甚至超越时代局限的一种物质确证的崇敬，如建筑物中的古埃及金字塔、古希腊雅典的帕特农神庙、中国的万里长城以及欧洲古老的教堂。在桥梁中它们往往是一些年代久远、体量巨大、跨越大江大河的巨型作品，如赵州桥，卢沟桥，洛阳桥，武汉和南京的长江大桥，上海的南浦大桥、杨浦大桥、卢浦大桥，广州的丫髻沙大桥，湖南的矮寨大桥，云贵高原上的北盘江大桥，金沙江、怒江和澜沧江上最近几年建成的诸多大桥等。这些桥梁乍一看似乎具有压倒人的威势，然而它们毕竟是人建造的，因此这类具有超人尺度的桥梁，虽然能在人的感觉的层次上有一种威慑的力量，但是在理性的深层，它们仍然发挥着为人服务的功能这一事实，能给人带来自豪和骄傲。这是人对自己建造能力的放大和超越。第三种是亲切的尺度，它跟超人的尺度相反，建筑物给人的印象似乎比它的实际尺寸要小。这种尺度给人以小巧纤细的亲切感，对象既缺乏某种显赫的威风，也不能和我们平起平坐，而只能是人们掌上的明珠，在爱不释手的把玩中，表现一种爱抚和欣赏。这类尺度的桥梁一般只能出现在小河小溪之上，更多的是在园林桥梁中。它那"小桥流水"和细部精雕细刻带来的袖珍氛围，给观赏者提供了一种恬静闲逸的情致。苏州园林中的桥梁就是这种亲切尺度的最好体现者。

心临其境

到了桥边，当然要去看桥上车流和桥下流水，直接体验桥梁在设计创意、施工技术和形象审美上的创新追求和艺术造诣，亲身感受桥梁在交通运输中所发挥的不可替代的作用，这是我们"行"桥过程中不可忽视的环节。因为对于桥梁形象的眺望远观，还只是停留在宏观把握建筑物面貌的层次上，而探究桥梁建筑的细部就一定要和它有亲密接触，只有直接感受桥梁建筑各个具体环节，才能完成探究细部的任务。因此，我们在"行"桥时，都应该在充分保证安全的前提下，亲自到桥上去走一走。从实践论的角度来说，亲身实践是认识事物最根本的途径，正如毛泽东同志在《实践论》中所指出的："你要有知识，你就要参加变革现实的实践。你要知道梨子的滋味，你就得变革梨子，亲口吃一吃。……一切真知都是从直接经验发源的。"对于桥梁的近距离观察，就是要通过直接接触和亲身体验，获得对于这座桥梁的直接经验。

除了在桥面上行走体验，还可以走到桥的两端纵观车道的布置、车辆在过桥时的姿态：如果桥面和路面的连接是无缝连接，那么车辆在上桥与下桥时就不会造成振动与颠簸；如果桥面有一定的坡度，或者桥面与道路的衔接由于路基下陷而产生"跳跃"，就会给车上的人员造成不适，使装载的货物发生晃动。对于有条件的"行"桥者来说，最好能够租用船只，从桥的上游和下游分别观察桥梁的横立面，看看水流通过桥梁时对墩柱的冲刷情况，试试船舶经过桥梁时是宽裕顺畅还是捉襟见肘，这样就能更加全面地了解桥梁在水运与行洪两个方面的通达程度。同时还可以把船只驶到桥下净空中去仰视桥的梁体，这样对于桥梁的结构就会有更加清晰，更加真切。现在很多人开始利用无人机从高空拍摄地面景象，这样的航拍对于桥梁观赏来说具有别开生面的意义：人们没有长颈鹿那样能够伸得很高的脖子，乘坐飞机即使是私人飞机也不可能飞得那么低，因此从空中近距离而且仔细地俯瞰桥梁简直就是梦想。无人机这个智能工具竟然使梦想成真，有了它的帮助，我们好像变成了站在云端的神仙，能够从几十米甚至上百米的高空中俯视地面，这是一个崭新的视野，也是一个陌生的角度，仰仗高新科技带给我们的惊喜与新鲜，使我们在观赏桥梁时有了一个新的技术手段，也给我们带来了更奇妙的美感享受。这也告诉我们，先进的用具与仪器，不但能够为我们提供更为有效的观察手段，还能拓宽我们的眼界，提高我们的认识水平和审美能力，它们是视觉器官的有效延伸，都是观赏桥梁的好帮手。摄影、摄像与无人机航拍的过程，同时也是一个很好的艺术创作过程：不但有镜别的选择、曝光时间的控制、画面明暗的调整、拍摄角度的变换等一系列需要用心解决的复杂问题，而且蕴含在其中的技术与人文内涵，更是需要经过相当长时间熟能生巧的磨练积累，才会有所领悟有所飞跃。这样的创作过程既是"行"桥活动在时间上的延长，又是对走马观花的有限认识与审美活动的升华，所以值得所有"行"桥人高度重视。

在"行"桥活动中，我们身临其境直接感受桥梁建筑或雄伟壮丽或精巧雅致的风貌神韵，但是要在短短的时间里收获一些真知灼见，铭记一些令人难以忘怀的印象，就不能只停留在走马观花的层面上，而是要把身临其境升华为"心临其境",就是说要用心去感受桥梁建筑留给我们的深邃而独特的印象,并能够把意识到的最宝贵最重要的收获铭记在心。这就是说,只有用自己的赤子之心去拥抱桥梁,这座桥梁才会深入我们的心灵,达到"从来也不用提起,永远也不会忘记"的识记境界。要实现这样的目标,下面几种观赏心理方法可能会给我们带来有益的启发。

移情说

德国美学家、心理学家特奥多尔·立普斯在总结前人在审美欣赏的经验与理论的基础上,提出来了移情说这一理论。移情说的核心就是对象的美感是正在进行审美欣赏的人赋予它们的,当人专注于对象生动的形式特征时,原本没有生命的自然景物、人工造化仿佛就有了生命和灵魂,而这种活泼泼的情致和意蕴,就是由作为审美主体的观赏者移植给对象的。这就是说,审美感受产生的根源不是在于对象,而是在于人的心灵的"内部活动",因此,美感是"在一个感官对象里所感觉到的自我价值感"。立普斯认为,审美的移情是由两个方面构成的:一是人们把自己的情感、意志和思想投射到对象上去。他以人们观赏古希腊建筑中的道立克石柱为例来说明移情的具体内涵:当你专心面对石柱时,就会觉得石柱好像在耸立中向上升腾,这种现象的产生是我们向石柱"灌注生命"的结果,是我们把自己经历的东西,我们把力量的感觉、努力和意志,移置到外在于我们的事物中去。二是审美对象并不是事物本身,而是它的线条、色彩和形状等感性形式,构成了能够为人所理解和接受的"空间意象",这种空间意象具有引导主体的内在意识向它转移的品质。也就是说,我们感到的耸立上腾的美感并不是来自石柱本身,而是由石柱的垂直线、波纹曲面与下粗上细的形体等形式特征所构成的"空间意象"赋予的。

移情说提出的审美方法对于桥梁观赏有一定的启迪意义,尤其是在桥梁建筑形式美的观赏中具有较为重要的借鉴作用。桥梁的建筑形式确实能对观赏者产生一定的吸引力,这是因为客观事物外在形式结构和观赏者内在心理结构具有异质同构的关系,这种关系容易让人产生情感的吸引和心灵的激荡,能够使人的心绪迅速集中到审美体验中,全身心地沉浸在与桥梁的形象和功能的交流中。这种有意识的倾心观赏的逐步深入,就会转变为无意识的心灵深处的共鸣。出现这样的审美现象，当然是需要一定条件的：首先是对象的形式特征能够引起观赏这强烈的审美注意，并跟观赏者心目中的心理图式有着高度的相似性，两者犹如相见恨晚的恋人，一拍即合。其次是审美主体能够全身心地投入到心理体验的过程中来，不是左顾右盼、患得患失，而是以义无反顾的忘我心态去和对象交流，达到物我两忘的境界。在这个时候，先是出现"我就是桥，桥就是我"的心理共鸣，大桥高高的钢桁架或密布的斜拉索，就是"我"挺拔的身躯和张开的双臂；大桥宽阔的桥面，千车过，万人走，就是"我"无比广阔的胸怀；长车巨轮任意往来，就是"我"和天地融为一体的广袤博大。就这样，桥梁的形式特征和功能品质成为人的化身，人的意志力量和情感内涵又反过来外射到桥梁上去，主体和客体在这时融为一体，美感与美的存在之间反映与被反映的沟壑就完全填平。于是，审美进入高峰体验阶段。到了这一阶段，主体完全沉醉在强烈的美感激动之中，体验活动已经被升华为一种犹如醉酒的迷狂状态，思维和情感似乎进入最活跃之后的静寂，瞬间的辉煌在审美激情的推动下出现高潮，而这还只是瞬间的顶点，随之而来的就是下降动作，一切又趋向平静，主体又回到了原先的心理状态中。这就是由移情法引起的审美高潮的基本过程。

内模仿说

立普斯的同胞卡尔·谷鲁斯提出的内模仿说，跟移情说有着"割不断理还乱"的关系，他们都是从人的主观心理去考察审美活动，不同的是移情说把重点放在心理内涵向外物移置，而内模仿的重点放在人的内心对外物进行无形的模仿。谷鲁斯认为人不仅会在行动上模仿外在世界，还会有一种审美性模仿，这种模仿不是表现于形体动作而是隐藏在内心，因此叫"内模仿"。就如一个人观看跑马比赛，他只有心领神会地在内心模仿着马在驰骋时的力量与英姿，才能产生"来如雷电放震怒"的澎湃激情。谷鲁斯还认为审美活动的本质是外在事物的姿态在主体内心的再现，内模仿能使审美主体产生一种特殊的幻觉，使人进入如醉如痴的美感享受之中。

其实，内模仿就是观赏者依照对象的形式，运用内心的力量，全身心地去感觉对象的态势与运动，这样就能产生较为真切的心理体验，收到强烈的审美效果。在桥梁观赏活动中，如果我们用内模仿的心理方法，就是在观赏过程中，紧紧抓住桥梁的外在形式的特征，有意识地把自己设想成一座桥梁，在心中模仿桥梁的结构、造型以及由此形成的独特气势，并通过意念的感觉与类比的想象，把自己设想成一座桥梁，我们的心中就像有一股巨大的张力。这个时候，我们就会感觉到，自己的身躯仿佛背负着千斤重担的大桥，想象的无限展开让人感到既有磅礴的力量，又有跨越河流的舒展与淡定，还有凌空崛起并把两岸连成一线、舍我其谁的担当与高傲。这种复杂而具体的心理状态不是凭空产生的，而是由于观赏者能够准确而亲切地感受到桥梁建筑外在形式与内在结构所产生的心理引力，同时又能够在专心致志的观照中引导心理活动进入到高峰体验的新阶段，这样的内模仿往往就能形成比较强烈的美感，让人在桥梁的观赏中达到审美极致的境界。

距离说

瑞士美学家爱德华·布洛提出"距离说"，他认为只有从人的主观心理去考察美，而不是用客观的标准、生硬的准则和复杂的范畴来抹杀丰富多彩的美感，使人们更加重视美感效应所表现出来的差异，然后才从这些心理事实出发，考察种族、气候、地理环境、社会教育、宗教信仰等文化要素对心理的影响，社会生活的各个方面不仅对艺术的形成和发展有影响，而且对鉴赏力有着决定性的作用。他认为美感的产生在于人与对象保持了一定的心理距离，如果鉴赏者和对象的关系太密切，尤其是主体对于对象的功利作用的意识太强烈，那就不可能获得美感享受。布洛举过这样一个例子：在一个上班族们匆匆赶路的清晨，他们搭乘的海峡渡轮恰好碰上大雾，渡轮只能抛锚等待雾散日出。这个时候，如果船上的人因为大雾耽搁了上班的时间，或者错过了跟生意伙伴的约会，就会感到心急如焚、焦躁不安。但是大雾阻挡了视线，海面上迷迷糊糊什么也看不清，渡轮上水手神态紧张地在甲板上来去匆匆，驾驶室里传出船长严厉的号令，被耽搁的乘客心急如焚，恨不得手中有铁扇公主芭蕉扇一样的神具，将雾霾一扇而光。这个时候，如果换一个心态，想的是自己的行程既然已经被耽搁了，也只能既来之则安之。心情一放松，感觉就大不一样了——弥漫的大雾缥缥缈缈，海面上像披了一层轻柔的薄纱，似真似幻，一派朦胧之美，虚虚实实，更有诗情画意。布洛认为之所以这样一些乘客，能够在他人抱怨连天的大雾中产生美感享受，就在于他们和实际功利拉开心理距离，这就是"距离说"的基本观点。

"距离说"揭示了审美注意的高度集中对于美感获得的决定性作用，它不是从审美主体身份上的差别去探讨美感享受的产生，而是从心理活动的内在规律揭示了美感产生的根源，这些都是值得肯定的，当然我们可以把它运用在桥梁观赏的过程中。但是，布洛认为审美必须和人与物的利害关系保持心理距离，没有更清楚地阐述这样的心理距离是在何种情况下产生的，利害关系对于审美注意的高度集中以及美感享受的获得具有何种实际影响。笔者认为，主体与对象原本存在多种多样的关系，但是在具体的感知活动中，主体为了完成特定的感知任务而选择自己与对象的具体关系，并把这种关系相关的心理方式上升到主导地位，并且和其他的关系保持一定的距离。但是，利害关系对于审美活动仍然会产生一定的作用，利害关系对心境的形成所发挥的独特作用，往往在潜意识的深层心理中对审美鉴赏加以引导。如果布洛把心理距离看作显意识与潜意识之间的距离，那么这一学说还是有其独特的意义的。对于桥梁观赏来说，对象的实用价值以及形成这些功能的科学技术支撑，都可以成为审美活动的心理铺垫，因为对桥梁实用价值的充分认识与高度肯定，能够为桥梁这一类实用艺术的观赏者提供美好的心情，而当人们以愉快的心情进入审美观赏时，就更容易与对象形成审美关系，更容易在观赏过程中获得强烈的美感享受。可见"距离说"对于桥梁观赏也能够产生一定的启迪作用。

入出说

王国维在《人间词话》中谈到诗歌创作时就提出："诗人对宇宙人生，需入乎其内，又需出乎其外。入乎其内，故能写之；出乎其外，故能观之。入乎其内，故有生气；出乎其外，故有高致。"王国维对诗歌创作心理特征的阐释，用来指导桥梁的观赏活动也是完全适用的："入乎其内"就是要全身心地投入，就是要把审美注意全部集中起来，紧密地凝聚在一个关注点上，好像一把"刺破青天锷未残"的尖刀，全力以赴地向着桥梁建筑冲刺，只有形成这样的心理状态，才能充分体验到桥梁的动人风采和非凡韵味，才能使我们的心灵在激越与专注的矛盾运动中产生最大的能量，成为整个"行"桥活动熠熠生辉的亮点；"出乎其外"是指主体的观赏心理在以巨大的凝聚力穿透对象的深层次，但不能过于执着，以至于无法回圜，而是要有入出自如的洒脱和从容，该放手时就放手，否则不但不能在美感享受中获得情感的愉悦与心灵的润泽，反而会因为情感与意识的过分执着纠结而产生心理的亢奋与冒进，有的甚至会在如醉如痴的沉溺中，陷入狂热的泥淖而不能自拔，正如苏东坡《题西林壁》诗中所说，"不识庐山真面目，只缘身在此山中"。过分的"入"犹如钻牛角尖，越钻越深的结果就是迷糊灵性，丧失自我。可见，只有"入"与"出"两者的对立统一，才有可能进入观赏活动的高峰体验，获得最丰富、最动人的美感享受。

桥梁观赏也需要遵循"入出说"这一心理规律："入"的时候就要把"我"的主观情致投入到对象上去，入得越深刻感受就越真切，形成"我就是桥，桥就是我"这种物我同一的状态，这时我的脉搏就和桥梁一起跳动；然后就进入物我两忘的境界，只觉得胸中浩气沛然、生命力量磅礴，这时人和桥就处于浑然合一、得意忘象的关系，进入了审美的极致境界。然而这样的专注与忘我还只是桥梁观赏的一个方面，如果要全面认识桥梁建筑在科技创新上的成就，桥梁与周边环境的和谐统一，它在沟通道路交通的同时又怎样使水上交通畅通无阻，行洪防涝是否得到了切实保障，那就不能只停留在人与桥的审美关系中，需要从美感的沉醉中跳出来，对桥梁进行更为全面的认识。只有这样，作为实用艺术的桥梁建筑的科技内涵、实用价值和艺术成就才能得到真正的把握。由此可见，能"入"能"出"确实不失为观赏桥梁的良方妙法。还值得指出的是，"入"与"出"不是一蹴而就，而是需要循环往复。这样，我们的"行"桥活动就能够在科学认知、功能体验与审美观照这几个方面获得可喜的收获。

余音绕梁

在完成了上述三个步骤之后，"行"桥活动就进入了尾声。尾声虽然是高潮之后的下降动作，但无论是对于活动的有始有终，还是对于延长活动带来的情感愉悦、传播"行"桥活动的收获，总结探索自然、了解社会的研学经验等都具有积极的意义。这就是说，对于"行"桥活动中的各种收获，应该通过不同的方式加以发扬光大，使"行"桥活动能够得到更广泛的理解与认同，吸引更多有心人参与。在中国书法与文学的历史上享有盛名的《兰亭集序》，就是"曲水流觞"的诗歌创作活动的一个尾声：兰亭诗会"群贤毕至、少长咸集"，诗人们"游目骋怀""以极视听之娱"，"或取诸怀抱，或因寄所托"，他们创作的灿烂诗篇才得以结集出版，而倾注着王右军瑰丽文采和绝顶妙笔的《兰亭集序》，就是这次载入史册的诗歌创作聚会的尾声，这一尾声的历史意义早已超越了文学活动本身，使兰亭诗会流芳百世，创造了中国诗歌和书法史上瑰丽辉煌的丰碑。这充分说明对于一个活动的记忆与保存、传播与拓展具有何等重要的意义。

我们的"行"桥活动也要学习王羲之认真负责的精神，把活动过程中收获的各种资料加以系统的收集与整理。这既是对自己亲自参加的"行"桥活动的高度重视，也是参与者对活动意义的理解加以深化的过程，因此值得认真对待。这项工作大致有这样几个方面：一是文字资料的收集汇编。内容包括旅行游览活动参加者在现场或途中撰写的日记、游记与诗词等文学作品的收集。由于旅行途中行色匆匆，同时在观赏过程中会接触到很多新鲜事物，兴致勃勃有感而发。由于处在活动的进行时，可能思考还不是那么周全、文字的推敲还不是那样精细，这些素材需要有较为宽裕的时间加以进一步的体会，初步的文字还需要进行修改润饰，使它的纪实性与艺术性得到进一步的提高，积极争取在报刊或者微博、微信等自媒体平台上发表。二是影像资料的整理。现在记录旅游活动的方式丰富多彩，智能手机已经普及，因为它具有卓越的照相功能，早已成为快捷便利的摄影摄像器材，为旅游观光活动增添了新的乐趣；而摄影爱好者所使用的专业相机，以光学与人工智能的高新科技成果继续开拓着摄影艺术的新天地；飞上天去在空中俯拍大地的无人机航拍，开始成为影像艺术的新宠儿。这些摄录机器记录了情趣盎然的观光活动，所得到的资料兼有史料和艺术的双重价值，经过认真的挑选和精心的编辑，就可以向摄影与桥梁两个方面的刊物投稿，当然还可以配上富有诗意的文字，上传到"美编""抖音"等平台，让更多的人了解桥梁，了解富有特色的"行"桥活动。三是从旅游观光的角度对"行"桥活动进行总结，这有助于重温整个活动的策划组织，从中得出有益的经验，发现存在的问题，是从理性认识的高度对"行"桥的过程进行系统回顾。做好这方面的工作，不但可以为今后的活动提供改进的方向，还能够让更多的游客了解桥梁观赏活动的乐趣与意义，让更多人参与到知桥爱桥护桥、热心传播桥梁文化的活动中来。如果能够提供一些名桥、大桥、新桥的旅游攻略，那么就能够起到"一花引来万花开"的榜样作用，无论是对于普及桥梁知识、丰富观光内容，还是促进相关的文学艺术创作活动，都将是功德无量的大好事。

当我们由远及近地走向桥梁建筑时，屹立在江河湖泊或其他障碍物之上的这一颇为特别的建筑物，开始成为我们"行"桥者直接观察和专心感受的实际对象，对于桥梁建筑的亲切体验，确实能够给人们带来别具一格的美感享受，从而认真深入到设计师、建筑师和工人们在建造桥梁的艰苦实践中去，充分领略他们智慧的火花、精湛的技术、坚强的意志和生动的想象，并且细细体会这些人文内涵是如何尽可能完美地凝结在桥梁建筑之中。而"行"桥者在对桥梁的直观与行走的过程中，不但能够获得更丰富更深刻的科学技术知识与美感享受，充分领略桥梁建设者在国家的基本建设中做出的巨大贡献，还能进一步加深对人的自由自觉创造的本质力量的认识，这确实是一次很有意义的旅游观光活动。

桥明缘水净，树近觉风香

第九章　美学意蕴

"下马观花"领略了桥梁总体形象，"含英咀华"深究了桥梁建筑的细节，我们在桥上行走的这段时间里把全部的心力投入到桥梁观赏中，然后又将亲身经历中得到的这座桥梁的相关资料记录好。到了这个时候，我们的"行"桥活动也就即将结束了。面对着桥梁这一特殊的建筑物，在举目眺望的同时进行深入探究，对桥梁建筑本身和周边环境的观察品味，以心诚则灵的专注沉浸在观赏活动中，可以说收获满满，成果喜人。到了这个时候，如果我们还有那种"今日得宽余"的闲适心情，还有再坚持一下的努力和追求完美的良好心态，那就有可能在按部就班的观赏过程中产生新的升华——在已经感受到的桥梁美不胜收的审美现实的基础上，继续向着深入探索桥梁美的本质特征，努力把具体感受到的美感享受进行更为深入的概括，也就是尝试着对桥梁的审美底蕴做一番理论的研究。如果我们能够对自己提出这样的理论思维的任务，就能使"行"桥活动得到"更上一层楼"的提高与拓展，也就能透过现象看本质，从理性认识的层面对已经获得的桥梁审美现实进行更为深入的探究，这就是我们"行"桥活动中置于象牙塔尖端的最高任务，也是我们把握桥梁审美本质的根本途径。

由于桥梁建筑既有源远流长的发展历程，又有因为建筑材料、施工方法、周边环境等多种因素所形成的独特性，因此整个桥梁世界在个性特征上的丰富性与复杂性显得相当突出。而由于人们在社会分工的特定性与知识构成的局限性，也就是从事桥梁的设计与建造的工程技术人员，相对而言缺乏对桥梁的审美问题进行哲学思考的机会，而从事哲学人文社会科学研究的专业人员，往往缺少科学技术方面的知识积累，因此对于桥梁美的关注，或停留在建筑形象的诗意描绘与热情讴歌的层面，或专注于建筑形式美的阐释与礼赞的阶段，这就导致对桥梁审美本质的深入关注，似乎还停留在凤毛麟角的稀缺状态之中。因此，我们"行"桥者如果能够在这一问题有所关注有所发现，发挥我们社会分工广泛、知识背景广博、观赏范围广阔的优势，并以爱桥、知桥的赤诚之心，集思广益，集腋成裘，就能够为桥梁审美本质的探究做出我们的独特贡献。笔者根据自己的亲身体会，提出以下几点，提供给"行"桥的同仁参考。

通达之美

我们登上一座桥梁，首先总是会做一番纵目眺望：最先映入我们眼帘的必然是桥上的交通状况，桥梁连接着或南来北往或贯通东西的道路，满载旅客的大巴从桥上平稳驶过，车辆没有发生振动与颠簸；沉甸甸的货物虽然给了重型汽车很大的压力，但它们就像力大无穷的大力神赫拉克勒斯，不但有着"泰山压顶不弯腰"的英雄本色，而且表现出"载着泰山向前跑"伟岸气概，背负着几十吨重物穿桥而过；一辆辆有着精巧的外形的小轿车过桥犹如白驹过隙，在力与美的高度统一中充分展示着时代骄子的风采。这些生动活泼而又实实在在的风景线，却是让我们"行"桥者感受到目不暇给的动态之美，更让我们从心底里对桥梁给交通运输带来的巨大便利中感到心灵的舒畅与精神的快意。

一座桥梁的建成，使原本被分割的两块土地连在一起，人们可以自由往来，这正是桥梁的沟通作用给人们的生产生活带来的巨大好处。造桥比起涉水或者驾舟的渡河方法，确实既安全又方便，尽管造桥的工程会花费相当的人力物力，却是一朝付出百年受益的大好事。因为涉水泅渡，在水流湍急的江河中，即使你有非凡的游泳本领，也难免会遇到很大的风险，非到万不得已的时候，是不会轻易采用的。同时，人在陆地上，靠双腿的力量不仅可以支撑身体，而且能走会跑，进退自如，到了水中却要靠手脚的划动才能向前游去，失去了脚踏实地的踏实与轻松。更为困难的是，水中泅渡虽然可以让人穿越江河，但能携带的东西十分有限，如果想把比较笨重的工具、武器或者大宗的货物运到河的对岸，那简直犹如登天之难。至于使用木排竹筏和各种船只过河，它们确实可以利用水的浮力，比起只靠人身的力量和技能涉水泅渡要安全得多，也更为有效。但船只总是要受到水流的制约，水深流急，行船充满危险；水浅滩多，又容易造成搁浅或触礁的严重后果。总之，人们使用船只过河还是不能获得较大的自由。更重要的是，生活在陆地上的人，用船过河必须经过下船和上船两个过程，如果要运载重物去对岸，货物的装卸不仅要耗费大量的人力，而且会浪费宝贵的时间。远古时代人类使用独木舟渡河，它的载重量极为有限，船舱可以容纳的人和物，简直是少得可怜。设想那时候的人们幸运地打死了一头大野猪，要运过河来分发给部落里的众人，小小的独木舟就很难胜任这样的运输任务。在水上交通很落后的时候，发生船只倾覆、人员伤亡的事故应该是很经常的事情。这就使得人们萌生出这样的念头：建造一条跨越江河的水上通道，可以使人像在平地上一样来往河的两岸。

这就是人类桥梁建设史的起源。有了这样的愿望，也就有了把它变为现实的可能。经过人们不懈的努力，或许是几代甚至十几代人的艰苦探索，终于掌握了架设桥梁的本领，从此人类在交通运输领域就进入了新纪元。有了桥梁，人们就可以直接通达对岸，把桥梁称为空中坦途，确实是再恰当不过了。因此，桥梁就以它的便利、安全为人类造福，即使在科学技术相对发达的今天，人们也为新的桥梁的建成而欢呼。就拿20世纪60年代建成的南京长江大桥来说，建桥前交通的困难与大桥建成后的便利，两者相比简直是天壤之别。过去长江天堑把江苏省割成两块，苏南和苏北的交通只能依靠渡轮，十分不便。就拿铁路来说，津浦线和沪宁线互不连接。客运列车到了江边都必须由轮渡送到对岸，上船下船分批牵引，要花一个多小时；货运列车用轮渡时，需要先后在下关和浦口两站分别编组，一车货物从江北过渡到江南或从江南到江北要花9个小时以上。大桥建成后，津浦、沪宁铁路连成一体，南来北往的客车过桥只要几分钟的时间，货车也只需在南京站一次编组，只要花费几个小时就可以过江了。过去坐在火车上要先等候渡船，上岸以后要等到所有车厢全部过江之后再出发，面对这样的折腾，大家都只能在无可奈何的煎熬中忍受，焦躁不安、急切期盼的心情笼罩在车厢之中。现在这一切都随着大桥的建成一去不复返了，取而代之的是对大桥的壮美加以由衷赞叹，是对浩浩荡荡的扬子江很快被风驰电掣的列车甩在后面的激动兴奋。不是坐在高速列车上享受着在桥梁上飞驰而过的畅快与欢乐，就是站在大桥的人行道上，看着南来北往的车辆按照指定的车道鱼贯而过，桥上是贯通南北的铁路干线和高速公路大道直行，桥下大江东去卷起几朵浪花，万吨巨轮从容不迫地通过，欢快的汽笛正在鸣响，好像在发出"今日得宽余"的赞美。面对着这样一幅欢快的画面，走在桥上的你同样会产生赏心悦目的美感享受，"把酒临风，其喜洋洋者矣"的舒畅兴奋之情油然而生。有了桥梁，人们只需要用一种交通工具，就可以越过江河直达对岸，省力省时，既安全又经济，它给人类带来的益处确实是十分巨大的。可见，除了实用功能上的巨大价值，桥梁还给人们带来积极快乐的心理效应，这种心理上的满足和精神上的愉悦，就是桥梁的通达之美，这是我们在审美观赏的过程中对以实用功能为基础的桥梁审美本质的充分领略与高度肯定。

　　桥梁的通达之美首先表现在两岸交通的顺畅沟通上，这是人类建造桥梁的根本目的，也是桥梁履行交通运输使命的本色表现。然而，对于桥梁来说，这还只是它的通达之美的一个基本的内涵，它的通达还表现在更多的方面，而行洪的顺畅与水运的便利同样是桥梁通达之美不可或缺的重要因素。这两个方面的通达其实就是桥梁这种水上交通设施的特殊功能及其美学魅力的具体表现。因为桥梁建设如果只是为了简单地连接两岸的交通，那么只要在河流上筑起一道大坝就可以达到目的了。但是，拦河大坝的建造不但具有技术要求高、资金投入量大的特点，更重要的原因是把河流拦腰截断，首当其冲的就是对生态系统的极大破坏，本来顺流而下的江河水一下子被大坝堵死，以往顺流而下的水流被挡住了去路，势必会以狼奔豕突的狂野横冲直撞，冲垮堤坝，冲毁田野，人民的生命财产就会遭受灭顶之灾。此外，筑坝拦水还会给水上运输造成严重的冲击，虽然可以在大坝上修建船闸，运用多种方式以保证船只安全翻越大坝，但这毕竟给原本在江河上可以自由游弋、畅通无阻的船只，人为地增设了一道障碍。建造大坝还会破坏区域地质结构的稳定性，阻断鱼类及其他水生动物的洄游，对它们的繁衍造成巨大灾难，有的甚至到了濒临灭绝的悲惨境遇，给生物的多样性带来极大危害。修建大坝还会影响流域气候，使得极端天气发生的次数大为增加，给人民群众的生产生活带来很多不利的影响。很多这一类无形的损失，可能短时间内还不一定暴露出来，但是长年累月的隐忧就像达摩克利斯之剑，让人们老是提心吊胆地生活，这充分说明，如果只是从交通运输的角度来说，建造桥梁肯定是优于修建大坝的科学选项。因为桥梁的建造，不但使陆上道路运输得到了优化，而且在道路通畅的同时，仍然能够保持水流的通顺、船运的通洽，流域的生态系统得以安然延续，水运的舟楫之利能够继续享受，农业上的灌溉之用能够照常进行。

　　这就是说，桥梁通过跨越江河为道路交通的顺畅提供了切实的保障，同时能够使江河继续保持水流和航运的畅通，还维持了流域生态系统的稳定，所有这些表现就是桥梁建设造福人类的具体途径。这就充分说明桥梁在实用功能上表现出来的通达是多方面的，同时这些不同方面的表现又有着深刻的内在联系。也就是说，桥梁的通达之美以交通运输的通达为基础，是事物的实用功利对人产生的积极良好的心理效应，也是人对自己在自由自觉的创造性活动中取得的成果的欣赏与肯定。这种心理上的满足虽是建立在事物实用功利的基础上，但已经远远超越实用功利的层次，向人的精神愉悦这一更高层次升华，也就是由实用功利向美感享受的飞跃。这是人与物的相互关系的拓展，也就是说，人类不仅充分享受事物的实用功能所创造的便利和效能，更为重要的是还能够从快感的享受拓展到美感的愉悦。作为物质存在的人造世界对人来说不但具有实用价值，而且由于人在创造性实践中在对象上倾注人文意蕴，以及依照美的规律来建造对象，因而具有审美价值。同时，桥梁的建造也说明了人与对象世界的关系的丰富性，既可以把它作为实践的对象加以使用，又可以把它作为审美对象加以鉴赏，这就是马克思说的人能够从科学的、艺术的、实践—精神的和宗教的方式把握世界的具体表现，也是人"非特定化生存"的生物人类学特征的现实具体表现，这是一个具有深刻人学内涵的命题在桥梁观赏中的反映，同时也说明了桥梁的审美意蕴与文化内涵在理论意义的深刻性与现实鉴赏的生动性。

"通达"一词是由"通"和"达"这两个方面的语素组成的："通"的本义是指"没有阻塞，可以穿过"。《周易·系辞传》有"往来不穷谓之通"的定义，《吕氏春秋·达郁》也有"血脉欲其通也"的文字，白居易《琵琶行》中有"冰泉冷涩弦凝绝，凝绝不通声暂歇"的诗句，周敦颐《爱莲说》用"中通外直，不蔓不枝"赞美荷花的虚心正直。"达"的本义也是指"道路畅通"，引申有到达、通晓、豁达、显贵、引进、通行等意义，《说文》对"达"的释义是"行不相遇也"，《广雅》的释义是"达，通也"。把这两个字视为等意，《书·禹贡》有"达于河"的用法，《礼记·中庸》则有"天下达道"的说法，桐城文人方苞《狱中杂记》有"屋极有窗以达气"的文字。如果从构词法的角度来看，"通达"是一个联合型的复合式合成词，"通"与"达"两个词根意义并列，可以互相说明，具有强化所表达意思的作用。"通达"一词在春秋时期就已经使用，指通行、到达，通晓、洞达，通情达理，亨通显达；又指畅通，沟通传达。最早见于《周礼·地官》："凡通达于天下者，必有节以传辅之，无节者，有几则不达。"《庄子·则阳》也有"知游心于无穷，而反在通达之国"的文字。然而，笔者使用"通达"这个词来概括桥梁的美，却认为两个语素在词汇中的意义还是有一些细微的区别："通"主要是指行人或车辆没有遇到什么阻碍，也就是通行无阻，但是能够通过并不表示一定是轻松顺畅地通过——我国西南山区很多地方山高谷深，在交通不够发达的年代虽然架设了桥梁，但那个时候造的桥一般只能用于简单跨越夹在两座高山之间的深涧，行人与车辆过桥要先翻越九曲十八弯的盘山公路，真是"险处不须看"。桥梁在这里虽然把峡谷两岸连在一起，应该说已经"通"了，但远未实现"达"的目标。只有像贵州的北盘江大桥、平塘大桥与湘西的矮寨大桥等世界一流高桥的建成，"跃上葱茏四百旋"的盘山公路才成为历史，这样现代化大桥提供的交通就不仅有"通"，而且也"达"了。所以笔者认为"通达"的第一层意思就是沟通，第二层意思才是"畅达"，只有两者齐备，金沙江特大桥、四渡河特大桥、坝陵河大桥、沪苏通公路铁路特大桥的通达之美，才真正显得实至名归。

桥梁在使用功能上多方面的通达，不但使人们过河的过程由复杂变为单一，从断断续续变为一气呵成，而且这种行为过程的连续性就给人一种通顺舒畅的感受，其中包含着十分丰富的心理内涵：首先，交通运输的通达直接给人以自信和肯定的感觉，当人做一件事情时如行云流水，淙淙而下，没有遇到任何阻遏，简直有着随心所欲的简单、举重若轻的畅快，这样的境遇肯定会让人的心情在无拘无束的放飞中获得高度的自由，这就是通达之美的第一要素；其次，无论是在交通运输物质条件上的通达，还是人们在对这种现实的心理反映中获得的欢快惬意的心理感受，都会由于人的活动进入一种较为单纯的状态而感到省心省力，主体因为不再需要用全神贯注的紧张和随机应变的反应来对付各种突如其来的路况，注意力、判断力与应变力这些心理之弦就不必老是紧绷着，这就使得人的精力与体力能获得更多的休息机会，而心理消耗与体力消耗的节省，就会让人感到轻松与愉悦，这是通达之美的第二要素；再者，正因为桥梁不但使道路顺畅旷达，而且能够使水行水道、船行船路，自然事物不是为蛮不讲理的外力所破坏，而是在因势利导的优化中各得其所。可见，人与自然的和谐必然会给人带来心情的舒畅，客观事物之间没有错综复杂的矛盾冲突，更没有你死我活的剧烈对抗，那就会让人的心情保持平和安详、宽松坦然。这种良好的心境就是桥梁通达之美的第三个要素。这就是说，自由自在的惬意、省心省力的闲适与平和宁静的舒坦，就是桥梁通达之美丰富而深邃的心理要素，值得我们在"行"桥的过程中好好体味。

今天，粤海铁路在琼州海峡上还沿用着火车摆渡的老办法，粤海铁路的开通虽然结束了海南与大陆不通火车的历史，但列车从广东徐闻海安的北港码头摆渡到海口的南港码头，还是要花相当一段时间。这条铁路轮渡在技术上已经达到了很先进的水平，然而跟列车在海峡大桥畅通无阻的快速与便利，还是无法相提并论的。当建造海峡大桥的美好愿望，在完全克服了技术和经济的难题之后成真，一座钢打铁铸的现代化桥梁巍然屹立在琼州海峡时，一定会让大陆和海南岛上亿万群众欢欣鼓舞，让众人又一次充分领略桥梁的通达之美。

凌空之势

在"行"桥的过程中，我们不但可以通过对实用功能的细致感受去领略桥梁的通达之美，还可以通过对桥梁建筑结构的进一步的鉴赏与体验，深入探究桥梁建筑本身的审美特征。我们说桥梁是一种特殊的建筑艺术，因为它有一个非常显著的特点，即建筑物都能够通过跨越特定的障碍物，从而实现交通运输通达的目的。对于严格意义上的桥梁来说，跨江越海的使命必然要求桥梁建筑跟水流产生非同一般的关系。在日常生活中，水是生命存在最基本的条件，或者说水就是生命的源泉。我们生存的星球表面积的71%为海洋，而在陆地上还有江河、湖泊、沼泽、冰川和地下水等；水分又是人体构成中最重要的物质，人体中的水分在新生儿时期可以占到体重的约90%，成年人体内的水分占体重的60%—70%。同时，水分是人体细胞外液的主要组成成分，它具有一定的运输功能，还能够调节人体的酸碱度与体温的平衡，并且可以对身体组织起到一定的润滑作用。而水所具有的柔和、清凉、透明、流动的特性，更使人们喜爱它赞美它。汉语中有"山清水秀""源头活水""水滴石穿""柔情似水"等成语，把水的清澈纯净、柔和随意、生命活力、情感温柔等美好事物联系在一起，可见水在人的心中有多么优美的形象。但是，这只是水的一面，如果流水太急，洪水滔天，就会冲毁了村庄田地，甚至给人民生命财产造成毁灭性的打击，出现"人或为鱼鳖"的惨象。于是，人们又把它跟凶恶的猛兽联系在一起，称之为"洪水猛兽"，表现出对它的极大的痛恨和恐惧。1975年8月，由于受北上的台风影响，河南省驻马店地区及毗邻区域1万多平方千米的土地上，60多个水库相继发生垮坝溃决，近60亿立方米的洪水肆意横流，造成1015万人受灾、20多万人死亡的巨大灾难，成为世界上危害最大的水库垮坝惨剧。正是由于水既是生命之源，却又能成为祸害人类的罪孽，这种两面性使人们在与它打交道的时候，喜爱与恐惧纠结在一起的矛盾心理就表现得更具体：当水流载着船只，为人们提供了通航的便利时，人们对水会产生好感，如在水上顺流而下，"轻舟已过万重山"的跃动和明快让人意气风发、豪情满怀，顺风航行时，则有驾长风破巨浪的豪放；浪遏飞舟时也会由于新奇的刺激发出惊喜的尖叫；至于遇到"浊浪排空"的危机，造成"樯倾楫摧"的恶果，那种情况下水就对人民的生命财产造成巨大危害，理所当然地成为人们抗争与排除的对象，"抗洪排涝"就表达了人们对于这类灾难的斗争精神，以及对那些给人的生产生活带来灾难的"恶水"的否定性感受。

这两种不同情感的产生，实质上就是由于人类能够以趋利避害的态度对待水的自由。而对于水的肯定情感的产生，桥梁就是一个很好的舞台：在桥上观赏水流，既有居高临下的豪迈，又能产生"孤帆远影碧空尽"的诗意。因为船只毕竟是浮在水中，它需要排开一定的水量而向前推进，但它无法与水面保持一定的距离。这样船与水的密切接触，就会使人在潜意识中形成对水的依赖，观赏者就有可能在"入"的亲切中无法"出"来，很难使自己获得更深刻的体验人对水的自由驾驭的自豪感。这种豪迈和自信的情感，通过桥梁建筑就能够得到很好的实现。这是因为桥梁和船只不一样，它总是要和水面保持一段空间距离。这段距离就是桥梁科学中所说的"桥下净空"。从实用的意义来看，"桥下净空"的功能主要就在于泄洪和通航。因此，从这个角度来看，"桥下净空"是越高越好。但是，这一高度的确定首先必须保证与道路的顺畅衔接，然后还要根据桥梁建设的技术水平和成本的许可，只有在这几个方面实现综合平衡的基础上，"桥下净空"所选择的高度就是合理的。然而，由于桥梁需要有壮丽崇高的形象，在不过多地超出技术和经济所许可的范围这一前提下，人们总是把"桥下净空"的高度，在实用需要的尺度上稍稍提高一点。这是因为"桥下净空"不仅是衡量桥梁实用价值的重要尺度，还是桥梁的审美价值的重要表现，它作为桥与水的实际间隔，能使桥梁在具体的形象上与水面保持着一定的距离，使人们容易产生一种凌驾江河的壮美感。这就使得人类征服江河的愿望，化为具体的、直观的现实，"桥下净空"这一空间尺度也就容易转化为心理距离。当人们站在桥上，高屋建瓴地俯瞰流水，这奔流不息的江河好像就被我们踩在脚下，心里就会萌生出一种超越和自由的情感。这种感觉的产生，在观赏大江大河上的现代桥梁时，会显得更加强烈。这是由于高度在这里就成为气势，成为人类改造地球的实践能力的现实证明。即使在桥梁的雏形——蹬步桥上，尽管它只是直立在水中的石柱或木桩，它们的上端一般超出水面也不会很高，但人在通过这类桥梁时，毕竟也是超出水面进行的跨越，自然也会产生征服大自然的喜悦之情。至于园林中的桥梁，有的体量很小，而且离水面很近。这是因为在园林建筑中，各个单体都是为着造园艺术的整体审美追求而安排的，尤其是为了追求一种秀美的艺术效果。但是，即使是园林中的桥梁，也往往和水面保持了一段距离。尽管这里的"桥下净空"一般都比较小，不足以让人产生雄伟壮丽的印象，但是，人们毕竟可以从水上走过，这就能够获得凌波空中的自豪与满足，从一个凌驾于水面之上的角度去感受自己对自然的支配权和优越感，从而对人类驾驭客观世界的能力感到一种肯定与满足。

然而，当我们迈出园林的围墙，就希望通过桥梁的高度来获得人对自然界大江深谷的征服的喜悦感与成就感。这是因为人类总是对外层空间充满了探究的好奇心，渴望了解这蓝天上面究竟是什么世界。因此，大力追求建筑物的高度，成为人类普遍的审美理想。这种理想还通过具体的创造发明，推动着人类征服天空的科学实践发展。高度本来是对人的一种超越和压迫，巍峨的高山常常使人感到自己的渺小，会对它产生恐惧和崇敬之感。古代帝王的泰山封禅，神话传说中把昆仑山视为神仙居住的天国，就是一种出于对高度的敬畏而向它顶礼膜拜的表现。既然如此，人们为什么又喜爱高大的建筑物呢？这是因为人类希望用自己的双手，建造出可以帮助他们登上天穹的阶梯，实现向高空升腾的美好愿望。从古代巴比伦人建造"通天塔"的神话，道教徒为实现羽化升天的梦想而虔诚修炼的行为，利用火药制造原始火箭飞上天去的尝试，工业社会建造的摩天大楼的高度被不断地刷新，直到人们掌握了制造飞机、发射火箭的非凡本领，所有这些，都说明人类征服高度的愿望是何等强烈，意志是何等坚定。由于飞上蓝天毕竟是很难的，那么在已经掌握的建造工具和各种建筑物的范围内，先体验一下站在高处的壮丽，享受一下居高临下的美感，也就顺理成章了。超过实用需要追求"桥下净空"的高度，也正是出于这样的心理要求。

现代桥梁在不断减少建筑实体、尽力扩大跨越空间的同时，也是建筑结构向着新的高度持续提升的过程。由于结构力学的要求，悬索桥桥塔的高度跟它的主缆的长度有着密切的联系，桥塔高就有可能设置较长的主缆，因而桥梁的跨径就大；而对于斜拉桥来说，拉索无论是运用哪种不同的方式来布置，索塔的高度对于桥梁的跨度同样起着重要的作用。因此，桥梁要达到减少建筑实体、扩大跨越空间的目的，就必须使索塔保持必要的高度，这就使大型、特大型桥梁的建筑高度不断创造新纪录，成为能够和城市里的摩天大楼相媲美而毫不逊色的建筑新秀。此外，为了适应现代道路交通的需要，桥梁在功能通达上以与时俱进的积极姿态成为高速公路、高速铁路的有机组成部分，在国家交通运输网络向西部高山峡谷挺进的今天，桥梁和隧道在这些现代交通路线中不但占有很大的比重，而且桥梁与道路浑然一体，以前过桥需要改变正常行驶状态，通过向上爬坡或者下到谷底的行车过程已经一去不复返了，因为大型特大型现代桥梁主梁都和两端道路的高程保持水平状态，过去人们说的"桥归桥、路归路"的谚语早已经成为过去，而反映这种旧貌变新颜的历史转折的新谚语，应该就是"桥就是路，路则有桥"。可见，建筑结构在高度上的不断提升，使得桥梁以巨大的空间和非凡的高度，进一步显示了凌虚之势的审美内涵。

当然，在人们用自己的双手建造的物品中，确实还有比桥梁更能体现高度的东西，如中国历史上很多帝王都建造高台和楼阁来展示自己至高无上的身份，并企求天上的神仙降临这些高台和楼阁上；后来居上的佛塔，更以其显赫的高度、挺拔的气势及生动的造型，在带有神秘感的宗教氛围的烘托下，成为中国历史上保存下来的高层建筑。这些建筑物的高度，由于能够极大地超越人的自身而给人以惊喜之感：惊奇于建筑物的高大壮观，而使人感到自身的渺小；但这种压抑和自卑很快就为新的喜悦所代替，因为这是人所建造的东西，它顶天立地的形象，本身就是人的创造力的体现。这就使观赏者产生一种跃跃欲试的兴奋和激动。

但是，与桥梁相比，无论是楼台亭阁还是高高耸立的摩天大楼，虽然在外形上它们的高妙显赫具有压倒桥梁的气势，在登临者的心理体验上却有着略逊一筹的劣势——这是因为这些建筑物都是以坚硬的地基为基础的，它们与大地是紧紧吻合在一起，而且它自身又是用相对实在的构架来展示自己的高度。如此，登临者可以感到脚下是坚固可靠的建筑实体，心里有踏实稳固之感，"脚踏实地"就是对这种可靠放心的感觉最准确的表述。然而，随之而来的却是缺少空灵紧张的魅力，心中的恐惧感相对来说不是那么强烈，心理感受因为平顺稳定而比较简单，少了一点刺激也就显得一般化了。桥梁建筑则以其和水面的隔离，弥补了这种不足，给人更丰富更复杂的心理感受。可见，"桥下净空"正是以其"虚""空"的特色，使桥梁的高度超越了一般建筑物所具有的心理意义，笔者认为这就是桥梁美的另一种本质特征——凌虚之美。

"凌虚"这个词自古已有，曹植《七启》有"华阁缘云，飞陛凌虚，俯眺流星，仰观八隅"。他在《节游赋》中也用了这个词："建三台于前处，飘飞陛以凌虚。"葛洪《抱朴子·君道》："剔腹背无益之毛，揽六翮凌虚之用。"洪迈《夷坚丁志·仙舟上天》："仰空寓目，见一舟凌虚直上。"《徐霞客游记·游九鲤湖日记》有:"忽有亭突踞危石,拔迥凌虚,无与为对。" 黄遵宪《大阪》诗云:"江山入眼花光媚,楼阁凌虚海气豪。"朱自清《温州的踪迹(三)》:"所以如此,全由于岩石中间突然空了一段,水到那里,无可凭依,凌虚飞下,便扯得又薄又细了。"可见,"凌虚"就是无所凭依地从高空中落下或升向高空的意思。

所以,"桥下净空"的"凌虚"以现实的开放性空间,首先可以为观赏者的联想活动提供一个良好的心理空间。如果我们面对一个塞得密密实实的建筑物,心理上可能会产生一种饱满却又过于密实的感觉,人的精神世界已经被外在影像塞得满满的,当然也就不可能有更美妙新鲜的意象出现了。其次,正是由于桥梁的"虚",水才能畅流,无论是洪水猛涨的汛期还是枯水干涸的旱季,一切都可以顺其自然,让大自然在生态系统的调节作用下,保持环境自身运行的生命力。所以,"虚"又是桥梁美的一种深层内涵,如果堵得实实的,水就无法向前流动,其结果必然危及堤岸和桥梁本身。再次,只有"虚",才能满足航行的需要,而这种百舸争流的场面,本身就是活力之美、劳动之美。当人们登临桥上,眺望桥的两边,看着一江活水向前流,心胸就会开阔起来,想象就会丰富起来,或许也会有"逝者如斯夫"的感悟,再加上凌空的建筑物具有一种不那么踏实的恐惧感的刺激,桥梁的高度所带有的"虚""空"魅力,正是在心灵最广阔的情意跃动中,有助于进一步体会到"虚而万景入""空故纳万境"的美感。这种"空灵"的审美体验,完全契合中国艺术精神的内在基因。

其实,桥梁的"虚"和"实"是对立统一的存在,"虚"依赖"实"而存在,又是"实"所创造的成果和极力争取实现的价值;"实"为了"虚"而存在,却又要尽力使自己体量缩小而力量强大。这表现在以下几个方面:首先,建筑材料尤其是梁体的结实是桥梁建筑的根本,当它们被"置之河之干兮"的时候,就必须具有足够的强度以抵御行人车辆通过时的压力,从"坎坎伐檀兮"砍下来的树干,到岩石上采集的石材,直至用更为先进的技术人工合成的混凝土和从一千五百多摄氏度高温中冶炼出来的钢材,建筑材料的强度越来越大,也就是桥梁建筑中"实"的部分,强度越来越大而体积越来越小。材料科学的不断进步,为桥梁建筑"实"体部分向"小而精"的方向持续发展创造了条件,使得"虚"与"实"的辩证关系得到了进一步的深化,这就有力地促进了桥梁通达功能的进一步提升,以及水上航运与行洪功能的优化。其次,科学技术的进步推动了桥梁形式的创新。在桥梁设计中,建筑实体部分如何实现体量小而强度大的目标，就是几千年桥梁建造史坚持不懈的创新自觉与技术革命的重要内容，而如何使桥梁建筑创造更为广阔的空间，由此推动着建筑材料的优化和桥梁结构的创新，石拱桥的出现，为桥梁建筑在进一步减少建筑实体的体量的同时，努力扩大建筑结构所跨越的空间创造了有利的条件；当钢桁架桥和钢箱梁桥横空出世之时，钢筋混凝土作为桥梁基础结构的建筑材料，为桥梁建筑获得更大的虚空创造了更为有利的条件；而悬索桥和斜拉桥，科技创新所带动的技术革新使减少实体、扩大空间的努力，在近一个世纪来得到了飞速发展，悬索桥、斜拉桥依靠桥塔向下直插岩层的基础结构，使桥梁的建筑实体与跨度的占比达到了一个崭新的水平，这为江河海湾所拥有的更大水流和巨轮的顺利通行提供了更为可靠的保证。

俗话说：站得高，看得远，想得深，行得正。一点不错，桥梁的高度使它绝对地超越水面，这就是一种气势、一种姿态。这就为站在桥上的人向两边眺望提供了更为开阔的视野，人们极目远望，情思飞扬，浮想联翩。水流可以被我们人类跨越，那么其他阻隔我们奔向新天地的障碍物，同样可以为我们所跨越。只要人们敢于幻想，勇于实践，一座座沟通新天地的桥梁，同样能被我们建造成功；联结幻想和未来现实的桥梁，也一定会被我们找到，人类社会在向一个个自由王国进军的征途中，一定会前进得比过去更顺畅更通达。由此可见，桥梁以凌驾水面的高度，提升了人的精神境界，它使我们更充分地体会到驾驭江河、征服自然的胜利喜悦和豪迈情感。

总之，桥梁建筑所包含的文化意蕴是十分深刻的，它在发挥实用功利的同时，又以特殊的建筑高度和凌驾于水面之上的形象，给我们很多哲理的启示和情感的享受，鼓舞人类勇敢地投身于改造自然、利用自然的社会实践中去。桥梁的凌虚之势，充分显示了桥梁建设者敢于跨越水流的阻隔建造起特殊的建筑。因此，桥梁不仅为我们带来了实用功利的好处，而且也是我们精神上的挚友。我们欣赏它的凌虚之势，就是对桥梁建筑这一特殊的实用艺术的深邃领悟与亲切感受。

建筑之意

任何一座桥梁的成功建造，都是人类改造自然、利用自然的成果。它除了给人以通达之美的功能与精神享受和凌虚之势的建筑架构的形象感染之外，还以桥梁建筑本身实实在在的存在,让人们看到了人类自身的力量,从而激励人们更深刻地认识自然、改造自然的信心。在建桥过程中,人们的聪明才智、群体力量、想象幻想和灵巧技艺,都通过艰苦的劳动,倾注在桥梁中了。因此,每一座桥都不是冷冰冰的东西,而是散发着人情味的醇香;它不是和人毫无关系的身外之物,而是人的无机的身体。它是智慧的结晶、心血的花朵、力量的化身和想象的果实。它虽然不会向人们诉说什么,却用它那坚强的体格,屹立在江河之上,托起车水马龙。这是在以特殊的语言宣告着创造的伟大和征服大自然的赫赫成就。人们在自己所建造的桥梁上,清楚而生动地看到了自己的智慧的心灵,精湛的技艺和那可以移山填海的力量和气概。在这一现实的成就中,人们深深地感到自己确实成了重新安排河山的主人,意识到探索大自然的奥秘、建造有利生存和发展的工程,就是最大的幸福。桥梁给人们带来成就感,使人能够看到自己有着无穷的潜力,因此人们感到一种心灵的满足。可见,以物质形式存在的桥梁,却和人类有着紧密的情感联系,它是人的生命力和创造力的现实体现。桥梁就是里程碑,它显示着人类实践能力不断发展的前进历程;桥梁又是宣言书,它昭示着人类要用自己的双手去创造一个更美好的世界的坚强决心。

我们已经从桥梁的实用功能出发,探讨了人们在交通运输的畅通无阻的快捷、便利和轻松中感到的精神愉悦,提出了桥梁的通达之美;又通过对桥梁建筑所承担的跨越障碍使命的梳理,阐释了桥梁建筑特殊的结构特征所具有的凌虚之势,其实这也是桥梁审美底蕴的一个表现。那么,除了通达之美和凌虚之美这两个方面之外,如果单纯从建筑的审美表现出发,桥梁还有什么样的审美底蕴呢?要讨论这一问题,我们可以从著名的建筑学家、美学家和大诗人林徽因提出的"建筑意"理论出发,对桥梁建筑自身的审美特征进行认真的推究,以便更全面、更深刻地掌握桥梁的审美内涵。

林徽因先生在《平郊建筑杂录》中写下了这样一段充满情感的话语,她说:

> 北平四郊近二三百年间建筑遗物极多,偶尔郊游,触目都是饶有兴味的古建。……这些美的所在,在建筑审美者眼里,都能引起特异的感觉,在"诗意"和"画意"之外,还使他感到一种"建筑意"的愉快。这也许是个狂妄的说法——但是,什么叫做"建筑意"?我们很可以找出一个比较近理的定义或解释来。

无论哪一个巍峨的古城楼，或一角倾颓的殿基的灵魂里，无形中都在诉说，乃至于歌唱，时间上漫不可信的变迁；由温雅的儿女佳话，到流血成渠的杀戮。他们所给的"意"的确是"诗"与"画"的。但是建筑师要郑重地声明，那里面还有超出这"诗""画"以外的意存在。眼睛在接触人的智力和生活所产生的一个结构，在光影恰恰可人中，和谐的轮廓，披着风露所赐予的层层生动的色彩；潜意识里更有"眼看他起高楼，眼看他楼塌了"凭吊兴衰的感慨；偶尔更发现一片，只要一片，极精致的雕纹，一位不知名匠师的手笔，请问那时的锐感，即不叫他做"建筑意"，我们也得要临时给他制造个同样狂妄的名词，是不？①

　　林徽因先生在这里明确指出了建筑物提供给人们的美感中，除了"诗意"和"画意"之外，还有一种可以称为"建筑意"的美感。这其实是建筑作为实用艺术给予人的特殊的审美内涵，它跟一般的文学艺术作品产生的美感有着本质的区别。林徽因先生用诗化的语言阐释了"建筑意"这一美学概念，深刻揭示了建筑审美的本质特征，细致分析了建筑有别于其他艺术品的独特的审美意蕴，生动描述了主体在建筑审美过程中所获得的奇妙的美感享受。对于林徽因先生标举的"建筑意"这一概念，笔者认为应该包括这样几个方面的内容：

　　第一，"建筑意"首先就是建筑的物质之功。所谓物质之功，也就是物质奇异其特定的功能焕发出来材料之美。因为建筑艺术在形象塑造上所运用的媒介就是实实在在的物质材料，建筑作为实用艺术，使用功能就是它最基本的存在目的。所以建筑只有营造出能够遮挡风雨雪霜、避免外来侵入的安全、私密的空间，真正具有"风雨不动安如山"的坚固，才能够成为人们安居乐业的生存场所。正是由于物质在建筑艺术中所具有的决定性地位，所以建筑材料本身的形式特征就以感性存在的方式，自然而然地转化为建筑审美的重

---

① 《平郊建筑杂录》这篇文章在《中国营造学社汇刊》第三卷第四期发表时署名为梁思成、林徽因，但学界普遍认为这篇文章与一般的建筑史论在文字表达上有着鲜明的区别，它既有丰富浓郁的热情和生动瑰丽的想象，又在精炼的词汇和准确的定义中显露出生动的气韵和睿颖的灵感。这在梁思成的文章中是见不到的，而在林徽因的文章中却可以见到。可见，"建筑意"这一概念是林徽因提出的。

要对象，当然也就成为"建筑意"的重要内容。建筑材料的形式特征既包括材料的强度、肌理、触感、色彩，也指由这样一些物理或化学特性（简称"物化特性"）所引发的文化意味，例如木材的质朴、石材的坚硬、玻璃的明亮与钢材的坚韧，成为人们在建筑审美中首先感受到的物质之美。

  建筑材料的理化特性是事物本身的客观存在，它是建筑审美的基础。然而，审美鉴赏作为富有情感意味的精神活动，必然会受到特定的地域文化与时代精神的影响，因此建材本身所具有的理化特性，会在文化的浸润中积淀为各具特色的审美意蕴。由于不同民族、不同地域的人们生活在各有特色的地理环境中，沿海与内陆、高山与平原、水乡与草地的不同居住环境，以及由此形成的独特的生产方式，尤其是在不同地域的人们因地制宜地创造出各种各样的建筑施工方式，促使各具风采的艺术审美文化在千百年的历史进程中塑造了特定的民族与地域审美心理的特殊模式，于是，建筑的物质之美在民族及地域审美心理的特定作用下呈现出丰富多彩的差异性。而时代精神的不断演变又使人们的审美观念发生着变化，对于建筑材料物质之美的多元化的情感色彩，又在固守传统与开放交流的对立统一中不断进步，使建筑材料物质之美的客观性，在特定文化的复杂演变中呈现出更为生动奇异的韵味。可见，作为"建筑意"的组成部分的物质之美，已经打上了地域审美文化与时代精神的情感底色。

  作为建筑材料的物质总是存在于现实生活之中，尽管建筑艺术的创造者希望它们能够长期满足人们的需要而永久存在，事实上确实也有很多著名的建筑物作为人类的智慧的结晶、技艺的成就、想象的果实和意志的象征，伴随人类的文明史存在了千百年，成为文化遗产的稀世珍宝，像埃及的金字塔、秘鲁马丘比丘的古庙、雅典的帕特农神庙、中国的万里长城、罗马的斗兽场与吴哥的庙宇等，都以饱经风霜的形象，顽强地耸立在我们的星球上。然而，由于建筑物在为人类遮风避雨的时候，自己却在经受着风雨的侵袭、阳光的暴晒、洪水的淹浸乃至战争的毁坏，不要说那些淹没在历史长河中的一般建筑，就是我们上面提到的那些经典之作，同样随着时间的流逝而风化销蚀。然而，即使像圆明园遗址这样的断壁残垣，残破却仍能茕茕孑立的大水法，废墟中的一块砖一片瓦，即使没有精美的雕纹，也能引起人们对这一曾被称为万园之园的中国园林集大成者的凭吊，这就是建筑的物质之美的又一个重要表现——历史的沧桑感。正如古希腊的赫拉克利特所说的"人不能两次踏入同一条河流"的名言，指出一切事物都处于永恒的不断变化中，作为客观物质存在的建筑物，当然也不可能亘古不变。这种在历史星空下呈现出来的沧桑感，就是物质之美在变化中实际呈现出来的生动面貌。林徽因先生说的"偶尔更发现一片，只要一片，极精致的雕纹"，就是对建筑的历史意蕴的深情赞叹，这其实就是"建筑意"的审美辩证法的深邃内涵，桥梁作为建筑的组成部分，"物质之功"当然也是最为重要的审美基础。

　　第二，"建筑意"的另一个内涵就是工匠之能。以客观的物质材料建造人类生活生产所需要的室内空间，就必须运用人类的智慧、想象、技艺和力量，并且明确建筑物特定的用途，首先需要对建筑材料进行必要的加工改造，然后把它们制作成各种构件，最终组装成具体的整体的建筑。这就是"建筑意"的工匠之能的第一个要素——创造之美。众所周知，自由自觉的创造就是人的本质特征，在进化的过程中，大自然不但给予人类以学习的本能，而且为人类解除了类似动物生存方式的种种限制，让人能够自由地对待周围的环境，而不是被环境束缚得死死的。正是因为人类具有这样的优势，所以人类不会满足于在天然的洞穴或者大树的枝杈上栖身，而是要用自己的双手建造更安全更舒适的居住、生产和举行社会活动的各种场所。

　　正是建筑艺术的物质规定性，使它在营造的整个过程中，表现出与一般的纯艺术很不相同的特点——对于物质材料的加工改造需要通过较为艰辛的体力劳动，并且要具备较高的技术水平，这是用自己的智慧、巧手和体力，经过艰苦的劳作建造伟大的建筑艺术的过程。从"几块石头磨过"的原始建筑到今天的鸟巢、水立方的钢结构、膜结构和迪拜的"哈利法塔"，都充分证明了人类对于物质材料的加工和使用正在以日新月异的步伐不断向前迈进，而这是建立在人们对于物质特性有着充分把握的基础之上。也就是说，不管是采用自然界现成的材料，还是混凝土、钢材等人工合成或者在原料中提炼出来的建材，人们只有真正把握了材料的理化特性，才能使各具风骨的建材各显其能，并且在各得其所的前提下成为建筑整体的有机组成部分。从美学的角度讲，这就是人在社会实践中逐渐发展起来的驾驭物质世界的本领，是建立在合规律性的基础上获得的自由。同时，在建筑艺术的创造过程中，对于要建造什么样的建筑，人类既不是像动物那样受本能的支配，也不是毫无想法地盲目随意。马克思曾经说："蜘蛛的活动与织工的活动相似，蜜蜂建筑蜂房的本领使人间的许多建筑师感到惭愧。但是，最蹩脚的建筑师从一开始就比最灵巧的蜜蜂高明的地方，是他在用蜂蜡建筑蜂房以前，已经在自己的头脑中把它建成了。"正是由于人对实践的结果有着预先的设想，这样的预想就在历史的进程中从自发的行为逐渐向自觉的行为升华,最终就成为建筑审美创造中一个重要方面,而这样的分工再次证实了自由自觉的创造对于人类的决定性意义。

因此,桥梁不但在供人使用时,让人感到喜悦,即使作为欣赏的对象,也会让人产生强烈的喜爱和自豪感。因为桥的一切功能和外观的意义,都是由劳动者赋予的,这就是创造的神奇。桥梁的功能发挥得越好,它的外观越壮美,就越能成为人自由自觉的创造力的确证。桥梁的美,使在建桥过程中付出了脑力劳动和体力劳动的艰辛、为它流汗流血的创造者,得到了极大的精神安抚。可以说,从体味创造者的成就去欣赏桥梁,必定会更好地引起对人类伟大创造的自豪感,进而萌发更新颖更奇丽的幻想和矢志不移的创造决心,让更多的大江大河驯服于人类的安排,给我们的后代开创一个越来越美好、越来越自由的新世界。

工匠之能的第二个要素就是技艺之美。技艺就是人在创造活动的锻炼中获得的生命活力的精彩表现,也是人的身体机能得到更为有效的拓展和更加积极延伸的重要成果。人的精神世界具有无限的主观能动性,而积极地探究外在世界,不断创造更加舒适便利的新生活,就必须通过动手改造世界的社会实践。正是在不断的劳作中,双手灵巧性的极限被不断突破,对于外在世界加工改造也就从粗放向着精细的方向发展,越来越复杂的技术活动首先使人的双手形成了出神入化的魔力,即使是在高科技的今天,手的灵巧仍然有着巨大的作用。中国航天科技集团公司高级技师徐立平,30多年来一直为导弹和火箭的固体燃料发动机进行火药微整形。这是一个世界级难题,不能用机器操作,只有靠人手在火药上动刀,固体发动机药面精度的最大误差只有0.5毫米,而徐立平雕刻的精度却不超过0.2毫米,他这双手的精巧达到了登峰造极的完美境界。又如在钢板上"绣花"的"大国工匠"——沪东中华造船集团电焊能手张冬伟,在厚度仅为0.7毫米的钢板上焊接,有13千米特殊位置需要手工完成,张冬伟以极其精湛的技艺和超出常人的耐心,整整焊了5个小时,这条长长的焊缝没有出现哪怕一个针眼大小的漏点。凭借着不懈的努力和付出,张冬伟成功通过国际专利公司GTT的严格考核,成为全中国十六个掌握这项焊接技术的工人之一。建筑行业同样有许多像徐立平、张冬伟这样的"大国工匠",他们都身怀绝技,在自己所从事的专业中既有伯乐相马的眼光,又有庖丁解牛那样的非凡手段,那些令人望而生畏的技术难题,往往看上一眼、听上一阵就能发现问题所在,摆弄几下就把故障排除了。这样的境界一方面说明技艺的学习是无止境的，高超的技艺即使在自动化、信息化发展到高水平的今天，仍然有它的用武之地；另一方面又充分显示了这样一个事实：人的身体具有无限的潜能，经过艰苦努力和科学训练，完全有可能不断突破生理机能的极限，在手与脑的良性互动中向着新的高度攀登。

  生产力的发展使人类社会的科学技术水平得到了极大的提高，最显著的表现就是各种工具的更新换代为人类改造世界提供了巨大的帮助。然而，当先进的工具在各个方面起到了"人的延伸"的重要作用，使人类在创造"人造世界"的过程中变得越来越省力，古代神话中那些只属于神祇的巨大力量和魔幻技能，今天都已成为习见为常的平凡现象。然而，在某种特殊的情形下，本来是以造福人类为本质特性的工具，就有可能因为人的过分依赖而发生蜕变：工具成为人须臾不可离开的生命支柱，人的机体的功能反而因此退化——头脑变得呆板愚钝，手脚变得笨拙懒惰，躯体变得肥硕臃肿，人在劳动过程中各种技艺已经开始为精巧的器械、自动化的仪表和智能化的机器人所取代，手的灵巧性所具有的生命的本真意义就这样淹没在工具的灵巧与顺从之中。动画片《机器人总动员》中，人们不但饭来张口衣来伸手，而且脑子也不愿思考问题，一切都交给机器人去决定了。当然，这样的影视作品，只是针对人类过分依赖机器所造成的危害提出的一种预警，因为再精密的工具及高度智能化的机器人，还是依靠人的智慧和技艺创造出来的，哪怕是再先进的工具也还是需要人来操作的。但是人在工具不断发达的现实中如何保持头脑的聪明、躯体的敏捷和手脚的灵巧，则是值得高度重视的大问题。这就是"工匠之能"的技艺之美所表现出来的永恒价值，手的灵巧对于人的本质力量的发展具有决定性的人类学意义。可见，高度重视"工匠之能"在"建筑意"中的人学价值，在劳动工具高度智能化的今天，仍然需要高扬技艺精巧的旗帜，积极讴歌大国工匠的精湛技艺和巨大贡献，这是在欣赏包括桥梁在内的各种建筑艺术所必须具备的审美态度。

  第三，"建筑意"的第三个要素就是空间之魂。所谓空间之魂，就是指建筑艺术独特的合目的性和使用媒介的特殊性，它不同于那些精神元素超越物质元素的纯艺术的创作，一首诗歌可以写在一张纸上，也可以牢牢地记在心中，一幅画只要用线条、颜料就可以在画布和纸张上创作了，声乐艺术凭着歌唱家一展歌喉，舞蹈艺术也只是用身体的律动就可以表现了。建筑艺术的根本目的在于空间的围护和组合，它首先需要占据一定的空间，才能奠基立柱、砌墙盖瓦；其次，建筑艺术矗立在特定空间，必然以它的体量、结构、造型、色彩等实体形象，以及比例、均衡、尺度、韵律等形式美感作用于人们，不管你愿不愿意，它总是会毫无顾忌地进入你的视野，作用于你的感官和心灵，或者让你产生精神的愉悦和心理的满足，或者给你带来精神的沮丧和心理的缺憾。再次，一个建筑物必然成为空间的一个结点，它必然会对周边的景物产生某种特定的影响，好的建筑物总是放在景观群体之中，努力发挥协调景色、提升景致和优化景象的积极作用，为周边环境增光添彩，那么这就一定是一个美轮美奂的建筑艺术精品；与此相反，建筑物如果在风格上和周边环境格格不入，在形象上不是突兀傲慢、横行霸道，就是低矮琐屑、芜杂散漫，那就必然会对整个环境造成严重的冲突和有害的侵犯，使整个景观群显得杂乱、对抗与离散，无法呈现出统一、和谐与聚合的气象，那么这一建筑就一定是丑陋不堪的建筑物。

同时，建筑艺术本身又是空间组合的艺术，如西方哥特式教堂以巨大的体量，向上升腾的飞扶壁和如真似幻的彩色玻璃，形成了一个至高无上的单体空间，让人们在它面前感觉自身的渺小，不由得产生敬畏之情；中国的建筑空间则更多表现为在起承转合中有序展开，宽裕与狭小、封闭与开放在相互转换中形成对比，让人们感到生活的舒适与情趣，体现了更多的人情味。这是因为建筑的审美价值不仅在于外在的形象，生动的立体形象能够让人在瞻仰中产生或亲切宜人或雄伟庄严的美感，更为重要的是人们还能在它的内部空间中得到有效的呵护，具有各种不同使用功能的房屋，能够满足丰富多彩的人性需要，人们可以在车间里生产，在商店里购物，在会堂里议事，在庙宇里敬神，在家里可以接待客人、交流感情、学习知识、休憩游玩、享用食物，既可感受天伦之乐的温馨，也可以躲进小楼成一统，管他冬夏与春秋。这就是建筑在为人们提供各种不同功能的空间的同时，还能够让人们在使用这些空间的时候，充分感受到建筑在帮助人们实现自我价值的过程中发挥的巨大作用，让生活成为应当如此的生活，成为创造美好生活的基本条件。建筑以空间之魂，帮助人类实现诗意栖居的梦想，这种独一无二的审美价值，是其他各种样式的艺术无法提供的。

桥梁建筑所构建的主要是开放空间，即使是上边有屋顶、左右有护板的廊桥，它形成的空间在各种桥型中是最为封闭的，尽管如此，由于桥梁作为交通要道，它的前后两头也必定是完全开放的，更不要说悬索桥、斜拉桥和各种钢结构大型桥梁，在桥塔、缆索、桁架、箱梁和梁体等构件的连接中呈现出更大的开放性。这种既能够和蓝天白云、清风彩虹共处，又能够在牢固而别致的建筑结构中展现空间的特性，就可以让人尽情领略桥梁那种特殊的空间之魂的精彩、灵动与多元化，这就更充分地体现了桥梁所蕴含的超越一般诗情画意的"建筑意"。

  我们在桥上慢慢行走细细品赏，就会体味到桥梁的深层审美意蕴：桥梁在功能上的通达作用让人感到飞驰的爽快和成功的自豪，就会有"把酒临风，其喜洋洋者矣"的喜悦与豪情；矗立于水面及其他障碍物之上的坚固崇高，再加上虚与实的对立统一，让人首先萌生敬畏与奇异之感，而功能上的巨大作用就很快让我们从否定性情感的反应中转化为肯定性的优雅、安全与愉悦；而对桥梁这一特殊的实用艺术的远观与近赏，尤其是在桥上开放空间的流连徘徊，对桥梁通过物质之功、工匠之能和空间之魂表现出来的"建筑意"探究与体验所得到的知识的收获、情感的满足和情操的陶冶，应该是非常丰富而深刻的了。这些多方面的收获，说明我们"行"桥的过程就是在功能体验、知识习得与情感滋润的真善美的海洋中纵情遨游，就是以人类劳动创造的伟大实践为课堂，把桥梁建设的辉煌成就作为书写在江河湖海上的教科书。这样的学习方式可以使我们进一步认识到，只要在积极探索大自然奥秘的基础上艰苦实践、奋发创新，人类就完全可以在新的广度和深度做到有所发现、有所发明、有所创造、有所前进，这是促进智慧开发、想象拓展、情感滋养和意志锤炼的必由之路。

烟气笼青阁，流文荡画桥

第十章　锦上之花

　　我们在桥梁建筑独特的空间中行走，经过凝神观照开始领悟到它深层的审美意蕴，对于桥梁美的本质内涵的探究，由于智慧对心灵的启迪而产生收获的快乐。但我们的审美活动还不能停歇下来，因为桥上还有许多美好的东西值得观赏与品味。这就是布置在桥梁不同部位各种精美的艺术作品，它们同样值得我们在"行"桥过程中进行认真鉴赏。这些不同样式的艺术作品，有的原本是作为指示符号出现在桥上的，由于建造者是按照美的规律进行造型的，它们已经被提升到艺术作品的高度；有的本来就是直接用来装饰桥梁建筑的，目的就在于改变基础设施在外在形式上的简单平常，这是纯粹作为建筑装饰而出现在桥梁上的。然而，对于桥梁建筑来说，有一个更为美好的外在形象总是值得肯定的。因此，自然也是"行"桥者审美活动的重要内容。

　　因为桥梁建设是由不同的社会实践相互融合、相互渗透的创造活动，科学研究的不断进步使得桥梁建造能够在驾驭客观规律的前提下展开，技术水平的不断提高则保证了人们把美好的蓝图建造成为现实的人造世界，而"按照美的规律来建造"则是人类展现自身的智慧、力量、情感和想象的基本途径，因此，桥梁的建造活动就必然向着艺术创造的高度升华。正是在这一背景下，桥梁建造不但功能上的通达给人以实用的满足与心理的愉悦，运用凌虚之势这一独特的建筑形象去展示它那特殊的审美价值，还通过整体造型的审美理想去实现它的建筑艺术的价值。同时，桥梁建设者也注重细节的审美化处理，让人们获得一个外在形式与功能内涵尽可能完美统一的建筑艺术精品。这里，我们想对美化桥梁的艺术要素，也就是中国的文学艺术对桥梁审美表现的积极作用做简略分析，让我们在桥上行走的时候，能够更好地领略桥梁上的艺术和艺术中的桥梁，又是如何以它们奇妙而生动的形象博得世人赞叹的。

斐然文采

每当我们走上一座桥梁,最先需要了解的必定是它的名称,而运用语言艺术来提升桥梁的文化层次,这是中国桥梁建筑充分展现民族审美文化风采的重要表现。这种审美创造的努力主要包括题名和碑记两个方面。前者是运用语言艺术生动而丰富的表现力,表达人们对桥梁美好的思想感情,传播桥梁在社会生活中的影响、拓展桥梁艺术内容上的广度和深度;后者常常通过对建桥过程的回顾、有功人员的褒扬、桥梁新貌的描绘和效益的介绍,既有高度的史学价值,又是人类改造自然的生动记录,可以使人们更多地了解桥梁的历史和建造者的功绩。而碑记的精炼、明晰等文学之美,又为桥梁艺术美的延伸起到了语言艺术的记录与传播的拓展作用。

跟西方桥梁在题名时更多地讲究科学性有所不同,中国桥梁题名一般不直接用里程标记,也不用某条道路上桥梁的序数词作桥名。那些被叫做"6号桥"或"123公里桥"的,有的是西方人曾经控制过中国早期铁路建设工程所遗留下来的印记,有的则是在那些处于较为偏僻的交通路线上,对人们的文化生活影响不大的桥梁上。而更多的桥梁,则是使用诗化的语言,取上一个郎朗上口的美名。这是因为中国人高度重视事物的命名,"名不正言不顺"的古训,可谓深入人心。而且作为诗的国度,又有可以独立使用、灵活组合而内涵丰富的汉字在语言文化上的独特优势,因此,中国桥梁的题名总是洋溢着浓厚的文学气息,包含着深邃的文化意蕴。

在桥梁题名的手法上,普通桥梁常常直接用地名作为桥名,如用村庄、河流和道路的名称来称呼桥梁:如赵州桥、卢沟桥、外白渡桥、钱塘江大桥、武汉长江大桥、番禺大桥、虎门大桥、北盘江大桥、金沙江大桥、鸡鸣三省大桥等,现代桥梁在功能上把沟通公路和铁路集于一身,于是就有了平潭海峡公铁大桥、沪苏通长江公铁大桥的命名。港珠澳大桥则是在它所连接的香港、珠海、澳门三地的地名中各取一个字,让人们对桥梁沟通粤港澳大湾区三个重要城市有一目了然的知晓。城市立交桥对于交通有着特别重要的指示作用,所以绝大多数都是用地名来做桥名,如区庄立交桥、中央门立交桥、延安路高架桥等。

另外有不少桥梁尤其是古代桥梁往往用一些更有内涵的桥名——采用特

定的艺术手法，努力展现出汉字特有的诗意。这些手法大致有以下几种：第一种是讴歌桥梁功用，重点在于表扬桥梁的通达作用，赞美这一征服江河水流的伟大工程。因此，有很多古桥被称为"通济""通洲""安济""灭渡""登瀛"，这些桥名在文字构成上都是用一个动词和一个表示水域的名词组合而成的，这样一种动宾结构的组词方式，表示着人类通过自己的实践，获得了驾驭这一水流的主动权，能够让江河之水甚至江湾海峡和我们人类和谐共生，而桥梁就是社会实现美好理想的物质成果。这类桥名通常都用两个字构成，虽然字面简洁明了，但是所包容的思想哲理博大深刻，这种对人的本质力量的高度认可，也是对生态文化的肯定与重视。因此，它可以起到欣赏自己的创造成就，进一步鼓舞斗志的巨大作用，所以为人们乐于采用。

第二种就是直接赞美桥梁形象，通过桥梁这一人工建造物的体量、长途、外形、材料上的奇特壮丽，在揭示其物质特征的基础上，去实现欢呼人类自由自觉创造的目的。这一手法与第一种有相似之处，就是以桥梁建设的成就去反观人类实践的意义，但也有不同之处，第一种是从桥梁功用的褒扬着手，第二种是从桥梁形象的描绘出发，前者重内容，后者重形式。在语言艺术上，前者较为规范，后者则更灵活。后者主要抓住了桥梁的形象特征，可以用一个字题名，如"虹桥""长桥""柳桥""花桥""画桥""金桥"等；也有用两个字的，如"垂虹桥""万年桥"（意为坚固无比，万年可用）、"宝带桥""万里桥"等。

第三种命名方法是记载与桥梁建造有关的奇闻趣事，以引起人们对桥梁的兴趣，达到扩大桥梁社会影响的目的。这类桥名，有的与建桥事迹有关，是对有贡献的人和事的表彰，如湖北孝感的"绩麻桥"，传说是由居住在这一带的民女，把绩麻所得的收入捐献出来建造的。又如"夫妇桥"，就是四川都江堰的竹索桥，由清代何先德开始建造，桥未成而身先死，他的妻子继承丈夫遗志，最终把桥建成；贵州福泉的葛镜桥，是明万历年间富绅葛镜捐资兴建，"屡为水决，三建乃成，靡金巨万，悉罄家资"。人们用他的姓名来命名桥梁，是对他最好的纪念。横跨浙江省泰顺县与福建省寿宁县犀溪乡李家山村交界溪上有一座木拱廊桥名为红军桥。从前这里只有一条短小的木板桥，每逢大水容易被冲垮。1934年叶飞等红军战士经常在这一带开展革命活动。有一次红军准备天黑过桥的行动却被国民党密探得知。他一边向县城里的国民党报告，一面派人锯掉那木板桥。到了晚上，又因山洪暴发，红军们无法涉水过河，被国民党部队所围困。在这个紧急时刻，李家山村的九位地下交通员，连夜赶制木筏把他们安全护送过河，他们因而得以脱险。解放后，叶飞同志任福建省委书记，他并没有忘记老区人民的深情厚意，托付有关部门一定要在李家山建一座像样的桥作为纪念。1954年木桥建成，取名为红军桥。用这一类记事方式给桥梁题名，具有饮水不忘掘井人、过桥常忆建桥事的作用，通过缅怀前辈艰苦奋斗建成桥梁的伟业，可以达到激励后人的目的。

另一类桥名所记之事，和桥梁建设本身无关，但是有的含有进步的思想意义，有的可以引起人们的兴味，这些都是值得肯定的。如四川成都城北有"驷马桥"，据说出自司马相如不甘贫贱、立志做官的事迹。《四川通志》说：司马相如"尝题柱云，大丈夫不乘驷马车，不复过此桥"。这里既有对胸有大志者的推崇，也含有某种封建时代的糟粕，必须加以具体的分析。又如绍兴的"题扇桥"，据说王羲之曾在桥畔为老妪题扇，帮助其解决温饱，后世传为美谈，桥梁遂改用此名。福建漳州的"虎渡桥"，传说正要修建桥梁时，有只老虎背负小虎崽渡江，在中流竟能找到短暂休息的地方。后来人们就在这个地方建桥。虽有神异色彩，但与建桥的实践有关，这种命名的方法，还是有点意思的。又如浙江兰溪的通洲桥，又名赐袍桥。据当地人介绍，元末明初朱元璋率领大军在这一带与方国珍的部队鏖战，在冲杀中锦袍被雨水浇得透湿。休战后连忙到通洲桥避雨，将湿袍晾在桥栏上。后来朱元璋当上了皇帝，老百姓对这一轶事饶有兴趣，就把通洲桥称为"湿袍桥"。传到京城，朱皇帝感到不雅，忙把"湿"字换成"赐"字，让通洲桥黄袍加身，也享受一下皇上的恩典。这一类纪事式桥名的产生，本身就有强烈的文学色彩，也有一定的历史意义，值得现代桥梁题名时借鉴。

第四种则是抒发思想感情，以情名桥，桥情交融，常常更具诗的意境美。如西安灞桥又叫"销魂桥"，是指东汉时人们送客到桥边，折柳赠别，别离之情，涌上心头，情绪恍惚，似有销魂之状。桥名道出别情的深厚，可说别具一格。杭州西湖有"断桥"，有人说是因"段家桥"转音而来，我看未必如此。因为在中国文化中，用"断"字称呼桥梁，本来是十分忌讳的，人们不会用这种恶作剧的方式来对待桥梁。更有可能是受了民间传说《白蛇传》中白素贞与许仙，在桥上恩义将断未断这一富有戏剧性的情节的影响，用"断"字来感叹"夫妻本是同林鸟，大难到时各自飞"的悲哀境遇，抒发人心莫测的世相悲情。这大概是失意文人的创造，虽然与桥梁题名的一般规则相违背，但偶尔为之，也有剑走偏锋、出奇制胜的效果。再加上断桥属于西湖美景中的园林桥梁，以奇妙的语言艺术魅力，更能吸引游人，不像交通桥梁，若称呼为断桥，简直有诅咒之嫌了。

抒情性桥名中还有一类以抒发人们美好的愿望和对新生活的希望为主题。这类桥名常常是祝福用语，在重要的城市桥梁中，宫廷园苑桥梁中特别喜欢采用这种题名方式，它有富贵之气、企盼之情，如"永安桥""万岁桥""景德桥""金水桥""普福桥"与"金鳌玉蝀桥"等。这类展示宫廷气象、期盼荣华富贵的好话如果用得恰当，当然能增加欢乐祥和的气氛，但不宜太滥，否则会有庸俗之感。因为这类桥名，若离开桥梁自身和周围环境的个别特征，以虚构的方式表达想象，很容易变得空泛、类同，从而损害桥梁艺术整体素质。

园林桥梁的题名最富诗情画意，一般采用状物写景的描绘式语言，有的直接从诗歌名句中摘取关键词汇，因此香草鲜花、绿树青山常常进入桥名之中。如绍兴东湖的"映川桥"，以湖平如镜，波映陡崖为内容。金华双龙洞口的"漱玉桥"，则描绘了双龙流水、飞珠溅玉的画面，桥梁下面是淙淙的溪水，在山石的阻遏下，激起晶莹的浪花，桥名"漱玉"，写景贴切。此外，宋代著名女词人李清照在战乱年代曾在金华八咏楼寄住多年，她的《漱玉词》脍炙人口，用"漱玉"一词命名桥梁，其中的纪念意义与文学情趣也就可想而知了。颐和园的玉带桥，既是状物，又是抒情——是对以汉白玉建成的高拱桥美的生动描绘，同时也表达了人们对这座桥梁的喜爱之情；从文字的含义上来讲，"玉"洁白温馨，"带"柔软飘逸，两者组合在一起，自然十分合宜。苏州拙政园有小飞虹廊桥，玲珑秀婉，如掌上明珠，使人未踏上桥头，早生三分爱心。绍兴另有"春波桥"，桥名取自唐人贺知章诗句："离别家乡岁月多，近来人事半消磨，惟有门前鉴湖水，春风不改旧时波。"可谓诗意盎然。

中国桥梁在题名艺术上不但手法多样，用语精巧，而且在遇到桥梁组合时，还十分注意桥名的协合关联。广州原有海珠桥，20世纪80年代珠江上新建一座斜拉索桥，则命名为海印桥；杭州西湖苏堤上的六桥，分别称为"映波""锁澜""望山""压堤""束浦"和"跨虹"。唯有"束浦"桥名在今天被误作"东浦"桥，这是不明六桥名字自有它内在的统一性所造成的错误。据《西湖志》记载，苏堤六桥是苏轼带领杭城军民，疏浚西湖，"取葑泥积湖中，径五六里，夹植花柳为长堤，中有六桥"。苏东坡是大诗人大文豪，他肯定十分讲究桥名的艺术性和统一性，不会让五座桥名都用一个动词和一个表示天文地理的名词组成动宾结构的桥名，偏偏第五座桥另起炉灶，用一个方位词和名词组合成一个偏正结构，而且这座桥邻近湖的北岸，"东"字更是无从谈起。大诗人不会在整齐统一的五个动宾结构中硬嵌进一个偏正结构，去破坏桥名组合的整体美感。其实,这个"东"字本应是"束"字,桥上勒石,年久日长,风化严重,中间有条裂缝,后人有粗心大意者就产生了不应有的误会,于是出现了差之毫厘,失之千里的谬误。为了保持苏公题名的原貌,杭州市园林管理部门应该把这个"东"字改回"束"字,使桥梁组合的和谐之美,在桥梁题名上同样得到体现,使古人的良苦用心得到尊重。

今天,桥梁的命名进入了一个崭新的阶段,以往那种由帝王将相或由主持桥梁建设的官员来确定桥梁名称的做法,已经随着社会的民主化进程,成为历史的遗迹了。根据《北京晨报》报道,北京市从2002年9月起,就开始实行地名公示制度,广大市民可以通过互联网参与城市新地名的命名。2005年建成通车的六环路,全长188千米,是目前国内规划最长的环城高速公路。六环路一共设计了40座桥梁,全都没有正式命名。北京市规划委员会通过互联网征集这40座桥梁的名称。市民只要登录相关网站,对特定的桥梁的名称提出自己的意见,就有可能成为这些桥梁的命名者。同时,每一个市民可以对自己关心的桥梁的名称发表意见,还可以查看网民投票的统计结果。这样,每一座桥梁的名称最终就按照市民的多数意见来确定。这是桥梁命名在方法上的一次巨大变革,是社会主义政治文明建设中涌现出来的新生事物。这样做能够集思广益,依靠人民群众的集体智慧来处理公共事务,能够进一步发扬市民关心城市、热爱城市的主人翁精神,并且把互联网这一信息技术应用到城市建设和公众生活中来。这是历史的进步,也是桥梁建设中的新风尚,我们在"行"桥的时候对于桥梁的名称的认真领会,应该是认识桥梁的第一步。

语言艺术还通过桥梁碑记来充实桥梁建设的精神内涵。这种碑记常为简练的叙事散文,内容大多包括建桥的缘起、开工和竣工的时间、中间所遇到的重大困难及解决办法、主持工程的官员和出钱出力较多的有功人员,以及桥梁建成后的壮丽景象和造福社会的实际功效。碑记是桥梁建造史的原始文献,是人类改造大自然的社会实践的实录。因此,虽有赞美之词、喜悦之情,但大多是以比较真实的态度、严肃的文字去颂扬桥梁建造者的功绩。旧时碑文虽有个别奉承统治者的例子,但更有居功不傲的谦谦君子。下面是宋代泉州太守蔡襄撰写的《万安桥记》,可以说是桥梁碑文的代表作,因篇幅很短,全文抄录在这里,看看它在语言艺术、篇章结构上的特色和作者的高尚人格:

泉州万安渡石桥始造于皇佑五年四月庚寅,以嘉祐四年十二月辛未讫工。累址于渊,酾水为四十七道。梁空以行。其长二千六百尺，广长有五尺。翼以扶栏如其长数而两之。糜钱一千四百万。求诸施者，渡实支海。去舟而徒，易危为安，民莫不利。职其事者，卢锡、王实、许忠、浮图义波、宗善等十有五人。既成，太守莆阳蔡襄为之合乐燕饮而落之。明年秋，蒙召还京，道由是出。因记所作，勒于岸左。

这段文字言简意明，有实事求是之心，无哗众取宠之意。材料翔实，应该记录的事情记得十分完备，数字确凿具体，过程交代清晰。作为工程的主要决策者和领导人，只字未谈个人的劳绩，这是难能可贵的。还有一些碑记，对桥梁做出了非常生动的赞美，如《阴平桥碑记》说"画栋彩栏，复道蔽空。依稀咸阳联厦，仿佛西丰飞阁"。《闽小记》说"阁中桥梁最为巨丽，桥上加屋，翼翼楚楚，无处不堪图画"。《闽部疏》更称"闽中桥梁甲天下，虽山坳细涧，皆以巨石梁之，上旋榱栋，都极壮丽"。这几则碑记说明廊桥之美在当时就已经受到人们的高度重视。

这样的记事散文，虽短小却能使路人了解桥梁建设的历史过程（只有短小精炼，才能使过往行人有时间有兴趣来阅读），能够为桥梁形象的观赏提供更全面的背景材料，让人们读着文章，凭栏远望，建桥时的场景就会浮现在想象之中，这就有利于更加充分深入地把握桥梁审美意蕴的实质。

有的桥梁从建成后历经几百年乃至上千年，其间曾经多次修缮。每次修缮工程总是要对原桥做一些变动，如此可以推动桥梁科学技术的发展。对于修建工程的记录，其实就是桥梁建筑技术的发展史，也是桥梁审美观念的演化史。这种有关修缮工程的碑文，收集起来就是桥梁的档案。一些历史悠久的名桥，在这方面也往往有其突出的地方。就拿赵州桥来说，自隋朝大业初年建成后，到唐时就有张嘉贞的《安济桥铭》问世，这篇文章已经记述李春等建 桥者利用圆弧肩上挖孔这种简便易行的方法，在大弧肩上开了四个小拱，"盖以杀怒水之荡突"，正确指出了设计者的意图，为桥梁科技发展提供了宝贵的资料。唐贞元九年（793年）桥梁经过一次大修，当时就有刘超然为这次维修工程写下了《新修石桥记》，勒石桥边。石碑后来落入河中，近年又从桥下土层中挖出。过了近五百年后，从明嘉靖己未年开始，就对桥面、腰铁、拱石等做了多次修理，时人孙大学、翟汝孝、张居敬三人各有《重修大石桥记》碑文一篇，孙、翟两篇文章勒石刻碑，石碑也是从桥下挖出来的。修理工作一直持续到明万历二十五年（1597年），当时的工匠袁福荣、袁盛对赵州桥的修缮工程做出了不少贡献,《修桥题名碑》便记载了这一史实。上述这些记载赵州桥历次修缮的文章,过去大都刻在桥头石碑上,以史学的理性所具有的科学之美,深化了人们对桥梁本身的科学技术成就的认识,充实了观赏者的美感享受,语言艺术的光辉在这里又一次得到闪耀。

跟语言艺术结合在一起,在桥梁美化中同样有着不可替代的作用的,就是桥名的书法艺术。书法艺术是中国传统文化的结晶,它用特定的书写工具,通过线条的流转飘逸、结构的疏密有致、笔墨的浓淡变化,去表现特定的情感。这是以书法艺术的技术美为基础,以形式的意味为载体,从书写的实用性中升华出来的艺术样式。它通过对具有意义的文字的书写,去产生另一层次的字体形象之美。中国桥梁不但要有美好的名字和简明的介绍来渲染自身,还要把它们镌刻在石头上,或者把这种刻石砌筑到桥上,或者竖立桥头,供人诵读。这首先要求有水平较高的书法家去写成高妙的书法艺术作品,然后才能请石工镌刻。

事实上,中国桥梁的名称确实有许多是请大书法家书写的。古代桥梁有皇帝的御笔、学者的妙笔,也有许多是无名氏的书法作品,虽然这些书法作品没有留下作者的大名,但它们在书法艺术的品位上,常常有相当的功力。现代桥梁继承传统,除了集名人之字加以组合外,请书法家书写桥名仍十分流行。如广西三江程阳风雨桥、浙江建德白沙大桥是请郭沫若先生题写的;南浦大桥的建成,使上海人圆了跨越黄浦江的世纪之梦,邓小平同志欣然命笔。宝贵的墨迹往往为大桥增色不少,笔者曾在新建的钱塘江和富春江上三座大桥,见到万里同志题的"钱江二桥"和陈云同志题写的"富阳大桥"和"桐庐大桥"。这些笔力苍劲、风骨俊逸的书法作品,抒发着老一辈革命家对桥梁建设的满腔热情,展示了他们在书法艺术上的不凡造诣。

书法作品被刻在石料上,或者做成铜皮字模粘贴在混凝土上,又会有新的美感。桥名刻石一般多用阴文,因为这样只要凿去字迹笔画的那部分,更多的空白保留下来。为了便于识别,刻痕大多较深。这样,很容易表现出底图之间的强烈对比。石刻书法,虽无笔墨浓淡之分,但作为刻在石头上的文字,自有其独特的韵味。

运用现代工艺,把原本以两维空间为表现方式的书法作品,根据运笔力度的大小、墨的浓淡,用黄铜皮制成立体的字模,然后固定在桥塔连杆中央、栏杆端头或中心栏板上,这是近几年桥名标示的新方法。用这种铜字可以使书法作品的骨力得到形象的展示,而且金属的光泽、质感及色彩,都能使书法艺术锦上添花。镀金的加工过程中所产生的技术美,将古老的书法艺术和现代工艺融为一体,使这类桥梁题名有金光闪耀的明艳之美,它与现代桥梁恢宏富丽的景象相互融洽,显赫的桥名标志正是人类不断征服河流、建造桥梁的实践能力进一步得到提高的形象显现。

  例如,上海卢浦大桥的桥名是江泽民同志题写的,由于桥梁巨大的体量,决定了桥头文字必须有相应的尺寸。当工程技术人员接到手稿复印件之后,先把它按照1:17的比例放大,其中"卢"字高3.2米、宽2.05米,"浦"字高2.97米、宽2.36米,"大"字高2.3米、宽2.14米,"桥"字高3.05米、宽2.67米。放样后每个字的厚度为25厘米,面积约6平方米。字样出来以后,经过与手稿原件仔细核对,在确认字体没有丝毫走样的情况下,再用手工点描的方法,在三角板样板格子上刻出"卢浦大桥"四字字样,再用电动切割器切出样板字样。接下去的工序就是在泡沫塑料上用电热丝细切割的方法切割出字体核心部分,再在泡沫塑料外面包上6层无碱玻璃布和2层细布,最后再装上191号树脂玻璃钢,并用红色的脂肪饱和酸树脂漆进行6次油漆。总共经过22道工序,4个3米见方、重50公斤的鲜红大字就完成了。这四个大字用一辆5吨液压吊车上升到20米的高空,牢牢地安装在事先做好的支架上。这样,整个桥名字模的制作、安装过程终于全部完成,它在桥上能抗10级以上大风,红色的油漆保证10年不褪色。巨型的桥名书法对于这座"世界第一钢拱桥"来说,确实起到了锦上添花的作用。

精雕细绘

  运用艺术手段美化桥梁形象,最重要的或许就是雕塑了。雕塑的造型手段在桥梁构造中最有施展本事的机会,圆雕以三维空间为媒介,能够适应桥梁空间特点,在望柱、抱鼓石、桥头堡等四围临空的桥梁构件上,都十分适宜。浮雕在栏板、拱冠石等板块实体上大有用武之地。栩栩如生的形象、精雕细刻的技艺,使桥梁在供人通行的同时,还给人们以美的享受,实用要求和艺术审美在这里得到了高度统一。

  中国古代桥梁常常选用吉祥的动物和植物为雕塑原型。最常见的是龙和狮子。赵州桥的龙在桥梁雕塑中享有盛名,不但数量多,栏杆花板、望柱、拱冠石等部位都有龙的形象,而且在造型上也各尽其妙,难怪人们赞美赵州桥是"碧玉环中过绿水，苍龙宫里行车马"，其雕塑艺术具有很高的造诣，历来为中外人士称道。卢沟桥的狮子同样是桥梁雕塑中的极品，其数量之多、技艺之精可以说是中国古代石桥中独占鳌头的。它的栏杆望柱的雕塑——479只石狮子，依稀带有一些时代和地方特色，管中窥豹，或许能够使人感悟到金代燕赵地区特有的，即关外文化与中原文化冲突与融合的社会心理。这些石狮子在造型上有明显的时代特征，金、元时期的石狮，一般身躯瘦长，面部清秀，四肢挺拔有劲，体现了少数民族统治者在努力学习汉文化，改变其相对落后的文化中表现出来的时代进取精神，颇有汉代艺术雄浑古朴的韵味。而桥上另有一些明代雕刻的石狮，身躯较为粗短，足踏绣球或小狮嬉戏，用材质地较差，到现在已经风化得很厉害了。另一座有大量石狮雕刻的是浙江建德新安江镇的白沙大桥，这座桥建于1960年，桥栏望柱上配有姿态各异的石狮260只，形象传神，雕刻精细，可以与卢沟桥相媲美。更值得一提的是，桥头两端还有成对雄狮盘踞。高达2米多的大石狮，气势轩昂，体态活泼可爱，状似含笑迎人，给整座桥梁增添了雄壮的气派和热情的氛围。这两对石狮，无论从其体量的高大、造型上的刚柔相济，还是刀法的精细有力，都可以说是中国桥梁雕塑中的精品。

　　用龙和狮的形象来装饰桥梁，最早是出于"厌胜"的目的，就是让这些力大无穷的神兽来为人们镇住水族中的精怪，石头的灵物寄托着美好的愿望。后来，这类想法慢慢被科学技术的发展冲淡，而石雕形象的威武雄浑、神气灵动，既使人们对自己亲手建成的桥梁，更容易产生一种特别的喜爱之情，生动的艺术也有助于改变技术产品平实硬直的外观形式，从整体上提高桥梁的审美价值。于是，尽管以神兽为主题的桥梁雕刻在社会进步中早已退出巫术礼仪的历史舞台，却逐渐转化为桥梁装饰艺术的重要角色，继续保持着它那强大的生命力。特别是在以手工生产方式建造的古代石桥中，这种状况表现得格外突出，特别值得一提的是四川泸州的龙脑桥。这座桥的桥墩上设有横梁，横梁两头超出桥的宽度，又稍稍高于桥面。这块突出的地方不是一般的石料，而是造型精美、体态传神、刀法精湛的瑞兽，有龙、狮、虎和麒麟。整座桥梁就像架在这些威武雄壮的神兽的背脊上，它们背负着桥梁，却显得神态自若、轻松愉快。两边高起的雕塑其实还起到护栏的作用。桥梁的结构与装饰融为一体，布局新奇，突破了一般在望柱上雕塑的成规，表现出当地桥梁建设者的独创精神和艺术水平。

　　用雕塑装饰桥梁还有另外一种方式，就是采用建筑小品或独立的雕塑作品，渲染桥梁的环境氛围，表达人们特定的思想情感。这类艺术作品跟现代城市雕塑在街市环境中的作用十分接近，主要是通过生动的艺术形象，去形成一个美的空间氛围，全面调动过桥者的情感，使他处于良好的欣赏心境之中，有利于全面感受桥梁的佳胜之处。

这种手法，最早也是从表达战胜自然的愿望生发出来的。在桥边建造神龛、亭阁，供奉神像，以达到保护桥梁平安无事的目的。后来演变为桥梁装饰艺术的一个内容，雕塑的题材也就由神像向神兽和建筑小品转化。如泉州石笋桥上的八护神、四石将军和万安桥的石护神像，其实都是人像的艺术化处理的创作成果。但这类作品已经很少见到，最多的倒是动物雕塑，较早的用犀牛，稍后狮子则占了主导地位。据文献记载，"李冰昔作石犀五头以厌水精，穿石犀渠于江南"。其中有两头沉于水中。解放后在成都城南望江楼畔江中打捞起一头较为完整的石犀牛，置于岸边，可惜在20世纪六七十年代筑路时埋入路基中。另一头石犀牛背部以上虽已风化，因留在水中，现在枯水时节仍能看到。由于水的侵蚀，雕塑的细节已经变得模糊了，但大体轮廓仍在，在囫囵混沌的形象中倒有几分拙趣，颇有古朴浑厚的韵味。

用"牛"镇桥，或者说请"牛"来美桥的雕塑作品虽然常有见到，而最精彩的可能要数颐和园的十七孔桥了。虽然铜牛离桥稍微远了一些，但牛的造型与桥梁形成了一定的联系：铜牛引颈翘首，双耳竖起；牛角挺立而微微弯曲，两只大眼警惕地注视着桥边的湖面，牛头侧面向着桥梁，似乎正凝神谛听桥那边发生的事情。这种类似中国画的"笔断意不断"的布置，把湖边的铜牛和湖上的拱桥有机地联系起来，并且扩大了桥梁在景观审美中的辐射面，提高了十七孔桥的美学价值。

狮子的形象不但出现在栏杆的望柱上，也有作为独立的雕塑作品用来优化桥头的环境氛围。苏州宝带桥桥头有石狮一对，形象生动，刀工苍劲，置于四方形的石台上，在绵延平展的宝带桥头，犹如鹤立鸡群，使较为平实的桥梁轮廓线发生了变化，桥梁景观的内涵也就更为丰富。卢沟桥的桥头左右各置华表一根，华表高4.65米，以石制须弥座为基础，上立八角形石柱，柱顶安放莲座圆盘，盘下云纹状花瓣相对却不相同地伸出，盘上一只石狮玩绣球。这样精致而又挺拔的华表，与石狮和桥梁本身形象联系起来，在高度上显得亭亭玉立，大大超出桥栏望柱上的石狮群。这些华表跟桥边的碑亭组合在一起，使桥梁的平面空间向立体升华，以空间的拓展表现了燕赵慷慨悲歌的精神风貌。

现代桥梁建造虽然对桥梁本身的雕塑和桥头装饰都有所继承，但更着重于发展，有的则干脆把它纳入城市雕塑的总体规划中。较成功的如重庆长江大桥，桥头的出入口左右各有一座人像雕塑，以美女鲜花象征春天的温馨，搏击波浪的男子汉则代表夏天的热烈，怀抱嘉禾的农妇表示着秋天收获的喜悦，而敢斗风雪的大丈夫则表现出甘于挑战冬天严寒的勇敢精神。四个雕像内容上融为一个整体，造型上颇有民族特色，虽然在雕塑语言上尚欠个性化，但作为装饰桥头的艺术品，也还是值得肯定的。

桥梁美化所采用的艺术手段，除了雕塑这一重头戏之外，有时还用上绘画。这种绘画因为建桥材料的限制，要求它跟中国建筑艺术的特色相互适应，就常以彩绘的形式出现。如北京北海永安桥头的牌楼，绘有鲜艳明丽的花卉香草、神兽纹样，一派金碧辉煌。很多有桥屋的桥梁，虽然其彩绘比不上永安桥的富丽堂皇，但也够得上绚丽多彩。还有很多并非十分著名的乡间桥梁，在栏杆的砖块或石板上留下了工匠们的绘画作品，这些民间绘画作品，线条充满活力，构图粗犷奔放，造型明快简洁，往往以浓厚的乡土气息生动展示了工匠们对桥梁的热爱与赞美，别有一番独特的情趣与风韵。

诗情画意

桥梁的建造是人类改造自然的伟大斗争的组成部分，各个门类的艺术都可以反映它表现它。但是，如果从艺术媒介的共通性来看，造型艺术最适合表现桥梁的自身形象，其他各种门类的艺术都可以胜任表现人类建桥活动的使命。如果我们在"行"桥时能够想起这类反映桥梁建设的文学艺术作品，就可以对桥当歌，吟诵诗词，也可以把尽收眼底的桥梁建筑，跟绘画作品进行虚实对比，那么就能够一边欣赏桥梁，一边抒发感情。艺术为"行"桥活动助兴，也就让我们乐在其中了。

这类以桥梁为题材的绘画作品，古今都有不少佳作。

1971年在内蒙古和林格尔县新店子发掘出来的东汉古墓里的壁画，其中有一幅《七女为父报仇》。画上画有一座桥梁，还有"渭水桥"三个字。桥上正中车骑之中的官员也注明是"长安令"，这就是说，壁画中的桥梁正是汉长安的渭水桥。画中桥梁是柱式梁桥，桥墩四柱一组，柱上有斗拱，斗拱上架梁、铺板、立栏。桥柱修长纤细，不知是木柱还是石柱。秦时渭水桥是石柱木梁桥，汉代大致也是如此。桥上车马辚辚，可见桥梁是十分坚固的，桥下有两条木船，每条船上各乘坐三人，说明桥的跨度和净高都有一定规模。壁画虽具象征意味，但这是迄今发现的最古老的桥梁美术作品，其艺术价值和史学价值都是值得重视的。

  桥梁依靠绘画的艺术魅力获得更高的审美价值，而绘画作品在描绘名桥时也往往创造出好作品来。名桥出名画，历代有许多优秀画家在桥梁绘画上有精品问世。在众多的桥梁绘画作品中，北宋画师张择端所创作的《清明上河图》，就是绘画艺术皇冠上的明珠。这幅名画宽24.8厘米、长528.7厘米，绢本设色。作品以长卷的形式，运用三点透视的构图法，生动记录了12世纪北宋京城东京（也称汴梁）的城市面貌，细腻地描绘了当时社会不同阶层人民的生活状况，是当年中国城市繁荣景象的历史见证，也是北宋都市社会风俗的真实写照。

  这幅在中外绘画史上堪称稀世珍宝的名画，以五米多长的画卷，描绘了数量众多的各色人物，牛马骡驴等各种牲口，车辆轿子船只等交通工具，鳞次栉比的城楼、商铺、住宅、桥梁，各有特色的道路，生动体现了宋代建筑的艺术特征。汴河是北宋时期国家重要的漕运枢纽、交通要道，从画面上可以看到人口稠密，商船云集，河里船只往来不绝，首尾相接，纤夫牵拉，船夫摇橹。画面中心就是一座气势宏伟、结构精巧的木质拱桥，因它造型优美宛如飞虹，所以名为虹桥。画面上刚好有只大船正在过桥。船夫们有的正在用竹篙奋力撑船，有的则在用长竿顶住桥梁，为了使船只顺利通过大桥，船工们忙着放下桅杆，连邻船的人也在大声吆喝着，众人都在为大船过桥而紧张地忙碌着。虹桥气势不凡，在画面中显得高大雄伟，桥面宽阔坚固，几辆装满货物的车辆能够在桥上并排行驶。整座大桥是由有致的木材修建的，当时的桥梁建造技术已经能够把整根的木材用榫卯结构交叉组合成拱形骨架，以尽量增加桥梁的跨度，桥面则用成排的木料形成一个坚固硕大的整体，桥边设有牢固的护栏，以保障车水马龙自如往返。《清明上河图》真切而生动地表现了汴京虹桥这一气壮山河的桥梁工程，它的历史价值与艺术价值可以说达到了举世无双的崇高境界。又如宋代佚名的《金明池龙舟竞渡图》、宋代李嵩的《水殿纳凉图》、元代佚名的《卢沟运筏图》、明代沈周的《垂虹暮色图》、清代徐扬的《盛世滋生图》，都分别以著名桥梁为构图中心或重要背景。清代罗聘的《剑阁图》以四川勉县到剑阁的栈道为题材，画面里山峦叠嶂、云霭缭绕，溪流曲折。栈道或紧贴悬崖峭壁盘旋前行，或转入深谷幽不可测；且有桥梁越水而过，古树遒劲，层林尽染，关隘隐约，茅舍悠然。虽然很难跟《清明上河图》媲美，但其气韵生动、技法精细，也不失为桥梁绘画中的上品。

与桥梁绘画有较多共同点的现代艺术就是桥梁摄影。桥梁摄影不能像绘画作品那样，艺术家有比较自由的想象天地，它必须以真实的桥梁为对象，按照摄影机的光学原理和感光材料的特性，去完成艺术创造任务。也就是说，摄影艺术跟绘画相比，有着更多的局限。当然，这种建立在现代科学技术基础上的新型艺术，同时由于其他造型艺术无法超越的优势，掌握了它的内在奥秘，同样可以创造出感动人心的好作品来。

从桥梁摄影这一角度来说，它比绘画作品具有更强的逼真性。照相机的光学原理决定了摄影作品必须是表现对象的直接记录，它不能在生活原型与艺术形象中间直接插入表现个人思想意识的内容，但能够通过选择既能精准反映对象客观特性，又能充分表达个人思想情感与审美情趣的光线、镜别、角度、快门等不同的技术要素，把生活现实高度的真实性和摄影创作者意识到的主体性统一起来。当彩色胶卷问世以后，尤其是数码摄影这种新的技术后来居上，摄影也就成为最大众化的艺术。照片的逼真性上升到一个崭新的水平，物的形状不只是通过光线的阴影明暗表现出来，而且在色彩的还原与改造上开辟了艺术创造新格局。这样，就真正可以产生如临其境、如见其景的生动真实的效果。对于桥梁摄影来说，照片在互联网上的传播已经是非常简单的事了，那些还没有到过这座桥梁的人，从网络上可以很方便地领略到桥梁的英姿，了解桥梁建筑审美特征，从而对它产生强烈的向往。其次，摄影艺术可以从许多平常无法观看的角度去表现桥梁的形象。如航空摄影就是从空中鸟瞰大地，河流、桥梁及周围环境在摄影家的眼中，呈现出新奇的造型特点，更易描绘桥面平面的风采，更能揭示桥梁在环境系统中的景观意义。在《中国大百科全书·交通卷》的插图中，就有一幅以广州海珠桥为题材的航空摄影作品。画面上珠江像碧蓝的缎带，把广州市林立的高楼、纵横交叉的道路网和郁郁葱葱的花木，分为南、北两个部分，而海珠桥使天堑变通途，把两岸市区连成一体。这种居高临下、江山尽收眼底的特殊角度，可以使人们更好地把握桥梁的功能美和形象美的整体价值。笔者还见过一些表现上海南浦大桥的摄影作品，艺术家独具慧眼，镜头对准大桥桥面，让它在画面中由下往上笔直地伸展，强烈的透视感表现了桥梁一往无前的气势，暗示了跨越黄浦江的充足长度；同时，把斜拉索放在画面的中央并向左右两边展开，双索面的拉索既呈现出左右对称的态势，又具有放射性的动感和活力，好像一支支银箭射向蓝天。画面饱满，构思奇特。初看似乎不能马上发现这是桥梁摄影，稍微思考一下，便觉得新鲜而有意味。因为这幅作品所选取的角度，是普通游客在观赏大桥时无法看到的，它从建筑的内在特征刻画了斜拉索桥横空出世的雄姿，比起着眼于描写桥塔高耸、大梁飞跨的作品来，确实有其独创性。

桥梁还是文学作品的好题材。其中直接表现桥梁建筑的文字样式，要数诗歌和游记了。中国是诗的国度，从古到今有多少歌咏桥梁的诗，那是无法统计的。可以说，大大小小的桥梁，都是诗人赞美的对象，像赵州桥这样的名桥，写诗记胜的人自然成千上万，即使是无名的板桥、小石桥，在"鸡声茅店月，人迹板桥霜"和"枯藤老树昏鸦，小桥流水人家"这些脍炙人口的佳句中，也进入了高深的艺术殿堂。

综观桥梁诗，大致可分为咏物诗和写景诗两类。咏物诗是直接描绘桥梁建筑的壮观，赞美建造者造福于民的业绩。这类诗歌一般观察细致，描写细致生动，尽量把这座桥梁气象万千的胜状，淋漓尽致地表现出来，它是通过对物的描绘去赞颂造物之人。这样一来，既有以咏物为最终目的诗篇，也有以咏物来颂人，或者是衷心的钦佩，或者是曲意的奉承。因此，在咏桥诗的大家族中，也有不少是应酬之作，这或许可以说是桥梁诗歌艺术中的肤浅之作了。

好的咏物诗常能托物言志，在对景物的描绘中感悟人生的真谛，桥梁诗也不例外。如清代诗人侯少田的《游苍山纪事诗》，描写了河北井陉桥楼殿在危崖峭壁上架桥筑楼，建筑高出云表，峡谷下面流水潺潺，诗是这样写的："半天楼阁跨飞虹，风摇檐铎声铮纵。巍然绀宇迷雕栊，良材画栋皆松棕。"诗歌不仅描绘了建在弧形拱桥上的空中楼阁的伟岸，高耸入云的庙宇迎着八面来风，铃铎铿锵作响的巧构奇景，而且在诗的结句中特别指出良材画栋的出身就是普通的松树，既有激励普通人发奋成才的意思，又有伟大出于平凡的哲理，算得上咏桥诗中较有思想深度的好作品。

一般的描绘桥梁美好形象的诗歌，大多从建筑物的态势、构造、色彩、功能着手，去抒写作者对桥梁审美观照后所获得的印象，运用细致刻画、生动比喻及引发想象的表达手段，达到用诗的美去烘托桥的美的目的。艺术创造的重点是对人的物质产品的摹写和渲染，由此引发读者对这一人工建造物的喜爱。如苏东坡的《栖贤桥诗》："空蒙烟雨间，颒洞金石奏，弯弯飞桥出，激激半月觳。"此诗用精炼的语言把江西庐山栖贤寺三峡桥周边的环境氛围、自然音响、桥梁形态写出，这可以说是以桥梁本身为艺术表现重点的咏桥诗的基本模式了。

另有一类诗歌，以描写桥梁及其周围的景色为主。也就是说，在这一类诗歌中，桥梁只是诗歌所反映的内容中一个较为重要的组成部分。桥梁连同周围的绿树红花、碧水白帆都是诗人所关注的，清风明月、春光秋色都使桥梁带上了特殊的意境。诗人往往能够抓住桥梁景观的个别特征来写，与咏物诗只抓桥梁的常态美相比，写景诗中的桥更有特定的时空形态，能更强烈地传达诗人的情感色彩。如唐代诗人张继的《枫桥夜泊》，可以说是脍炙人口、千古流传的好诗。这首诗之所以有这样高的艺术价值，就在于作者只用了28个字，却把深秋夜色中的枫桥和周围的景色，以及在这特定的自然条件中人的社会行动对环境氛围的反作用，刻画得逼真而深刻，一种悠远旷达、明暗对比、静极生动的意境，深深地打动着每一个读者的心。"月落乌啼霜满天，江枫渔火对愁眠。姑苏城外寒山寺，夜半钟声到客船。"诗中虽无一字直接写桥，全篇却紧紧地围绕着桥梁来写的。这首好诗，使枫桥名气大增，确实称得上千古绝唱。又如南宋姜白石的《扬州慢》词："二十四桥仍在，波心荡，冷月无声。念桥边红药，年年知为谁生。"景写二十四桥，情寄天涯海角，以景语引出情思。桥虽在，心里却是一派惆怅失落。这类诗歌，写桥以传情。拿它跟上面提到的张继的《枫桥夜泊》相比，张继的诗歌创造了一种无我之境，而白石的词则是有我之境。同样写桥梁景色，虽然都具有独特的意境和经久不衰的艺术魅力，从而达到为桥梁增辉添彩的目的，但是，两类诗歌在情感内涵和表现方式上各有特点。它们成为传达桥梁审美信息的两种文学渠道。

游记文学也常常把桥梁作为主要角色。和诗歌以饱满的情感去直接表现对象的手法不同，游记中着重通过记叙作者的游览活动，去表现桥梁留给作者的具体印象，抒发访桥、观桥、爱桥的情感。因此，这类文学作品比起咏桥诗来，虽然在意境营造、环境渲染及语言优美上略逊一筹，但准确反映桥梁特征、细致刻画桥梁形象，是它的长处。因此，桥梁游记以客观描写桥的建筑特色、历史沿革、功利效益及自然环境为主要内容，有较高的科学性。它的文学价值则表现在清晰的理性、严谨的文风以及精炼的语言等方面，可以成为桥梁研究的重要资料。

《徐霞客游记》是中国游记文学的代表作，里面包含了作者寻访古桥、名桥乃至无名小桥的生动内容，从天台石梁、广西和云南的天生桥到南方各省的古代石桥、铁索桥等，作者都有精彩的描述和精辟的分析。对于各种出现在深峡险隘的桥梁,作者极力赞美人民的建造之功,高度评价这些桥梁对于民众生产生活所产生的巨大作用。在《徐霞客游记》中,我们见识了许多鲜为人知的桥梁,了解了人民群众在桥梁建设中做出的多方面的贡献,更激发起我们热爱桥梁、热爱祖国和人民的爱国主义感情。《徐霞客游记》是我国桥梁文学中的一大瑰宝。

至于单篇的桥梁游记,在我国文学宝库中就像满天繁星,不但数量多,而且精品迭出,美不胜收。请看清代王昶的《雅州道中小记》,文章如玲珑晶莹的珍珠,小巧而工丽,精细而有气度。它不但把雅州道路的险要、栈道构造的复杂写得翔实而清晰,而且对经过栈道时的紧张心情和所担的风险,做了真实而富有感染力的描述,完全算得上桥梁游记中的精品。作者这样写道:

> 自雅州至小关山,两山皆壁立溪中,石累累然若卵,若棋,若弹丸,若岳瓶甓釜,大者若舟。溪水落,人为道溪中。水涨则从偏桥以行。偏桥之制,先凿穴石壁上,下二三丈复凿穴以楮巨木。木斜出,杪与上壁穴平。举木横上穴中,复引其首缀于木杪。势平,固以组,或铁,或作索。两木间施骈木焉。实土,布以版。如是始通人行。秦中名曰栈道,又名阁道。楚黔皆有之。岁久组稍弛,率跛倚摇荡。又久者版木朽腐,缺处俯见万石林林,石皆枪植剑矗,辄背汗足瘁,涩不能举。马蹈其隙颠踣,行人坠万仞下,肢肌糜裂以殇。若是者,壁绝路断处多有之,故其地号至险。

读了这篇游记,我们不但能了解栈道的基本情况,而且从过栈道的危险中,可以推测建栈道的困难,虽然没有到过,却有几分恐惧之心,也能够引起敢于挑战者去实地一游的决心,去亲历一下难于上青天的山道,体验一下栈道建造者遇到过的无法想象的艰难困苦。那么,这篇游记的价值也就完全实现了。意大利著名的商人兼旅行家马可·波罗在他那举世闻名的游记中,对成都的桥梁建筑有过赞美诗般的描绘:"城里有许多大桥,跨过贯流城里的许多河流。这些河上,有许多华丽的大石头桥,宽八步,长不等,要看河流宽窄而定。桥的两面有好看的大理石柱子,支撑桥顶。这些桥皆有好看的木头屋顶,红漆,带美丽的彩画,顶上盖瓦。每座桥上由这头到那头,两边皆有小屋。"马可·波罗在这里说的在石桥上建桥屋，可能是观察时的疏忽，也许是口述或记录时的失误。至于用大理石柱子支撑桥屋，在现存的实物中可能也很难见到，究竟是作者的误记，还是桥屋在历史变迁中发生了变化，还有待进一步考查。但桥屋给他留下了极为美好的印象，大致上是正确的。

　　表现桥梁建筑的文学艺术，除了上面提到的绘画、摄影和文学之外，还有许多其他艺术样式。以桥梁为题材的雕塑作品虽然只是偶尔见到，却有成套的表现著名桥梁的剪纸作品。工艺美术作品中也有许多描绘名桥大桥的好作品，如杭州都锦生丝织厂出产的织锦，有天安门金水桥、颐和园十七孔桥、西湖断桥和南京长江大桥等作品；在刺绣和壁毯中也能见到精美的桥梁造型。此外，音乐艺术也能和桥梁发生联系，歌手蔡国庆的一曲《北京的桥》，让多少歌迷从美妙的歌声中领略到古都桥梁的英姿。赞美有石桥博物馆美称的歌曲《绍兴的桥》，同样使无数听众倾倒。

　　当然，文学艺术在表现人民群众造桥的壮举、护桥的爱心，表现那些发生在桥上的历史事件，就更加得心应手。上海南浦大桥建成后，一部电影作品和一部话剧在上海相继问世。杭州湾跨海大桥建成后，宁波市有关方面组织艺术家创作了大型歌舞剧《跨越》。文学艺术作品还把桥梁作为人物活动的舞台，而文艺作品的广泛传播，尤其是那些深入人心的人物形象，往往能够让读者和观众对其中的桥梁产生爱屋及乌的好感与记忆。《三国演义》中张飞在长坂桥横矛瞋目，喝退曹兵的威风，以及随后毁桥露怯的天真有趣，这一情节之所以为人民群众家喻户晓，却是依靠文学作品的功劳，正是罗贯中的小说为人们提供了曲折的情节和具体可感的形象，使长坂桥成为英雄亮相的舞台、人物性格展现的场景而脍炙人口。工农红军飞夺泸定桥的历史功勋，早就在美术、舞蹈、电影、电视与音乐作品中屡屡出现，革命战士的大无畏精神和勇敢战胜铁索桥的艰难险阻，这一曲英雄主义的赞歌将会永远回响在中国的历史天空上。茅盾的长篇小说《虹》及据此改编而成的同名电视连续剧，男女主人公的爱情在成都公园里的桥上演得如火如荼，桥梁又对爱的沟通和阻隔做了某种暗示和象征。这是因为桥梁在人民生活的方方面面都有着不同的作用，具有特定的文化意蕴，以社会生活为唯一源泉的文学艺术，运用多种媒介，抓住不同角度去反映桥梁与社会的内在联系，也就顺理成章了。

　　随着经济建设新高潮的到来，桥梁将对人民生活的各个方面产生更大的影响，以桥梁建设为题材或者表现人们跟桥梁有关的丰富生动的社会场景的文艺作品，必然将以更加新鲜活泼的内容和更完美的形式，出现在当代中国的文坛艺苑。刘心武的长篇小说《立交桥下》，反映了新的时代给古老的都市带来的冲击波，整个社会心态正发生着深刻的变化，改革开放的大趋势正在造就一代新人，国家经济实力的增强，是荡涤旧的生活方式和落后陈腐的思想观念的伟大动力。一座座立交桥在京城里拔地而起，一幕幕奔向21世纪的雄壮激烈的活剧，在祖国的城乡开演。桥梁改变着人们的物质生活，也改变着人们的精神面貌。这样的文艺作品，人民必然张开双臂去热情拥抱，历史一定会给予它崇高的奖赏。同时，一定会有更多其他样式的赞美桥梁、颂扬造桥人的艺术作品问世，在桥梁文艺的银河繁星中，将会有更多的新星放射异彩。

人民群众不但期待着艺术家的作品，而且以自己的聪明才智，创作出许多富有泥土气息和生活韵味的民间桥梁文艺。这类艺术作品虽然还不是十分精致，可能比较粗糙，还有些野性，却有粗犷之风、健朗之美，它按照人民群众对改造自然的实践斗争的理解，表现着民间文艺的质朴和拙趣。它是人民群众在不同的历史时期对桥梁建设的直观感受，更多地反映了不同民族的桥梁审美的心理特征，是集体潜意识的结晶。例如，明明是匠师的智慧和民众的力量建成的桥梁，却偏偏会产生一些饶有兴味的神话传说。如果把这一点简单地归结为迷信、愚昧，那倒是一种简单化的做法。就拿泉州洛阳桥的神话故事来说，艰巨的工程是靠流血流汗的奋斗和充满智慧的发明创造才成为现实的，是运用了当地人民首创的种蛎固基，以及"激浪以涨舟，悬机以弦纤"的施工方法，最终建成洛阳桥的。但是，民间传说不是去表彰这些事迹，而是把工程的决策者蔡襄神化，说修桥时潮水涨落猛烈异常，桥梁基础无法砌筑。蔡襄正气凛然，敢于和海龙王争个高下。他写好檄文，限令海神乖乖听命，约定日子，平息风浪，让桥梁基础工程顺利完成，并询问府里众差役："谁能下得海去送文书？"正好衙役中有个叫夏德海的，以为老爷呼唤，连忙应声上堂。接过公文，才知无法完成任务。无奈命令如山，不敢违抗，只得手捧文书望洋兴叹。愁闷加上紧张，不能自持，借酒浇愁却又酩酊大醉，倒在海滩上昏昏沉睡。谁知一觉醒来，文书已经换了封皮，仔细一看，原来是龙宫收到文书后的回条，他便回到府里交给蔡襄。太守连忙拆开，只见一个"醋"字，便知龙王约定二十一日酉时动工。果然，从那一日酉时开始，潮水连续八日退落，桥墩的基础也就平安建成了。

这一神话故事明明是编出来的，却为人们津津乐道。究其原因，有这样几种因素在起作用：第一，在当时科学技术还不是十分发达的情况下，人们在驾驭自然的过程中，往往是付出了很大的代价，经过了反复的试验才得到成功的。而且，即使在取得成功之后，也并非马上就对事物的客观规律有充分的认识。因此，很容易把这种带有偶然性与经验性的实践成果，看成是某种神秘力量在起作用。这种现象的出现跟人的本质力量的实际水平是成反比的，更早的神话还会把桥梁的建成完全归于神的恩赐，即使在赵州桥建成时，还是被看成是鲁班的功劳。而到了宋代，洛阳桥的奇迹虽然仍要靠龙王的通情达理，但是，这里的主动权已经掌握在人的手里，是蔡襄的檄文镇住了龙王的威势，勇敢的挑战显示了人的力量。只是由于胜利的光环仍为偶然性所遮掩，人的作为终究还要罩上神的面纱。第二，把人的实践演化为神的传说，是为了更有兴趣地品味胜利的果实。因为生产斗争的过程，一般缺乏强烈的戏剧性效果。劳动讲究效率，桥梁建设的施工程序，应该是越简单明了越好，过程的进展必须控制在人的事先计划之中，一旦有了意外，往往就要碰到难题，甚至造成失败。所以，劳动任务的组织者和实施者，自然期待着一切按部就班地展开，千万不要有意外事情发生，以免使生产进程失去控制。然而，当实践转化为现实，过程积淀为成就的时候，希望有曲折的情节出现在劳动的过程中，以便在回顾这一艰苦的活动时更富有刺激性，也更能吸引人。这样就会想方设法地丰富生产实践的情节，把新奇的想象融进平凡的劳动场合。于是，神的不同形象就按照人的心灵上的需要，出现在桥梁建设史上。第三，由于文化的落后和统治阶级愚民政策的作用，人民群众中确实有些人虔诚地相信神的威力。这一因素使得有人把神话传说当作事实，并且成为证实神的存在的依据。

　　随着社会的进步、科技的发达，民间桥梁文艺中的神话时代早已结束。人们深信自己架设桥梁、制服水患的能力，于是把崇敬的目标转向人类自身。崭新的、以人的伟大创造为主题的民间桥梁文艺取代了古老的神话。但是，当我们站在今天的时代去回顾人类童年的幼稚，同样能够引起认同的喜悦和超越的自豪。因此，古老的神话仍然有其特殊的价值。

　　可喜的是，今天的民间桥梁文艺不但早已走出神的光圈，掌握着自己命运的桥梁科技工作者和建设大军已经成为艺术殿堂的主人。人们抛弃了造神的旧习俗，用艺术的感染力去深化对自身拥有的创造潜能的认识，形象地展示人类在桥梁建设中所涌现出来的聪明才智。更可贵的是，现代民间桥梁文艺还发挥艺术的想象优势，通过畅想那些在目前还无法成为现实的桥梁，去表达人类进一步战胜自然的美好愿望，引导着建桥实践一步步地把幻想变成现实。这类科幻作品正在激发起越来越多的年轻人,投身到桥梁建设的行列中来。

　　同时,过去只从事体力劳动的广大桥工,已经开始成为桥梁文艺的主人。他们从业余的创作活动开始,在民间桥梁文艺的百花园中辛勤耕耘,取得了一个又一个的果实。笔者曾经读到一本印刷精美的桥梁建设者的作品集,工人师傅和科技人员的文艺创作跟他们建成的一座座大桥一样,都称得上是高质量的。集子里有美术、摄影、书法作品;有诗歌、散文和报告文学。作者全部是钱江二桥的建设者,作品全是反映他们在二桥建造中所创造的奇迹,所经历的生活。因此,现代民间桥梁文艺开始成为真正的群众文艺,它是专业文艺的基础。这样的作品从一个方面有力地证实了"人民是文艺工作者的母亲"这一命题的伟大意义。可见,掌握一些有关桥梁的文学艺术作品,有助于我们在"行"桥的时候拓展思维,唤醒记忆,丰富我们对桥梁建筑的认识与感受,能够使我们进一步认识到:艺术使桥梁文化内涵得到提升,让桥梁的外在形象神采飞扬。桥梁建筑需要艺术的参与,桥梁事业需要艺术去关注。突飞猛进的现代桥梁建设呼唤着艺术家,人民期待着更多更美的桥梁文艺问世。让桥梁和艺术更亲密地携手共进,去迎接新时代的到来。

结 语：
通向彼岸，走向未来

桥梁是人类最重要的创造之一，它伴随着社会前进的步伐，不断地以崭新的姿态出现在地球上。作为世界四大文明古国之一的中华民族，它那辽阔的疆土，众多的河流，上面有着多少桥梁。它们一头承接着民族优秀文化的传统，一头通向现代化的明天，这是我们知桥、"行"桥所必须秉持的科学态度。

通向未来的桥梁，必然会有许多新的变化。人类在桥梁科学研究中将探索一个又一个的新问题，掌握更加深邃的自然界的奥秘，为人们的桥梁建设事业服务。在桥梁建造技术上，将有更多的新发明新创造被纳入桥梁技术体系，正在进入桥梁设计领域的计算机辅助设计系统，将进一步得到普及和提高，它将帮助人们在新型桥梁建设蓝图的描绘中，发挥更大的创造性；各种桥梁机械的自动化程度将不断提高，人们在桥梁施工中将获得更大的自由。桥梁造型的艺术因素也会得到进一步的加强，科学和技术的发展，使得人们能够把过去无法变成现实的想象和幻想，比较自如地变成实实在在的桥梁。从必然王国走向一个个新的自由王国的桥梁建设者，正在设法提升桥梁的艺术水平和审美价值。桥梁景观日益成为人们旅游活动的重要欣赏对象，从古老的石拱桥到新颖的混凝土预应力桥、悬索桥、斜拉索桥、桁架桥和钢箱梁桥将在城市和乡村的风光中占有更重要的位置，它们的形象会变得更加美好。

作为空中坦途，桥梁的功能将更加引起人们的重视，它的承载能力必将有新的发展，能够适应更快的车速和更大的载重需要；高速列车、更大型的集装箱运输车在今后必然会有更大的发展，新型的桥梁将以泰山压顶不弯腰的英姿，迎接着风驰电掣的车队，为祖国的社会主义现代化事业奠定扎扎实实的基础。

要实现这一目的，人们一定会对桥梁的建筑结构和力学原理，花费更多的精力。如果说，秦梁汉柱是和封建社会初期的交通要求相适应的，石拱桥是封建社会鼎盛时期的产物，钢筋混凝土预应力桥梁是我们奔向小康社会的交通设施，那么，当新时代的旭日正映红东方天宇，新的经济发展水平必然会对桥梁的结构和造型提出新的要求，更新式的桥梁结构就一定会被人们研制出来。构造更简单，布局更合理的新型桥梁将续写桥梁建设的新华章。

与此同时，现代化的桥梁还在向崇山峻岭挺进。祖国西部边陲的青藏高原，号称世界屋脊，而我们的铁道工人偏偏要在世界的制高点上修筑铁路。跨过河流，穿越峡谷，青藏铁路上建成一千多座桥梁，这些在海拔4000米以上的高原冻土层修建的桥梁，每一座都是世界土木工程的里程碑，都是中国桥梁建设者的记功碑。作为青藏铁路的标志性工程——拉萨河大桥是一座新技术含量高、桥型新式美观、体现民族特色以及与周围环境风格协调的现代化的铁路桥梁。在离青藏铁路终点——拉萨车站约2000米的拉萨河上，一条主结构为五跨三拱连续梁系杆拱组合体系，主跨为双层叠拱结构的银白色拱桥，就在哲蚌寺、色拉寺、布达拉宫等古建筑的怀抱中巍然屹立，它就像一条洁白的哈达，嵌镶在雪域高原的青山碧水之间。

新桥要修建，旧桥要改造。桥梁建设在走向未来世界的过程中，还必须对那些古桥、旧桥进行具体的分析，采取相应的措施。在中国桥梁发展史上或地方交通运输中有过极为重要的地位，产生过重大影响的桥梁，必须作为文物桥梁保护起来，让它们卸下交通运输的艰辛、责任，解除繁重的压力，使它们免受更严重的毁坏。须知古桥一旦被毁，损失是无法挽回的。因此，要尽快建造新桥取代它们，把它们作为文物精心保养起来。古桥是活的桥梁史，是中华民族在征服河流、发展交通的伟大实践中所取得的光辉业绩的里程碑，它弘扬了民族优秀文化，激励着后人奋发创造。笔者在杭州西湖杨公堤新建的园林中看到，过去在农村乡野发挥着交通功能的野外桥梁，今天由于公路运输的日益发达，那些沟通江南乡下石板路的石拱桥、石梁桥，在完成了它们的历史使命之后，已经被请到城市的园林中，成为点缀景观的园林桥梁。这样做，既保存了古桥的文物价值，又深化了园林的历史文脉，通过桥梁功能的转化，让它在新的环境中继续发挥作用，一举多得，确实值得充分肯定。

在未来的发展中，我国的桥梁建设者将更多地迈出国门，为其他国家建造一座座空中坦途。虽然我们的祖先曾经在世界桥梁建设中领先，但过去辉煌的业绩不能成为我们今天夜郎自大的资本。而近代以后我们的落后，也正激励着我国桥梁建设者去打好翻身仗。20世纪70年代赞坦铁路上的桥梁是我们帮助非洲兄弟的友谊见证，20世纪90年代初我们为孟加拉建成的特大型公路桥则开始显示出我们的技术优势。今天，我国的桥梁建设者已向欧洲、北美的发达国家挺进,世界桥梁建筑市场将有中国人的重要位置。世界著名桥梁专家,当年援建武汉长江大桥的专家组组长在参观钱江二桥之后,曾经留下这样美好的评价和祝愿:"你们可以到世界上任何一个国家去造桥。"这一点在今天已经成为无可置疑的现实,中国桥梁建设者已经在亚非欧几大洲建造高水平高质量的现代大桥,中国桥梁建设取得的光辉业绩早已誉满全球。

桥梁是通向未来的坦途,而光辉灿烂的未来只有靠艰苦的奋斗、脚踏实地的实践才能成为现实。我们知桥、"行"桥的重要意义,深入了解了桥梁建设作为科学技术第一生产力的重要内容,在中华民族伟大复兴中显示了巨大现实作用和永恒的历史价值,在建造更加美好的"人造世界"的系统工程中,无数更大更美更新的桥梁必将为祖国美好的未来增光添彩。还有一点十分重要的人生意义,即对桥梁知识的学习、对桥梁建筑的考察观赏,有力地鼓舞了我们通向彼岸的意志和决心。人的一生常常会遇到许多障碍,艰难险阻、困顿挫折就像我们遇到的大江大河。在这种情况下,敢不敢创造条件跨越障碍,从充满困难的此岸走向胜利成功的彼岸,桥梁建设者就是我们最好的学习榜样,他们建造的一座座大桥就是我们最好的人生教科书。

行走桥梁,我们首先要学习桥梁在跨越江河湖海、勇敢通向彼岸的壮举中表现出来的强烈的使命感和勇于担当的大无畏精神。逢山开路、遇水架桥,这是军旅行动中开路先锋的责任。桥梁建设者以坚强的意志和不屈的毅力,敢于和穷山恶水、激流险滩一决高下,这种明知山有虎、偏向虎山行的克服困难的勇气和决绝,正是我们驾驭人生征程所不可或缺的精神基因和博大情怀。桥梁建设者和他们建造的桥梁为我们树立了成功通向彼岸的榜样。用这样的豪迈气魄充实自己的心胸,在强大的敌人和严重的危机面前敢于亮剑、敢于杀出一条血路,具有压倒一切敌人、克服种种困难的文化无意识,这就是不断攀登事业和生命高峰的心理保证。

行走在一座座通向彼岸的桥梁,肯定会对它们的成功产生另一个深刻的印象,既若要真正实现通向彼岸的目标,雄心壮志和冲天豪情只是鼓舞行动的前奏曲,千万不能把响彻云霄的口号和热血沸腾的激情当作已经成功了的现实。通向彼岸的桥梁,如果没有对桥址的地质状况的精确认识,没有对建筑材料的强度的充分把握,没有对桥梁设计的可行性进行反复论证,没有对施工技术水平的加以科学评估,其结果当然是可想而知的。这众多的环节中只要有一个出了问题,建造的桥梁必然是危机重重,桥塌人亡的灾难就是灾难的隐患,随时都有发生的危险。桥梁工程出于各种原因坍塌的灾祸也时有耳闻。所以我们在"行"桥的时候，就要认真学习桥梁建设者实事求是的科学精神、精益求精的技术要求、一丝不苟的工作态度，在漫漫人生中把"极端负责"这四个字作为座右铭，就是要对国家和事业负责，对家人和自己负责，只有这样我们才能像坚如磐石的桥梁一样屹立在世上。

　　一座座把天堑变为通途的桥梁建筑，以实实在在的交通设施向我们昭示着通向彼岸的深邃意蕴与诗意存在，这也是"行"桥的人生意义所在。而桥梁工程或宏伟壮丽或秀婉精美的艺术形象，更让我们在充分领悟通向彼岸的实用功能与深层意蕴的同时，还能够细细体味蕴含在其中的"建筑意"，而这样的鉴赏领会，光靠走马观花式的匆忙行程是很难实现的。朱光潜在《谈美》一书中还说过这样一段话：

　　　　阿尔卑斯山谷中有一条大汽车路，两旁景物极美，路上插着一个标语牌劝告游人说："慢慢走，欣赏啊！"许多人在这车如流水马如龙的世界过活，恰如在阿尔卑斯山谷中乘汽车兜风，匆匆忙忙地急驰而过，无暇回首流连风景，于是这丰富华丽的世界便成为一个了无生趣的囚牢。这是一件多么可惋惜的事啊！

　　这段话对于我们的"行"桥活动同样具有十分重要的指导意义，"慢慢走，欣赏啊！"就能深入体会桥梁建筑凝聚的科学美、技术美和艺术美，可以更好地领略蕴含在桥梁中的人与自然和谐相处的历史价值，进一步领会桥梁走向未来、通向彼岸的人生哲理。那就让我们铭记朱光潜先生的教诲，慢慢走，细细看，使我们的生活更富有情趣。让我们在桥梁的启迪下，活得更加潇洒更加美好。

参考文献

[1] 唐寰澄. 桥 [M]. 北京：中国铁道出版社，1982.

[2] 陈从周. 绍兴石桥 [M]. 上海：上海科学技术出版社，1986.

[3] 樊凡. 桥梁美学 [M]. 北京：人民交通出版社，1987.

[4] 弗里茨·莱昂哈特. 桥梁建筑艺术与造型 [M]. 徐兴玉，高言洁，姜唯龙，等译. 北京：人民交通出版社，1988.

[5] 山本宏. 桥梁美学 [M]. 姜维龙，盛建国，译. 北京：人民交通出版社，1989.

[6] 戴维·P. 比林顿. 塔和桥 [M]. 钟吉秀，译. 北京：科学普及出版社，1991.

[7] 陆德庆. 中国石桥 [M]. 北京：人民交通出版社，1992.

[8] 李国豪 等. 中国桥梁 [M]. 上海：同济大学出版社，1993.

[9] 周星. 桥与民俗 [M]. 上海：上海文艺出版社，1998.

[10] 梁从诫. 林徽因文集·建筑卷 [M]. 天津：百花文艺出版社，1999.

[11] 唐寰澄. 中国科学技术史·桥梁卷 [M]. 科学出版社，2000.

[12] 慎铁刚，慎小嶷. 桥梁建筑与小品 [M]. 天津：天津大学出版社，2002.

[13] 马修·韦尔斯. 世界著名桥梁设计 [M]. 张慧，黎楠，译. 大连：大连理工大学出版社，2003.

[14] 戴志中，郑圣峰. 城市桥空间 [M]. 南京：东南大学出版社，2003.

后 记

我生长在浙江省宁波市北仑区的一个小镇上，江南水乡使我从小就跟桥梁结下了不解之缘，因而使我对桥梁建筑产生了浓厚的兴趣，并一直持续了六十多年的时间。1984年在中山大学攻读硕士研究生时，在广东人民出版社主办的《美与生活》杂志上发表了一篇小文章，题目为《谈桥的美》，以后陆续在《浙江大学学报》《美与时代》《华学》《东方建筑丛刊》等刊物上发表了《论桥梁的审美意蕴》《中国桥梁的人文精神》《文明的纽带》《伟大的创造——桥梁文化漫谈》《汕头海湾大桥审美谈》《论中国古代桥梁的人文内涵》《中国桥梁——智慧的结晶》《璀璨的艺术结晶——论中国古代桥梁的科学文化价值》《通达之美——舟山跨海大桥的美学意义》等十几篇论文。1996年广东旅游出版社把我的《中国桥梁》纳入了"中国旅游文化书系"予以出版，给了我一个较为系统地表达多年来在桥梁审美文化方面思考与研究成果的机会。

2004年早春2月，广东旅游出版社根据中国桥梁建设在改革开放的伟大时代取得突飞猛进的非凡成就，希望《中国桥梁》能够及时反映这一客观现实加以修订再版。按照这一要求我就把中国桥梁建设在这几年所取得的举世瞩目的重要成就，以及自己在桥梁科学和桥梁美学研究中获得的新体会、新观点，在该书的修订版中介绍给广大读者。这几十年来，我对桥梁可以说是一往深情。每到一个新的地方，考察桥梁是我最感兴趣的事情：从家乡宁波的乡间石桥、大型石拱桥和现代桥梁，到我这四十年生活工作过的金华、杭州、汕头、广州，以及人称桥梁博物馆的绍兴的石桥，上海的南浦大桥、杨浦大桥和当时还在建设中的卢浦大桥，北京颐和园的园林桥梁和三元桥、四元桥等特大型立交桥，武汉长江大桥、长江二桥和汉阳大桥，南京长江大桥，都江堰上的珠浦桥，重庆的长江大桥和嘉陵江大桥，西安的灞桥，厦门的海沧大桥，香港的青马大桥，澳门的澳凼大桥、友谊大桥和莲花大桥，苏州的枫桥和园林桥梁，河北赵县的赵州桥，等等，都进行过实地考察。这几年还利用出国参加学术会议和探亲的机会，有幸到过旧金山的金门大桥，纽约的布鲁克林大桥、皇后大桥，匹兹堡的多座钢结构桥，澳大利亚的悉尼大桥，新西兰的奥克兰大桥，以及女儿工作过的新加坡、美国弗吉尼亚的重要桥梁。各种或雄伟壮美或精致秀丽，或充满着现代高新科技创新成果，或富有艺术造型的桥梁，都使我更充分地领略了桥梁工程技术人员的伟大创造，让人心潮澎湃、情思飞扬。

衷心感谢广东旅游出版社的领导，是他们的科学策划为我对中国桥梁审美文化的研究创造了良好的条件。而这本《中国桥梁行知书》的出版，得到了刘志松社长的热情关怀和全力支持，他对本书的写作提供了很好的指导意见，同时还给了我很多的鼓励。在此特向刘社长与本书的责编和美编表示衷心的感谢。这本书的写作从杭州开始动笔，经历了广州、美国弗吉尼亚夏洛茨维尔，又回到广州才最后完成，感谢我的妻子和女儿、女婿对我的支持与帮助，还要感谢两个弟弟对母亲的悉心照顾，使我能够集中精力完成写作任务。

本书的写作过程也是我人生中较为艰难的岁月：2019年11月，96岁的老岳父患病四个月后与世长辞，我们夫妻俩在杭州照顾了四个多月。2021年2月97岁的老父亲又离开了我们。更为严重的打击是百年未遇的新冠疫情，严格的旅行限制和防疫措施是这几年的头等大事，但是对于写作来说实在是无法回避的困难与压力。疫情使我无法对近年来中国桥梁建设所取得的新的辉煌成就进行实地的考察，这就导致书中不得不保留了《中国桥梁》中所表达的内容与叙述的风格，没有能够用更为生动的语言去表达自己几十年来在桥梁考察过程中形成的野外记录与诗意回顾，于是只能继续停留在理论分析的角度，对知桥、"行"桥的路径、方法与意义进行阐述与分析，也不知道这样的思路和文字是否能够得到广大读者的接受。由于疫情期间心理上的压力，以及个人在学术功力与文字表达上的水平有限，本书肯定存在着某些错漏与不足之处，恳切希望得到读者的批评指正，以便在有机会再版的时候加以改正。

於贤德

2022年12月24日于广州岭南新世界家园寓所